国家社科基金
GUOJIA SHEKE JIJIN HOUQI ZIZHU XIANGMU
后期资助项目

《國語》文獻研究

The Academic Literature Study of Guoyu

張居三　著

中国社会科学出版社

圖書在版編目(CIP)數據

《國語》文獻研究/張居三著. —北京：中國社會科學出版社，
2020.9

ISBN 978 - 7 - 5203 - 7081 - 3

Ⅰ.①國… Ⅱ.①張… Ⅲ.①中國歷史—春秋時代—史籍
②《國語》—研究 Ⅳ.①K225.04

中國版本圖書館 CIP 數據核字(2020)第 164070 號

出 版 人　趙劍英
責任編輯　陳肖靜
責任校對　牛　璽
責任印製　王　超

出　　版　中國社會科學出版社
社　　址　北京鼓樓西大街甲 158 號
郵　　編　100720
網　　址　http://www.csspw.cn
發 行 部　010 - 84083685
門 市 部　010 - 84029450
經　　銷　新華書店及其他書店

印　　刷　北京君昇印刷有限公司
裝　　訂　廊坊市廣陽區廣增裝訂廠
版　　次　2020 年 9 月第 1 版
印　　次　2020 年 9 月第 1 次印刷

開　　本　710×1000　1/16
印　　張　18.75
插　　頁　2
字　　數　336 千字
定　　價　99.00 元

國家社科基金後期資助項目

出 版 説 明

後期資助項目是國家社科基金設立的一類重要項目，旨在鼓勵廣大社科研究者潛心治學，支持基礎研究多出優秀成果。它是經過嚴格評審，從接近完成的科研成果中遴選立項的。爲擴大後期資助項目的影響，更好地推動學術發展，促進成果轉化，全國哲學社會科學規劃辦公室按照"統一設計、統一標識、統一版式、形成系列"的總體要求，組織出版國家社科基金後期資助項目成果。

全國哲學社會科學規劃辦公室

目　　錄

緒　論

　　《國語》是成書於先秦時期的一部重要史學名著。全書含八國之語，二十一卷。內容主要是關於周王室以及魯、齊、晉、鄭、楚、吳、越等諸侯國發生的重大事件，天子、諸侯、卿大夫的言論、事跡等。記事起於周穆王征伐犬戎，即穆王十二年（公元前 990 年），止於戰國初年韓、趙、魏三家滅掉智氏，即周貞定王十六年、魯悼公十四年（公元前 453 年），前後約五百多年的跨度。分國編次，以事爲引，以語爲主。關於其文獻形式當前學界的普遍觀點是認爲《國語》是以記言爲主的“語”書，[①] 我們研讀其文本也不難理解這一觀點。其成書年代通常認爲是戰國初年，最初的編撰者是魯國的史官左丘明。《漢書·藝文志》中記載劉向曾編定《新國語》五十四篇，或許是《國語》的另外一種版本，很遺憾沒能流傳下來。

　　《國語》八國之語的語言風格各不相同，有的內容上有重復和前後矛盾之處，如《吳語》和《越語》。也有學者甚至懷疑部分內容爲後世竄入，這些影響了世人對它的重視程度，進而也影響到它的史學地位。但從文本的史料上看，《國語》的記載中包含了很多原始史料，價值極高，司馬遷編著《史記》就借鑒了它的史料。但《國語》各部分的史料價值又不同。王樹民先生說：“以《周語》、《楚語》爲上，《晉語》、《鄭語》、《魯語》次之。”[②] 他認爲《齊語》、《吳語》和《越語》三國之語似乎不是最初《國語》的史料，不似上述五國之語那樣符合“語”書的特點。種種跡象表明可能是後人竄入的，所以其史料價值不能和其他五部分相提

---

① 張政烺先生認爲馬王堆漢墓出土的帛書《春秋事語》體裁是“語”，是春秋時期書籍中一種固定的體裁。王樹民、顧靜、沈長雲等人也認爲先秦存在“語”書。《國語·楚語上》申叔時談教育太子時提到使用的教材中，除了要用“春秋”“詩”“禮”“樂”等文獻外，也提到“語”，可知“語”書是貴族教育所需的一種教材。“語”，韋昭注：“治國之善語”，是爲性質。記言史官所記以及經整理的瞽矇口述歷史，成爲“語”類文獻重要的資料來源。“語”書的編撰意圖在於“知先王之務，用明德於民”，以期達到“求多聞善敗以監戒”的目的，《國語》恰恰有着這樣的編撰意圖。
② 王樹民：《中國史學史綱要》，中華書局 1997 年版，第 22 頁。

並論。

在作者問題上，司馬遷"左丘失明，厥有《國語》"① 的話將《國語》、《左傳》和左丘明三者聯繫在了一起，而學者在研究《春秋》和《左傳》的時候也往往參照《國語》，甚至視之爲"春秋外傳"②，但漢魏之後的學者卻并不十分重視《國語》。晉代學者甚至開始懷疑左丘明不是《國語》的作者。其後，學者對"春秋外傳"的說法也開始質疑了，《國語》準經典的地位也有所下降。《漢書·藝文志》將《國語》列爲"春秋類"，到編修四庫全書它又被歸爲"雜史類"。從正史《藝文志》或《經籍志》的分類中，也能反映出《國語》地位的變化。究其原因主要在於其語言風格不一，行文冗弱少文，內容上又不傳《春秋》經，更爲重要的是其思想龐雜，不被統治者完全認可。《國語》的思想更多迎合了後世儒家的思想，亦雜有其他諸如墨家、道家、法家等思想因素，不能成爲純粹的反映儒家思想的文獻，因此沒能成爲封建科舉考試的必考文獻，世人研讀的不多，影響了它的史學地位。

我們研究先秦史，《國語》的史料不可或缺。自兩漢一直到明代，不少學者評論、研究過《國語》，但他們評論和研究的問題相對集中於某幾個方面，略顯單一。直到清代，學者才將《國語》研究的領域拓寬，涉及到韋昭注解以及對韋注的校勘和補注、舊注輯佚、明道本的校勘等問題。近、現代學者不但對《國語》的作者和成書年代等老問題進行了深入的研究，還拓寬了研究的領域，取得了喜人的成果，不足在於研究的問題呈零散的狀況，沒有形成系統。當代學者一方面繼續探討前人遺留下來的諸如《國語》的作者和成書年代、韋昭注辨正等老問題，一方面也在尋求其他角度和領域進行研究。有的論證《國語》的性質、史料來源，有的探討《國語》的文獻類型、版本流傳、不同注本的異同、漢籍對舊注的徵引、清人輯佚的得失等文獻學的問題。也有的學者探求海外漢學界研究《國語》的概貌和成就，也有的研究立足於語言文字學和文學，闡釋《國語》在文字訓詁、語音、文學等方面的影響。隨著信息技術的發

① 《史記·太史公自序》和《報任少卿書》均有這樣的話。詳見後注。

② 近人黃暉《論衡校釋·案書篇》注引《釋名·釋典藝》："國語，記諸國君臣相與言語謀議之得失也。又曰外傳。"《說文》、《風俗通》引《國語》"稱春秋國語"，以國語爲春秋外傳故也。《漢書·律曆志》引《國語》"少昊之衰，九黎亂德"等語，稱"春秋外傳"。《隋志》："春秋外傳國語二十卷，賈逵注。"以上諸文，並以國語爲外傳者。至所以名"外傳"者，韋昭謂："其文不主於經，故號曰外傳。"《釋名》曰："春秋以魯爲內，以諸國爲外，外國所傳之事也。"畢沅曰："外傳也有魯語，則此語爲不可通。韋說得之。"

展，《國語》研究有團隊化的趨勢，學者們整合可利用的學術資源，嘗試構建《國語》文獻研究的大數據。可以說學界對《國語》文獻的研究經歷了由不重視到逐步重視的過程，成果顯著且研究的范圍在不斷拓寬。總的說來，研究還是零散而不成體系的。應該看到《國語》尚有很多需要進一步深入研究的問題。

從兩漢至今，學界主要在以下幾個方面著重研究《國語》：

一、《國語》的作者和成書年代。

二、作爲經學邊緣文獻，所謂"六經之流，三傳之亞"，① 《國語》的價值和史學地位怎樣。

三、《國語》音讀、刊刻。

四、《國語》與《左傳》、《史記》的關係。

五、明道本校勘及刊刻。

六、《國語》韋注的補正、舊注輯佚。

第一個問題，清代以前的學者留下來的觀點雖然很明確，啟人思考，但多是三言兩語，缺少足夠的論據支撐。這些三言兩語的評述又多爲讀書心得，數量不多，卻不能忽視，可爲後學的深層研究提供思路和借鑒。清代學者長于考據，有的問題在學界常常能引起論爭。至於其他問題，下文會有專門的章節來具體討論。

緒論先綜述《國語》研究的歷史和現狀，然後簡要介紹研究的意義以及研究的基本思路和運用的方法，最後對參考文獻的編排做簡要的說明。

第一節　《國語》文獻研究的歷史和現狀

前人研究《國語》的成果比較零散，對其梳理和歸納就顯得尤爲重要。此類成果較早的是譚家健先生的《歷代關於〈國語〉作者問題的不同意見綜述》② 一文，比較全面。梁濤《20世紀以來〈左傳〉、〈國語〉成書、作者及性質的討論》③ 一文是階段性的研究成果綜述。郭萬青在其

---

① （唐）劉知幾：《史通·六家篇》，見清浦起龍《史通通釋》，上海古籍出版社1987年版，第14頁。

② 譚家健：《歷代關於〈國語〉作者問題的不同意見綜述》，《中國史研究動態》1994年第4期。

③ 梁濤：《20世紀以來〈左傳〉、〈國語〉成書、作者及性質的討論》，《邯鄲學院學報》2005年第4期。

博士論文《唐宋類書引〈國語〉研究》引言中有《國語》研究的回顧與前瞻，對兩漢以來學者在《國語》注釋、版本、韋注等方面的研究狀況有詳細的資料歸納，分類清晰，幾無遺漏，可資參考。本節以研究者所在的時代爲綱，以學者研究的主要內容來分類進行歸納。有關國際漢學界對《國語》研究的代表性成果，也要給出說明，列在各個時期研究回顧之後。

一　《國語》文獻研究的歷史

（一）兩漢魏晉時期

儘管文獻資料不足，我們還是能夠大致了解兩漢、魏晉時期學者研究《國語》的情況。這一時期研究涉及的內容主要是《國語》的作者問題、《國語》的地位、《國語》的注釋等。爲《國語》作注是尤爲突出的成就。

1. 《國語》的作者問題

司馬遷在《史記》中最早提到《國語》之名及其作者。《五帝本紀》中有"予觀春秋國語……"的話。《十二諸侯年表》中他認爲孔子作《春秋》，左丘明爲之作傳，並提到了"春秋國語"。① 《太史公自序》和《報任安書》中也都提到"左丘失明，厥有《國語》"之事。② 司馬遷所言在當時應該是沒有爭議的事實，卽魯君子左丘明不但傳《春秋》，還編了《國語》，實爲《左傳》和《國語》的作者。《漢書·儒林傳》載賈誼修《春秋左氏傳》。③ 其《新書·禮容下》采《國語》記單靖公、單襄公之事，則賈誼又兼述《國語》。④ 董增齡認爲賈誼持"內傳""外傳"同出左氏之論。⑤ 《後漢書·班彪傳》載班彪之言，曰："定哀之間，魯君子左丘明論集其文，作《左氏傳》三十篇，又撰異同，號曰《國語》，二十一篇。"⑥

---

① 《史記·十二諸侯年表》："是以孔子明王道，干七十餘君，莫能用。故西觀周室，論史記舊聞，興於魯而次《春秋》，上記隱，下至哀之獲麟，約其辭文，去其煩重，以制義法，王道備，人事浹。七十子之徒口受其傳指，爲其所刺譏褒諱挹損之文辭不可以書見也。魯君子左丘明懼弟子人人異端，各安其意，失其真，故因孔子史記具論其語，成《左氏春秋》。"又有"於是譜十二諸侯，自共和訖孔子，表見春秋國語"的話。

② 《太史公自序》所言見中華書局三家注《史記》第一〇冊，1982 年第 2 版，第 3300 頁。《報任安書》，見班固《漢書·司馬遷傳》第九冊，中華書局 1962 年版，第 2735 頁。

③ （漢）班固：《漢書·儒林傳》，中華書局 1962 年版，2007 年重印，第 3620 頁。

④ （漢）賈誼：《新書》。閻振益，鍾夏校注《新書校注》，中華書局 2000 年版，第 378—380 頁。

⑤ 據董增齡《國語正義序》，見《國語正義》，成都巴蜀書社 1985 年影印本，第 3 頁。

⑥ （南朝宋）范曄：《后漢書·班彪列傳》，中華書局 1965 年版，第 1325 頁。

班固《漢書·藝文志》列《國語》二十一篇，下注“左丘明著”。又於《司馬遷傳》贊中曰：“孔子因魯史記而作《春秋》，而左丘明論輯其本事以爲之傳，又纂異同爲《國語》。”① 王充《論衡·案書》中有言曰：“國語，左氏之外傳也，左氏傳經，辭語尚略，故復選錄國語之辭以實。”② 可知司馬遷、賈誼、班固和王充等都認爲左丘明即是《國語》的編撰者。

也有不少兩漢學者的意見我們無法看到，據理推測在《國語》作者的問題上應不會有其他的聲音。三國吳人韋昭《國語解敘》云：“孔子發憤於舊史，垂法於素王。左丘明因聖言以擴意，託王義以流藻，其淵原深大，沉懿雅麗，可謂命世之才，博物善作者也。其明識高遠，雅思未盡，故復采錄前世穆王以來，下訖魯悼、智伯之誅，邦國成敗，嘉言善語，陰陽律呂，天時人事逆順之數，以爲《國語》。其文不主於經，故號曰‘外傳’。”③ 其說可看作是對司馬遷和班固等前人所言的肯定和繼承，反映了東漢到三國時期學者們的普遍認識。

據文獻記載可知在作者的問題上出現不同聲音大約是在西晉時，這一時期學者的意見出現了分歧，多數學者堅持司馬遷等的說法，也有個別學者通過《國語》與《左傳》二書語言風格的差異和記事上的詳略不同提出質疑。孔晁與司馬遷諸人保持一致，云：“左丘明集其典雅辭令與經相發明者爲《春秋傳》，其高論善言別爲《國語》。”④ 傅玄則根據二書在記事上的不同判斷“《國語》非左丘明所作。凡有共說一事，而二文不同，必《國語》虛而《左傳》實，其言相反，不可強合也。”⑤ 懷疑《國語》作者不是左丘明。

雖然學者懷疑左丘明是《國語》的作者，但因文獻不足之故，還無法動搖司馬遷等漢代學者的說法。

2.《國語》的地位

這一時期《國語》尚有另外兩個稱呼，即“春秋國語”和“春秋外傳”，這樣的別稱將《國語》與《春秋》聯繫在了一起，反映了《國語》在當時的地位。

---

① （漢）班固：《漢書·司馬遷傳》，中華書局1962年版，2007年重印，第2737頁。

② （漢）王充《論衡·案書》所言，見黃暉撰《論衡校釋》第二十九卷，中華書局1990年版，第1165頁。

③ （三國吳）韋昭：《國語解敘》，上海師範大學古籍整理研究所校點本《國語》，上海古籍出版社1998年版，第661頁，亦見於徐元誥《國語集解》等。

④ （清）朱彝尊：《經義考》卷二百九引，中華書局1998年版，第1071頁。

⑤ 《左傳注疏》哀公十三年吳晉爭盟“乃先晉人”句下孔穎達疏引，阮刻本《十三經注疏》，中華書局1980年版。

"春秋國語"最早也見於《史記》。班固《漢書·律曆志》引《國語》之文稱"春秋外傳"。劉熙《釋名·釋典藝》亦云"《國語》記諸侯君臣相與言語謀議之得失也，又曰外傳。"① 清人王先謙《釋名疏證補》云："畢沅曰：'《說文》引《國語》文輒稱"春秋國語"，以《國語》爲"春秋外傳"故也。'王啟原曰：'《說文》及《風俗通》並稱《春秋國語》，至《釋名》則言又曰"外傳"，蓋漢時二名並稱。'"② 但稱"春秋外傳"的較多。上文提到的王充《論衡》、韋昭《國語解敍》即稱《國語》爲"春秋外傳"。

《漢書·藝文志》列《國語》於"春秋類"，屬於六藝。

3.《國語》的注釋

兩漢魏晉時期也是注釋《國語》成果豐碩的時期。注者包括東漢鄭衆、服虔、賈逵、楊終，魏王肅、孫炎，吳虞翻、唐固、韋昭，晉孔晁等。

其中，楊終和孫炎的注後世未見引用者。楊終爲公羊派，或許是以公羊學闡發大義的方式來注解《國語》，故而不被以文字訓詁和解釋名物、闡明典章制度爲主要注釋內容的人所采用，不敢妄斷。而孫炎授業於鄭玄，略早於韋昭，有《爾雅》注。韋昭注《國語》"以《爾雅》齊其訓"，極有可能會受到孫炎的影響，但韋昭本人並未聲明。

鄭衆、服虔、賈逵、王肅、虞翻、唐固和孔晁等人的注也在宋之後都亡佚了，清代學者的著作中有專門對他們的《國語》注的輯佚。

值得一提的是韋昭《國語解敍》一文，對《國語》編撰成書、內容、前人注釋以及自己注解《國語》的經過有說明，文字雖短，信息量大，是我們見到的最早的較爲詳細地介紹《國語》的文字。

（二）隋唐宋明時期

隋唐以來，質疑《國語》作者爲左丘明的人更多，唐人就此展開辨僞，宋人甚至將左丘明的姓氏問題也複雜化了。這一時期尚有對《國語》音義、刊刻裁選以及文本點評等方面的研究。

1. 作者問題上的分歧

在作者問題上，隋劉炫認爲《國語》非左丘明所作。③ 唐孔穎達於《左傳注疏》中引傅玄之語（見上文），態度模糊，又似贊同其說。啖助

---

① （清）王先謙撰集：《釋名疏證補》釋典藝第二十，上海古籍出版社 1984 年版，第 307 頁。

② 同上。

③ 《左傳注疏》襄公二十六年"欒范易行以誘之"句下孔穎達疏引。阮刻本《十三經注疏》，中華書局 1980 年版。

認爲左氏乃丘明，受經於仲尼。趙匡則認爲：“丘明者，蓋夫子以前賢人，如史佚、遲任之流，見稱於當時耳，焚書之後莫得詳知，學者各信胸臆，見傳及《國語》但題左氏，遂引丘明爲其人。”他認爲司馬遷的說法本身就是錯誤的，班固因襲而不加考辨，二人史學地位較高以至於後世學者信以爲實，“傳虛襲誤，往而不返者也。”① 又言“《左傳》、《國語》文體不倫，序事又多乖剌，定非一人所爲也。蓋左氏廣集諸國之史以釋《春秋》，傳成之後，蓋其家弟子門人，見嘉謀事跡，多不入傳，或有雖入傳而復不同，故各隨國編之，而成此書，以廣異聞爾。自古豈止有一丘明姓左乎？何乃見題‘左氏’，悉稱丘明！”認爲“左氏”未必就是左丘明，編撰《國語》者可能是“左氏”的弟子門人。陸淳的看法與其相類，《春秋啖趙集傳纂例》卷一《趙氏損益義第五》：“《國語》與《左傳》文體不倫，定非一人所爲。”② 啖助、趙匡和陸淳所做的也是古籍文獻的辨僞工作。柳宗元認爲左丘明應當編撰了《國語》絕大部分內容，只是他對《越語下》有疑問，懷疑“越之下篇尤奇峻，而其事多雜，蓋非出於左氏。”③

趙匡“自古豈止有一丘明姓左”的疑問啟發了宋人葉夢得，他更是突發奇想弄出“左氏”、“左丘氏”的新說將《國語》的作者問題更加複雜化了。葉夢得認爲：“傳初但記其爲‘左氏’而已，不言爲丘明也。自司馬遷論《春秋》，言‘魯君子左丘明……’班固從而述之。……（班）固以丘明爲名，則‘左’爲氏矣；然遷復言‘左丘失明，厥有《國語》。’按《姓譜》有‘左氏’、有‘左丘氏’，遷以‘左丘’爲氏，則傳安得名‘左氏’耶？”他認爲“左氏”著《左傳》，而“左丘氏”則編撰了《國語》，將左丘明說成“左氏”，是司馬遷的錯誤。④ 王應麟似同意葉氏的解釋，《困學紀聞》卷六“左氏傳”引葉夢得上述言論。⑤ 其後不少學者附和此說，如明代胡應麟、清代朱彝尊等。直到今天仍有一些學者堅持此說，如王樹民、沈長雲等。朱熹曰：“《國語》與《左傳》似出一手，然《國語》使人厭看。……丘明，如聖人所稱，煞是正直底人。如《左傳》之文，自有縱橫意思。《史記》卻說‘左丘失明，厥有《國語》。’或云：左丘明，左丘其姓也；《左傳》自是左姓人作。又如秦始有

①　顧頡剛主編：《古籍考辨叢刊》之《唐人辨僞集語》，中華書局 1955 年版，第 76 頁。
②　同上書，第 72—82 頁。
③　（唐）柳宗元：《柳宗元集》卷四十四《非國語序》，中華書局 1979 年版，第 1328 頁。
④　說見葉夢得《春秋考》卷三《統論》，《景印文淵閣四庫全書》第 149 冊，經部 143。
⑤　（宋）王應麟：《困學紀聞》，遼寧教育出版社 1998 年版，第 149 頁。

臘祭而左氏謂虞不臘矣，是秦時文字分明"① 覺得"似出一手"，又不似某個人的作品，"左丘氏"編撰《國語》，而"《左傳》自是左姓人作。"可見亦是受了葉夢得之說的影響。陳振孫《直齋書錄解題》認爲《國語》和《左傳》二書"事辭或多異同，文體也不類，意必非出一人之手。"對《國語》的作者同樣質疑。南宋黃震發現《國語》在文字上避漢統治者名諱，以此也懷疑左丘明作《國語》的說法。② 顯然他忽略了後人傳抄這一環節，所以文字的避諱現象還不足爲據。

　　這一時期懷疑左丘明不是《國語》作者的人比較多，大概是受到唐以來辨僞的影響。但繼承兩漢學者觀點的也不少。唐顏師古繼承了司馬遷、班固、韋昭等人的觀點，趙翼《陔餘叢考》載顏注《漢書・藝文志》"直以《國語》爲左丘明撰。"③ 另一位史學大家劉知幾也堅持左丘明既作《左傳》又編《國語》。《史通・六家》認爲左丘明完成《春秋內傳》後，又整理編輯未被采用之逸文，另纂別說，而成《春秋外傳國語》。北宋宋庠因襲舊說，言《國語》爲左丘明所撰。司馬光引其父之言曰："先儒多怪左丘明既傳《春秋》，又作《國語》，爲之說者多矣，皆未通也。先君以爲左丘明將傳《春秋》，乃先采集列國之史，因別分之，取其精英者爲《春秋傳》。而先所采集之稿，因爲時人所傳，命曰《國語》，非丘明之本意也。……"④ 這和唐人趙匡推測《國語》大概爲左氏弟子門人所爲的說法很相近，同時他斷定編撰者所采用的史料應是左丘明用來爲《春秋》作傳的剩餘，也卽"左氏"之《國語》。這種觀點讓人認爲《國語》的成書更像是個偶然的過程，不過是對那些未被采用的解釋《春秋》經書的史料的簡單匯編。司馬氏父子的觀點得到同朝李燾的認可。晁公武《郡齋讀書志》曰："范寧曰：'左氏富而豔'，韓愈云：'左氏浮誇'，今觀此書，信乎其富豔且浮誇矣，非左氏而誰？"陳造亦云："左丘明傳記諸國事既備矣，復爲《國語》，二書之事，大同小異者多，或疑之。蓋傳在先秦，古書六經之亞也，紀史以釋經，文婉而麗。《國語》要是傳體，而其文壯，其辭奇。"葉適曰："左氏雅志未盡，故別著外傳。余認爲此

<hr />

① （宋）黎靖德：《朱子語類》卷八十三，《景印文淵閣四庫全書》子部，第 701 冊，臺北商務印書館發行。

② 宋黃震云："今《國語》避漢諱，謂魯莊嚴公，又果左丘明之作否耶？"見《景印文淵閣四庫全書》子部《黃氏日抄》卷五十二《國語》。

③ （清）趙翼：《陔餘叢考》，中華書局 1963 年版，第 48 頁。

④ 司馬光、晁公武、陳造、朱熹和李燾等人的意見引自（清）朱彝尊《經義考》卷二百九，中華書局 1998 年版，第 1071—1072 頁。

語不足怪，若賈誼、司馬遷、劉向不加訂正，乃異事爾。"① 明黃省曾說："昔左氏羅集國史實書，以傳《春秋》，其釋麗之餘，溢爲外傳。"② 王世貞說："昔孔子因魯史以作經，而左氏翼經以立傳，復作外傳，以補所未備。"③ 胡應麟曰："謂《國語》出於左氏，胡以徵也？丘明作傳之後，文或餘於紀載也，字或軼於編摩也，附經弗燕郢乎，入傳弗贅疣乎？故別創篇名也。翼《春秋》爲内傳，稱《國語》爲外傳，猶之子内篇、外篇也，文内集、外集也。内外傳或矛盾焉，兩存之以備考也。或致疑焉，非也。"④ 其觀點與司馬光父子觀點大同。

2. 音義、刊刻及私家目錄的梳理

唐人有《國語舊音》一篇，不著撰人。宋庠因之而成《國語補音》三卷。另《宋史·藝文志》載有魯有開《國語音義》一卷。

北宋時期出現了《國語》的刻本。一是明道本，也稱天聖明道本，即宋仁宗明道二年（1033 年）影刻天聖七年（1029 年）的本子。一是公序本，即宋庠校訂的本子。今可見公序本後附有宋庠的《補音》三卷。元代遞修宋刻本刊行。明代刊刻較爲興盛，出現很多刊本，代表性的有金李本、許宗魯本和張一鯤本。此外明代還出現了節選本，如鄭維嶽《新鍥鄭孩如先生精選國語旁訓便讀》。

私家目錄對《國語》的梳理，主要有鄭樵《通志·藝文略一》、晁公武《郡齋讀書志》、陳振孫《直齋書錄解題》和馬端臨《文獻通考·經籍考》等。

3. 對文本的評點

唐宋明三朝的學者針對《國語》還做了一些評點的工作。今天容易見到的主要成果是柳宗元的《非國語》二卷六十七篇。柳氏在《非國語》序言和給友人呂溫和吳武陵的信中言有感於《國語》深閎傑異，文勝言龐，爲世人耽嗜。而其說多誣淫，其道舛逆，不概於聖，故而命筆，以匡正世人，使之得由中庸以入堯舜之道。針對柳氏之說，宋劉恕、蘇軾、戴仔、劉章，明曾于乾等學者多有批判。《宋史·藝文志》載有葉真《是國語》，《補遼金元藝文志》、《補元史藝文志》都載有元人虞槃《非非國語》。而據宋王應麟《困學紀聞》載北宋江端禮曾作《非非國語》（佚），吳泳《劉靖文文集序》載劉氏亦有《非非國語》。查朱彝尊《經義考》

① （宋）葉適：《習學記言序目》卷十二《國語》，中華書局 1977 年版，第 173 頁。
② （清）朱彝尊：《經義考》卷二百九，中華書局 1998 年影印版，第 1071 頁。
③ 同上書，第 1072 頁。
④ （明）胡應麟：《少室山房筆叢》，上海書店出版社 2009 年版，第 128 頁。

卷二百九所載，尚有戴仔《非國語辨》一篇、劉章《非非國語》（佚），明曾于乾《非非國語》（佚）等。

宋庠《國語補音序》對《國語》的文獻歸類、流傳、稱譽、注釋、評點以及《國語補音》的成書有比較詳細的介紹。葉適《習學記言序目》卷十二《國語》，側重對《國語》部分内容的評點心得，對於進一步理解《國語》文本有參考價值。

明代學者似乎更喜歡點評《國語》文本，先後有汪道昆、孫應鰲、穆文熙、屠隆、閔齊伋等。穆文熙有《國語評苑》，除自己的點評外，集有柳宗元、孫應鰲等人的評語。閔齊伋撰《國語裁注》九卷，《晉語》分上下兩卷，其餘均爲一卷。萬曆四十七年閔齊伋刻套印八冊。每頁上寫評語，正文中重點文字、章法、典故之處亦有標注，如"字法"、"文法"、"章法"諸語。主要引用柳宗元、汪道昆、孫應鰲、穆文熙、屠隆等人的評語。明代公安派學者陶望齡專治《國語》，朱彝尊《經義考》卷二百九引其語曰："《國語》一書，深厚渾樸，周魯尚矣。《周語》辭勝事，《晉語》事勝辭，《齊語》單記桓公霸業，大略與《管子》同。如其妙理瑋辭，驟讀之而心驚，潛玩之而味永，還需以《越語》壓卷。"這是從語言風格、記事特點、說理效果等文學視角作出的評價。《經義考》卷二百九載明張邦奇《釋國語》一卷、曾于乾《非非國語》（佚）等。

4.《國語》的地位

正史的《藝文志》或《經籍志》繼承《漢書·藝文志》的作法，將《國語》列入經部"春秋類"，且冠以"春秋外傳"的稱呼。可見其地位是與《春秋》和《左傳》捆綁在一起的。

劉知幾《史通·六家》評價《國語》爲"六經之流，三傳之亞"，確立其"準經典"的地位。

除上述研究外，明代劉成有《國語》地名方面的研究，其著《春秋外傳國語地名錄》一卷，附于《春秋左傳地名錄》二卷之後，今有明代崇禎刻本。

（三）清代學界的探究

清人除了繼續前代學者對《國語》作者、與《左傳》之關係等問題的探討外，學術工作還體現在版本整理與刊刻、注釋、舊注輯佚等方面。

1.《國語》的作者及與《左傳》的關係

清代學者對《國語》的作者及與《左傳》的關係問題的論說比較理智，贊同司馬遷等兩漢學者說法的很少。

　　姚際恒稱司馬光父子和李燾的意見“雖近是，然終屬臆測耳。”① 趙翼《陔餘叢考》認爲《國語》非左丘明所撰。② 姚鼐曰：“太史公曰：‘左邱失明，厥有《國語》’，吾謂不然。今《左氏傳》非盡邱明所錄，吾固論之矣。若《國語》所載，也多爲《左傳》采錄，而采之者，非必邱明也。”③ 崔述的說法較有代表性，他通過二書之間的記事、語言的反差，認爲《左傳》之文年年井井多實錄，且記事簡潔，措辭體要。《國語》荒唐誣妄，文辭支蔓，自相矛盾甚多。顯然二書非一人所作。即便是《國語》也非一人之作。《史記·太史公自序》中所云失明而有《國語》之左丘未必即是作《左傳》之左丘明，不能強指爲一人。④ 高崙以爲二書“時代先後不同，而篇章長短各異，似非出一人之手。”⑤ 清代今文經學家反對司馬遷、班固等人的說法。劉逢祿進一步發展了司馬光、李燾等人的觀點，其《左氏春秋考證》一書更認爲劉歆僞改《左氏春秋》而成《春秋左氏傳》，《左傳》應該就是司馬遷所見、《史記》所言的古文《春秋國語》。⑥ 賀濤認爲《國語》和《左傳》出自一人之手，可能是趙國人，而並非左丘明。⑦ 晚清廖平認爲“左氏全書分國系事，本名《國語》，爲群經作傳，史公所稱《左傳》，《春秋國語》是也。後來左氏弟子專取《春秋》一門編爲《左傳》，加入經說，遂與《國語》歧而爲二。語先傳後，非先作內後作外，固彰明較著者也。”⑧ 是言《左傳》分自《國語》，乃是古文經學家爲與今文經學抗衡將《國語》中的史料分出來一部分編撰而成的。左丘明不是《左傳》的作者，左氏的弟子才是其作者。⑨ 他的論說直接影響到康有爲。康有爲便在劉、廖二家觀點的基礎之

---

① 顧頡剛主編：《古籍考辨叢刊》第一集之姚際恒《古今僞書考》，中華書局 1955 年版，第 239 頁。
② （清）趙翼：《陔餘叢考》，中華書局 2006 年版，第 47 頁。
③ （清）姚鼐：《姚姬傳全集·辨〈鄭語〉》，轉引自張心澂《僞書通考》，商務印書館1939 年版，1954 年重印，第 523 頁。
④ （清）崔述：《洙泗考信錄餘錄》卷三，王雲五主編，商務印書館民國 26 年版，第 52 頁。
⑤ （清）高崙：《國語鈔》卷上《國語鈔序》，清乾隆 53 年刻本。
⑥ （清）劉逢祿著，顧頡剛校點：《左氏春秋考證》，樸社出版 1933 年版。收錄於顧頡剛主編《古籍考辨叢刊》第一集，中華書局股份有限公司 1955 年版，第 608 頁。《古史辨》載張西堂《左氏春秋考證序》，對劉逢祿的觀點有所歸納。見《古史辨》第五冊，上海古籍出版社 1982 年版，第 263—292 頁。
⑦ （清）賀濤：《賀先生文集》卷二《讀國語》，京師，民國 3 年。
⑧ （清）廖平：《六譯館叢書·國語義疏凡例》，轉引自趙伯雄《春秋學史》，山東教育出版社 2004 年版，第 749 頁。
⑨ （清）廖平：《春秋左傳古義凡例》，見《新訂六譯館叢書》，成都存古書局 1921 年版。

上，堅稱《左傳》、《國語》實由一書分化而成。康氏《新學僞經考》認爲劉歆僞造《左氏春秋》之名。編撰《國語》的是左丘，傳釋《春秋》的是左丘明，實爲兩個人。劉歆分《新國語》五十四篇而成《左傳》。而割裂後的殘餘則匯編成《國語》，作者仍爲左丘。劉歆將《國語》部分拆分爲《左傳》後，按照編年之體援引所分史料來解釋《春秋》經文，以這種方式來壯大古文經學的實力進而在論爭中壓倒今文經學的《公羊傳》和《穀梁傳》二家。

《四庫全書總目提要》中《國語》條下沒有標注作者，顯然是受了學者們質疑的影響，態度謹慎。認爲："《國語》出自何人，說法不一，然終以漢人所說爲近古。所記之事，與《左傳》俱迄智伯之亡，時代也復相合。中有與《左傳》未符者，猶《新序》、《說苑》，同出劉向，而時復抵牾。蓋古人著書，各據所見之舊文，疑以存疑，不似後人輕改也。"比較傾向於兩漢學者的說法，間接肯定二書同出一人之手，雖沒直接表態爲誰編撰，從文中之意可知應該是認可左丘明的。董增齡《國語正義序》針對隋唐人的異議指出"宏嗣（韋昭字）明言《國語》之作，其文不主於經，則固不必以經爲限矣。"至於內外傳同出一人而有異同，董氏以《左傳》、《史記》本身亦有此類情形比照，說明內外傳存在同一事而有差異不足爲怪。雖是述韋昭言內外傳同出左丘明之事，卻也表述了他本人的意見。

2. 版本、注釋和舊注輯佚

清代刊刻的公序本《國語》主要是翻刻明刻本，明道本則是嘉慶四年（1799 年）由黃丕烈據絳雲樓錢氏所傳影宋本開雕，轉年行世，也稱"士禮居本"。錢士興稱二版本"合而觀之，此書遂無遺憾。"① 其後出現多家仿刻之本，如崇文書局本、蜚英館本和博古齋本等。陸貽典、惠棟、段玉裁、錢大昕以及顧之逵、顧千里兄弟等對絳云樓傳錢氏明道本《國語》均有過勘校，黃丕烈在刊刻前，也進行了認真的校勘，參考和吸納了這些人的成果。

清人對《國語》的注釋，主要有兩種方式。一種是針對全部韋注的補注，如董增齡《國語正義》。一種是專門摘列部分韋注加以考辨，這類成果極多。重要的有洪亮吉《國語韋昭注疏》十六卷、② 汪遠孫《國語發正》和《國語考異》、王煦《國語釋文》八卷、汪中《國語校文》一卷、

---

① （清）黃丕烈：《蕘圃藏書題識》校宋本《國語》卷二十一引錢士興跋，見《黃丕烈書目題跋》，中華書局 1993 年版，第 29 頁。

② 據郭萬青考證洪亮吉並未作《國語韋昭注疏》，文章見《文獻》2010 年第 1 期。

姚鼐《國語補注》一卷、孔廣栻《國語解訂僞》稿本一冊、黃丕烈《國語劄記》一卷、劉台拱《國語校補》一卷、黃模《國語補韋》四卷、陳瑑《國語翼解》六卷、譚沄《國語釋地》三卷等。此外，清代一些學者在學術著作中也有不少關於《國語》韋注辨正的條目，辨正條目較多的學術著作有王引之《經義述聞》、俞樾《群經平議》、于鬯《香草校書》等。王引之《經義述聞》中校釋《國語》分爲兩卷，俞樾《群經平議》中有《國語平議》，于鬯《香草校書》中有《國語》三卷。其他如顧炎武《日知錄》、趙翼《陔餘叢考》等讀書劄記中也有對韋注的考辨。

輯佚方面，清代馬國翰、汪遠孫、黃奭等一批學者對鄭衆、賈逵、王肅、唐固、虞翻、孔晁等《國語》亡佚注本的舊注條目輯佚，成果顯著。汪遠孫《國語三君注輯存》是專門輯佚《國語》舊注的代表性著作。王謨《漢魏遺書鈔·經翼》、馬國翰《玉函山房輯佚書·補遺·經編春秋部》、黃奭《漢學堂叢書·子史鈎沉·史部雜史類》和《黃氏逸書考·子史鈎沉》、勞格《月河精舍從鈔·讀書雜識》、王仁俊《經籍佚文》及《玉函山房輯佚書續編·經編春秋部》、蔣曰豫《蔣侑石遺書·滂喜齋學錄》等輯佚著作中有《國語》舊注輯佚的部分。此外，姚東升《佚書拾存》之六爲《國語》，亦是輯佚性質的著作。

除以上主要問題的研究和針對具體問題所做的工作外，清人馬驌編著《繹史》"春秋部"大量摘引了《國語》原文，方便讀者在閱讀古史之時能多方對比，掌握異同，同時也爲後人的研究提供方便。

3. 《國語》地位的變化

清代學者對《國語》地位的認識更爲客觀，從編撰官、私目錄對《國語》歸類的安排上能夠體會出學者們的認識。《四庫全書總目提要》云："《國語》二十一篇，《漢志》雖載《春秋》後，然無'春秋外傳'之名。……考《國語》上包周穆王，下暨魯悼公，與《春秋》同時代，首尾皆不相應，其事多與《春秋》無關，系之《春秋》殊爲不類。……實古左史志遺，今改隸雜史類。"言《國語》所載與《春秋》無關是不合適的，"實古左史志遺"的定位還是準確的，所以將《國語》由前代附於經部"春秋類"改爲"史部"的"雜史類"是恰當的。這一變化也表明了修編四庫的學者們的態度，也的確產生了影響。趙爾巽等撰《清史稿》，列《國語》爲雜史類。高塏《國語鈔序》云："此列國之史也。"《清人書目題跋叢刊》第六輯收黃丕烈的校勘《國語》題識和顧千里（顧廣圻）的書跋，列《國語》爲史類。周中孚列《國語》爲雜史類，其《鄭堂讀書記》顯然是依據《四庫提要》之體。

清人的輯佚著作對所輯《國語》卷帙的分類也不相同。如王謨、馬國翰和王仁俊將輯得的《國語》注文列在"經編·春秋部",而黃奭則列入"史部·雜史類"。列入"經編·春秋部"已不是主流。

也不乏學者欲將《國語》提升至經書的高度。段玉裁主張"十三經"外,加入《國語》等八部文獻成"二十一經"。清末廖平於光緒十二年擬定《十八經注疏範例》也將《國語》升格爲"經"。

俞樾認爲《國語》可能是古史中以"語"爲名的文獻,則是從內容和形式兩方面來認識《國語》了。其《湖樓筆談》卷二云:"《禮記·樂記》曰:'且汝獨未聞牧野之語乎?'疑古史記載,自有語名。牧野之語,乃周初史臣記載之書也。左丘明著《國語》,也因周史之舊名。"① 雖是推測性之語,也不能說毫無根據。俞樾的這一推測啟發後來學者進一步探究"語"書的淵源。

(四) 近代學界的研究

近代學者的研究除了用心於《國語》的作者、成書年代以及與《左傳》的關係等老問題外,在注釋、版本整理刊刻和文本點評上也取得了較大的成就。老問題之間互相關聯,往往糾纏在一起,學者的研究也恰恰體現出這一點。

1. 《國語》的作者、成書年代及與《左傳》的關係

研究《國語》與《左傳》的關係問題涉及到二書內容上的異同、是否出於一人之手、是否由一書割裂、二書孰先孰後等問題,這也是近代學者耗費精力最多的問題。

梁啟超、錢玄同、崔適等人繼承劉逢祿、廖平和康有爲的觀點。梁啟超云:"左丘或稱左丘明,今本《左傳》並稱爲彼所撰。然據《史記》所稱述,則彼固名丘不名丘明,僅撰《國語》而未撰《左傳》。"② 又稱左丘將編撰《左傳》所剩的史料"無可比附者剔出,仍其舊名及舊體例,謂之《國語》。"③ 崔適在《史記探源》一書中專門補充此說。錢玄同羅列了八條《國語》八國所記與《左傳》所載此詳彼略之事件來證明康有爲所言左丘明只作了《國語》並未作《左傳》、司馬遷著《史記》未曾見過《左傳》而只采《國語》、二書本一書所分等觀點。④ 錢玄同的論述

---

① 轉自程千帆《史通箋記》,中華書局1980年版,第14頁。

② 梁啟超:《中國歷史研究法》,河北教育出版社2000年版,第21頁。

③ 梁啟超:《梁啟超國學講錄二種》之《古書真僞及其年代》卷三,第五章《〈春秋〉及其三傳》,陳引馳編校,中國社會科學出版社1997年版。

④ 錢氏所論見康有爲《新學僞經考》重印序言。

主觀性極強，不但證據不夠充分，而且論證不乏牽強附會之處，故而後來學者對其說多持批判的態度。

　　瑞典著名漢學家高本漢（Bernhard karlgren）先生在 20 世紀二十年代作《左傳真偽考》，胡適將其論述的要點翻譯成了中文，陸侃如則作了全文翻譯。高本漢通過對文法的分析，認爲《左傳》和《國語》文法雖然相近，但不像是一人所爲。林語堂從古音的角度證明《左傳》、《國語》同屬一種方音。馮沅君 1928 年撰文《論〈左傳〉與〈國語〉的異點》認爲二書互不相干。1934 年《燕京學報》同時發表美國學者卜德（Derk Bodde）《〈左傳〉與〈國語〉》和孫海波《〈國語〉真偽考》兩篇文章，他們針對康、梁等人的觀點展開論證，認爲二書非一書所分。① 孫海波還通過《國語》與《左傳》、《史記》的史料間的對比來進一步證明。此外，1935 年《華北日報》52—54 期載孫次舟《〈左傳〉〈國語〉原非一書證》，《浙江圖書館學刊》第 4 卷載童書業《〈左傳〉與〈國語〉關係後案》，1936 年《史學集刊》載楊向奎《論〈左傳〉之性質及其與〈國語〉之關係》，1941 年《群雅》載金德建《漢代〈左傳〉〈國語〉二書合一不分之證》，1944 年《說文月刊》刊劉節《〈左傳〉〈國語〉〈史記〉之比較研究》等文章，均爲探討《國語》作者、成書年代以及與《左傳》關係等問題的成果。

　　章太炎在其《春秋左氏疑義答問》一書中堅持司馬遷、班固等學者的觀點，認爲《左傳》和《國語》均由左丘明所作，左丘明晚年最終完成了《國語》的編撰。衛聚賢於《〈國語〉的研究》一文中運用多種方法研究得出《國語》各語二十一篇是由六個人在六個時期輯錄而成的，全部是楚國的產品，全書的作者爲左丘明的子孫左人郢等完成，結論比較具體。② 錢穆則懷疑《國語》、《左傳》同爲左丘明所作之說，甚至認爲《春秋》"内傳"和"外傳"稱呼也十分不可信。③ 顧頡剛認爲《國語》這部書的著作年代和著者都不明了。司馬遷的表述是關於此書著者的唯一材料，但這個著者的生平卻無從知曉。他認爲劉逢祿和康有爲等人的說法"頗可信據。"④ 此外，在《史林雜識初編》一書中，顧頡剛又認爲《國語》的著作人復姓左丘，名明，而且其作書之時必不失明

---

①　［美］卜德：《〈左傳〉與〈國語〉》，孫海波：《〈國語〉真偽考》均載《燕京學報》1934 年第 16 期。

②　衛聚賢：《古史研究》第一輯《〈國語〉的研究》，商務印書館民國 23 年版，第 117—186 頁。

③　錢穆：《先秦諸子繫年》，河北教育出版社 2002 年版，第 485 頁。

④　顧頡剛：《中國上古史研究講義》，中華書局 2002 年版，第 13—19 頁。

無疑。① 張西堂也附和劉逢祿的觀點。進一步指出："左氏是由《國語》改編，時間地點人物事實敍述之不同，或者就是他刪改的憑證；……我們不可以隨便說兩書完全出於一人之手，或者以爲是兩部各不相干的書，因爲作僞者有時故意與所采的原料持相反的論調。"② 郭沫若提出《國語》、《左傳》都是楚國左史倚相所作。③ 金毓黻認爲"左丘明既爲《春秋》傳，又稽其逸文，纂其別說，分周、魯、齊、晉、鄭、楚、吳、越八國事，起周穆王，終魯悼公，別爲《春秋外傳》，號曰《國語》。故也號《左氏傳》爲《春秋內傳》。"④ 這顯然是承襲了司馬遷、班固等人的說法。他駁斥了劉逢祿、康有爲等關於劉歆僞作之說。張心澂《僞書通考》中搜羅從漢到近代學者的辨僞成果，認爲《國語》是魯國史官左丘氏的著作，屬於魯國的文獻。是左丘氏記錄所知所聞的書，內容包括魯國、周王室以及其他強國的史實和言語，是爲修史者提供史料的文獻資料匯編，所以稱之爲《國語》，而不叫《春秋》或"史"。《國語》爲左丘氏流傳，但其成書過程絕非出於一人之手。

至於《國語》何時成書，因出土文獻和傳世文獻資料的不足也存在著爭議。《晉書·束皙傳》載晉武帝太康二年（281 年）在魏襄王的墓中發現一批竹書，其中有《竹書紀年》和三篇《國語》。《竹書紀年》所記止於魏襄王二十年（公元前 299 年），書中稱魏襄王爲"今王"，據此可以斷定《國語》裏的一些篇幅應該早於此時寫成。1987 年在湖北慈利石板村發現一處戰國中期偏早的遺址，出土文獻中有《國語·吳語》。根據這些資料，學界普遍認爲大約在戰國早期《國語》就已成書，中期以後就已經流傳於世了。⑤

---

① 顧頡剛：《史林雜識初編》，中華書局 2005 年版，第 223 頁。
② 張西堂：《左氏春秋考證序》，見顧頡剛主編《古史辨》第五冊，上海古籍出版社 1982 年版，第 290 頁。
③ 見《青銅時代·述吳起》一文，中國人民大學出版社 2005 年版，第 170—173 頁。
④ 金毓黻：《中國史學史》，河北教育出版社 2003 年版，第 33 頁。
⑤ 如此，司馬遷"左丘失明，厥有國語"的說法便出現問題，因按照後人的理解，他說的左丘明即是《論語》裏孔子稱道的左丘明，至少是生活於春秋晚期的人，是沒有可能作《國語》的。鄭樵《六經奧義》有："自獲麟至襄子卒已八十年。使邱明與孔子同時，不應孔子既沒七十八年之後，邱明猶能著書。"程端學《春秋本義》與鄭樵說法同。近人毛起《春秋總論初稿》有："《朱子語類》：'或問左氏果丘明否？曰左氏敘至韓、魏、趙殺智伯事，去孔子六七十年，決非丘明。'尤侗說：'《左傳》記韓、魏、趙、智伯之事，及趙襄子之諡，計自獲麟至襄子卒，已八十年。夫子謂左丘明恥之，丘亦恥之，則丘明必先夫子前輩，豈有仲尼沒七八十年，丘明尤能著書乎？'"這是認爲左丘明不可能作《左傳》，編撰《國語》最重要的依據。

　　晚清以來，學者研究《左傳》的成書，往往與《國語》相參照，談論二者孰先孰後。《漢書·藝文志》中列世不見傳的文獻《新國語》五十四篇，其下標注"劉向分《國語》"，劉向如何分《國語》，不得而知。康有為等按照廖平的思路推斷《國語》經劉歆割裂為《左傳》，今本《國語》是其割裂之殘餘。則《國語》的史料年代雖然早，而其最終成書則是劉歆所為了。

　　我們知道兩漢至唐學者多數認為《國語》的成書時間要略晚於《左傳》，他們普遍將司馬遷所言左丘明"成《左氏春秋》"和"左丘失明，厥有《國語》"理解為左丘明先成《左傳》，到晚年失明後又編撰了《國語》。如前文提及的宋司馬光父子和李燾，其後陳造、葉適，明黃省曾、王世貞等。清代學者也多持有這種觀點。近代學者們的研究，不但明確地指出《左傳》、《國語》二者的先後問題，而且還根據資料判斷出二者成書的具體時間，甚至對《國語》八國之語都給出了具體寫成的時間。如衛聚賢、顧頡剛、孫海波、金毓黻、蒙文通等。

　　衛聚賢著有《〈國語〉的研究》[①]一文，文中僅《國語》寫作的時期就采用了七種研究方法，得出的結論是《越語下》乃是後人竄入，其他均為戰國時期的文字。雖然研究得很細緻，但也有不少牽強的地方，不能讓人十分信服。

　　顧頡剛除了認為劉逢祿和康有為的話"頗可信據"外，還指出："《國語》這部書的著作人和著作年代都不明了。"[②]他還將八國之語分正、變二體，其中正體周、魯、晉、楚四國之語雜記一國先後事，變體齊、鄭、吳、越四國之語則專記一國中之一事件。正體為司馬遷時所有之文，為其所見，變體則非其時無其文，司馬遷未見，即便見到也是系在其他語中。他又將《國語》、《左傳》和《史記》等的史料相比較，得出列國之史為原料，《國語》為出於各國之史而非出於一人之手編輯之原料，《左傳》乃由《國語》改作而成的。顯然是認為《國語》成書早於

①　七種方法即比較明顯法、記載異同法、佈局異同法、文體異同法、逞顯本能法、文法變遷法和本身考定法。具體結論是《周語》、《楚語》係公元前431年一個人的作品。《齊語》、《吳語》係公元前431年後到公元前384年前一個人的作品。《魯語》、《晉語》係公元前384年後至公元前336年前一個人作品。《越語上》係公元前384年後更後一個人作品。《鄭語》係公元前314年以後一個人作品。《越語下》係公元前314年後更後一個人作品。《國語》全部八國二十一篇，係六個人在六個時間輯錄而成。衛聚賢：《古史研究》第一輯。

②　顧頡剛：《中國上古史研究講義》，中華書局2002年版，第13頁。

《左傳》。① 孫海波《國語真偽考》一文認爲司馬遷并未見到《國語》，《史記》也沒有選擇其史料，《國語》成書於漢武帝時代之後。童書業認爲《國語》是戰國的作品，成書應當早於《左傳》。② 金毓黻認爲司馬遷、班固的說法是可以相信的，《國語》成書晚於《左傳》，是左丘明稽傳《春秋》之逸文的結果。又言："若夫《國語》之作，是否與作《左傳》爲一人，本不甚重要，惟二書各有詳略異同，可資互證之處甚多，凡研《左傳》者，必讀《國語》，其爲春秋時代古書之一，又不待論也。"③ 可見是將《國語》的成書提前到了春秋時代。蒙文通認爲《國語》割裂而成《左傳》，則是說先有《國語》後有《左傳》了。④

　　這些問題如今很少有人探討了，然而他們的成果卻是我們研究中不能忽略的。

　　2. 注解、評點及文本的刊刻

　　近代學者亦有爲《國語》作注解的。代表性的有清末、民國時期吳曾祺，其作《國語韋解補正》，是補注性質。其後沈鎔有《國語詳注》，徐元誥有《國語集解》。吳曾祺的注釋采集清代諸家，沈鎔的注釋突出重點詞句，徐元誥的注釋則是囊括清代諸家的成果，瑕瑜互見。

　　此外，廖平《國語義疏凡例》針對《國語》文本特點、文例、體例、禮制等評點之處較多。李澄宇《讀春秋蠡述》附《讀國語蠡述》有選擇地評點《國語》中的一些篇章。吳闓生《群書點勘》之《國語》二十一卷，收其父吳汝綸點勘，認爲韋注多訛誤，故采韋注之可者，內多收姚鼐圈識。具有注釋兼評點的特點。

　　關於民國時期《國語》的刊刻情況，大致如下：⑤

　　上海鴻寶齋書局、錦章圖書館 1914 年刊印天聖明道本《國語》。1915年鴻寶齋石印儲欣《古文菁華國語》，中華書局編輯《國語精華》。1923 年沔陽慎始基齋影印《國語補音》三卷。1924 年上海掃葉山房石印《國語》。1926 年上海文明書局印沈鎔《國語詳注》。1930 年中華書局排印徐元誥《國語集解》。1931 年上海商務印書館《萬有書庫》中收《國語》。1933、

---

① 顧頡剛講授，劉起釪記錄：《春秋左傳國語研究》六《論〈國語〉》，巴蜀書社 1988 年版，第 95—107 頁。

② 《國語與左傳問題後案》，浙江圖書館館刊 1935 年版，收入《童書業史籍考證論集》，中華書局 2005 年版。

③ 金毓黻：《中國史學史》，河北教育出版社 2003 年版，第 33 頁。

④ 蒙文通：《論〈國語〉〈家語〉皆爲春秋》，四川省立圖書館編輯，《圖書集刊》1942 年第 3 期。

⑤ 此處資料參考郭萬青文章《歷代〈國語〉研究資料索引》。

1934 年商務印書館連續刊印葉玉麟《國語》，1935 年葉玉麟有《白話譯解國語讀本》，由上海大達國書供應社刊行。上海商務印書館《國學基本叢書》收韋昭注《國語》，附黃丕烈《國語明道本劄記》、汪遠孫《國語明道本考異》。1936 年上海商務印書館王云五主編《叢書集成》收韋昭注《國語》二十一卷，附黃丕烈劄記一卷。上海中華書局刊印《四部備要》收韋昭注《國語》、汪遠孫《國語考異》。國學整理社秦同培《國語精華》。上海世界書局出版秦同培注釋、宋晶如增訂《廣注語釋〈國語〉〈國策〉精華》。1937 年《〈國語〉〈國策〉精華》第四版印刷。

以上除沈鎔、徐元誥外，儲欣、葉玉麟、秦同培的著作也屬于注釋性質。

3. 《國語》的性質

近代學者關於《國語》性質的認識可歸納爲兩點：其一，它不是經書，只能算是"準經典"。其二，它是史著，但不是正史，而是雜史。

梁啟超認爲《國語》是"史學界最初有組織之名著。"[1] 蒙文通認爲《國語》和《孔子家語》皆爲"春秋"[2]。張心澂則認爲："《國語》是魯國的書，是魯國史官左丘明的記所知所聞本國及他國的事實和言語，以備修史之用，是史料性質，所以不稱爲《春秋》，不稱爲史，而稱爲《國語》。"劉節說："《國語》是一部殘缺不完備的國別史。"[3] 一些目錄學家也視《國語》爲史著。羅振常在其遺著《善本書所見錄》中將《國語》列於史部。范希增《書目答問補正》也同樣列《國語》於史部。

可知自清修編四庫將《國語》重新定位之後，其地位已由劉知幾所言"六經之流，三傳之亞"的準經典降爲雜史，這種地位的變化也反映了近代學者對《國語》性質的認識較前代學者更爲準確。

二　《國語》文獻研究的現狀

當代學者對《國語》的研究領域擴大了，涉及到方方面面的内容。一方面歷史學、文獻學、語言學等領域的老問題在繼續探討，新問題又不斷被提出。一方面研究延伸到了禮學、哲學、文學等領域，學術研究由點到面，成果喜人。

---

[1]　梁啟超：《中國歷史研究法》，河北教育出版社 2000 年版，第 21 頁。
[2]　蒙文通：《論〈國語〉〈家語〉皆爲〈春秋〉》，《圖書集成》1942 年第 3 期。
[3]　劉節：《〈左傳〉〈國語〉〈史記〉之比較研究》，《說文月刊》1944 年第 5 卷，收入《古史考存》，北京人民出版社 1958 年版。

（一）作者和成書年代

1. 作者問題

20 世紀五十年代以後，討論《國語》作者問題的人漸少，也無新見。成書年代問題也多和《左傳》比照，探討二者孰先孰後。司馬遷、班固等人的觀點仍是主流。

傅庚生認爲《國語》一書不只是左丘明一人所作。① 徐中舒認爲"左丘明以左丘爲氏，省稱爲左氏。……他出身於魯國的貴族，同時也是最有修養的瞽史。"他反對古人將左丘明根據名字強分作二人，但認爲春秋"內傳"和"外傳"的稱呼很不恰當。"此兩書其中大部分史料都應出於左丘明的傳誦。……司馬遷說：左丘明'成左氏春秋'，又說：'左丘失明，厥有《國語》。'他把此兩書的作者都歸之於左丘明，在傳授系統上，應該是有根據的。"② 徐仁甫認爲《國語》的作者是復姓"左丘"名"明"的人。③ 楊伯峻贊同唐人趙匡的觀點，認爲《國語》非左丘明所作。④ 胡念貽、洪成玉、蘇淵雷等學者則堅持認爲《左傳》乃左丘明所著，《國語》則是另外一書。王樹民認爲《國語》八國之語爲各國史官所作，且各國之語也不是一時之作、同出一人之手。其作者也不是左丘明，最後的編撰者應是左丘氏。⑤ 沈長雲認爲《國語》的作者可能是三晉人。⑥ 譚家健的觀點與沈長雲一致，但他認爲作者可能是三晉的史官，身份更爲具體。⑦

中國臺北著名學者張以仁先生研究《國語》的成果十分豐碩，20 世紀六十年代到八十年代就已發表了有關《國語》作者、《左傳》與《國語》的關係等內容的鴻篇高論。其中《從司馬遷的意見看左丘明與〈國語〉的關係》一文稱："我們大概可以相信，史公的話，本身是沒有任何

---

① 傅庚生：《國語選》前言，人民文學出版社 1959 年版，第 1—15 頁。

② 徐中舒：《〈左傳〉的作者及其成書年代》，《左傳選》後序，中華書局 1963 年版，第 341 頁。

③ 徐仁甫：《左丘明是〈左傳〉還是〈國語〉的作者》，《社會科學研究》1979 年第 3 期，此外，他還在《文史》第十一輯發表了《論劉歆作〈左傳〉》一文，闡述其觀點，代表著作《左傳疏證》中有詳細的論述。

④ 楊伯峻：《〈左傳〉成書年代論述》，載《文史》第六輯。

⑤ 王樹民：《〈國語〉的作者和編者》，見《國語集解》附錄，中華書局 2002 年版，第 601 頁。

⑥ 沈長雲：《〈國語〉編撰考》，收其文集《上古史探研》，中華書局 2002 年版，第 325—338 頁。

⑦ 譚家健：《關於〈國語〉的成書時代和作者問題》，載《河北師範學報》（哲學社會科學版）1985 年第 2 期。

差異矛盾的。"① 他主要從兩個方面展開論證:

其一，著《左氏春秋》和編撰《國語》的左丘明是否爲同一個人。

其二，左丘明和孔子是否爲同時代的人。

文章得出的結論非常謹慎，儘管有猜測，卻能照顧前人說法而留有餘地，比較切合實際。概括如下:

第一，《史記·十二諸侯年表》所言成《左氏春秋》的魯君子左丘明與《太史公自序》所言"左丘失明，厥有《國語》"的左丘明實爲同一人。此人姓"左"名"丘明"。

第二，左丘明不一定是孔子之前賢人。

第三，推算孔子之卒至趙襄子之卒，期間不過五十四年，而非七十八年，左丘明與孔子完全可能同時。年輕的左丘明有機會與晚暮的孔子同觀魯史，並於趙襄子卒後完成《左氏春秋》，撰成《國語》，這種情況是存在的。②

第四，根據《史記·仲尼弟子列傳》中的記載，以孔子與其弟子間的最大年齡差推測孔子長左丘明四、五十歲是沒問題的，二人處於同時期且有過會面也是完全可能的。

第五，又以錢穆《諸子生卒年約數》(《先秦諸子繫年》所附)資料中先秦諸子的年壽推測左丘明活至七、八十歲很正常。

第六，據傳世文獻記載可證"庶長"之名春秋之前就有，而"臘"祭則爲周代舊制，也非秦惠王所創之名，從而否定陳振孫和朱熹等認爲此二名秦時方有之說。③

第七，解釋《晉語四》"唐叔之世，將如商數"這一瞽史預言，來反駁《國語》中的預言皆非當時實錄之定見。

第八，分析孫海波對《〈史記〉自序》解釋的錯誤，來論證左丘明的時代要早於孫臏和屈原。

但第一個結論與他的另一篇文章《從文法、語匯的差異證〈國語〉、〈左傳〉二書非一人所作》④ 的結論略有矛盾。僅管他作了解釋，

①　張以仁:《從司馬遷的意見看左丘明與〈國語〉的關係》，刊載於《歷史語言研究所集刊》1981 年第 52 期。

②　參見上文敘近代學者研究注釋言及鄭樵、程端學、毛起、尤侗等人的說法。

③　張心澂:《偽書通考》經部春秋類收陳振孫、朱熹之說，商務印書館 1939 年版，1954 年重印，第 357—358 頁。

④　《從文法、語匯的差異證〈國語〉、〈左傳〉二書非一人所作》，刊載於《歷史語言研究所集刊》1962 年第 34 期。

稱"本文（《從司馬遷意見看左丘明與〈國語〉的關係》）一則旨在考論史公之說，並非闡發個人對二書作者之意見。……二則古人於編撰與著作之間，分別也不甚真切，《左傳》與《國語》二書，若一爲所著，一爲所編而略加潤色，則後世以爲同出一人，也非無此可能。然此自是另一問題。"但畢竟他是站在司馬遷的角度證明了《左傳》的著者和《國語》編撰者同爲左丘明這一說法的可能性。司馬遷的說法應該是當時人普遍的說法，也應該是前代流傳下來的說法，不過是中間經歷戰火和焚書我們無法從文獻資料中找到更多原始的佐證記載罷了。後世學者在文獻不足的情況下懷疑這一成說是求真的體現，遺憾的是拿不出令人信服的證據。

2. 成書年代問題

徐中舒認爲公元前 375 年至公元前 351 年之間是《左傳》最終完成的時間段，即六國相繼稱王之前。《左傳》的內容援引了《國語》的史料，如此說來《國語》要早於《左傳》成書，約爲戰國早、中期之間。① 白壽彝認爲《國語》爲戰國初期作品很有道理。② 譚家健也認爲《國語》的最終成書在《左傳》稍前，其時當在春秋末和戰國初。③ 王樹民則認爲《國語》的成書不能早於戰國時期。④ 沈長雲認爲《國語》比《左傳》晚出，並且借鑒了《左傳》的史料，成書時間不會早於戰國晚期。⑤

張以仁的觀點在上文提及的《從司馬遷的意見看左丘明與〈國語〉的關係》一文中已有表述。結論是晚暮的孔子和年輕的左丘明同時，二人的年齡差距在四、五十歲是可能的，左丘明活到七、八十歲也是正常的，那么左丘明在趙襄子死後完成《左氏春秋》，編撰成《國語》這種情況就是存在的。⑥

上世紀末本世紀初，仍有不少學者針對《國語》的編撰、作者、成書年代、《左傳》、《國語》關係等問題進行研究，難見新說。在期刊資料

① 徐中舒：《左傳選》後序《〈左傳〉的作者及其成書年代》，中華書局 1963 年版，第 341 頁。
② 白壽彝：《〈國語〉散論》，刊載《人民日報》1962 年 10 月 26 日。
③ 譚家健：《關於〈國語〉的成書時代和作者問題》，載《河北師院學報》（哲學社會科學版）1985 年第 2 期。
④ 王樹民：《〈國語〉的作者和編者》，《文史》1986 年第 25 輯。
⑤ 沈長雲：《〈國語〉編撰考》，《河北師院學報》1987 年第 3 期。
⑥ 張以仁：《從司馬遷的意見看左丘明與〈國語〉的關係》，刊載於《歷史語言研究所集刊》1981 年第 52 期。

庫中不難檢索到他們的論文成果，限於篇幅，不在此處羅列。

（二）《國語》的性質問題

傅庚生同張心澂一樣認爲《國語》是一部經人整理的史料。① 史料未必是史書，但如《國語》這樣經過系統編撰的史料之書顯然也是史書。白壽彝認爲《國語》是“還沒有發展成爲一部有完整形式的史書”、“是一部可以卓然自立的書”。② 還將《國語》和《左傳》一同視爲“《春秋》經以後的關於春秋史的重要的私人撰述。”③ 王重民在《中國善本書提要》和《中國善本書提要續編》中都將《國語》列在史部雜史類。孫啟治、陳建華所編《古佚書輯本目錄附考證》一書也依據四部分類法，將《國語》列於史部雜史類。可知他們都視《國語》爲歷史著作。這些學者的意見，也是對《國語》性質的回答。

自清末俞樾“疑古史記載，自有語名”提到《國語》爲“周史之舊名”後，徐中舒據《國語·楚語上》申叔時闡述如何教育太子的一段話，指出春秋時官守的文獻中存在“語”這種形式。④ 申叔時認爲學習“語”的目的在於“使明其德，而知先王之務用明德於民也。”張政烺先生認爲馬王堆漢墓出土帛書《春秋事語》是一種固定的體裁，稱爲“語”。⑤ 張以仁指出《國語》的藍本，大概就是當時很多國家的記錄他們本國的大人先生或先賢往哲的嘉言善語的集子——“語”。楊寬的觀點同徐中舒，認爲《國語》就是申叔時所說的“語”類史書。⑥ 王樹民在《〈國語〉的作者和編者》一文指出：“把當時流傳的各國的‘語’集合起來，編成一書，便爲《國語》，即列國之語的意思。”⑦ 顧靜則認爲《國語》是分國而編的古人言論的匯編，不能算作是有系統性的史著，近似於後世的《世說新語》。人們把其中的材料作爲史料來運用，但這與歷史著作是有區別的。⑧ 沈長雲《〈國語〉編撰考》一文指出《國語》並不是史，它的特點在於它是“語”。雖認同“語”的形式卻否定了“史”的性質。俞志慧先後發表了《〈國語·周、魯、鄭、楚、晉語〉的結構模式及相關問

①　傅庚生：《國語選》前言，人民文學出版社 1959 年版，第 1—15 頁。

②　白壽彝：《〈國語〉散論》，刊載《人民日報》1962 年 10 月 26 日。

③　白壽彝：《中國史學史》第一冊，第一篇，上海人民出版社 1986 年版。

④　徐中舒：《〈左傳〉的作者及成書年代》，見《左傳選》後序，第 360 頁。

⑤　張政烺：《馬王堆漢墓出土帛書〈春秋事語〉釋文》，《文物》1977 年第 1 期。

⑥　楊寬：《戰國史》，上海人民出版社 1980 年版。

⑦　王樹民、沈長雲點校，徐元誥撰：《國語集解》附錄，中華書局 2002 年版。

⑧　鄔國義等：《國語譯注》，上海古籍出版社 1994 年版。

題研究》[①] 和《〈國語〉的文類及八〈語〉遴選的背景》[②] 等文章，站在“語”的角度來否定《國語》史書的性質。這是在“語”和“史”之間進行切割的一次嘗試，但觀點能否成立尚需強有力的論據支撐，只是一家之說。

（三）注釋研究

對《國語》注釋的研究，包括三方面：韋注、舊注輯校和舊注研究。研究主要運用傳統訓詁學的方法，成果較多。這裏主要介紹較有影響的成果。

在韋注的考辨和研究上，中國臺北張以仁 1964 年、1967 年分别發表了《〈國語〉劄記（一）》和《〈國語〉劄記（二）》。[③] 這是他以劄記的形式考證韋注的兩篇文章。1969 年臺灣商務印書館出版了他的評注《〈國語〉斠證》。七十年代初到八十年代初又於歷史語言研究所集刊上分别發表了《〈國語〉集證》卷一和卷二（上），後合並在一起收錄在《張以仁先生先秦史論集》一書中。[④] 1984 年發表了《〈國語〉韋注商榷》。[⑤] 此外，彭益林在 1982 年和 1985 年分别發表《淺談〈國語・韋注〉的特點和價值》和《〈國語・周語〉校讀記》，[⑥] 非常準確地把握了韋注特點及其學術價值，還對部分韋注進行了考辨。近年來，俞志慧按八國之語對韋注辨正，發表了系列文章並成專著《〈國語〉韋注辨正》。趙生群也針對《周語》和《魯語》發表了《〈國語〉疑義新證》[⑦] 一文。針對俞志慧的研究，郭萬青 2010 年在《古籍整理研究學刊》（第 5 期）發文《俞著〈國語韋注辨正〉獻疑》。也有人將韋注與杜預《左傳》注比較研究，樊善標《從〈左傳〉〈國語〉重出文字看杜預、韋昭的訓詁》、[⑧] 李僅《杜預〈左傳〉注與韋昭〈國語〉注比較》，將這兩部相對完整的史注對比研究。對韋注的研究尚有董蓮池、呂蒙、苗文利等十餘家，他們皆以傳統

---

① 俞志慧：《〈國語・周、魯、鄭、楚、晉語〉的結構模式及相關問題研究》，《漢學研究》2005 年第 23 卷第 2 期。

② 俞志慧：《〈國語〉的文類及八〈語〉遴選的背景》，《文史》第二輯，中華書局 2006 年版，第 23—44 頁。

③ 分别刊於《大陸雜誌》1965 年第 30 卷第 7 期，《慶祝李濟先生七十歲論文集》（下），1967 年，第 613—624 頁。

④ 張以仁：《張以仁先秦史論集》，上海古籍出版社 2010 年版。

⑤ 張以仁：《〈國語〉韋注商榷》，《孔孟月刊》1984 年第 23 卷第 3 期。

⑥ 分别刊於《人大復印報刊資料・歷史學》1982 年 12 月，轉《華中師範學院研究生學報》第 3 期，《華中師範大學學報》（哲學社會科學版）1985 年第 5 期。

⑦ 趙生群：《〈國語〉疑義新證》，《古籍整理研究學刊》2007 年第 2 期。

⑧ 2002 年“第一屆中國語言文字國際學術研討會”論文。

考據學的方法對韋注進行辨正。此外，一些博士生的畢業論文也有以
《國語》韋注爲研究對象的，如樊善標、王寒冬以及日本學者高橋康浩
等。不難檢索。

　　《國語》韋注的研究還涉及到其他方面，如對韋注的成書年代、韋注
對"三禮"及《春秋》經傳等儒家經書的徵引、韋昭的經學思想、韋注
的辭匯語法等領域。代表學者如郭萬青、樊善標、和日本的池田秀三等。

　　也有學者研究清人輯佚之舊注。張以仁於 1969 年發表了《〈國語〉
舊注輯校序言》，文中闡述了舊注輯校的原因和目的。指出韋注一出而鄭
衆、賈逵、唐固、虞翻等人的注釋均難行於世甚至無聞，其後晉人孔晁的
注也不能與韋注抗衡。儘管韋注對鄭、賈、唐、虞等諸家注釋均有取捨，
但所取未必盡是精華，所棄也未必盡是糟粕。有人認爲孔注要優於韋注，
王引之、董增齡等甚至援引孔注抗衡韋注。清人馬國翰、王謨、王仁俊、
黃奭、汪遠孫等人有《國語》舊注輯佚的成果，張以仁據此"因匯采諸
家之成書，廣搜古籍之散佚。比同別異，勾殘補闕，正僞訂誤。以成
《〈國語〉舊注輯校》一編。……庶幾稍解讀者之惑。若有深思好學之士，
進而稽韋注之淵源，追《國語》之原貌，察訓詁之演變，固所企盼者
矣。"① 自 1971 年始至 1973 年，他於《孔孟學報》上前後共發表《〈國
語〉舊注輯校》六個部分。1978 年又發表《〈國語〉舊注範圍的界定及
其佚失情形》，② 1981 年又發表《〈國語〉舊注的輯佚工作及其產生的問
題》。③ 此外，陳鴻森有《汪遠孫三君注輯存摭遺》兩篇。日本學者高橋
康浩《〈國語〉舊注考——賈逵、唐固、韋昭の比較》，④ 將韋注與輯注
綜合比較。高校文獻學專業研究生也有關于《國語》舊注輯佚方面的畢
業論文。

　　對《國語》舊注和韋注的研究，郭萬青的研究數量多，質量高。其
內容包括《國語》舊注比較研究，如敦煌殘卷注和韋注的比較、韋注和
真德秀《文章正宗》所選《國語》篇章注釋的比較、韋注和王肅《家
語》相關篇章注釋比較等。

　　此外，郭萬青還針對清代和近、現代學者《國語》研究的專著有系

---

① 張以仁：《國語舊注輯校序言》，《歷史語言研究所集刊》1969 年第 41 卷第 3 期。
② 發表于《屈萬里先生七秩榮慶論文集》，1978 年，第 129—139 頁。
③ 見《中央研究院國際漢學會議論文集》，1981 年，第 545—570 頁。上海古籍出版社
　2012 年版《張以仁語文學論集》收錄此文。
④ ［日］高橋康浩：《〈國語〉舊注考——賈逵、唐固、韋昭の比較》，載《人文科學》2011
　年第 16 期。

統的研究。清代學者著述方面的，如《洪亮吉未作〈國語韋昭注疏〉辨》、《李慈銘〈讀國語簡端記〉補箋》、《黃模〈國語〉校理淺析》、《吳曾祺〈國語韋解補正〉校補》等，對這些著作進行了整體評價，並且對其具體條目進行了疏證和商榷。近、現代學者著述方面的，如對沈鎔《國語詳注》、徐元誥《國語集解》、石光瑛《國語韋解補正》、楊樹達《讀〈國語〉小識》、金其源《讀書管見・國語》、鄭良樹《國語校證》、張以仁《國語斠證》、張以仁《國語集證》、張以仁《國語舊注輯校》、張以仁《國語劄記》、張以仁《國語虛詞集釋》、徐仁甫《晉語辨正》、彭益林《〈周語〉、〈晉語〉校讀記》、蕭旭《國語校補》、俞志慧《〈國語韋昭注辨正〉辨證》等論著和論文進行的整體評價與具體條目的疏證等。這些成果已編輯成《近百年來〈國語〉校詁研究》一書，2016年末由鳳凰出版社發行。

郭萬青通過這些文獻資料研究、比勘和校理，不僅解決了一些《國語》具體詞語的訓詁問題，也解決了有關《國語》版本流傳和文本間差異等問題，爲《國語》以及相關典籍的進一步深入整理與研究、爲《國語》歷時的全面整理與研究提供了前期成果，而且通過《國語》刻本用字爲漢字應用和漢字書寫研究提供了很多參證資料。

（四）《國語》異文整理和版本梳理

《國語》的不同傳本比勘，往往會有異文，而典籍文獻徵引《國語》的過程中我們也會發現與常見本在文字上的不同。對這方面的研究，較早的有針對慈利楚簡的一些研究，如蕭毅《慈利竹書與〈國語・吳語〉初探》、何有祖《慈利竹書與今本〈國語〉試勘》、《從慈利竹書數字簡看今本〈吳語〉的分章》等。

郭萬青在《國語》異文整理比勘的研究上深得清人考據真髓，成果最多，水準也最高。其研究成果主要有：

1. 敦煌殘卷本和傳世各本的校勘，如《甘肅藏敦煌殘卷本〈國語・周語下〉校記》。

2. 傳世各本《國語》間的對勘，如《國語補音》作爲宋庠的個人著作，其所采《國語》用字和今傳《國語》各本都有一定差異，郭萬青發表了《宋刻宋元遞修本〈補音〉〈國語〉比勘》一文。專門的傳世各本《國語》比勘，如《〈國語〉考校》一文以金李本爲底本、以《國語》明本四種比勘所得條目爲對象的《國語》多本異文的考校。該成果2015年3月刊於《古典文獻研究輯刊》第二十編第六、七冊，由中國臺灣新北市花木蘭文化出版社出版。

3. 運用今傳各本《國語》與小學要籍、類書徵引《國語》資料的比勘。研究涉及的類書有《玉燭寶典》、《北堂書鈔》、《藝文類聚》、《群書治要》、《初學記》、《白氏六帖事類集》、《太平御覽》和《冊府元龜》等。小學要籍有《原本玉篇殘卷》、《玄應音義》、《慧琳音義》、《希麟音義》、唐代韻書（《切韻》、《唐韻》殘卷）、《說文解字繫傳》、《廣韻》、《宋本玉篇》、《類篇》、《集韻》、《古今韻會舉要》等。2014 年 3 月中國臺灣《古典文獻研究輯刊》十八編刊出其《小學要籍引〈國語〉研究》（上下），共 417 頁。專著《唐代類書引國語研究》也由齊魯書社於 2018 年刊行。

4. 先秦兩漢傳世文獻和《國語》相同內容的比勘。這一方面包括《魯語上》"展禽論祭爰居非政之宜"篇與《禮記‧祭法》的比勘，《周語下》"單襄公論晉君臣"、"叔向說《昊天有成命》"和《新書‧禮容語下》的比勘，《楚語上》"申叔時論傅太子"和《新書‧傅職篇》的比勘，以及《國語》與《左傳》、《史記》、《說苑》、《漢書》等先秦兩漢典籍相關內容的比勘。

對《國語》異文的比勘也不可避免地涉及到《國語》版本問題，郭萬青在研究中常常對《國語》的版本給出準確詳細的說明。

我們知道《國語》的版本主要有兩個系統，一是公序本，一是明道本。但對各種傳本屬於哪個系統則少有人細緻的梳理。這方面的研究成果主要有張以仁 1982 年發表的《淺談〈國語〉的傳本》[1] 一文。文中除了介紹"公序本"和"明道本"的各種傳本外，還對主要的注本加以評價。並針對徐復觀先生《釋"版本"的"本"及士禮居本〈國語〉辨名》[2] 一文中對《國語》"天聖明道本"的懷疑和考辨，另據何焯《跋〈國語〉》之說，指出"天聖明道本"的稱呼並非始於黃丕烈，自然也非書商爲轉售取利的妄擬。這些研究十分謹慎，但極有學術價值。俞志慧《韋昭注〈國語〉公序本二子本之對比》[3] 一文，考察了《國語》兩大版本系統公序本與明道本的源流，列出了這兩個版本的七大區別，認爲若從大眾接受的角度考慮，明道本當推首選。若以學術研究求真的要求來衡量，公序本更優。郭萬青在《國語》版本問題上，發表了《〈國語〉金李本、張一鯤本、穆文熙本、秦鼎本之關係》、《從"菓"、"菓"之異談黃刊明道本〈國語〉及其覆刻本的版本系統》、《宜靜書堂本〈國語〉考略》、

---

① 張以仁：《淺談〈國語〉的傳本》，《孔孟月刊》1982 年第 21 卷第 3 期。上海古籍出版社 2012 年版《張以仁語文學論集》收錄此文。

② 徐復觀：《中國思想史論集續編》，上海書店 2004 年版，第 164—170 頁。

③ 俞志慧：《韋昭注〈國語〉公序本二子本之對比》，《齊魯學刊》2011 年第 4 期。

《〈書目答問〉匯補三種"國語"條目疏補》等論文。此外上文提到的《小學要籍引〈國語〉研究》、《〈國語補音〉異文研究》、《唐宋類書引〈國語〉研究》、《〈國語〉考校》等論著的前言或結語部分，也有對今傳《國語》各本進行較爲詳細的比較研究，並且對公序本系統、明道本系統及其內部版本系統進行了十分細緻的梳理與分析。

有關《國語》書名的探討，1969 年張以仁發表了《〈國語〉辨名》① 一文，認爲保守一點來講《國語》名稱的出現不會晚於戰國魏安釐王時期。

（五）《國語》語言學方面的研究與《國語》引得

《國語》語言學方面的研究，涵蓋語音、文字研究、詞匯研究和語法研究等方面。

對《國語》舊音的考校，1971 年張以仁先後發表《〈國語〉舊音考校序言》和《〈國語〉舊音考校》② 兩篇文章。《〈國語〉舊音考校序言》說明了舊音考校的緣由及其他相關資料的問題。《〈國語〉舊音考校》條目文字主要部分大概是依據微波榭本《〈國語〉補音》。"惟《補音》每條僅出二、三字，意義不明，查檢亦復不便。因依國話補足其上下文。"至於《國語》的版本張以仁依據的是世界書局影印的讀未見書齋重雕的明道本韋氏解《國語》。

文字方面的文章有龍良棟的《〈國語〉假借字考》③，李波有針對《國語》字頻的研究。語法詞匯研究較早的有何永清的專著《〈國語〉語法研究》。張以仁最早對《國語》虛詞進行研究，1967 年發表《〈國語〉虛詞訓解商榷》④ 一文。1968 年又發表了《〈國語〉虛詞集釋》，⑤ 做了更爲細緻的研究。繼張以仁後有近二十位學者發表過研究《國語》虛詞方面的文章。實詞方面，郭萬青著有《〈國語〉動詞管窺》⑥ 一書。此書對《國語》的動詞進行了全面統計，既重視語法分析，也在《國語》具體語詞的訓詁問題上下了一定的功夫。張傳曾教授認爲該書的語法研究顯示著歷時發展的觀點，在研究方法上繼承了清儒的樸學精神，堅持實事求

① 張以仁：《〈國語〉辨名》，《歷史語言研究所集刊》1969 年第 40 期下。
② 張以仁：《〈國語〉舊音考校序言》，《歷史語言研究所集刊》第 42 卷第 4 期；張以仁：《〈國語〉舊音考校》，《歷史語言研究所集刊》第 43 卷第 4 期。
③ 龍良棟：《〈國語〉假借字考》，《淡江學報》1967 年第 11 期。
④ 張以仁：《〈國語〉虛詞訓解商榷》，《歷史語言研究所集刊》1967 年第 37 卷上。
⑤ 張以仁：《國語虛詞集釋》，《臺北中央研究院歷史語言研究所專刊》1968 年第 55 期。
⑥ 郭萬青：《〈國語〉動詞管窺》，四川大學出版社 2008 年版。

是、重視文例探索，重視詞語史料的發掘與利用，是“傳統語文學的回歸與發展”，評價甚高。此外，郭萬青還發表了《〈國語〉雙重否定結構分析》、《〈國語〉中的“曰”字和“云”字》、《〈國語〉“曰”字語法研究》、《〈國語〉中的名量詞》等有分量的語言文字學方面的論文。在詞語訓詁方面，郭萬青的成果也不少，如《〈國語〉劄記六則》、《〈國語〉的正文訓詁》、《說“墢”》、《論“三女爲粲”之“粲”的本字爲“奸”》以及收錄於《〈國語〉動詞管窺》、《小學要籍引〈國語〉研究》、《〈國語補音〉異文研究》等專著中的一些相關成果。郭萬青運用傳統的音義繫聯之法，結合古文字、敦煌俗字、語法學以及其他相關成果，對具體語詞的訓詁進行商榷考訂。

　　對《國語》詞匯語法的研究，除了虛詞和動詞外，還有對其他的實詞研究，如名詞、形容詞、代詞、量詞等。此外還有對短語或片語的研究。

　　當代學者研究《國語》開闢了很多新的領域，值得一提的是外國和港臺学者從事的《國語》索引工作，爲《國語》的語言研究以及其他方面研究提供資料檢索，提高了研究的效率。最早作這方面工作的是日本學者鈴木隆一，他在 1934 年以黃丕烈刊明道本《國語》爲底本編制了第一部《國語索引》，共二冊。① 其後所出的索引較之均有所改進。如德國漢學家鮑吾剛所編的《國語引得》、中國臺北學者張以仁所編的《國語引得》、② 中國香港學者劉殿爵、陳方正所編的《國語逐字索引》等。

　　鮑吾剛所編《國語引得》於 1967 年由中國臺北美國亞洲協會中文研究資料中心出版，1973 年成文書局再版刊行。引得的體例參照了日本諸橋轍次編《大漢和字典》的體例，依照《大漢和字典》收字的排列順序，將黃丕烈嘉慶五年（1800 年）刊印行世後收入《叢書集成》的本子作爲底本。在第二冊中以表格的形式列出書中漢字出現的字頻。包括“在敍述的、直接的演說或在直接引語中的引文”和“再現在八組不同國家（八國之語）的章節中”③ 的引得。據郭萬青研究，鮑氏《國語引得》對《國語》文本進行編碼，故其索引就只見數位。

　　張以仁所編《國語引得》以世界書局《國語》影印本爲底本，采用哈佛燕京學社引得的體例。序言中張以仁首先對鈴木氏和鮑氏二家的索引給予了客觀的評價。

---

① ［日］鈴木隆一：《國語索引》，東方文化學院京都研究所 1934 年版。
② 張以仁：《國語引得》，臺北中央研究院歷史語言研究所刊行 1976 年版。
③ ［英］魯惟一主編：《中國古代典籍導讀》，李學勤等譯，遼寧教育出版社 1997 年版，第 284 頁。

　　中國香港劉殿爵、陳方正等人所編的《國語逐字索引》，收入 1999 年香港商務印書館出版發行的《先秦兩漢古籍逐字索引叢刊》。該書以天聖明道本《國語》爲底本，參以其他文獻對《國語》原文進行校改，雖是引得性質，也是文獻研究的必要參考。

　　在此附帶一言，中國臺北的張以仁先生是研究《國語》的專家，1980 年他的《〈國語〉〈左傳〉論集》一書在臺北東升出版公司出版。該書收集了他研究《國語》和《左傳》的論文。1990 年臺北聯經出版事業公司出版了他的《春秋史論集》一書，收集了他研究《國語》的部分論文。這兩部論著中所收集的張先生有關《國語》研究的成果凝結了他多年的心血，很多問題在當時還是熱點問題，直到今天仍是我們研究的重要參考。上海古籍出版社 2010 年 1 月出版了《張以仁先秦史論集》，裏面收錄了張先生上世紀六十年代初至八十年代初研究《國語》與《左傳》關係、左丘明與《國語》關係以及《國語》舊注和《周語》集證等舊作。近年來其《國語》研究的文章在大陸已不難找到。2012 年上海古籍出版社又推出《張以仁語文學論集》，收入研究《國語》文章 5 篇。

（六）思想及其他方面的研究

　　傅庚生在《〈國語〉選序》一文中有對《國語》思想的探討。序言認爲《國語》"基本上是屬於儒家思想範疇的一部史書。"他歸納全書體現出來的儒家思想共表現在九個方面："一曰民本思想；二曰尚德；三曰道忠恕；四曰主謙和；五曰奉勤儉；六曰隆制度；七曰知天命；八曰崇禮；九曰正名。"但"散見在各語中的一部分材料也還有溢出儒家思想範疇以外的"其他思想，如墨家、法家、道家等思想的萌芽。後來學者的研究基本不出傅庚生先生所確定的範圍，不過是研究的思想內容更加細化。

　　勾承益《先秦禮學》書中有研究《國語》禮學思想的專門章節，研究得比較系統。劉瑛在《〈左傳〉、〈國語〉方術研究》一書中，以《左傳》《國語》二書相關記錄爲依據，輔以《周禮》的相關記載來印證，研究春秋時期的數術占卜制度。一些涉及到先秦思想的著作和教科書中有關章節里也有提到《國語》的思想問題，內容不多。

　　學術論文方面還有殷孟倫的《〈國語〉哲學思想研究》、新加坡林徐典的《論〈國語〉的思想傾向》等。這類文章數量有限，上乘質量的研究成果也相對較少，多是互相借鑒，觀點重復，只變換論據而已。

　　從文學的角度研究《國語》，也是《國語》研究的一個內容。這方面的研究成果也很多，內容涉及到記事的特色、語言風格、結構安排、寫作學的特征、創作意圖、以及文學價值等，多見於各種版本的中國文學史先秦卷中。代表學者有譚家健、來可泓、黃永堂等。

在《國語》的新注新譯方面，有董立章的《國語譯注辨析》，黃永堂的《國語全譯》，薛安勤、王連生《國語譯注》，鄔國義等《國語譯注》、來可泓《國語直解》等。

三　國際漢學中的《國語》研究

國際漢學對《國語》的研究，成果多體現在對文本的整理編輯，這方面日本漢學學者成果最多。如桂湖村、林泰輔、冢本哲三、大野峻、常石茂等。從出版的日文著作上看，代表性的有桂湖村講述的《國語國字解》和林泰輔譯注的《國語》。

《國語國字解》全書分爲上、下兩部分，由東京早稻田大學編輯部編輯，該大學的出版社出版發行。《先哲遺著追補·漢籍國字解全書》（1917 年）收錄此書，列在第四十一、四十二卷。桂湖村首先在“敍說”中分十三章詳细地介紹《國語》文獻的狀況。其中，第一章至第四章分別介紹《國語》之名義、作者、體裁以及流傳，包括《國語》傳入日本和在日本的流傳情況。第五章至第九章是表格，所列首先是記事年表，將《國語》西周和春秋的紀年和日本的紀年相參照，然後列出各國諸侯、卿大夫的世繫表。再列《國語》中出現的人物表，卽自周穆王時期到春秋末期《國語》起訖時段的人物表，具有索引的性質。最後列《國語》所涉的地名表。第十章主要介紹《國語》與《左傳》的關係，運用對比的方法，分八國逐條比較。第十一章“《國語》的文章”是對《國語》諸國之語的評價，按照國別進行點評，有不少獨到的見解。第十二章爲《國語》的注釋和論議書類，包括亡佚在內的中國古代文獻和日本國學者的文獻 64 部。其中中國古代的 47 部，日本 17 部。桂湖村對所列的這些文獻都做了簡單的介紹。第十三章是《國語》的參考書類，列出《國語》研究的參考文獻。包括七種共 60 部文獻，一、事跡書類 26 部，二、論說書類 5 部，三、曆時書類 6 部，四、姓名書類 10 部，五、職官書類 2 部，六、地理書類 9 部，七、名物書類 2 部。“敍說”的最後部分講述韋昭的《國語解敍》。《國語國字解》的下半部分主要講解《國語》的正文。

桂湖村的《國語國字解》“敍說”是日本漢學學者中研究《國語》最全面的資料，除了詳细講述《國語》自身文獻方面的常識性問題外，還爲《國語》作了人名、地名的索引，爲文本所涉及天子、國君以及重要卿大夫也作了世繫，此外還提供了《國語》所載涉及的背景，對釋義進行了補充，列出了參考文獻。這種歸納和整理是我們中國的學者都很少去做的，但桂湖村卻做得十分認真、扎實、系統，爲我們了解日本研究《國語》的狀況提供資料參考，也爲我們的研究提供幫助。

另外，《國譯漢文大成·經史子集》第十七卷收入林泰輔譯注的《國語》。該書在 1923 年由東京共同印刷株式會社刊印發行。書的前面有前川三郎的《國語解題》，首先從書名、卷數、作者、體裁等幾個方面介紹《國語》的基本情況，然後又引用了後儒的評價，最後對《國語》的流傳、韋注等問題做了詳細的說明。

其他日本學者如冢本哲三、大野峻、常石茂等也有對《國語》的整理編輯。其中冢本哲三編輯的《國語》收入《漢文叢書》，由東京有朋堂書店於 1927 年發行。該書前有中村久四郎的《國語解題》，類似於序言。內容是簡單介紹《國語》的文獻學常識和在日本的流傳概況。大野峻編輯的《國語》收錄在《中國古典新書》（1969 年）和《新譯漢文大系》（1975 年、1978 年）第六十六、六十七卷。常石茂編輯的《國語》收錄於《中國古典文學大系》（1972 年）第七卷。

前文談到鈴木隆一編著的《國語索引》，則是一部工具書性質。該書以黃丕烈《士禮居黃氏叢書》中所收《國語》明道本爲底本，1934 年在東京出版，1967 年再版。

《國語》輯佚方面有新美寬編，鈴木隆一補，京都大學人文科學研究所 1968 年出版的《本邦殘存典籍にょゐ輯佚資料集成》。

針對《國語》的性質，貝塚茂樹和谷口洋都曾發表論文探討。1957年貝塚茂樹在《东方学》（第 14 辑）发表了『国語に現れた説話の形式』（《〈国语〉中所显现的说话之形式》）一文，1998 年谷口洋於《日本中国学会报》第 50 期发表了『国語・論語における“語”について』（《有关〈国语〉〈论语〉中的“语”》）一文，對“語”的認識大概是受到中國學者的影響。池田秀三的《韋昭注經學——尤以禮學爲中心》對韋昭經學思想進行研究。

除日本漢學家對《國語》有研究外，瑞典漢學家高本漢（Bernhard karlgren）在 20 世紀二十年代作《左傳真僞考》，通過對文法的分析，認爲《左傳》和《國語》文法雖然相近，但不像是一人所爲。德國學者鮑吾剛編有《國語引得》二冊。法國和俄羅斯的學者主要是翻譯《國語》。1985 年法國學者安德烈·荷爾曼翻譯的《國語》由巴黎法蘭西學院高級漢語研究所出版發行，是爲法文版本。這個譯本即《國語：關於諸侯國的言語一：周語》，由荷米·馬蒂加以補充，是一部很重要的《國語》西文譯本。1987 年前蘇聯學者塔斯金將《國語》譯成俄文，由莫斯科科學出版社出版。這也是一部重要的介紹和注釋《國語》的西文譯本。①

新加坡學者林徐典 1990 年發表《國語的人物、結構與語言》、1991年發表《論〈國語〉的思想傾向》。

以上是對《國語》文獻研究歷史和現狀的簡單梳理，當然還不夠全面。據郭萬青統計，截止目前，《國語》研究的論文共有 500 餘篇。2000年以來的論著數量較 1909—1999 年這 90 年間的總量還多。這其中不乏重復的研究，儘管難有創建，儘管有些新觀點難以立住，儘管水平參差不齊，但都是學者努力嘗試的成果，值得肯定，令人欣喜。所謂眾人拾柴火焰高，每位學者學術思想的火花匯聚在一起就是燎原烈火，我們期待《國語》研究能迎來更光明的前景，取得更豐碩的成果。

第二節　《國語》文獻研究的意義、思路和方法

上節重點介紹了古今中外《國語》研究的主要成果，這些成果今天仍然不可忽視。有的研究改變了人們對《國語》的認識，如對其性質和地位的探討。有的研究呈現給我們更完美的文本，如公序本的補音和明道本的勘校。有的研究雖尚無定論，卻也讓我們在學習和研究中對圍繞《國語》的一些特定的問題有了更加清晰的認識，如作者、成書年代和與《左傳》間關係等問題。有的研究立足于考辨，理順了閱讀《國語》中滯澀的部分，如對韋注的補注和辨正。透過這些成果，我們也能體會到學者研究意義、思路和方法，其經驗也爲我們的研究所借鑒。

這里簡單介紹《國語》文獻研究的意義、研究思路和運用的方法，希望某些思想能夠被學界包容和接受。

一　研究的意義

我們認爲《國語》應該得到學界的足夠重視。深入系統地研究它，具有較爲重要的意義。

首先，全面深刻地了解西周中後期和春秋時期的歷史，必須研讀《國語》。

---

① 部分日本漢學學者和歐洲漢學學者研究《國語》的成果資料間接引自 ［英］魯惟一主編的《中國古代典籍導讀》，李學勤等譯。

　　若要把握整個先秦歷史發展脈絡，盡可能全面了解先秦史，我們必須要重視每一部先秦文獻，準確評估這些文獻的價值和作用。然而因爲戰亂和人爲管理的不當，大量的先秦文獻已經散失，讓後來從事先秦歷史研究的學者陷入了很大的困境。所以，有幸保存下來的先秦典籍就顯得更加寶貴。雖然《國語》并不是以儒家經典身份被留存下來的文獻，但其與《春秋》、《左傳》確實有著“經義並陳”①　的關係，爲世人所重，故而能在經歷天災人禍之後“幽而復光”。②　文本中所保留的西周春秋時期王室、各大諸侯國的珍貴史料，爲研究這一時段的政治、經濟、軍事以及外交、主流思想等問題提供了重要參考。

　　西周中後期，禮崩樂壞，群雄逐鹿，王祚不興，這些在《國語》中均有記載。但記載并不側重於完整地敘述歷史事件，而是側重於對事件的評點和分析。因此我們找到了出現這些狀況的政治、經濟以及軍事上的根源，與記載春秋歷史的《左傳》和諸子之書等相關文獻記載相互印證之後，就愈加清楚了。周王室不甘衰頹，希望重現周初禮樂治國的輝煌，卻不務德政，對外炫耀武力，對內極度搜刮，榨取山澤之利，民多腹謗，道路以目，最終導致國人暴動。平王東遷進入東周之後，整個社會生產方式發生了大變化，鐵犁牛耕逐漸普及，生產力大幅提高，社會的經濟、政治甚至於精神文化生活都受到了不同程度的影響。各個諸侯國的手工業，農業和商業都得到了長足的發展，土地所有制也發生了變化，刺激了社會階層的變動。家族制度出現，宗法制度的基礎鬆動，各諸侯的軍事經濟力量超越了周王室，他們都試圖憑借自己的實力并借助王室來謀取政治利益。研讀《春秋》、《左傳》和《國語》，對比它們的史料，利用《國語》與經、傳之間的互補、互校和互證的關係，能有效地完善和再現這些歷史史實。我們在質疑和考辨史料真僞的同時也要更多地看到這方面的積極意義，何況《國語》也提供了一些《春秋》和《左傳》無法替代的史料。

　　《國語》的記載也補充和佐證了西周的諸多禮制，如畿服、朝聘、爵祿、漁獵、祀典、贊禮、喪禮等級、籍田、宗法繼承、昭穆、宴饗、禮樂、貨幣、軍隊、車服、姓氏、田賦、祭祀用牲、貴族日常禮儀規範、男女內外之禮等。這些禮儀和制度都是研究周代禮制的重要參考，在還原周禮部分內容和解釋周禮的過程中起到了支撐或補充的作用，也爲研究後世禮制的承襲和發展提供了依據。《國語》中的禮治思想也讓我們深刻地體

---

①　（三國吳）韋昭：《國語解敘》。

②　同上。

會到禮儀制度的禮學意義，體會制定禮制規則的指導思想和規則本身的價值。《國語》所載還反映了開明卿大夫希望恢復禮治的愿望以及他們對歷史和現實的反思，反映了他們對禮治的眷戀和對現狀的無奈，這些也於無形中起到了“語”書警戒教育後世的目的。

研究西周中後期和整個春秋時期的時代思想，也不能忽略《國語》這部文獻。我們認爲一部文獻的價值同樣體現在這部文獻的思想上，無法想象沒有任何思想意義的文獻如何能行世久遠。《國語》文獻中體現出來的思想尤爲重要，相較《尚書》、《春秋》、《左傳》以及諸子百家、《戰國策》等文獻，可知《國語》在思想上既不像《尚書》、《春秋》那樣相對單一，也沒有表現出像戰國諸子那樣特色鮮明的流派特征。從這方面來看《國語》的思想有承上啟下的作用。它是中國古代思想史上的一座橋梁，更是思想發展史上的重要一環。

傅庚生認爲《國語》所載的史實中所包含的諸多思想，其中占主導地位的當屬于後來的儒家思想，諸如禮治思想、民本思想、正名思想等，這些思想其實是當時統治階級中絕大多數人的思想。傅庚生還指出了《國語》中雜見的其他思想，諸如鄭桓公爲尋求後路、齊桓公爲稱霸而拉攏諸侯、秦穆公爲立德樹名於天下而先後助夷吾、重耳爲晉君等采取的措施，卿大夫們采用奇謀詐術，都非儒家之道，而更像後世法家的思想主張。《越語》中范蠡持盈定傾的思想，更接近道家。魯國向來以秉持周禮聞名諸侯，本是儒家思想主導，但公父文伯之母卻說：“昔聖王之處民也，擇瘠土而處之，勞其民而用之，故長王天下。夫民勞則思，思則善心生；逸則淫，淫則忘善，忘善則惡心生。沃土之民不材，逸也；瘠土之民莫不向義，勞也。”[1] 很顯然強調勞動對於鍛煉人心性的重要作用，具有進步意義，傅庚生認爲“可算後世墨家某些思想的萌芽了。”[2] 可見《國語》所載，也反映出當時社會思想多元化的現實，戰國時期百家爭鳴的出現，也就水到渠成，不足爲奇了。

第二，系統深入地研究《國語》，挖掘其史學價值和文獻學價值也是學術研究的需要。

目前，學界對《國語》文獻的研究呈現出好的勢頭，但對其史學價值和文獻學價值的研究還不曾深入，故而還不能透過其價值真正認識其地位和作用。研究歷史文獻具有歷史的和現實的意義。歷史意義表現在一方

---

[1]　《國語·魯語下》“公父文伯之母論勞逸”章。

[2]　傅庚生：《國語選》前言，人民文學出版社 1959 年版，第 7 頁。

面有助於我們系統全面地了解文獻記載的歷史事件，另一方面也能通過梳理前人的研究成果，相對客觀地認識歷史文獻在漫長的研究中所處的大致位置，從而對其價值能給予準確的評估。現實意義則是在縱向和橫向研究的基礎上，探討和歸納文獻自身在現階段研究中的影響，挖掘文獻思想蘊含的現實價值。但不管是歷史意義還是現實意義，都是中國史學研究的傳統卽求真致用的體現。而研究具體某個文獻的意義往往又會增加具體的意義，有的是開創性的，也有的是轉折性的，有的是過渡性的，有的是歷史文獻研究中極其普通卻又不能缺失的一環。有鑒於此，具體歷史文獻的研究就成爲學術研究中不能忽視的課題，學術研究藉其一點而輻射相關的文獻和領域，意義則更爲深遠。

前文說過以往學界對《國語》的研究，都還是零散又不成系統的。很多研究僅僅是立足於《國語》文本的注釋、史實考辨、訓詁、甚至是文學思想等問題來展開，也只是比較容易地歸納出《國語》本身某一層面的意義，還不能將其史學層面和文獻學層面的意義全面挖掘出來，達不到學術研究成果最大呈現。如此，就將我們的認識束縛在思想的、美學的、歷史的甚至是語言、文學等領域的某個階段，停留於各個孤立的具體文獻文本的研究上。如《國語》這樣一部"深閎傑異"①的史著，停留某一領域，是遠遠不夠的。

要系統地挖掘《國語》的史學價值，就要立足於《國語》的文本，弄清其史料的來源以及文本中的作爲歷史文化背景的史料，弄清《國語》史料對歷史研究的影響，對後世一些歷史文獻編撰的意義。從《國語》研究的歷史和現狀來看，這些問題尚未有系統的研究。深入系統地研究這些問題，則能更準確地把握研究的最終目的，直接觸及問題的實質，從而認清《國語》所載史料的價值。這當然需要探討《國語》史料來源的不同類型及其作用。這些研究最終也會體現在《國語》的史學價值和文獻學價值上。

前代學者的研究不管是作者、成書年代及與《左傳》的關係等問題，還是對《國語》性質的探討、書名的考辨、版本的情況、禮學意義、韋昭注的辨正、校補及思想等問題，大抵也多屬於史學的和文獻學的領域。本書要做的就是要通過對這些新老問題的梳理來發現問題並嘗試解決問題，如通過對《國語》性質的探討來重估其學術地位，通過對《國語》韋注細緻、深入的探究來看窺視其在注釋學領域的貢獻等。這些努力都旨

---

① （唐）柳宗元：《柳宗元集》卷四十四《非國語序》，中華書局 1979 年版，第 1265 頁。

在彰顯《國語》作爲史著的史學和文獻學的價值。

《國語》文獻研究中針對版本、注釋、舊注輯佚、與其他相關文獻的關係等專門問題的深入研究，目的也在於突出《國語》的重要性。如對其版本的梳理，不僅能掌握《國語》在不同時期流傳的大體情況，也能了解到兩漢以來學界對《國語》所做的注釋、音義、勘校、雕版印刷等方面的重要工作。對注釋的研究，尤其是細緻地研究韋昭注的特點及韋注與清人所輯鄭衆注、賈逵注、王肅注、虞翻注、唐固注、孔晁注等比較，亦可窺漢代訓詁和注書的傳統。此外，在《國語》與《左傳》、《管子》、《史記》、《越絕書》、《吳越春秋》等相關文獻的關係問題上，通過文獻間史料的對比，可知《國語》在記史上有著較高的可信度。

從史學史的角度看，《國語》有著承上啟下的作用。《尚書》就是一部記言史，且以虞、夏、商、周四個不同歷史時期來結構，這種方式爲《國語》所繼承。《國語》以“語”爲外在的形式，以國別體爲體例。更重要的是以史爲鑒的傳統也承繼不移，多聞興亡成敗的教訓，奉行禮治德政的主旨都爲後來人接續發揚。我們研究《國語》也應挖掘出其史學史上的重要意義。

第三，研究《國語》，現實意義也不能忽視。

學術研究的目的從來都不是單純地爲學術而學術。我們做研究的目的，不但要在學界通過辨章考鏡探索真理，挖掘真相，而且要有益於社會。就社會科學而言，僅僅得出一些結論是不夠的，更要重視它的價值和影響。要努力使學術研究的結論成爲定論，以實事求是的態度推動學術研究的進一步發展，從而實現學術成果豐富人類的文明，進而提高整個人類素質的目的。構建莊嚴的文明大廈，促進社會和諧，才是學術研究的最終意義。

歷史文獻中所蘊含的是非成敗的經驗教訓始終是統治階級所重視的，歷史文獻中蘊含的積極思想，也往往能歷久彌新，影響和改變著我們的人生觀、世界觀和價值觀，甚至指導著我們的未來規劃。從某種意義上說，《國語》中富含的重視民生和以史爲鑒的思想，永遠都是不過時的思想。

深入探討《國語》的思想主張，我們會在探討中找到今天所倡導的關注民生、以德爲政等的治國理念的源流，能夠找到守禮儀，知榮辱等思想導向的依憑。甚至能發現審美的觀點和許多教育理念。《國語》又是一部禮學的範本，自始至終都在堅持用“禮”的標準對人的立身行事做出評判，發人深省。總的來說，《國語》中所載的天子、諸侯、卿大夫的長篇大論中，處處體現著儒家的修身、齊家、治國、平天下的思想，細細品讀，回味悠長。

希望通過研究，能讓學界更加重視《國語》這部文獻，重新審視它的史學價值和史學地位，那么《國語》的研究價值也就實現了。

二 研究的思路和方法

前人的研究成果多爲我們今天的研究所用，但面對諸多的成果，如何取捨也是一個不小的問題。《國語》文獻研究也同樣面臨這個問題，爬梳資料的同時也要對資料的內容深入分析。古人的一句話往往會傳遞多方面的信息，怎樣最大化全面運用這些資料需要有一個清晰的思路。

對《國語》文獻研究中的老問題，卽作者、成書年代和與《左傳》關係等問題，自然是不厭其煩地分析自漢魏司馬遷、班固、韋昭以來到近現代學者的研究成果，按照時間的先後排列，再按學術分量來定取捨、定詳略。對研究中的新問題，如史料來源、舊注輯佚、注本問題等則要立足文本，結合學者的成果深入挖掘。對研究中涉及到的文獻之間對比問題，則要圍繞所對比的內容來梳理資料。所要進行對比研究的文獻文本資料是核心，但也不能忽視相關的背景資料，輔以文獻學、傳統語言學的相關理論爲切實研究提供依據。

《國語》文獻研究試圖構建一個相對系統化的研究體系，并通過這個體系來達到最終的目的，卽揭示《國語》文獻的學術價值。爲此我們先梳理《國語》研究的歷史和現狀，大致掌握研究的領域和學界的成果，尋求我們自己研究的方向所在。

確立了研究的方向，首先就要在《國語》的作者、成書年代以及性質等問題上明確我們研究的立場，因爲這些內容是其後研究內容的基礎。這里我們重點研究的是《國語》的性質，旣然我們認定《國語》是"語"類的史書，就應該探討"語"這類文獻的產生與發展情況。探討"語"和"史"之間的關係，進而探討《國語》爲何不是經書、算不算是"春秋外傳"、"六經之流，三傳之亞"的評價合理與否等問題。

進入具體文獻的研究，首先從《國語》史料來源入手。對這個問題學界尚沒有深入的探究，筆者曾在 2006 年有過初步的研究。後來在博士論文中進一步充實，但仍然顯得不夠清晰。鑒於此這里將《國語》的史料分成兩大類，卽《國語》成書所需的史料和《國語》文本中蘊含的史料。前者爲文獻學意義上的史料，後者則爲文化背景方面的史料，相信如此則能夠較爲全面而又相對清晰地完成對《國語》史料來源的梳理。

關於《國語》的版本，鑒於《國語》在北宋以前的版本流傳情況無以考證，故而在其流傳的問題上嘗試做大致的推測，對一些僅有的信息我們爭取不遺漏，作簡單的羅列。然後重點從北宋公序本和明道本兩個源流來敘述，列出各個源流的代表性本子。

關於《國語》的注本，主要介紹自東漢以來學者注釋《國語》的大致情況以及各家注本流傳的情況，兩漢魏晉時期學者的注本情況文獻記載較少，只能依據有限的史料記載作客觀的說明。清代學者的注本較多，有隨文的新注，有補注和集解，也有讀書札記性質的校注。我們選擇有代表性的注本作相對簡要的說明和評價。

清人《國語》的舊注輯佚問題，屬於文獻學的基本問題。需要我們統計舊注輯佚依據的文獻、各家輯得的數量以及歸納舊注輯佚的意義。

《國語》韋昭注本是我們重點研究的內容，主要深入細緻地探討韋注的特點和影響。

通過《國語》與相關文獻的關係來探討《國語》的價值。

最後我們從史學角度和史學史角度來研究《國語》的地位和價值。

以上是《國語》文獻研究的大致思路，在研究的過程中可能會遇到新問題，也可能會有新的思路，但總體是以文獻學和史學爲主要依託。

本文主要使用歷史文獻學的方法和傳統考據的方法來研究，同時也兼及其他研究的方法，如對比的方法，包括相關歷史文獻之間史料的比較、語言文字使用的比較等。

歷史文獻學的方法，具体包括用目錄、版本、校勘、輯佚等原理爲指導來梳理、歸納和分析資料，以此來研究不同時期《國語》的版本及特點，不同注本的差異以及清人輯佚的情況；探討不同時期學者研究的概況，并給予評價，以此來分析《國語》在當時學術界研究中的地位。我們也會根據研究的不同內容選擇其他的方法來研究，如使用對比的方法研究《國語》的史料價值、《國語》與相關文獻之間的關係等。

考據的方法是歷史文獻學研究常使用的方法。古籍整理中校勘、注釋等都離不開考據。考據也即考證，考據學是一門重要的學問，又叫樸學。講究實事求是，無證不信，這是前代學者治學的傳統。清代考據之學爲我們提供了方式方法的借鑒。考據需要有扎實的傳統語言學的知識、文獻學的知識和深厚的歷史文化的功底，本文嘗試運用這樣的研究方法，儘管學識不足駕馭，愿嘗試之。文中《國語·齊語》與《管子·小匡》之間的對比，運用了這種研究方法。《國語》與《左傳》、《史記》等史料的對比也運用了這樣的方法。我們一方面利用傳世的和出土的文獻來作佐證，一方面也運用傳統語言學的理論來比較判斷文獻間語言文字使用上的差異，爭取做到有說服力。

文獻研究使用對比的方法，可將所研究文獻的某方面特點通過對比突出出來。我們研究《國語》的史學價值和史學史價值，同樣要采用對比的方法。《國語》與《左傳》同爲春秋史，内容上、語言風格上、編撰的目的和方式上等等都極具可比性。《國語》與其他相關文獻之間更需要對比，據此來考查其史料的可信度。《國語》八國之語間也同樣具有可比性，包括所記史實的對比、語言運用上的對比等。當前《國語》研究中此類對比的學術成果頗豐，爲我們的比較研究提供參考。我們客觀地對待學界的某些成見，不做出主觀性過強的結論。

最後，順便對本文參考文獻的編排做一個簡單的說明。

學術著作參考文獻的編排是一個相對複雜而又專業的問題。通常都是以參考文獻所在的時代先後來編排。不同時代的文獻編排起來不難，同時代的文獻若問世的時間先後很清晰，編排起來也不難。若有的文獻問世時間並不確定則很難編排，需要我們靈活處理，通常會根據文獻問世的大致時段來編排，但一定要給出說明。有的學者以文獻著者姓名的音序來編排參考文獻。這種編排方法可將同一著者的文獻都能編排在一起，看起來方便。以上兩種編排方法的不足是如果參考文獻較多，同類文獻的編排會比較分散，不便於作整體的把握。

在研究《國語》這部文獻的過程中，筆者參考了不少文獻。這些文獻涉及的内容較多，有的是歷史的，有的是文學的，有的是文獻的，有的是思想的，有的是政治經濟的、有的是民族關係的，也有語言文字的，等等。對内容重復的參考文獻，主要選擇更爲權威的或有代表性的，力求做到有重要學術價值的參考文獻無遺漏。

關於參考文獻的編排，在此簡單說明一下。

本書的參考文獻主要分作兩類，卽著作類和論文類。參考文獻較多，編排頗費腦筋，采用多種方法相結合的編排方式，或許不夠專業，但求使人清楚。

著作類參考文獻編排方式總體上以時間先後爲主。

首先，先編排《國語》文獻研究的基礎文獻，主要指的是研究中參看的有代表性的不同版本的《國語》。這些文獻按照注者所在的朝代先後來編排。

其次，編排其他參考文獻。總體上也以文獻的著者所在的時代先後來編排，清代學者的著作大致按照學者們主要學術活動的時間段先後來編排，民國以來學者的著作也依照編排清人著作之例。

　　最後，按照國別編排國際漢學研究方面的參考文獻。

　　論文類參考文獻的排列主要按照作者姓名的漢語拼音音序的方法排列，將同一作者的文獻排在一起。其後列出國際漢學學者論文的篇目。

小　結

　　緒論的內容較多，在此做一個小結。以上主要介紹了三個問題。

　　首先，簡單地梳理了《國語》文獻研究的歷史和現狀。按不同時期學者對《國語》研究的不同內容來分類列舉，突出重點，也盡量不遺漏那些非熱點問題的成果。同時簡單歸納了國際漢學中的《國語》文獻研究的成果。

　　從兩漢至今二千餘年的研究，資料可謂浩繁，我們不可能窮盡所有的研究成果，只能選取有代表性的論說。按時代先後對《國語》作者問題進行梳理，學界的主要觀點如下：

　　1. 堅持司馬遷、班固等人的觀點，認爲左丘明編撰了《國語》，又作了《左傳》。

　　2. 作者不是左丘明。可能是左氏弟子門人，可能是楚國人，可能是趙國人，可能是三晉的史官。

　　3.《國語》和《左傳》一樣，爲劉歆整理而成。

　　這些聲音今天我們仍然能夠聽到，學界普遍的觀點是《國語》非一時一人之作，但其成書應該和作《左傳》的左丘明有關。

　　《國語》的成書年代，主流觀點是《國語》成書於《左傳》成書之後。也有相反的意見，如徐中舒、顧頡剛、童書業等人。據出土文獻資料《國語》成書當於戰國中期以前，在戰國中期就已經流傳了。其他如王樹民、沈長雲認爲《國語》成書更晚，不能早於戰國末期。也有認爲成書於春秋末期的，也有認爲成書於西漢漢武帝之後的。

　　除了歸納《國語》作者和成書年代的觀點外，這裏對學者研究《國語》的其他問題也進行了相對詳細的說明，包括《國語》的性質、韋昭注、輯佚、版本源流、小學要籍徵引、與相關文獻的史料對比等問題。對港臺學者，特別是中國臺北張以仁先生研究《國語》的其他問題作了分類的、相對全面的介紹，包括他對《國語》舊注的輯校、對《國語》書名和版本的探討以及從語言學角度對《國語》的研究等。對當今學者研究成果的介紹，主要介紹郭萬青十餘年來在《國語》異文比勘、版本的梳理以及在小學方面等研究成果。

國際漢學研究中對《國語》的研究，以日本的研究成果最多，也最細緻。德國有文字索引的著作，法國和俄羅斯則有對《國語》的專門譯注。

其次，是我們研究《國語》文獻的意義。主要有三個方面，即有助於我們從多方面了解西周末年到春秋末年這一時期的歷史，更爲清晰地立體化再現歷史。通過研究，彰顯《國語》重要的史學價值和文獻學價值。通過研究，體現其現實意義。

最后，闡述我們研究《國語》的思路和方法。思路即圍繞突出《國語》的史學價值和史學史價值展開，方法主要運用傳統考據的方法和歷史文獻學的方法，但在運用這兩種方法的同時，也兼用文獻之間對比的方法。

第一章 《國語》的編撰者、成書年代及性質

緒論部分回顧了歷代學者們對《國語》作者和成書年代的研究，而這兩個問題討論了近兩千年，至今也沒有統一的說法。本章再研究，并不奢求統一學界的認識，旨在爲全書確定一個最根本的立場，何況這兩個問題也是研究中不能回避的。

第一節 《國語》的編撰者

首先要澄清這樣一個問題，我們說《國語》的作者，實際上是指它的編撰者。《漢書·藝文志》列《國語》，其下標注"左丘明著"，又於《司馬遷傳贊》中說："孔子因魯史記而作《春秋》，而左丘明論及其本事以爲立傳，又纂異同爲《國語》。""著"有寫作之意，而"纂"更側重匯合、編輯的工作。作者不同於編撰者。作者是文章或著作的寫作者，其作品有全方位的文字再創造的過程。編撰者是將很多資料按一定的規劃和意圖編輯在一起的人，對作品的素材略有潤色，再創造的部分較少。《國語》的最終成書，算不上有寫作和再創造的過程，不過是將各國的史料匯集在一起，並不作文字上的潤色和加工，因而書中諸語的文字風格不同，不如《左傳》能自成一家。《國語》這部史籍文獻，嚴格地說只有編撰者。

我們贊同司馬遷的說法，認爲《國語》的編撰者是魯國的史官左丘明。先秦學術的主要特點就是流派多，重傳承，如史官記史的傳承、諸子百家之學，兩漢也有今古文的學術派別和傳承。古人很重視這種學術派別和傳承的傳統，所以我們認爲司馬遷所言，應該是先秦學案中人所共知的事。質疑者沒有足夠的證據，故不能采信。司馬遷於《史記·太史公自序》中有：

> 昔西伯拘羑里，演《周易》；孔子厄陳蔡，作《春秋》；屈原放逐，著《離騷》；左丘失明，厥有《國語》；孫子臏腳，而論兵法；不韋遷蜀，世傳《呂覽》；韓非囚秦，《說難》、《孤憤》；《詩》三百篇，大抵聖賢發憤之所爲作也。

班固《漢書·司馬遷傳》引其《報任少卿書》，有大致相同的文字：

> 蓋西伯拘而演《周易》；孔子厄而作《春秋》；屈原放逐，乃賦《離騷》；左丘失明，厥有《國語》；孫子臏腳，兵法修列；不韋遷蜀，世傳《呂覽》；韓非囚秦，《說難》、《孤憤》；《詩》三百篇，大抵聖賢發憤之所爲作也。此人皆意有所鬱結，不得通其道。故述往事，思來者。及如左丘明無目，孫子斷足，終不可用，退論書策，以舒其憤，思垂空文以自見。

最主要的信息是“左丘失明”和“厥有《國語》”，即《國語》之成書，應是左丘明困厄之際。而《史記·十二諸侯年表》又說：

> 是以孔子明王道，干七十餘君，莫能用，故西觀周室，論史記舊聞，興于魯而次《春秋》，上記隱，下至哀之獲麟，約其辭文，去其煩重，以制義法，王道備，人事浹。七十子之徒口受其傳指，爲有所刺譏褒諱挹損之文辭不可以書見也。魯君子左丘明懼弟子人人異端，各安其意，失其真，故因孔子史記備論其語，成《左氏春秋》。……於是譜十二諸侯，自共和訖孔子，表見《春秋國語》，學者所譏盛衰大指著於篇，爲成學治古文者要刪焉。

這段文字裏出現的《左氏春秋》和《國語》顯然不是同一部書。但據以上記載，可知《左傳》和《國語》的成書都與左丘明有關。司馬遷的說法爲班固認可並繼承，左丘明就是二書的作者和編撰者。至於左丘明的身份，司馬遷稱其爲“魯君子”，而班固《漢書·藝文志》在“《左氏傳》三十卷”和“《國語》二十一卷”之下分明標注“左丘明，魯太史”和“左丘明著”的字樣。可以肯定他是魯國人，而且這位魯太史還是個可以稱之爲“君子”的人。《論語·公冶長》：“子曰：巧言、令色、足恭，左丘明恥之，丘亦恥之。匿怨而友其人，左丘明恥之，丘亦恥之。”左丘明得到孔子的贊譽，非君子而何？

　　學者常以《史記》和《漢書》中的這兩條史料證明左丘明作了《左傳》和《國語》二書，並進一步探討孔子與左丘明的關係問題。也有學者質疑甚至直接否定司馬遷的說法，如晉人傅玄，其後隋劉炫以及唐宋的學者趙匡、陸淳、柳宗元、葉夢得、陳振孫等。宋葉夢得受趙匡說法的啟發，咬文嚼字，在司馬遷的話中發現了問題，稱司馬遷所說《左傳》的作者是左丘明，《國語》的編撰者是左丘，不是同一人。清人崔述、俞正燮，近人梁啟超、衛聚賢①以及今人王樹民、顧靜、沈長雲等人都堅持此說。緒論已有敘述。其實這不過是在文字上較勁，徒耗精力而已。將左丘明說成是兩個人並大做文章，是簡單的問題複雜化了，別無意義。② 左丘明只有一個，學者不過是在其姓氏上略有分歧，並不影響他是否作《左傳》和編撰《國語》這一實質問題。③

　　這裡我們介紹張以仁和楊伯峻二位先生的觀點。

　　張以仁在《從司馬遷的意見看左丘明與〈國語〉的關係》一文中重點羅列了前人的說法後，給出自己的意見。他認真翻閱古書中的有關資料，認為：

---

① （宋）葉夢得《春秋考》："古有左氏、左丘氏。太史公稱'左丘失明，厥有《國語》。'今《春秋傳》作左氏，而《國語》出左丘氏，則不得為一家。"崔述《洙泗考信錄餘錄》："且《史記》但以傳爲左丘明所作，不言爲何時人，而也未有親見夫子之文，不知二人姓名之偶同邪？抑相傳爲《左氏春秋》，而司馬氏遂意料之以爲《論語》之左丘明邪？說《論語》者，以左丘爲復姓，與公羊、穀梁正同。乃傳經者云：公羊氏《春秋》、穀梁氏《春秋》，而此獨云左氏《春秋》，不云左丘氏，又似作傳者左氏，而非左丘氏也者。然則傳《春秋》者，其姓名果爲左丘明與否，固未可定。"俞正燮《癸巳類稿》卷七"左丘明子孫姓氏論"條："《廣韻》十八尤'邱'，注引《風俗通》云：'魯左丘明之後'。……邱明傳《春秋》而曰左氏傳者，以爲左史官言之，如司馬遷書今《史記》也。《春秋傳》公羊、穀梁題姓者，毛詩、韓詩之比。《左傳》不題姓者，齊詩、魯詩之比。……難者曰：'《史記》言左丘失明，厥有《國語》，復姓無疑。'此則春秋時周公爲宰，題'宰周公'，不必姓'宰周'。司馬遷後稱'史遷'，不必姓'史'。"梁啟超《中國歷史研究法》："左丘或稱左丘明，今本《左傳》共稱爲彼所撰。然《史記》所稱述，則彼固名左丘，不名丘明，僅傳《國語》而未撰《左傳》。"衛聚賢《左傳的研究》："史遷稱'左丘失明'，則左丘係復姓而單名明。《元和姓纂》'齊國臨淄縣有左丘'，是復姓左丘有其族，其書應名《左丘春秋》，如復姓公羊、穀梁之例。何能如《呂氏春秋》而名《左氏春秋》？是左丘明與《左氏春秋》名實不符。……可見二書絕非一人所作。"

② 近人毛起《春秋總論初稿》，就批判了葉夢得咬文嚼字的行徑，是不懂文體的表現。

③ 徐中舒先生在《〈左傳〉的作者及其成書年代》一文中說："左丘明以左丘爲氏，省稱爲左丘。"並注："左氏只是左丘氏的省稱，唐趙匡始以左氏丘明於左丘氏名明者爲二人，非是。古代以所居爲氏者，如東門、西門、閭丘、渠丘皆是；丘明連言，於義無取。"這和張以仁、楊伯峻二先生觀點不同。

　　凡屬復姓，的確罕見僅稱姓首一字的，如淳於髡，稱淳于先生，東方朔，稱東方生或東方先生，而不稱淳先生或東生；諸葛亮稱葛亮，司馬相如稱馬相如，西門豹稱門豹，這種情形是有的。但決沒有人稱諸氏、司氏、西氏。這當然只就一般情形來講。特殊的例子不是沒有，比如百里奚，只稱一個“百”字，魏其侯竇嬰，只稱一個“魏”字，但一來這種情形極爲少見，二則畢竟不稱“百氏”、“魏氏”。這樣的例子，可以參考顧炎武的《日知錄》、錢大昕的《十駕齋養新錄》等書。

　　張先生的說法有道理，只是所列舉的人物多爲漢代，若能列舉與左丘明同時或略早的人物，自然更有說服力。不過也可見爲什麼有《春秋公羊傳》、《春秋穀梁傳》而沒有《春秋左丘傳》了，可見復姓的說法難以讓人信服。

　　此外，張先生對《漢書·藝文志》復姓著書者加以考查，發現決不單舉一字稱呼復姓著者，如稱梁丘、夏侯、公羊、穀梁、歐陽等。另凡言“某氏”書，意卽爲某姓，既非地名，也非官名。共三十六處，無一例外。進一步論證“左丘明”是姓“左”名“丘明”，“左”既非官稱，也非地名。他指出：

　　　　古人稱謂，割裂名字的情形並非罕見，如晉文公重耳單稱一個“重”字，莒展輿單稱一個“展”字等等。至於割裂名字，連姓並稱的也時有所見，如趙嬰齊稱“趙嬰”，申公巫臣稱“屈巫”，樂祈犁稱“樂祈”。到了漢、魏以後，這種情形幾成習見，如南宮敬叔稱“南宮敬”，申包胥稱“申包”，秦西巴稱“秦西”，藺相如稱“藺相”……等等，不一而足。這些例子，與左丘明稱“左丘”，便很相似了。然則太史公稱“左丘失明，厥有《國語》”的左丘明，也可能姓“左”，名“丘明”了。①

---

① 特引張以仁先生的注釋於此，以明諸多稱呼之出處。《左傳》定公四年：“其載書云：王若曰：晉重、魯申、衛武、蔡甲午。……”昭公元年：“君子曰：莒展之不立，棄人也夫。”成公五年：“趙嬰曰：我在，故樂氏不作。”又八年：“晉趙莊姬爲趙嬰之亡故，譖之于晉侯。”成公二年：“王問諸屈巫”，“使屈巫聘于齊”昭公二十二年：“樂祈爲司城”，又二十五年：“樂祈佐，退而告人，曰……”又見於定公六年、八年、九年。又庾信詩句“學異南宮敬。”“始知千載內，無復有申包。”《抱樸子·外篇》有：“秦西以過厚見親。”《費鳳別碑》：“司馬慕藺相，南容復白圭。”

結合《報任少卿書》或《司馬遷傳贊》得出這樣的結論是自然的。"左丘明無目"與"左丘失明"的爭議，也可因之得到解釋。

楊伯峻在《春秋左傳注》的前言部分說：

> 古人本有復名單稱之例，如晉文公名重耳，《左傳》屢見，而定公四年《左傳》所引載書（盟約），省稱爲"晉重"。這種例子並不少。何況司馬遷是在做文章，並不曾考慮到因此引起後代爭議。楊樹達先生《古書疑義舉例續補》有"二字之名省稱一字例"，而且說："《史記》中此例甚多。"那麼，司馬遷省稱左丘明爲左丘，便不足爲奇。何況若稱丘明，便和本句下文"失明"的"明"字重復。司馬遷這段文字既都是四字一逗，又要避免重復，其稱左丘明爲左丘，竟是文勢所不得不然。

這段話的意思明白不過了，"左丘明"稱"左丘"並無不可，史書確有例證。而"《史記》中此例甚多"，就更不足爲奇了。楊先生又提到"左丘失明"的寫法是爲文的需要，是從創作的角度來談，當時編撰史書並無"文"與"史"的不同標準。這種解釋十分有道理，卻是一些只圖標新立異的研究者不能想到或者不願意去想的。

司馬遷的話是可靠的，張、楊二位先生的分析已經足夠證明沒有將"左丘明"複雜化的必要。但怎樣看待存在的疑問呢？筆者認爲，疑問的產生以及對疑問的考辨都有合理的地方，只是誰都拿不出讓人信服的鐵證，而主觀臆斷的因素又太多。在沒有鐵證出現的情況下，相信司馬遷之說應是務實的選擇。

人名的問題這裏澄清了，接下來考查左丘明與孔子的關係。這一問題是用來解釋左丘明到底編撰了《國語》、作了《左傳》沒有，可謂問題的關鍵。

通過分析《論語·公冶長》及司馬遷、班固的話，結論是修《左氏春秋》和編撰《國語》的左丘明，即是《論語》中孔子稱道的左丘明，這本不應懷疑。問題在於，從趙匡到梁啟超等學者，認爲從《論語》的口氣上推測，左丘明是孔子前輩無疑。唐陸淳《春秋集傳纂例》①之《趙氏損益義》第五言：

---

① （唐）陸淳：《春秋集傳纂例》卷一，《景印文淵閣四庫全書》經部，第146冊。

夫子（孔子）自比，皆引往人，故曰：“竊比於我老彭。”又說伯夷等六人云：“我則異於是。”並非同時人也。丘明者，蓋夫子以前賢人，如史佚、遲任之流，見稱於當時爾。

這段話是學者認爲左丘明年長於孔子的依據，不少人認同，且以此提出疑問。卽《左傳》、《國語》所載韓、趙、魏三家滅智伯及魯悼公與趙襄子諡號等問題，遠在孔子之後，左丘明是不會活到那個時候的。再者，《左傳》書中有一些晚出的名詞，諸如官爵“不更”、“庶長”，“臘”祭等，是左丘明絕對不會使用的。[①]

從《論語》的話中得出左丘明是孔子長輩這一結論比較主觀，這句話並無什麼時間上的概念。人們的確喜歡引前賢自比，但孔子也並非是只會襃揚前賢的人，若真那樣，他豈不是清高傲世的人，何來聖人之名？孔子襃揚之語與左丘明是不是其長輩無關。《論語》中可見孔子對弟子顏回和曾晳的贊許。隨便拿出兩個人比照一下就下結論，顯然輕率得很。“左丘明恥之，丘亦恥之”的話，說明孔子十分了解左丘明，比較推重他，如此而已。或許年輕的史官左丘明在與孔子的接觸中，孔子認爲他是個俊才君子，故而以同好惡之語來側面教育弟子門人，也是有可能的。

至於左丘明能否活到趙襄子卒年，筆者論證思路恰與張以仁先生相合，不過先生有論在先，實不得出其右。這里仍歸納張以仁先生《從司馬遷的意見看左丘明與〈國語〉的關係》一文的觀點，以爲論據。

三家滅智伯在公元前453年，魯悼公之卒在公元前429年，趙襄子卒於周威烈王元年，卽公元前425年。西狩獲麟是周敬王三十九年，魯哀公十四年，卽公元前481年。孔子卒於獲麟後二年，當爲公元前479年。從西狩獲麟到趙襄子之卒，不過五十六年，孔子去世到趙襄子去世也不過五十四年。[②] 如此看來，左丘明與孔子之間就會有如下的可能：

如果左丘明二十來歲見到垂老的孔子，五十四年後乃成《左氏

---

① 宋人葉夢得、陳振孫、朱熹等人有此論。

② （宋）葉夢得《春秋考》：“趙襄子之卒，去孔子五十三年。”鄭樵《六經奧義》：“自獲麟至襄子卒已八十年。使邱明與孔子同時，不應孔子旣沒七十八年之後，邱明猶能著書。”近人毛起《春秋總論初稿》：“《朱子語類》：‘或問左氏果丘明否？曰：左氏敘至韓、魏、趙、智伯事，去孔子六七十年，決非丘明。’尤侗說：‘《左傳》記韓、魏、趙、智伯之事，及趙襄子之諡，計自獲麟至襄子卒，已八十年。夫子謂左丘明恥之，丘亦恥之，則丘明必夫子前輩，豈有仲尼沒七八十年，丘明猶能著書乎？’……”

春秋》並纂《國語》，也不過七十來歲。如果他三十來歲見到孔子，也不過八十來歲。即使到八十來歲始完成左、國二書，也不是不合情理的事。因爲《左氏春秋》不是一天寫成，《國語》則只是編撰潤色而已。孔子晚年口授弟子《春秋》，既卒之後，左丘明懼弟子人人異端，各安其意以失其真，乃以實事證驗之，其間自是經過一段相當長的時間，說他晚年完成左、國二書，大概是很有可能的。①

張先生又根據《史記·仲尼弟子列傳》整理出年齡小於孔子四十歲以上的弟子有 7 人，計公西赤（子華），小孔子 42 歲；有若（子有），小孔子 43 歲；卜商（子夏），小孔子 44 歲；言偃（子遊），小孔子 45 歲；曾參（子輿），小孔子 46 歲；顏幸（子柳），小孔子 46 歲；顓孫師（子張），小孔子 48 歲。更有小孔子 50 歲甚至 50 多歲的弟子，其中冄孺（子魯）、曹卹（子循）、伯虔（子析）小孔子 50 歲；公孫龍（子石），小孔子 53 歲。以此來說明左丘明與孔子同時而年齡小於孔子四十乃至五十來歲，當然是可能的事情。左丘明雖非孔子弟子，也算是後生。稱他們是師生，當然拉近了他們的距離，但"左丘明懼弟子人人異端，各安其意"的話，分明是將之排除在孔門弟子之外。

此外，張以仁先生又據錢穆《先秦諸子繫年》一書所附《諸子生卒年世約數》表統計，稱：

　　先秦諸子七十四人中，活到七十歲以上的共三十五人之多，幾居全數之半。其中八十歲以上的九人，而墨翟、陳仲，都活到九十一歲。這樣看來，左丘明活到七十乃至八十餘歲，也不是很特殊的例子。

那麼，怎樣解釋西漢嚴彭祖《嚴氏春秋》所引《孔子家語·觀周篇》中的話呢？《嚴氏春秋》引道："孔子將修《春秋》，與左丘明乘，如周，觀書于周史。歸而作《春秋》之經，丘明爲之傳，共爲表裏。"《史記·孔子世家》記孔子到周王室，是在其三十歲以前，其後是否又去則沒有記載。但《十二諸侯年表》說他"干七十餘君莫能用，故西觀周室，論史記舊聞，興于魯而次《春秋》。"分明是又去過周室，可見不能說孔子

---

① 張以仁：《從司馬遷的意見看左丘明與〈國語〉的關係》，收入《張以仁先秦史論集》，上海古籍出版社 2010 年版，第 143—144 頁。

一生只一次西觀周室，就現存文獻來看至少是兩次。第一次觀王室文獻資料，大概是學習禮，向老子問禮，這對他後來形成以禮治國的思想有一定的影響。今存《孔子家語》載同去者爲南宮敬叔，這與《孔子世家》的記載是一致的。而第二次西觀周室，如《十二諸侯年表》所說則在其晚年，與其周遊列國以禮治國的抱負不得施展有關，與史官身份的左丘明同去也是有可能性的。加之獲麟的感傷，修《春秋》的決心也便堅定了。楊伯峻先生認爲，孔子七十多歲的老翁，僅用兩年或更短的時間，筆寫刀削，未必能完成這樣一部二百四十二年的史書。應該看到，孔子教授弟子以"六藝"，那麼講習《春秋》的日子自然不是一朝一夕，對已有的資料加以整理編輯，想來不會是一件很困難的事，更何況《春秋》之文如今日新聞標題那樣文字簡約 。徐中舒和楊伯峻二位先生都認爲《論語》中關於《春秋》只字不提，說明當時的《春秋》還處於秘藏時期，孔子可以看到，教授弟子則未必。不教授弟子《春秋》，一方面或因《春秋》多載禮樂崩壞之事，與孔子所倡導禮樂治國方略不符，不適合作正面教育的範本。而如《國語·楚語》申叔時所言"教之春秋"確又證明《春秋》是可以用來教授貴族世子的，只是這個《春秋》當是經過選擇而適合教育的教材了。另一方面孔子的教育平民化，或許沒有資格教授《春秋》，所以《論語》中沒有相關的記載。但他教授弟子《易》、《詩》、《書》、《禮》、《樂》等内容融入《春秋》史實則未必沒有可能。換言之，教授《春秋》可能是間接的過程，目的自然在於讓弟子通詩書禮樂，進而明春秋大義。《嚴氏春秋》所引資料真假難辨，然所載之事極有可能。

至於官名"不更"和"庶長"以及"臘"祭名稱出現時間的問題，只要在左丘明生活的時代找出它們存在的例證就夠了。這種否定工作是很簡單的，很多學者都已經做過了，[①] 這裏也不再重復。

按照張以仁先生的意見，左丘明即便是在孔子去世的那一年見到孔子，到趙襄子去世是五十四年。那麼五十四年後成《左傳》和《國語》，也不過是公元前 425 年，當是戰國早期，時間上雖不至於準確到某年，大致的時段應該不會有問題。學術界對於《國語》成書的年代，也多持這樣的觀點。

---

① 如胡念貽《〈左傳〉的真僞和寫作時代問題考辨》，載《文史》第十一輯；張以仁《從司馬遷的意見看左丘明與〈國語〉的關係》，載《歷史語言研究所集刊》1982 年第 52 卷，等等。

退一步講，左丘明在三十來歲的時候見到垂老的孔子，卽便沒有活到八十餘歲，也一樣有可能修成《左傳》和編撰《國語》二書最爲主體的部分。其餘的部分則可由後來人來續寫了。徐中舒先生說："《國語》和《左傳》是記載春秋時代歷史的姊妹篇。……兩書中大部分史料都應出於左丘明的傳誦。古代學術，最重傳授系統，誰是最初傳授者，誰就是作書的人。這猶如《公羊》、《穀梁》寫定於漢初而此兩書仍說是公羊高、穀梁赤所作。……他（司馬遷）把此兩書的作者都歸之於左丘明，在傳授系統上，應該是有根據的。"[①] 結合徐中舒先生的觀點，對左丘明作《左傳》、編撰《國語》之說就會覺得是更合理的了。

綜上，我們認爲司馬遷"左丘失明，厥有《國語》"的話是可信的。

第二節　《國語》的成書年代

關於《國語》的成書年代問題，在上一節的結末，已見說明。本節就這一問題具體展開。

在申明研究的立場之前，先略談二書是否爲一書所分的問題。

自晉傅玄開始懷疑《國語》非左丘明所作以來，各代學者主要都是探討二書與左丘明的關係問題。宋司馬光和李燾認爲二書是同一人根據相同史料撰成，其中精華的部分是《左傳》，其他殘餘的史料就是《國語》。清人劉逢祿在《春秋左傳考證》一書中指出《左傳》卽是《春秋國語》，是司馬遷所借鑒的，劉歆僞改《左氏春秋》爲《春秋左氏傳》。康有爲在《新學僞經考》一書中則更進一步，指出劉歆據《新國語》而分《左傳》、《國語》二書。他說：

> 　　歆以其非博之學，欲奪孔子之經，而自立新說以惑天下。知孔子制作之學首在《春秋》，《春秋》之傳在《公》、《穀》，《公》、《穀》之法與六經通。於是思所以奪《公》、《穀》者，求之古書，得《國語》，與《春秋》同時，可以改易竄附，於是毅然削去平王以前事，依《春秋》以編年，比附經文，分《國語》以釋經，而爲《左氏傳》。遭逢莽篡，更潤色其文以媚莽。因藉莽力，貴顯天下，通其學

者以尊其書。①

這一說法得到梁啟超、胡適、錢玄同、崔適等人的一致認同，緒論中已有說明。錢玄同在康有爲《新學僞經考》重印版的序言中列出《左傳》、《國語》二書記事上此詳彼略的大致情況，判定二書定是分自一書。他說：

一、《左傳》記周事頗略，故《周語》所存春秋周事尚詳。

二、《左傳》記魯事最詳，而殘餘之《魯語》所記多半是瑣事。

三、《左傳》記齊桓公霸業最略，而《齊語》則專記此事。

四、《晉語》中同《左傳》最多，而關於霸業之犖犖大端記載甚略。《左傳》則甚詳。

五、《鄭語》多春秋以前事。

六、《楚語》同於《左傳》者甚多，關於大端記載也甚略。

七、《吳語》專記夫差伐越而卒至亡國事。《左傳》對此事記載異常簡略。

八、《越語》專記越滅吳經過，《左傳》全無。

關於二書此詳彼略之說，宋庠《國語補音敍錄》中就曾言及。② 錢玄同的論證，有不通之處。如第四條、第六條《晉語》、《楚語》與《左傳》同處較多，他沒有給出合理的解釋。既然此詳彼略，爲何又出現例外？這就使得其說法不夠有力度，得出的結論也便難以服人。胡適先生的觀點後來發生變化。他在《說史》一文中認爲："舊說《左傳》出於《國語》，是不確的。……試比較《國語》、《左傳》兩書裏的晉獻公諸子的大故事。可知兩個故事都從同一個來源出來。那個來源就是民間流行的史話。而選擇稍有不同。《國語》詳於重耳復國以前的故事，《左傳》詳於重耳復國以後的故事。"③

康有爲等人的觀點今天幾乎聽不到了，普遍的看法是他們的論說屬於主觀推測，缺少證據。既然如此，也便沒有再議論的必要。

考查《國語》所記，三分之一的部分與《左傳》不同，三分之二的

① 康有爲：《新學僞經考》卷三《漢書藝文志辨僞》。

② （宋）宋庠曰："是則《左傳》爲內，《國語》爲外，二書相副，以成大業。凡事詳于內者略於外，備于外者簡於內。"

③ 胡適：《說史》，載《大陸雜誌》1958 年第 17 卷第 11 期。

部分在《左傳》中也可以找到記載。而這三分之二部分在史實方面與《左傳》完全一樣的數量極少，大多數是與《左傳》的記載有異。比照《史記》，發現《史記》對二書都有借鑒。另外，也是最為重要的一點，《晉書·束皙傳》載晉太康二年，於魏安釐王墓得竹書若干。中有《師春》一篇，書《左傳》卜筮諸事。杜預《春秋左傳正義·後序》稱"上下次第及其文義，皆與《左傳》同。"另發現《國語》，記晉、楚事。也可知二書不是劉歆所分的結果。前輩學者就以上問題都有比較詳盡的論述，此不贅述。

我們的態度是二書原本就是不同的兩部書，並非一書分化而來。

明確這個問題之後，再探討二書出現的先後。我們的意見是《國語》和《左傳》成書的時期大體相當，若一定有先後的話，似乎《國語》略早些。

這個意見和司馬遷的意見不同，他說"左丘失明，厥有《國語》"，可見是認為《國語》的問世應該在"左丘明無目"之後，等於說《左傳》的成書早於《國語》。顧頡剛先生對左丘明是否失明提出了質疑，他說："左丘能成《國語》之弘制，其必不失明無疑義。所以謂之'失明'者，蓋瞽與史其事常通，其文也多印合，而'瞽史'一名習熟人口，故延而用之。流俗不察，乃若瞽人竟可以作史者，而左丘名明，遂錄瞽史之義，思其反對方面，謂之'失明''盲左'之稱於以起，不也誣乎!"[1]

我們認同左丘明失明的說法。司馬遷的那段話，主要表現自己要像先聖先賢那樣，處困厄之際也能發憤有作，於是羅列諸賢。他不可能把一個沒有經歷過困厄的左丘明寫入文中充數，這當是最為簡單的判斷。儘管如此，史實還是需要進一步考證的。"左丘失明"是真，但因失明而"厥有《國語》"未必是真的。從"不韋遷蜀，世傳《呂覽》"看，《呂覽》作於呂不韋為秦相國之時，遷蜀後門下賓客散盡，他也身死。司馬遷並非不知呂不韋的遷蜀之後的事，這樣寫是為文的需要。"左丘失明，厥有《國語》"存在與"不韋遷蜀，世傳《呂覽》"一類的寫作需要也未可知。

拋開左丘明失明與否的問題不論，我們還可以通過《國語》、《左傳》二書文字上的差異來判定它們成書的先後，這樣的工作童書業早在上世紀三十年代就已經做過了。他在《國語與左傳問題後案》[2] 一文中專門論證

---

① 顧頡剛：《史林雜識初編》"左丘失明"條，中華書局 1963 年版，第 225 頁。

② 原載《浙江省立圖書館館刊》1935 年第 4 卷第 1 期，《童書業史籍考證論集》，中華書局 2005 年版。

《左傳》、《國語》成書的先後問題，將二書中記事相同和大致相同的部分史料詳細對比，認爲《國語》的成書時間要先於《左傳》。文中列舉了二書同載的"有神降於莘"（《左傳·莊公三十二年》《周語上》）、"長勺之戰"（《左傳·莊公十年》《魯語上》）、"梁山崩晉侯以傳召伯宗"（《左傳·成公五年》《晉語五》）和"楚恭王有疾"（《左傳·襄公十三年》《楚語上》）四組史料文字加以比較，指出前三組文字都是《國語》比《左傳》繁瑣，《左傳》的文字大有在《國語》文字的基礎上加工概括的痕跡。若《國語》在《左傳》之後，不可能有那樣退化的文字。其中"有神降於莘"一組，劉節先生也認爲"作《左傳》的人確是根據《國語》上這番史實簡約而成。《史記·周本紀》爲什麽不采用？就是因爲《國語》上這段話支離又長的緣故。"[1] 二者對比，《左傳》的文字簡潔、委婉，更注重統觀全文的語境和語言表達上的修辭效果，實在是語言運用上的進步。但並非語言簡潔都會有理想的表達效果，如"恭王有疾"一組對比，《國語》文字直率，《左傳》則用墨較多，但在語意上則相對婉曲。《國語》記載恭王之語後直接交代諸大夫的允諾，《左傳》在表述上又增加了"莫對，及五命乃許"的話，更接近君臣交談的實際情況。文字數量增加了，表達效果也更好，更貼近實際，也可見潤色加工的痕跡。通過對比來證明《國語》的文字應在《左傳》之前這一觀點。

顧頡剛先生在《春秋、左傳、國語研究》一書中也有這樣的結論。筆者認爲，童書業先生的對比除了說明《國語》的語言較之《左傳》的繁瑣，缺少潤色外，也可說明《左傳》的成書，參考了《國語》的內容。二書文字繁簡的差異，也取決於各自記史的性質。《國語》記言，故重在言論；《左傳》記事，記言則要簡略些。《左傳》采《國語》的部分，自然要在人物語言上大行刪改和潤色。此舉二例以證：

> 十七年，王降狄師以伐鄭。王德狄人，將以其女爲后。富辰諫曰："不可。夫婚姻，禍福之階也。由之利內則福，利外則取禍。今王外利矣，其無乃階禍乎？昔摯、疇之國也由大任，杞、繒由大姒，齊、許、申、呂由大姜，陳由大姬，是皆能內利親親者也。昔鄢之亡也由仲任，密須由伯姞，鄶由叔妘，聃由鄭姬，息由陳嬀，鄧由楚曼，羅由季姬，盧由荊嬀，是皆外利離親者也。"王曰："利何如而內，何如而外？"對曰："尊貴、明賢、庸勳、長老、愛親、禮新、

---

① 劉節：《古史考存》，北京人民出版社 1958 年版，第 325 頁。

親舊。然則民莫不審固其心力以役上令，官不易方，而財不匱竭，求
無不至，動無不濟。百姓兆民，夫人奉利而歸諸上，是利之內也，若
七德離判，民乃攜貳，各以利退，上求不暨，是其外利也。夫狄無列
于王室，鄭伯南也，王而卑之，是不尊貴也。狄，豺狼之德也，鄭未
失周典，王而蔑之，是不明賢也。平、桓、莊、惠皆受鄭勞，王而棄
之，是不庸勳也。鄭伯捷之齒長矣，王而弱之，是不長老也。狄，隗
姓也，鄭出自宣王，王而虐之，是不愛親也。夫禮，新不閒舊，王以
狄女閒姜、任，非禮且棄舊也。王一舉而棄七德，臣故曰利外矣。
《書》有之曰：'必有忍也，若能有濟也。'王不忍小忿而棄鄭，又登
叔隗以階狄。狄，封豕豺狼也，不可猒也。"王不聽。

（《國語·周語中》）

　　夏，狄伐鄭，取櫟。王德狄人，將以其女爲后。富辰諫曰："不
可。臣聞之曰：'報者倦矣，施者未厭。'狄固貪惏，王又啟之，女
德無極，婦怨無終，狄必爲患。"王又弗聽。

（《左傳》僖公二十四年）

《國語》記言的特色在這裏淋漓盡致表現了出來，《左傳》則加以刪改概
括爲 28 個字，抓住"狄，豺狼之德也"和"狄，封豕豺狼也，不可猒
也"兩句，簡括《國語》對"婚姻，福禍之階也。由之利內則福，利外
則取禍"的長篇大論，直陳德狄人、以狄女爲后之害，卽"女德無極，
婦怨無終，狄必爲患。"表面看來二者關係似不大，而推敲辭句，《國語》
的論說實爲《左傳》簡括潤色之本。

　　葵丘之會，天子使宰孔致胙於桓公，曰："余一人之命有事於
文、武，使孔致胙。"且有後命曰："以爾自卑勞，實謂爾伯舅，無
下拜。"桓公召管子而謀，管子對曰："爲君不君，爲臣不臣，亂之
本也。"桓公懼，出見客曰："天威不違顏咫尺，小白余敢承天子之
命曰'爾無下拜'，恐隕越於下，以爲天子羞。"遂下拜，升受命。
賞服大輅，龍旗九旒，渠門赤旂，諸侯稱順焉。　（《國語·齊語》）

　　夏，會於葵丘，尋盟，且修好，禮也。王使宰孔賜齊侯胙，曰：
"天子有事于文、武，使孔賜伯舅胙。"齊侯將下、拜。孔曰："且有
後命——天子使孔曰：'以伯舅耋老，加勞，賜一級，無下拜'"。對

曰：“天威不違顏咫尺，小白，余敢貪天子之命，無下拜？——恐隕越於下，以遺天子羞。敢不下拜？”下，拜；登，受。

（《左傳》僖公九年）

這兩段文字大同小異。《國語》還有齊桓公召管仲而謀一事，突出管仲的輔助之功，也更接近於生活實際，齊桓公的形象也因此不那么高大。《左傳》則刪除此段，意圖明確，重在展現齊桓公尊王知禮的霸主形象。比較而言，《左傳》描述雖顯簡單卻是有想法的。

二書此類可比的文字較多，均可證《國語》略先於《左傳》成書。而通過對比，也可見《國語》所載的史料應該是原始史料或是接近原始的史料。

那么《國語》何時成書呢？在上一節中，我們知道左丘明爲春秋末期戰國初年的人。《國語》所記止於韓、趙、魏三家滅智伯，在公元前453年，爲孔子去世後26年，即戰國早期。如果左丘明二、三十歲見垂老的孔子，這個時候大約也就是五十歲左右，編撰《國語》是完全可能的。另外，考古發現也可佐證《國語》成書的大致年代。1987年在湖北慈利石板村出土的戰國中期竹簡《國語·吳語》；此外，文獻資料《晉書·束皙傳》記載西晉武帝太康二年，即公元281年，從魏襄王墓中（一說魏安釐王墓）發現一批竹書，其中有《國語》三篇，記晉、楚之事。[①] 魏襄王於公元前318年到前295年在位，當屬戰國中期。魏安釐王則是公元前276年到前242年在位，則是戰國後期。可知至少在戰國中期以前，《國語》中《吳語》、《晉語》中的部分內容是流行於世的。

第三節 《國語》的性質

在緒論中簡單回顧了古往今來學者對《國語》性質的認識，有的將之視爲“春秋外傳”、準經典，有的視之爲史書，也有的視之爲史料匯編。比較新的認識是《國語》是“語”書，不是史書，在文獻目錄中將之附於《春秋》經書之後更是不妥，不能稱其爲“春秋外傳”。本節從“語”書產生和發展入手，闡述《國語》的性質。

---

① （唐）房玄齡等：《晉書·束皙傳》，中華書局1974年版，第1433頁。

一 先秦的"語"類文獻

學界普遍認爲先秦時期存在"語"類文獻，其作用在於爲執政者提供鑒戒。

說先秦存在"語"書，當然有其文獻學的依據。《楚語上》申叔時在談論教育太子時認爲要用春秋、世、詩、禮、樂、令、語、故志和訓典等文獻。"教之春秋，而爲之聳善而抑惡焉，以戒勸其心；教之世，而爲之昭明德而廢幽昏焉，以休懼其勸；教之詩，而爲之導廣顯德，以耀明其志；教之禮，使知上下之則；教之樂，以疏其穢而鎮其浮，教之令，使訪物官；教之語，使明其德，而知先王之務用明德於民也；教之故志，使知廢興者而戒懼焉；教之訓典，使知族類，行比義焉。"明確提出"語"和其他文獻樣式都是一類文獻的總稱並非特指某一部文獻。

"語"本是與人談論之意。《說文解字》有"語，論也。"論難曰語。段玉裁注"如毛（亨）說一人辯論是非謂之語；如鄭（玄）說與人相答問辯難謂之語。"可見"語"與論辯相關。今天我們知道"語"是先秦時期一種文體樣式，內容上主要是針對具體的事物加以評論，這與《說文解字》的解釋基本上是吻合的。

對事物的評論說理需要有標準的認識，人們認爲年長者閱歷豐富，往往多徵求這些人的看法。據載周代有乞言、合語之禮。乞言，《禮記·文王世子》記載世子和學士在學校東序之地舉行祭祀以及養老乞言、合語之禮，由小樂正教導。"凡祭與養老乞言、合語之禮，皆小樂正詔之於東序。"① 鄭玄注："養老乞言，養老人之賢者，因從乞善言可行者。"即向賢德的長者求取善言嘉語，來匡正自己的言行，或爲從政提供借鑒。《禮記·內則》又言："凡養老，五帝憲，三王有乞言。五帝憲，養氣體而不乞言，有善則記之爲惇史。三王亦憲，既養老而後乞言，亦微其禮。皆有惇史。"② 上古帝王舉行養老之禮，五帝、三王時代不同，禮儀也是不同的。五帝主要在於效法老人的德行，注重恭養老人的精神和身體，卻不主動求乞善言嘉語。如果老人有好的言行，史官會記錄下來。三王同樣效法老人的德行，舉行養老之禮後則要向老人乞言，講述修身治國之理，淡化禮的程序以便讓老人放松情緒來講述，史官也要記錄下來他們的善語。合語，《文王世子》記載是與乞言同在東序舉行的一種禮。鄭玄注："謂鄉

---

① （清）孫希旦：《禮記集解》，中華書局1989年版，第558頁。

② 同上書，第755頁。

射飲酒、大射、燕射之屬也。《鄉射記》曰‘古者於旅也語。’”孔穎達疏：“引《鄉射記》者，證旅酬之時，得言說先王之法，故云‘古者於旅也語。’言合語者，謂合會義理而語說也。”從鄭玄和孔穎達的解釋中可知合語通常在舉行鄉射、大射、燕射等射禮之時，旅酬（依次行酒）之中相互論說“先王之法”，通常是會合禮樂之義理的言論。合語是在射禮、燕飲、作樂之後相互談古論議的一種禮，合語論議的內容也是要記錄下來的。由此可知“語”就是周代乞言、合語中那些可供修身、資政治國的就某事、某史而發的論議性的文字了，匯集在一起就是“語”書。而“語”書反過來也能爲乞言、合語之禮提供參考，但最重要的是這些嘉言善語對以禮治國提供的資政和監戒。

乞言、合語之禮啟發了人們有意識地針對某些歷史事件作出評判，編輯“語”書也便進入了一個更爲自覺的時期，這樣史官記載的史實便成了“語”書選取的重要話題。西周春秋是以禮治國的時期，禮是治國的準繩，“語”書的編撰者對所選擇的歷史話題往往站在禮的角度加以評判。這一時期的“語”書，可以說主要針對施政中出現的“禮”與“非禮”現象的評論，希望在上者能多聞善敗以鑒戒。其實周初的統治者就以記載古代帝王言論的《書》作爲施政借鑒的範本，但隨著夏、商乃至周初年代的漸行漸遠，那時的歷史經驗教訓也因世易時移而不盡爲人所重，反而是近現代乃至當代的歷史事件留下的經驗教訓更讓人戒懼，於是記載評判近現代甚至是當代事件的“語”也便成爲最直接的提供在上者鑒戒的參考文獻之一。如果說《書》是記言的古代史和近代史，“語”就是記言的現代史和當代史。從《書》發展到“語”，是爲政鑒戒的需要，也是自然而然的過程。申叔時所表述的“語”，毫無疑問已經是一種比較成熟的文獻形式，有比較明確的編撰目的，即“明德”，這與《書》中《康誥》所宣導“克明德”、“德裕乃身”相吻合。周王室及各個諸侯國有專門的史官負責收集整理現、當代記言之史，以提供給爲政者，這類資料當屬不同國別之“語”，如《國語》中的《周語》、《魯語》、《晉語》、《楚語》等。這類“語”通常先敘述現、當代的事件並以之爲引，然後根據周禮來評判。如《國語·周語》“祭公諫穆王征犬戎”、“單穆公諫景王鑄大錢”等；《魯語》“曹劌諫莊公如齊觀社”、“叔孫穆子諫季武子爲三軍”等。《晉語》和《楚語》也是如此。

我們說先秦時期“語”是一類文獻的統稱，且這類文獻的性質和作用相同。除《國語》以“語”命名外，同類的文獻不少，卻各異其名。文獻記載和考古發現也能證明這一點。西漢時期劉向負責整理秘府典籍，見有以《事語》爲名之書，雖記戰國之事，但書名應有淵源，就是那種按事類編次的"語"書。而與《事語》同類的，還有《國策》、《國事》、《短長》、《長書》、《修書》等，這些文獻雖無"語"的標識，但内容相似，且皆以記言爲主。《國策》、《國事》按國別記言。《短長》、《長書》和《修書》則差不多，即所謂欲令事長則長說，欲令事短則短說之書。①與《事語》一樣，它們也是"語"書的支脈。劉向也正因如此而以這些内容和性質相近的文獻爲基礎編輯整理成《戰國策》。這個意義上講《戰國策》也是"語"書。1973年長沙馬王堆三號漢墓出土一部佚書，無書名和篇名，全書十六章，一章記一事，因事議論。篇幅短小，編輯體例混亂，與《國語》接近。張政烺先生認爲是戰國時期編定的作品，可能是兒童學習的教科書。②整理小組名之爲《春秋事語》。之所以這樣命名，是因爲一方面内容和形式與《國語》相類，另一方面也是春秋時期有"語"書之故，再者上文提及劉向秘府所見亦有以《事語》爲名之典籍。我們可以斷言先秦時期的"語"書有多種形式和稱謂，或"語"，或"書"，或"策"。性質上則大同小異，記言爲主，記事爲輔。作用也基本相同，或用於教育貴族子弟，或爲士階層提供論議參考。1987年在湖北慈利出土戰國楚簡，有《吳語》兩卷。上海博物館藏戰國楚簡中能見到二十多種"語"類文獻，可見當時這種形式的文獻數量不少，十分流行。

另外，以記錄某個人言論爲主要内容的文獻也應是"語"的類型，如諸子百家之言。《老子》乃五千精妙之"語"。《論語》大約成書於春秋末戰國初，其名稱當於編定成書後才有。據班固《漢書·藝文志》可知"論"爲"論纂"，"語"則爲"孔子應答弟子、時人及弟子相與言而接聞於夫子之語。"案《說文》有"語，論也"、"論，議也"、"議，語也"，可知三者爲同義互訓。段玉裁曰："凡言語循其理得其宜謂之論，故孔門師弟子之言謂之論語"。是言"語"爲"言語"之義。其實《論語》之"語"也可以理解爲文獻形式，《論語》即是"語"書之一種。《老子》、《論語》篇幅較短，反映了"語"書由搜集整理向個人創作的發展趨勢。戰國時期儒、墨、道、法等各家紛紛著書，闡述各自的政治主張。戰國中期的《孟子》、《莊子》仍然要用語錄對話的形式，但篇幅更長，是比較成熟的說理文。戰國末期《荀子》和《韓非子》，則是純粹的

---

① （漢）司馬遷：《史記·田儋列傳》，司馬貞索隱："言欲令此事長，則長說之；欲令此事短，則短說之。故《戰國策》亦名曰《短長書》是也。"中華書局1959年版，第2649頁。

② 張政烺：《春秋事語》解題，刊於《文物》1977年第1期。

長篇說理文了。比較而言，"語"多評判，諸子則多於評判中闡述思想和對策；"語"的政治功用在於維護和鑒戒，諸子則於否定中宣講和倡導。某種程度上說諸子之書的形制也是"語"書自身發展的結果。

再者，經過專門收集整理的有哲理意義的俗語、野語、鄙語等，也是"語"的形式。這些"語"起于街談巷語、道聽途說者，是孔子所言說的"小道"，不能致遠，君子弗爲，可見是先民在生產生活中積累的人生哲理警句，廣泛流行於各個階層。儘管是閭里小知者之所及，也能被連綴辭句記錄下來。班固曰："如或一言可采，此亦芻蕘狂夫之議也。"① 我們常常能在先秦的文獻中看到以"語曰"、"野語"、"鄙語"等領起的警句，用以輔助說理。如《墨子·非攻上》有"古者有語曰：'君子不鏡於水而鏡於人，鏡於水，見面之容，鏡於人，則知吉與凶。'"《荀子·君道篇》有"語曰：'好女之色，惡者之孽也；公正之士，衆人之痤也；脩道之人，汙邪之賊也。'"《戰國策·秦策》卷三"范子因王稽入秦"章有："語曰：'人主賞所愛，而罰所惡。明主則不然，賞必加於有功，刑必斷於有罪。'"《莊子·刻意篇》有"野語有之曰：'衆人重利，廉士重名，賢士尚志，聖人貴精。'"《秋水篇》有"野語有之曰：'聞道百以爲莫己若'。"《戰國策·韓策》卷二十六"蘇秦爲楚合從說韓王"章有："臣聞鄙語曰：'寧爲雞口，無爲牛後。'"等等。這類"語"、"野語"、"鄙語"等可能就出自類似於名言警句匯編類的文獻，言簡意賅。而制作、搜集和整理這類"小道"的人，卽後來的小說家者流。或許正是這類文獻客觀上啟發諸子及其後學的創作，才有了《老子》、《論語》等。

綜上可知"語"書的內容主要有四方面。一是由乞言、合語而來的"語"；二是以各國史官所記《春秋》（含瞽矇口傳歷史）爲資料來源的"語"，內容以品評時政爲主。如《春秋事語》、《國語》和《戰國策》，主要提供爲政借鑒或學習。三是諸子百家之書，屬於闡述個人思想觀點的"語"，以說理爲重，如《老子》、《論語》、《墨子》、《孟子》、《荀子》、《莊子》、《韓非子》等。四是匯集俗語、野語和鄙語的"語"，指導人們的立身行事。"語"書形式多樣，並非一定要名之以"語"。如此可知"語"則只是文獻的外在形式，內容可以不同，而不同的內容才是決定文獻性質的要素。

"語"書產生和發展有政治上和學術文化上的因素。

首先，爲政需要是"語"書產生和進一步發展的前提。西周開國之

---

① （漢）班固：《漢書·藝文志·諸子略》，中華書局 1962 年版，2007 年重印，第 1745 頁。

初統治者積極吸取殷商滅亡教訓，確立禮樂治國政策，統治秩序穩定，王權政治得到強化。統治者以禮樂修身，繼承虞、夏、商之《書》並整理先王之"語"而成《周書》，以供施政參考；獎勵有功者，讓王公貴族造彝鼎鑄銘文，以其功業勉勵家族後代；推演《易》，敬天事神更重人事；采集民風而成《詩》，以了解施政之優劣。在相當長的一段時期，一度出現繁榮的景象。禮樂治國在人們的心中打下深深的烙印，周禮被視作是達到"小康"社會的治國寶典。西周中後期，王室自毀禮制，諸侯國君效法之，卿大夫亦效法之，禮樂政治遭到踐踏，禮樂崩壞。在這樣的政治背景下，開明的政治家仍努力維護周禮，針對時政不厭其煩地爲在上者闡述禮治的重要性。規範統治者非禮的言行靠《書》已經遠遠不夠，整理開明政治家針對時事闡發的關於修身、爲政、守禮等言論的"語"書便應時而生。

其次，西周史官制度發達，文獻典籍浩繁，爲著書立說提供了充足的史料。據許兆昌研究周王室的史官中有太史和内史之別，且各有其系統，互不統屬。各官僚機構中的文書胥吏如"祝"、"宗"、"卜"等也統稱爲"史"。① 史官的數量不下千人，形成了龐大的群體並分有不同的等級，掌管著大大小小的文化教育活動。西周初年，諸侯國也設有史官，和王室一樣建立有比較完備的史官制度。春秋戰國時期史官體制發生變化，一方面王室衰微，諸侯稱霸，部分史官流向諸侯國。而在諸侯國中，也不乏有史官因卿大夫權重而入卿大夫之家。這些史官記錄和保存了大量的歷史文獻資料，包括周王室、諸侯國之"春秋"和卿大夫的家史。且這些史官有左史、右史之分，或記言，或記事。

周王室設有保存文獻檔案的機構，老子就曾擔任過管理王室檔案的史官。文獻檔案應該是可以查看的，孔子也曾西觀周室查看資料。晉國韓宣子往聘魯國看到魯國之《春秋》，說明諸侯國歷史是同樣可以查看的。戰亂之時也有不少史官帶著王室的文獻資料逃到各諸侯過去。各級史官記錄並保存的文獻，爲"語"書編撰提供史料來源。

最後，西周、東周時期學術文化勃興，著書立說蔚然成風也是促成"語"得以最終編撰成書的因素。西周初年的青銅器上開始出現較殷商時期篇幅更長的記載重要歷史事件和冊命封賞的銘文，如武王時期的《天亡簋》、成王時期的《令尊》等。銘文有韻，内容豐富，標注有準確的時

① 許兆昌：《先秦史官的制度與文化》第二章，黑龍江人民出版社 2006 年版，第 54—108 頁。

間，是重要的史料。統治者還組織采詩、獻詩，以此了解民風及施政情況。周公整理雅樂，規範樂舞，"雅"辭與祭祀宗廟的樂歌"頌"也作爲《詩》的組成部分得以保存。此外《書》中的《洪範》、《大誥》、《康誥》、《酒誥》、《梓材》、《召誥》、《洛誥》、《多士》、《無逸》、《君奭》、《多方》、《立政》等都是以記言爲主之文。禮樂教化，推演周《易》，不但維護了統治階級的政治思想和倫理思想，也對哲學和文學觀念的形成產生重大影響。學術文化勃興，《易》、《詩》、《書》、《禮》、《樂》等體現了周人務實朴質的尚文之風。

進入東周，各諸侯爲爭霸和謀生存致力於富國強兵，都在尋求治平之道。學術文化也因之而發生變化。官學衰微，王室和諸侯國開明博學的政治家，如王室的内史過、内史興、富辰、單襄公，齊國的管仲等，春秋中後期晉國的叔向、鄭國的子產、宋國的向戌、齊國的晏嬰等人都有不少新的治國理念，不同思想在醞釀中形成。至戰國百家爭鳴，諸子之論發展爲系統化的"語"類文獻。

應該說，兩周時期是文獻有意識發展的時期，伴隨政治需要學術文化得以勃興，浩繁的資料爲文獻的最終整理、修撰奠定了基礎。"語"也正是在這樣的政治、學術文化環境中孕育並最終發展成熟。

二　《國語》是"語"類史書

《國語》是現存最有代表性的"語"類文獻，這是學界對《國語》性質的新認識。從"語"產生和發展演變的過程來看，我們認爲"語"只能代表《國語》的文體樣式，決定其性質的是内容。從内容上看《國語》是一部史書，是研究春秋時期政治、禮儀、經濟、軍事、外交等方面的重要歷史文獻。當然文獻的形式和内容是密不可分的，外在的形式取決於内容，内容也由外在的形式來決定。因此，我們說《國語》是一部"語"類史書。

第一，"語"是《國語》的外在形式。上文提到"語"是一個大的概念，包含有不同内容的文獻，有針對歷史加以評論的，有匯集民間俗語警句的，也有記載某人思想言論的。它的最大特點就是記言。關於記言，不難理解。《國語》屬於評論歷史之類的"語"書，記錄的是有關邦國成敗的嘉言善語，以歷史史實爲切入點，以對話的形式闡述治國的思想。

《周語》、《魯語》、《楚語》之"語"的形式非常明顯，每段文字互不相關。通常先給出歷史事件，接著有卿大夫據禮發表意見或向天子國君勸諫，這部分對話是主體。最後交代勸諫的結果被采納與否、守禮與悖禮會有什麼樣的結果，突出禮的重要性。《齊語》以桓公捐仇相管仲爲始，以稱霸諸侯作結。内容主要是管仲答齊桓公治國稱霸之策，十分完整。這部分"語"雖有禮的觀念，但法的思想更重。《鄭語》記載西周末年鄭桓公與史伯間的一段對話，首先爲鄭桓公指明出路，有似戰國縱橫家的謀略。再分析南方楚國將興，又從"和"與"同"的角度指出西周重用奸佞讒巧必然衰亡，進而推測中原晉、秦將代周而興，最後證明天下大勢確如史伯所言。此卷雖只記一次對話，卻是對西周末期政治走勢的一次準確的分析，很像東漢末年劉備和諸葛亮的隆中之對。《晉語》九卷，約占全書的一半，從晉武公伐翼開始，到韓趙魏三家滅智氏結束。可以說是一部詳細記錄晉國長期稱霸中原的歷史。《晉語》九卷中每段之間通常有關聯，表面上看是重記事，實際上也多是於人物間的對話中闡述尊禮的觀念，也重記言。《吳語》和《越語》也同樣以對話的形式完整記錄了春秋末期吳越爭霸的歷史。内中滲透了詐術和黃老的思想。

八國之"語"中《周語》、《魯語》和《楚語》是一類，每篇結構形式相同，文字也不長。《鄭語》獨立成篇，前有因後有果。《齊語》、《晉語》、《吳語》和《越語》以齊桓公稱霸、晉楚爭霸、吳越爭霸爲主綫來結構成卷。各國之"語"結構方式不同，但通過人物對話來表達内容這一點則完全一致。《國語》每篇人物的對話大概要占全篇文字的八九成，說明"語"是《國語》内容的外在表現形式，換句話說《國語》在形式上是八國"語"書的匯編。

第二，《國語》也是一部史書。《國語》的史料來源不但有各國的"春秋"，還包括楚大夫申叔時所言的"詩"、"禮"、"令"、"世"、"故志"、"訓典"等文獻。從文本上看，還應該有卿大夫的家史資料。在周代這些歷史和典章制度等文獻資料都出自不同的史官，性質同樣是史。

古代的目錄學著作將《國語》列於"經編·春秋類"或"史部·雜史類"，反映了目錄學家對其性質的認識，視之爲"史"書。歷代學者的議論中也多認同這一性質。《國語》不同於其他史著之處主要是記言的形式，即"語"的形式。出現這樣的差異應與古代史官記錄歷史的分工以及史書編撰的目的有關。《禮記·玉藻》篇記載天子祭天"動則左史書之，言則右史書之"。而據《漢書·藝文志》記載："古之王者，世有史官，君舉必書，所以慎言行，昭法式也。左史記言，右史記事，事爲《春秋》，言爲《尚書》，帝王靡不同之"。二書所記古者史官有"左史"、"右史"，二者的分工不同，他們所做的就是"記事"和"記言"。所以學者通常視《國語》爲記言之史。《漢書·藝文志》記載《國語》二十一篇，將之附於六藝略"春秋類"，其後歷代正史的《藝文志》或《經籍志》多沿襲此分類之法，《隋書·經籍志》和《舊唐書·經籍志》甚至冠之以"春秋外傳"的稱呼。清代官方編修《四庫全書》，將《國語》歸於"雜史類"。《四庫全書總目提要》云："《國語》二十一篇，《漢志》雖載《春秋》後，然無'春秋外傳'之名也。《漢書·律曆志》，始稱'春秋外傳'。……考《國語》上包周穆王，下暨魯悼公，於《春秋》時代首尾皆不相應，其事也多與《春秋》無關，係之《春秋》，殊爲不類。……《史通》'六家'，《國語》居一，實古左史之遺，今改隸雜史類焉。"民國之初北洋政府編修《清史稿·藝文志》沿用《四庫全書》的歸類方法，列《國語》於"雜史類"。

雜史是史部文獻中的一類。《隋書·經籍志》指出雜史"屬辭比事，皆不與《春秋》、《史記》、《漢書》相似，蓋率爾而作，非史策之正也。"① 因之博達之士，愍其於亂世廢絕，故記聞見以備遺亡。其後作者甚衆，"多抄撮舊史，自爲一書，或起自人皇，或斷之近代，亦各其志，而體制不經。又有委巷之說，迂怪妄誕，真虛莫測。然其大抵皆帝王之事，通人君子，必博采廣覽，以酌其要，故備而存之，謂之雜史。"② 大體說出了雜史產生、發展和特征。顯然這是相對於正史而言的。正史以漢司馬遷、班固爲源流，其後有著述，"皆擬班、馬，以爲正史。"③ 正史是官方欽定的史書，清乾隆欽定二十四史爲正史，且規定未經皇帝批準的史書則不能納入正史之列。雜史多爲私人著述，可補正史不足。早期的雜史史料有一定的可信度，後來稗史、野史和逸史等資料也雜入其中，可信度下降，真虛莫辨，這大概也影響了人們對《國語》的認知。

《國語》的史料多據諸國史官所記之春秋以及口傳歷史，史實應該是確實存在的，但具體的細節可能會與《春秋》經傳所載有一些差異，具有補充和佐證史實的作用。更重要的是《國語》保留了先秦時期衆多禮儀制度等內容，儘管可讀性差，但史料價值極高，爲後世學者的研究提供重要依據。

《國語》中《晉語》、《吳語》和《越語》記言與記事並重的部分很多，這三國之語的史料來源應該是史官（包括家史）的記載，常常通過人物的對話來推動事件的發展。史官記史的原則就是"書法不隱"，客觀

---

① （唐）魏徵等：《隋書·經籍志》卷第三十三，志第二十八，經籍二·史，中華書局1973年版，第962頁。

② 同上。

③ 同上書，第957頁。

真實。《周語》、《魯語》、《齊語》、《鄭語》、《楚語》等五國之語也並非完全就某件史實單純議論說教，往往會給出相關事件的結果，一方面來證明說教的正確性，一方面也對歷史事件有相對完整的交代。前面提到的先秦時期衆多的禮儀制度方面的內容，也往往於特定的語境中被天子、國君或卿大夫細緻地講述出來，如畿服制、籍田禮、人口普查、幣制、祭祀用牲制、祭祀昭穆制、樂政資料等。這些史料非但不能虛構，而且要有可靠的資料來源。另外，《國語》不是純粹的文學作品，語言上不如《左傳》長於修辭，在記事上也沒有《戰國策》那樣的虛構情節、充滿渲染和夸飾、違背歷史史實等問題。《國語》在敘事上講究一些技法和修辭而已，內容上除了上古傳說時期的史料無法考證外，最爲主要的內容幾乎沒有虛構部分，是內容相對客觀真實的雜史。所以我們不能把《國語》排除史著之外而視其爲其他類型的文獻。劉節認爲：“《國語》是一部殘缺不完備的國別史。”① 白壽彝則言《國語》是 “還沒有發展成爲一部具有完整形式的史書。”② 這些都是比較客觀的評價。

還有不少學者認爲《國語》屬於史料性質的書，如張心澂和傅庚生。張心澂認爲《國語》就是用來作爲史官修史的材料。傅庚生則認爲《國語》是史家專門整理的一些史料。其實不管什么史書，都是由史料匯集整理而成，所以說史書也一樣是供人參考的史料。《國語》雖是分國編輯而成，但非簡單的拼湊，編撰者有其編撰意圖和思想指導，這和史料的簡單匯編完全不同。

第三，《國語》“語”形式與“史”的內容不矛盾。楊寬、王樹民、沈長雲等學者認定《國語》的性質是“語”書，③ 其實是把《國語》的形式和內容割裂了，並以此否定《國語》史書的性質，這是不妥的。俞志慧認爲“《國語》是周穆王至魯悼公前期這一段歷史時期中各國的‘語’的摘編。”以此來證明《國語》出現的諸如記載重復、前後不一致以及史實不夠完整等問題，若用“語”類摘編來解釋就能說得通，而以史著的標準來衡量則難言合理。④ 當然，先秦的“語”書是不是真的存在我們今天所見的有各種不合理，不得而知，但古人編撰文獻恐怕未必就不那么認真。

① 劉節：《古史考存》，北京人民出版社1958年版，第316頁。
② 白壽彝：《〈國語〉散論》，刊登於《人民日報》1962年10月16日。
③ 楊寬：《戰國史》、王樹民：《〈國語〉的作者和編者》、沈長雲：《〈國語〉編撰考》中均言《國語》是“語”書。
④ 俞志慧：《〈國語〉的文類及八語遴選的背景》，刊于《文史》2006年第2輯。

"史"是文獻的性質，也是內容，"語"則是文獻的表現形式。形式和性質、內容之間是不存在矛盾的。《國語》也是如此。俞樾云："《禮記·樂記》曰：'且汝獨未聞牧野之語乎？'疑古史記載，自有語名。牧野之語，乃周初史臣記載之書也。左丘明著《國語》，亦因周史之舊名。"① 是言古史中有以"語"來冠名的文獻。《尚書》被定位爲記言類史書，各篇文體形式明確集中，相對齊整。《國語》在記言上更爲靈活，是對《尚書》的繼承和發展，它們都沒有時間的概念，不能以歷史的時空坐標來確定，這或許是"語"不同於"春秋"的重要所在。周代史官制度比較發達，史的思想貫穿整個文化活動，不管編撰的文獻最終的用途是什麼，都要立足於各種史料，發揮歷史應有的作用，換言之最終落到史學的思想中。明王守仁認爲"五經皆史"，清章學誠則曰"六經皆史"，二人的觀點源於經書的各種史料價值和經書產生的時代文化背景。祭祀和戰爭是史，天子諸侯的行事是史，卿大夫的日常生活也同樣是史，甚至內中雜有神鬼怪異之事也可記入史。我們也常見《史記》中司馬遷介紹王侯將相初爲布衣之時的歷史，因此就不能以晉國大夫冀缺於鄉野夫妻相敬如賓之類的小事來否定《國語》史書的性質。② 主人公並非布衣，夫妻相敬能見其恪德，故晉文公能不計其父之前惡，任命其爲下軍大夫。宣講的是舉薦者無私、國君不避仇的開闊胸襟，正是禮所倡導的。這樣史料至少出自卿大夫的家史，絕不會是史官憑空杜撰的，符合修史的需要。

《國語》的性質是記言之史，是"語"類史著。史著由史料構成，故而史著也是史料。以爲《國語》是簡單的史料匯編，只是看到了表面，不能以此來否定《國語》史著的性質。《國語》有明確編撰意圖，是爲在上者提供借鑒的禮治範本，忽略這一點，研究《國語》史料的選擇及其背景也便失去了意義。白壽彝先生認爲《國語》的編撰意圖即"求多聞善敗以監戒"，③ 統觀全書深有體會。編撰者也正是圍繞後世儒家的禮治、德政、重民、正名、忠恕等思想來選擇史料。儘管書中尚有零星反映後世墨家、法家、道家等思想的史料，也並沒有偏離"監戒"的意圖。這也是先秦修史者保留史料的原貌、不隨意篡改、追求實錄精神的體現。如此，《國語》個別內容出現前後不一致的情況也就說得通了。

將《國語》視爲一種史料的簡單匯編，即便肯定其編撰有"明德"

---

① 俞樾：《湖樓筆談》卷二，《續修四庫全書》子部，雜家類，第 1162 冊。
② 事見《國語·晉語五》"白季舉冀缺"章。
③ 白壽彝：《〈國語〉散論》，《人民日報》1962 年 10 月 16 日。

的意圖，也是沒能透過表象領悟到最根本的問題，即《國語》史著的價值問題。俞志慧《〈國語〉的文類及八〈語〉遴選的背景》一文認爲："但如《鄭語》，僅史伯與鄭桓公在公元前 774 年某一天的大段對話，如何夠得上鄭國一國之'史'？《周語》、《魯語》、《齊語》、《楚語》的篇幅比《鄭語》長一些，討論的問題也多一些，但光憑或長或短的對話，缺乏完整清晰的歷史事件和人物形狀的記載，不能視之爲相關各國之史也與《鄭語》同。"① 又言即便《晉語》、《吳語》和《越語》記載了三國稱霸的歷史，相對詳盡，也不算是這三國的國別史，因爲編撰者不能將三國的史料加工整理，達到前後一致毫無瑕疵。文章認爲《周語上》西周史料與東周史料之間的時間差在九十五年，是國別史時間鏈條上的一個缺環。關於舟之僑和宮之奇的記載當爲虢、虞二國的史料，放在《晉語》里也是不妥當的。此外，《晉語五》應該記載晉襄公事，而不應記載臼季薦冀缺和寧贏氏論貌與言，指出"載村野中夫妻之間相敬如賓之細節和旅店老板的一段見機之言，若是國別史，無論如何是一個嚴重的缺環。"文章分析《吳語》、《越語》不能看作是純粹歷史的理由，多是我們所熟知的，如紀年上的模糊、史事的前後重復甚至相互矛盾等。《國語》若是史書，缺點實在太多，怎麼能是國別史呢？但我們深入分析，立足《國語》文本的內容和它要表達的總的思想，仔細研究韋昭等人對《國語》的評價，就會發現俞文所說的總總缺點，都不是重要的。我國自古以來就是重視史學傳統的，《國語》存在的諸多問題是不能逃過史學大家們的眼睛的，但沒有人否定《國語》史著的性質，非但如此，賦予了它"春秋外傳"的美譽，甚至抬高到"準經典"的地位。

我們知道先秦史官所記的歷史資料，編撰成各種文獻的時候，編撰者通常對原始的資料是不加以修改的，這實際上是史德的問題。這些文獻的產生都有一定的歷史局限性，所以在文獻形式上就顯得不夠成熟。此外，文獻在流傳的過程中也難免出現散佚、增補、竄入等問題。由於傳世文獻和考古發掘的文獻不夠充分，對史料的考辨相對困難，學者根據歷史經驗的推測就會因主觀性過強而使得得出的判斷難以站住腳。不管采用什麼樣的方式，提出什麼樣新鮮的名詞，考查歷史文獻的性質都不能僅以表面的形式爲主要依據，對其內容也要有歷史的眼光，而不能用今天的標準去衡量。若按今天衡量史著的標準，沒有哪部先秦史書是合乎標準的。《春秋》被稱爲斷爛朝報，沒有《左傳》就無法知道它所記史實的詳細內容，

① 俞文刊於《文史》2006 年第 2 輯，中華書局，以下所引均出於此文，不再另注。

但沒人否定它是一部魯國的編年史。而且在紀年上，也不是從開國之君伯禽一直記到滅亡。即便在世繫上十二個國君次第相連，也不是每一年都一樣的記事比重，多寡不均的情況也是常見。《左傳》、《竹書紀年》也是如此，我們仍然說它們是歷史著作。

我們認爲判斷史著的標準就是看文獻史料所記錄歷史事實、典章制度等。也要結合文獻的表現形式、編撰目的、思想以及作者滲透到文獻中貫穿始終的歷史情感。

這里提到的歷史情感，其實就是修史者滲透在所謂秉筆直書的史實中的情感。表現在選擇史料、表述史實、推敲詞語以及直接評價等方面。古之史官修史雖有“書法不隱”的傳統史德，但並非一點個人情感傾向也沒有。修史者首先要根據正統的理念來認定所記載史實的是非，選擇表述史實的側重點，再用恰當的詞匯來表述，看似沒有直接站出來作出評判，是因爲正統的理念爲絕大多數人接受，他的情感評判符合大眾的評判。但是也有的史料中滲透的是修史者自己的情感，這種歷史情感於是就暗含在史著的字里行間，贊揚、批判、感嘆、痛恨、惋惜等都可以通過閱讀品味覺察到。“春秋筆法”就是修史者表現這種歷史情感的重要手段。這種情感是主觀的，不同於《左傳》中的“君子曰”、“孔子曰”和《史記》中的“太史公曰”等史評。史評是直接站出來表態，毫不隱晦，更多受到正統思想的影響，史官要圍繞正統的思想表達出符合統治階層主流的情感傾向。

《國語》之中滲透的歷史情感主要在於對以禮治國的反思和眷戀，表現在對三代，尤其是周代興衰的反思。書中開明的卿大夫大多提及夏、商之衰的教訓，此外也多見關於周王室“多故”、“將卑”、“周卑”、“周室少卑”、“周衰”、“周亂”等文字表述。正因如此，不少天子、卿大夫不厭其煩重申先王的禮制，細緻講述禮的內容，流露出對周初禮樂盛世的眷戀和不能再現盛世的無奈。編撰者對諸侯國也一樣據周禮來評判具體事件以明興衰沉浮，滲透了某種主觀情緒。雖然編撰者在《國語》中沒有像在《左傳》中那樣有著鮮明的“禮”與“非禮”的直接評判，但對那些守禮或悖禮的人的言行，依然可知其美刺。編撰者暗含在史料中的歷史情感需要讀者用心來體味。

《國語》的史學思想也具有相對的系統性。思想是歷史文獻的生命，文獻的價值某種程度上也取決於其思想的價值。《國語》中存在一些後世儒家的思想，諸如重民思想、禮治思想、正名思想、忠恕思想等，還有一定程度的天命思想。這些思想歸根結底是求真和經世致用。書中也有一些與諸子百家中非儒家思想相吻合的思想，但不是主流，可以看作是儒家之外別家思想的萌芽，但這些零星的思想不會影響到整本書的主導思想的系統性。

　　要之，今天我們所見的《國語》在編撰上確實存在著粗糙之處，但作爲戰國時期私家編修的文獻，我們應該將之放在具體的學術環境中來考查，結合其編撰目的給以客觀的評價，而不應該脫離文獻產生的具體歷史環境用今天的成熟的史著的標準來衡量，突出其缺點，並以此否定其史學價值和在史學史中的地位。先秦史官有"書法不隱"的記史原則，對其他史官的記錄也從不輕易竄改，尊重原來史料的文字，一定程度上影響了文獻的整理和編撰的成就。在春秋戰國禮樂崩壞諸侯力政的時代，周王室不能嚴以律己恪守禮制，甚至帶頭踐踏禮制，一些諸侯國君反而能繼承先王遺訓，禮樂治國，敬神保民，國殷民富，從而成爲諸侯盟主。開明卿大夫們在稱頌諸侯霸業的同時也有著對王室衰微的嘆息和對以禮治國的眷戀，在這樣複雜的心態下他們反思禮治的情緒彌漫全書，禮治思想成爲《國語》最重要的思想。這些恰恰反映了"語"書"求多聞善敗以監戒"的作用。《國語》的編撰者正是圍繞這樣的作用來選擇史料，構建《國語》的體例，使得八國之語有了基本一致的思想傾向而成爲相對的整體。從國別的體例上看，是有缺憾的，這大概要取決於搜集的史料的多寡，而後世修史者則在此基礎上將國別體例逐步完善。有鑒於此，我們不能否定《國語》的史著性質和史學地位，應該視之爲一部重要的"語"類史書。

三　"春秋外傳"的稱譽

　　《國語》的學術地位如何，其實一直都是和《左傳》密不可分的。

　　在兩漢今古文經學的論爭中，《左傳》等古文經於漢平帝時期被立爲學官。新莽時期，劉歆提倡以古文經《周禮》作爲改革的依據，爲王莽政權采納，古文經學的地位也因此得到了提高。進入東漢後，古文經雖屢遭廢立，其經學地位卻沒有更低。古文經學家受司馬遷的影響認爲《國語》同《左傳》一樣都是魯君子左丘明所作，且二者所載的時間段基本相同，史實上也互爲表里，所以《左傳》地位的上升爲儒家經典後，遭秦之亂幽而復光的《國語》的地位也隨之提升。

　　《國語》地位提升的根本表現是贏得了"春秋外傳"的稱譽和儒家準經典的地位。

　　"外傳"是與"內傳"相對而言的。余嘉錫《古書通例》云："凡以內外分二書者，必其同爲一家之學，而體例不同者也。……惟一家之學，一人之書，而兼備二體，則題其不同者爲外傳以爲識別。故《漢志》

《詩》家有《韓內傳》四卷，《韓外傳》六卷，《春秋》家《公羊》、《穀梁》皆有‘外傳’……《左氏傳》之外又有《國語》，二書俱存，可以互考。左氏依經作傳，而《國語》則每事自爲一章，略如後世之紀事本末。……《漢志》不題‘外傳’者，因已有《國語》之名，不必復用內外以爲識別也。今姑不問《左傳》、《國語》爲左丘明所著與否，而漢人則固以爲一人之書。‘內、外傳’云者，亦漢人稱之。此可以悟一家之學，分題內外之故矣。”① 他認爲“內傳”循經釋文，“外傳”則不必循經釋文。則“外傳”之稱始於漢代，是學者整理、注釋經書的過程中用以分別循經釋文的“傳”，前提是被稱爲“內傳”和“外傳”的文獻必是一家之學一人之書。余先生的觀點是有道理的。

余嘉錫所言“春秋外傳”的稱呼始於漢代，是有根據的。班固《漢書·韋玄成傳》載劉歆與漢哀帝議宗廟之事曰：“禮，去事有殺，故春秋外傳曰：‘日祭、月祀、時享、歲貢、終王。’”② 語出《周語上》“穆王將征犬戎”章。漢哀帝公元前 6 年到前 1 年在位，值西漢末世，但班固所引不能確定是否出自劉歆的奏議原文，故據此尚并不能判斷劉歆時已有“春秋外傳”之稱。《漢書·律曆志》“顓頊帝”下有“春秋外傳曰，少昊之衰，九黎亂德，顓頊受之，乃命重黎。”案《楚語下》“觀射父論絕地天通”章有“及少皡之衰也，九黎亂德，民神雜糅，不可方物。……顓頊受之，乃命南正重司天以屬神，命火正黎司地以屬民。”可見二者的淵源。另《律曆志》“帝嚳”下有“顓頊之所建，帝嚳受之。”③ 案《周語下》“景王問律於伶州鳩”章有“顓頊之所建也，帝嚳受之。”僅多了一個“也”字。東漢其他的學者也有稱《國語》爲“春秋外傳”。王充在《論衡·案書篇》中談及《國語》有言：“《國語》，《左氏》之外傳也。左氏傳經，語辭尚略，故復錄《國語》之辭以實。”④ 《史記·吳太伯世家》“趙鞅怒，將伐吳，乃長晉定公。”南朝宋裴駰集解引賈逵語曰：“外傳曰‘吳先歃，晉亞之’。”⑤ 是賈逵稱《國語》爲“春秋外傳”之證。《詩·小雅·皇皇者華》“每懷靡及”句，鄭玄箋：“春秋外傳曰：

①　余嘉錫：《古書通例》卷三《古書之分內外篇》，收《目錄學發微》（含《古書通例》）一書中，中國人民大學出版社 2004 年版，第 263 頁。
②　（漢）班固：《漢書·韋賢傳》，中華書局 1962 年版，第 3129 頁。
③　《漢書·律曆志》兩處所引，均見《漢書》，中華書局 1962 年版，第 1013 頁。
④　黃暉：《論衡校釋》，中華書局 1990 年版，第 1165 頁。
⑤　（漢）司馬遷：《史記》，中華書局 1959 年版，第 1474 頁。

'懷和爲每懷也。'"① 王肅《孔子家語序》有言:"外傳曰:'精意以亨曰
禋。'" 又有"春秋外傳曰:'昔堯臨民以五。'"② 說明"春秋外傳"的稱
呼至少在東漢就已經很流行了。

從魏、晉、南北朝歷經隋、唐到元,歷代學者也都沿襲了這個稱呼。
西晉杜預在《左傳·昭公七年》注曰:"外傳曰:'朕夢協朕卜,襲於休
祥,戎商必克。'"③ 裴駰又引東晉徐廣音義《史記·吳太伯世家》曰:
"黃池之盟,吳先歃,晉次之,與外傳同。"唐劉知幾《史通·六家》中
云《國語》其先亦出於左丘明。左氏既爲春秋內傳,又別爲春秋外傳國
語。④ 正史的《經籍志》或《藝文志》中也多稱《國語》爲"春秋外傳
國語",如《隋書》、《舊唐書》、《新唐書》、《宋史》和《元史》等,可
見這一稱呼影響深遠。當然也有反對的聲音,元代郝經、清代紀昀以及
近、現代的一些學者。當代學者如徐中舒等對"外傳"的稱呼也有過質
疑,但還未能改變人們已有的認識。

那麼,爲什麼稱《國語》爲"春秋外傳"呢?對此也有不少學者發
表意見。東漢劉熙曰:"《國語》記諸國君臣相與言語謀議之得失也,又
曰'外傳'。《春秋》以魯爲內,以諸國爲外,外國所傳之書也。"⑤《四
庫提要》則質疑曰:"書中明有《魯語》而劉熙以爲外國所傳,尤爲舛
迕。"董增齡亦反駁劉熙之說曰:"且《周語》可以稱'外'乎?其說非
也。"⑥ 劉熙的說法確實不妥。唐司馬貞稱:"'外傳'即《國語》也。書
有二名。外吳者,吳夷,賤之不許同中國。故言外也。"⑦ 他認爲《國語》
中記有《吳語》,吳乃夷狄,稱"外傳"則有輕賤之意,明不同於中原諸
國,也是不通的。《公羊傳·成公十五年》載:"冬十有一月,……會吳
于鐘離。曷爲殊會吳?吳也,曷爲外也?《春秋》內其國而外諸夏,內諸
夏而外夷狄。"何休解詁:"內其國,假魯以爲京師也。諸夏,外土諸侯

---

① (清)馬瑞辰:《毛詩傳箋通釋》,中華書局 1989 年版,第 500 頁。
② 見魏王肅注《孔子家語》,上海古籍出版社 1990 年版。
③ 清阮元校勘本《十三經注疏》之《春秋左傳正義》昭公十五年,中華書局 1980 年版,
  第 2051 頁。
④ (唐)劉知幾著,(清)浦起龍通釋,王煦華整理:《史通通釋》,上海古籍出版社 2009
  年版,第 13 頁。
⑤ (清)王先謙:《釋名疏證補》,上海古籍出版社 1984 年版,第 313 頁。
⑥ (清)董增齡:《國語正義》,巴蜀書社 1985 年版。
⑦ (漢)司馬遷:《史記》,中華書局 1959 年版,第 1474 頁,見《吳太伯世家》宋裴駰引
  賈逵《春秋外傳》曰"吳先歃,晉亞之"下司馬貞索隱。

也。"① 或許司馬貞是受了《公羊傳》的影響。

《國語》中的西周史料集中在《周語上》和《鄭語》里，占全書的比例較小。春秋史料是主體，其内容又與《左傳》交叉，可用來佐證《春秋》，所以引起漢代經學家的普遍重視。再者《左傳》傳《春秋》，相傳其作者左丘明又撰《國語》，二書即爲一人之書，應是一家之學。三國吳韋昭認爲《國語》可補充《左傳》傳經文之略，又不似《左傳》依經而作，不主於經，故而被視爲"春秋外傳"，② 處於準經典的地位。③《漢書·藝文志》列有《韓詩》"内傳"以及《公羊傳》和《穀梁傳》的"外傳"，這些文獻早已亡佚。今天可見《韓詩外傳》。《四庫全書總目提要》言："其書雜引古事古語，證以詩詞。與經義不相比附，故曰'外傳'。"可知"外傳"如韋昭所云是"不主於經"的。《越絶書·越絶外傳本事》："或經或傳，或内或外，何謂？曰：經者，論其事，傳者，道其意。外者，非一人所作，頗相覆載，或非其事，引類以托意。"④ 這里的"傳"，顯然是"内傳"，解釋經文之意。"外傳"非一人之作，史料來源複雜，且有自相矛盾者。有的不言"内傳"之事，往往援引同類的事件來隱喻。可知内外傳之間是存在一定關聯的。余嘉錫先生的說法是與此相合的。張以仁認爲韋昭的關於"内傳"、"外傳"的說法"大概是漢以來的傳統說法。一直沿用到現在。"⑤ 如此，稱《國語》爲"春秋外傳"還是有原因的。

上文引王充《論衡》所云也道明了《春秋》"内傳"、"外傳"内容之間的關係，"外傳"有補足"内傳"記事的作用。劉知幾曰："（《國語》）其文以方内傳，或重出而小異。"⑥ 宋庠曰："自魏晉以後，書錄所題皆曰《春秋外傳國語》，是則《左傳》爲内，《國語》爲外，二書相副，以成大業。凡事詳於内者略於外，備於外者簡於内。"⑦ 陳振孫云："自班固《藝文志》有《國語》二十一篇，左丘明所著，至今與'春秋傳'並行，號爲外傳。"⑧ 明黃省曾云："昔左氏羅集國史實書，以傳

---

① 清阮元校勘本《十三經注疏》之《春秋公羊傳注疏》成公十五年，中華書局1980年版。

② （三國吳）韋昭：《國語解敘》。

③ （唐）劉知幾：《史通·六家篇》評價《國語》爲"六經之流，三傳之亞。"是其準經典地位的文字見證。

④ （漢）袁康、吳平輯錄，樂祖謀點校：《越絶書》，上海古籍出版社1985年版，第3頁。

⑤ 張以仁：《國語辨名》，載臺北《歷史語言研究所集刊》1969年第40期下。

⑥ （唐）劉知幾：《史通·六家篇》。

⑦ （宋）宋庠：《國語補音敘錄》。

⑧ （宋）陳振孫：《直齋書錄解題》，上海古籍出版社1987年版。

《春秋》，其釋經之餘，溢爲外傳。"① 王世貞云："昔孔子因魯史以作經，而左氏翼經以立傳，復作外傳，以補所未備。"② 以上諸家所言，都指出了《春秋》"內傳"與"外傳"間的關聯，記事相對照，有互證互補的作用，稱之爲"春秋外傳"也並無不可。

學者在論證《左傳》是否是傳《春秋》經文的時候，常常將二者之間的記事時間是否吻合當作重要的考查點，不很吻合就要論辯一番。這種方法也被一些學者用來論證《國語》是否是"春秋外傳"的問題。有人詳細地將《國語》八國所記歷史的起訖年代與《春秋》中八國歷史的起訖年代進行了一番比較，發現都不相吻合，認爲不用複雜的考證就足矣否定《國語》"春秋外傳"的說法。這樣做實際上是忽略了韋昭所說《國語》"不主於經"的意義。《左傳》傳《春秋》，與《春秋》同起於魯隱公元年（公元前722年），但止於魯悼公十四年（公元前453年），要比《春秋》晚28年，訖年不相吻合，且有無傳之經和無經之傳。如果按照傳統的"經"與"傳"之間的關係來衡量《國語》之於《春秋》，顯然是不合適的。古人恰恰是看到了這一點，才以"外傳"稱之，畢竟《左傳》、《國語》與《春秋》三者內容上的關係才是重要視點。"不主於經"即不以解釋經書爲主，則是內容的選擇不受制於經書的記載，不必傳經的意思。經學有著嚴格的傳統，王充、班固、賈逵等應該清楚《國語》在時間的起訖和記載的內容上與《春秋》經不相吻合，仍然稱之"春秋外傳"，自有他們的道理。

"春秋外傳"的稱呼反映了學者們肯定《國語》對《春秋》經傳的互補互證的價值，幫助我們更好地理解春秋時代的社會政治狀貌。這個稱呼是一種贊譽，也讓《國語》自行世以來與《春秋》經傳關係更加密不可分，成爲研究春秋史不可或缺的史料。這一稱譽沒有必要否定，倒是可以提醒我們對其要給予重視。當然，《國語》不是儒家經典，"春秋外傳"的稱呼將其與《春秋》經傳聯繫在了一起，否定這一稱呼，也已無法割裂它們之間的關係。實際上在別稱是否合適的問題上大做文章意義也不大，甚至沒有必要。

四　準經典的地位

既然《國語》與《春秋》、《左傳》有不可分割的關係，爲什麽自漢

---

① （明）黃省曾：《黃五嶽集》，明俞憲輯，嘉靖隆慶刻本。
② （明）王世貞：《弇州四部稿》，四庫明人文集叢刊，上海古籍出版社1993年版。

及今沒有取得“經”的地位呢？這要從內因和外因兩個方面來探討。

“經”是後起字，本字卽金文的“巠”字，《說文》“巠，水脈也。從川在一下。一，地也。”詞義引申擴大到其他領域，則絲如水脈，進而引申爲“織”，以形聲法造字而爲“經”，織之從絲謂之“經”。凡織經定而後緯成。先秦兩漢的典籍文獻以竹木簡牘爲主，以韋、繩來編。韋卽牛皮條，繩有麻繩和絲繩。“經”有了編絲連綴的意思。古人使用不同的文獻載體大概也有質量方面的考慮，除了竹木簡牘的質量外，也需要編結連綴的緣的質量。皮條固然結實，容易板硬。麻繩比較常見，造價也不高，用來編結連綴一般文獻。重要價值的文獻自然也會選擇好的竹木簡牘和絲繩連綴，後來就以經來指重要的文獻，卽經典。經典中的“經”就是“常也，法也”，經典就是“常典”、“法典”的意思，《說文解字》和《釋名》中都有這樣的解釋。諸子百家的文獻都有自己的經典，墨家有《墨經》，道家有《道德經》、《南華經》。儒家有“六經”。戰國後期“經”開始專指儒家的文獻。周予同先生歸納了儒家經典的三個特點：①

> 首先，“經”是中國封建專制政府“法定”的古代儒家書籍，隨著封建社會的發展和統治階級的需要，經的領域在逐漸擴張，有五經、六經、七經、九經、十三經之稱。
>
> 其次，經是以孔子爲代表的古代儒家書籍，它不僅爲中國封建社會專制政府所“法定”認爲合法的經典，而且是在所有合法書籍中挑選出來的。後來儒家編著的書籍，固然不稱爲經，就是秦漢以前的儒家書籍，不是得孔子“真傳”的，也不能稱爲經。
>
> 再次，經本身就是封建專制政府和封建統治階級用來進行文化教育思想統一的主要工具，也是封建專制政府培養提拔人才的主要準繩，基本上成爲中國封建社會中合法的教科書。可以說，經與封建社會相始終。

周予同先生歸納的這三個特點，也是能否取得儒家經典地位的標準。在“經”的領域逐漸擴張的過程中，首先，典籍文獻要封建專制政權法定，法定則賦予了權威性。但并非每朝每代的統治者法定的經典都是一樣的，《論語》、《孝經》都有過未被法定爲經典的時候。在漢代它們是經

---

① 周予同：《中國經學史講義》，上海文藝出版社 1998 年版，第 17 頁。

典，但唐初老子地位上升，孔子地位下降，《論語》被排除在經書之外。唐太宗繼承皇位有違孝悌，《孝經》被排除在經書之外。唐玄宗時期尊孔重孝，又定《論語》、《孝經》爲經書。可知法定的依據取決於是否合於時政、施政以及帝王之言行。其次，一定是儒家思想的文獻，間雜有其他諸家思想的則是不能成爲經典的。第三，儒家的典籍要得孔子真傳。《史記·孔子世家》記載孔子時代《詩》、《書》、《禮》、《樂》廢缺，於是孔子搜集古代文獻資料編輯整理"六經"，並以之教授弟子。唐文宗開成十二石經，都與孔子有關。卽便是經學家注書的重要依據詞典《爾雅》，也相傳經孔子增補過。至於《孟子》，則是因其學說在宋代受到推崇，其王道思想、歷史觀等有助於緩和階級矛盾，迎合了統治者的統治需求，也幫助統治者確立了切合實際的理學體系，故而被列入經典之中。

《國語》在經書擴張的過程中始終沒能被統治者列入其中，主要原因在於其"不主於經"。《國語》從記事時間到編撰形式，都不能與《春秋》相對應。思想上儘管與後世儒家所倡導的禮治、重民、正名、忠恕等相一致，卻雜有其他學派思想的萌芽，還不是嚴格意義上儒家的文獻。柳宗元云："其說多誣淫，不概於聖。"[1] 傅庚生認爲《國語》基本上保留了各國史乘記史的本來面目，當時儒家思想也並沒有被定爲一尊，編撰者不可能全部改變。因此《魯語》中載有肯定勞動的歷史作用的內容便是墨家思想的萌芽；《齊語》、《晉語》和《鄭語》中所記治國方略、權謀詐術則又與法家思想相通；《越語》所記范蠡之事前後似又貫穿道家的思想。此外，《周語》、《齊語》中也有農家的思想，全書中那些以災異來比附人事的則是陰陽家的雛形。[2]《國語》表現出這種思想駁雜的狀況自然不會取得統治者的認同。再者，《國語》不得孔子真傳，而《魯語下》記載"孔丘論大骨"、"孔丘論楛矢"等事，也與《論語》所云"子不語怪力亂神"相左。儒家經典的範圍儘管逐漸擴大，但《國語》反映的思想不純粹，不爲統治者所認可，故不得選入。比較而言，《左傳》則不然，乃是左丘明據孔子修編的魯史《春秋》而成，曾在漢代立於學官，是古文經學的大經，唐代初年定爲"經"，經典的地位被普遍認同，不是《國語》能與之抗衡的。《左傳》和《國語》所記主要都是春秋史，且內容相表里，《左傳》"春秋內傳"之稱顯然是相對《國語》而言，《國語》

---

[1] （唐）柳宗元：《柳宗元集》卷四十四《非國語》，中華書局 1979 年版，第 1265 頁。

[2] 傅庚生：《國語選》前言，載《國語選》，人民文學出版社 1959 年版，也見殷孟倫《〈國語〉哲學思想研究》一文，載《中國哲學史研究》1984 年第 1 期，後面的章節會有具體的論述。

則因之有了"春秋外傳"之美譽，恰是這美譽，成爲《國語》與《春秋》經傳之間關係的紐帶。

《國語》不長於修辭，文辭古直，故於辭采方面不如《左傳》簡要樸質，迂回渾融，影響人們研讀的熱情。韓愈等人則認爲其文"富豔"、"浮誇"，① 言其對爲文的負面影響。柳宗元稱其令世之學者耽嗜，則在於"其文深閎杰異"，② 即深奧、宏富、杰出、奇特。朱熹云："《國語》使人厭看。"③ 崔述曰："《左傳》紀事簡潔，措詞也多體要，而《國語》文詞支蔓，冗弱無骨。……《左傳》一言可畢者，《國語》累章而未足也。"④ 《左傳》的語言有潤色之功，所以全書文風一致。《國語》八國之語各有風格。其中《周語》、《齊語》和《鄭語》理性說教，長篇大論，但思維縝密。《魯語》精緻小巧，表述雋永綿長。《晉語》醇厚樸質，不乏活潑，記言記事並重。《楚語》、《吳語》和《越語》語言的地域特色更濃，相對而言長於修辭，流暢奔放，少有窒礙，且有氣勢。這些應該是《國語》語言表達上的優點，卻也因之造成諸語間語言風格上的差異，影響了《國語》語言方面的整體性，全書有割裂之感，史家爲此多有批判和質疑，這也是其不能成爲"經"書的一個原因。

諸多因素，《國語》無緣位列經書，缺少成爲中國封建政權指定的合法教科書的資格，也便不能成爲科舉考試的必考內容，不能像經書那樣藉官府之力而廣泛流傳。但《國語》與《左傳》內容上互補互證，往往成爲一些學者重視的對象。儘管因上述缺點而受詬病，甚至質疑其"春秋外傳"的地位，但總的說來《國語》在春秋史領域還配得上這一聲譽。

王充曰："《國語》，《左氏》之外傳也。左氏傳經，辭語尚略，故復選錄《國語》之辭以實。然則左氏《國語》，世儒之實書也。"⑤ 指出世儒研讀《左傳》，必當以《國語》充實之。韋昭《國語解敘》這樣評論

---

① 《郡齋讀書志》晁公武曰："班固《藝文志》有《國語》二十一篇，……陸淳謂與《左傳》文體不倫，定非一人所爲，蓋未必然。范寧曰：'左氏富而豔'，韓愈云：'左氏浮誇'，今觀此書，信乎其富豔且浮誇矣，非左氏而誰?"

② （唐）柳宗元：《非國語》，見《柳宗元集》卷四十四《非國語序》，中華書局 1979 年版，第 1265 頁。

③ 《朱熹辨僞書語》，見顧頡剛主編《古籍考辨叢刊》，中華書局 1955 年版，第 156 頁。

④ （清）崔述：《洙泗考信錄餘錄》卷三，王雲五主編，上海商務印書館民國 26 年版，第 52 頁。

⑤ （漢）王充：《論衡·案書篇》，見黃暉撰《論衡校釋》卷二十九，中華書局 1990 年版，第 1165 頁。

其内容："包羅天地，探測禍福，發起幽微，章表善惡者，昭然甚明，實與經義並陳，非特諸子之倫也。"① 也是在内容上指出《國語》與經義並重而異於諸子之類。柳宗元所謂左氏《國語》之文深閎傑異，指出其文辭深廣獨特。劉知幾在《史通·六家篇》中更是定《國語》爲"國語家"，視之爲"春秋外傳"，爲"六經之流，三傳之亞"。這實際上指出了《國語》的準經典地位。漢唐學者的見解是值得重視的，一方面他們所見的文獻要遠比我們多，甚至包括今天已經亡佚的文獻，另一方面學術的傳承上也應該是未墜於地。如果沒有在研讀上的比較，他們也未必能有那樣的感悟，只不過那些感悟是三言兩語的認識，沒有深入展開來論述。我們認爲，漢唐學者的心得不能說過於褒揚，將《國語》視爲準經典在他們的時代應該是能接受的。

　　清人朱彝尊《經義考》引明陶望齡語："《國語》一書，深厚渾樸，……如其妙理瑋辭，驟讀之而心驚，潛玩之而味永。"② 可見陶望齡的認識與漢唐學者有共鳴。清代官修《四庫全書》列《國語》爲雜史，這無疑是對《國語》性質的一次重新認定。但這也并不能徹底改變傳統的認識，仍有人視《國語》等同於經典，甚至希望將之納入經典之列，如段玉裁、廖平等。段玉裁主張"十三經"外應增《大戴禮記》、《國語》、《史記》、《漢書》、《資治通鑒》、《說文解字》、《周髀算經》、《九章算術》等成"二十一經"。他認爲這些典籍，皆是《周禮》保氏書數之遺意也，③ 遺憾的是沒有附和者。廖平於清光緒十二年（1886年）擬定《十八經注疏範例》，意在建構不同於《十三經注疏》的新經書體系。在原十三經基礎上增加《國語》和《大戴禮記》，將《禮記》中《王制》、《大學》和《中庸》單列出來，合爲十八經，最終沒能實現。其所編撰《六譯館叢書》則將《國語義疏》列在經書之中。此外，《皇清經解叢書》中也輯錄了一些有關《國語》的文獻，包括王引之《經義述聞·國語》校正韋注二卷，船山主人《國語雜錄》一卷，汪中《經義叢鈔·國語》一卷，洪熙煊《經義新知論·國語》一卷。《皇清經解續編》則收有汪遠孫《國語發正》和劉台拱《國語補校》。《皇清經解依經分訂十六種》（6）中有《國語群經匯編》一卷和《國語雜錄》一卷，列於《左傳》和《公羊傳》之間，說明《皇清經解》的編輯者並沒有受到《四庫全書》編排體例的

①　（三國吳）韋昭：《國語解敍》。
②　（清）朱彝尊：《經義考》卷二百九，中華書局1998年影印版，第1072頁。
③　章炳麟：《檢論》卷四·清儒篇，浙江圖書館木刻大字本1919年版。

影響，亦可知清代一些學者對《國語》準經典地位認識並未徹底改變。其實即便段玉裁和廖平完成了編撰新經典注疏的工作，情況也未必會有改觀。

《國語》不是經書，卻與"春秋內傳"有重要關聯，是"春秋外傳"。劉知幾"六經之流，三傳之亞"的定位，也是賦予了《國語》準經典的定位，這是對《國語》史學史價值的充分肯定。研究春秋史離不開《春秋》經傳，同樣離不開《國語》。

第二章 《國語》的史料

　　根據一些史料的記載可知先秦時期的歷史文獻種類繁多，内容豐富。文獻資料的整理和保存主要由史官來負責。《呂氏春秋·先識》載："夏桀迷惑暴亂愈甚，太史令終古乃出奔如商。""殷内史向摯見紂之愈亂迷惑也，於是載其圖法，出亡之周。"終古是夏末桀時的太史，向摯是商末紂時的太史，圖法是一種文書檔案資料。《尚書·多士》云"惟殷先人，有冊有典。"可知在夏、商之際就已經有了記錄和保管歷史文獻資料的史官。周代的史官制度和文獻收藏管理的制度更加完備細緻，文獻形式也多樣化，除了甲骨和金石之外，還有竹簡、木牘和帛書文獻。《周禮·天官》言邦建"六典"爲太宰掌管，卽所謂治典、教典、禮典、政典、刑典和事典，這反映了史官對文獻已經有了具體的分類。《周禮·春官》云："小史掌邦國之志。"鄭玄認爲"志"就是我們今天的"史"。其注曰："志，記也。謂若魯之春秋，晉之乘、楚之檮杌。"此外《周禮》也記載了内史在起草王命詔書的時候還要做副本以便留存。而外史則主管四方之史和遠古三皇五帝之史。御史（柱下史）和天府則要掌管圖書文獻。各個部門的史官負責自己的事物并整理自己負責的史料，文獻的類型分門別類呈多樣化的狀態。

　　西周中後期，王室衰微，禮樂崩壞。春秋戰國之時，王室史官大多流散到勢力強大的諸侯國，如晉、衛、趙、秦等國。部分主管文化的史官，也攜帶著王廷的典藏、禮、樂文獻逃於四方，文化下移。同時，各諸侯國設立史官，記錄和掌管諸侯的歷史文獻。很多卿大夫也設有家史，記錄家族成員的言行。史官通常學識淵博，據稱楚左史倚相讀過《三墳》、《五典》、《八索》、《九丘》等傳說時代的文獻。[①] 魯國的史官左丘明，晉國

---

① 漢孔安國《尚書序》以爲"伏犧、神農、黃帝之書，謂之《三墳》，言大道也。少昊、顓頊、高辛、唐、虞之書，謂之《五典》，言常道也。……八卦之說，謂之《八索》，九州之志，謂之《九丘》。"這些上世帝王的遺書，大概是當時比較難解的文獻。與下文所引同見於清阮元《十三經注疏》本。

的史官史趙、董狐、史蘇、史墨等也是知識淵博深諳典籍文獻的人。

《國語》至遲成書於戰國中期以前，在編輯的過程中，應是吸收了當時可見的相關文獻資料。除了王室和各個諸侯國的記言之史和"語"類文獻外，後世稱之爲"六經"的文獻在當時都已經存在了，這些文獻典籍一方面確保了《國語》的記載有一定的依據，另一方面也豐富了《國語》的思想、内容和文采，對當時以及後世史書的記載有一定程度的補充和互證的作用。這部分史料當然是最主要的部分，此外當時也存在諸如"世"、"語"、"訓典"、"故志"以及瞽史之記（紀）等文獻，也是《國語》編撰者參考的重要史料。

《國語》的史料來源，分爲成書所參的主要史料和《國語》本身包含的史料兩類。《國語》的成書是一個編撰的過程，而不是再創造的過程，所以應該有現成的各國"語"類等文獻提供史料參考。另一方面《國語》所載内容本身，也有其史料來源，我們將其中主要的史料，諸如"禮"、"樂"等視爲《國語》原初史料的重要來源，而其他如"詩"、"書"、"令"、"世"、"故志"和"訓典"等，則視爲文化背景層面的史料。

第一節　《國語》成書的主要史料

《國語》成書的主要史料包括周王室與諸國之《春秋》、卿士家史和"語"等。

一　周王室與諸國之《春秋》

周王室與諸國之《春秋》是《國語》史料的最主要來源。

王和先生在《〈左傳〉材料來源考》[①]一文中認爲春秋時期有正式的國史和詳細記載史實真相的筆記兩類史書。正式的國史書於一片竹簡上，記事相當簡略，但有一定的法則。這種國史的形式類似於魯國《春秋》式的大事記，文字表述很像今天的新聞標題，往往要講究微言大義。這類文獻的意義并不大。而詳細記載史實真相的筆記則史料價值極大，這種歷史資料被書寫於策上，連綴竹簡而爲策書，篇幅較長，記史詳盡，且爲秉筆直書。引用毛奇齡《春秋傳》上的話說："是以夫子修《春秋》，但修簡書；而左丘明作傳，則取策書。"這種說法是可信的。但《漢書·藝文

---

① 王和：《〈左傳〉材料來源考》，見《中國史研究》1993 年第 2 期。

志》云：“古之王者世有史官，君舉必書，所以慎言行昭法式也。左史記言，右史記事。事爲《春秋》，言爲《尚書》。”似乎最初記史的不止一個史官，記事者錄於簡之上，記言者錄於策之上。史官在天子、國君、乃至卿大夫身邊，一些政治活動中的人物言行便是其最爲重要的記錄內容，從這個角度上看，記言的史料要遠遠多於記事的史料，即便是記載戰爭，也往往是記錄戰爭時人物間的對話比重較大。這些記言的史料詳記歷史真相，極具價值，統稱爲《春秋》。墨子云：“吾見百國《春秋》。”① 諸如“周之《春秋》”、“燕之《春秋》”、“宋之《春秋》”、“齊之《春秋》”。②但一國之《春秋》，亦載他國之事。周王室和諸侯國每有大事，友邦間往往互相通報，以備史官記載，故魯《春秋》也兼記王室和他國史實。

周王室史官的記錄藏於盟府（策府或周府），布在方策。③《左傳》僖公五年有“虢仲、虢叔，王季之穆也，爲文王卿士，勳在王室，藏於盟府。”又定公四年有“其載書，……藏在周府，可覆視也。”“可覆視”即可供查閱。孔子將修《春秋》，曾西觀周室。孔安國《尚書序》也說孔子“覩史籍之繁文，懼覽之者不一”而編定“六經”。《晉語七》載“羊舌肸習於春秋”，《左傳》昭公二年載晉韓宣子到魯看到魯《春秋》，說明諸侯國一樣設置有保管史書等文獻資料的史官和機構。

《國語》采周王室及列國之《春秋》，是歷代學者的共識。三國吳韋昭說左丘明采錄前世穆王以來下迄智伯之誅，以爲《國語》。④ 朱彝尊《經義考》引晉孔晁云：“左丘明集其典雅辭令與《經》相發明者爲《春秋傳》，其高論善言別爲《國語》。”又引宋司馬光曰：“先君以爲左丘明將傳《春秋》，乃先采集列國之史，因別分之，取其精英者爲《春秋傳》。而先所采集之稿，因爲時人所傳，命曰《國語》。”唐趙匡和陸淳認爲左丘明廣集諸國史以釋《春秋》，傳成後其家弟子門人收集不入傳或雖入傳而不同者，隨國編之，而成《國語》，以廣異聞。《國語》分八國編撰這些《春秋》，所以表現出各不相同的語言風格和篇章結構風格。

《國語》中《周語》三卷、《魯語》二卷、《齊語》一卷、《晉語》九卷、《吳語》一卷及《越語》二卷的主要史料當采自王室及諸國之《春秋》。

---

① （清）孫詒讓：《墨子閒詁》，中華書局 2001 年版，第 656 頁。
② （清）孫詒讓：《墨子閒詁》卷八，中華書局 2001 年版，第 226—233 頁。
③ 《禮記·中庸》：哀公問政。子曰：“文武之政，布在方策。其人存，則其政舉；其人亡，則其政息。人道敏政，地道敏樹。夫政也者，蒲盧也。”
④ （三國吳）韋昭：《國語解敘》。

《周語》三卷，行文結構相同，其中西周部分 10 章、春秋部分有關諸侯國君、卿士與周王對話的部分應當是采自周記言史官之《春秋》。《周語中》"陽人不服晉侯"一章《晉語四》亦有，内容不同，當爲周、晉史官各有所記。單襄公、單穆公之事，實爲王室卿士有關内政、外交方面的言論，也不可看作出於家史。《魯語》二卷，37 章，除公父文伯之母 8 章、孔子 4 章外，其他 25 章應采自魯之《春秋》。《齊語》只記齊桓公與管仲談治國稱霸事，内容完整，詳於《左傳》。雖然與《管子·小匡》有許多相合，按照劉節先生的意思，視爲是根據齊國"春秋"裏的話別自纂輯成書的也未嘗不可。[①]《晉語》九卷，内容甚多，而以文公霸業、悼公復霸爲主體，前有驪姬之亂，後有三家滅智氏。記言記事並重，也應出於晉國的史乘。《吳語》、《越語》記春秋晚期夫差伐越和勾踐滅吳的大事件。這些大事顯然出自吳之"春秋"和越之"春秋"。

我們說一國之史多雜有他國史實，故《國語》諸語各國史實交雜，這種記史的方式有助於眾多史實的互證、互補以及史實的還原。《晉語》中，就雜有秦、楚等國的部分歷史。而吳、越史實交雜，兼有楚、晉、齊等國的歷史。總之，周之《春秋》及諸國之《春秋》爲編撰《國語》提供史料，使得《國語》具有很高的可信度。

二　卿士家史

除了周王室、諸侯國之史外，卿士家史也是《國語》史料的主要來源。卿士的家史出現較早，[②] 青銅器銘文所記公侯先祖功業的文字可以看做是最早的家史文獻。殷商晚期在青銅器上鑄銘文的現象多了起來，内容涉及到人物的活動和歷史事件。西周初年，各種形式和内容的銘文出現了。如武王時期的利簋，鑄文 32 字，交代了武王克商的時間和利簋的來歷。成王時期的何尊，鑄文 120 餘字。記載成王五年營建洛邑之事，成王表彰宗小子何輔助文王建立功勛，何將此事鑄刻在青銅器上。這篇銘文已經很長了，而且以記言爲主。此外還有篇幅更長的銘文資料，如康王時期的大盂鼎，鑄文 291 字。小盂鼎，鑄文達到 390 字。西周中後期，銘文字數更多，内容從記事向記言方向發展。如曶鼎鑄文 410 字、散氏盤鑄文 350 字、毛公鼎鑄文 497 字。這些銘文都可看作是公侯大夫的家史資料。

---

① 劉節：《古史考存》之《左傳國語史記之比較研究》，北京人民出版社 1958 年版，第 315 頁。

② 家史的普遍出現與春秋時期史職人員的大量流散有關。參見許兆昌《先秦史官的制度與文化》，黑龍江人民出版社 2006 年版，第 145 頁。

現存文獻中可以找到很多屬於家史的記載。啖助稱左氏作《春秋傳》得數國之史,又"廣采當時文籍,故兼與子產、晏子及諸國卿佐家傳,並卜書、夢書及雜占書、縱橫家、小說、諷諫等雜在其中。"① 可知《左傳》的史料來源中就有諸國卿佐的家史,《國語》也不例外。《左傳》昭公三十年、三十二年和《晉語九》記載了史黶與趙簡子之間的私人答問共4章,史料應該來源於趙簡子的家史。而史黶,韋昭注其即"晉大夫史墨,時爲(趙)簡子史。"《韓詩外傳》記載趙簡子有臣曰周舍,立於門下三日三夜求見簡子,"願爲諤諤之臣,墨筆操牘,從君之過,而日有記,月有成也,歲有效也。"可見世卿家有專職的史官且記史方式與國史是相同的。此外,據《史記·趙世家》記載,趙盾家有史援。列國諸多卿大夫家史文獻,也應該是《國語》編撰者重點參考的內容。

《魯語下》關於叔孫穆子、公父文伯之母等部分內容,《鄭語》全篇,當是采自卿士的家史。

《魯語下》有8章記載公父文伯之母的言行。公父文伯之母是魯國上卿季康子的從祖叔母敬姜,能知禮守禮,並能以禮教導族人。孔子稱贊道:"季氏之婦可謂知禮矣。愛而無私,上下有章。"② 另有4章記錄孔子之事,不見《論語》和《孔子家語》,主要記載孔子博學,這些史料也很有可能來源於其家史。至於《鄭語》的史料,通常認爲應當是來源於鄭桓公家史的記載,當時鄭國尚未建國,鄭桓公與史伯商議爲家族謀求後路的內容不應該出自周王室的"春秋"。南宋葉適懷疑這部分西周時期的史料分自《周語》,清人姚鼐有考辨《鄭語》的札記,持有同樣的意見。

三 "語"類文獻

前文提及《國語》是"語"類史書,那麼"語"類的文獻史料自然就是它的史料來源。申叔時提到了"語",可見在當時"語"應該是比較常見的一類文獻。文體樣式比較成熟,有其編輯成書的目的,不但能起到爲政鑒戒的作用,也是教育貴族世子的理想教材。

《楚語》二卷,在內容上比較符合"語"書的特點,幾乎每一章都以論、議、諷、諫某一問題爲主,內容也以尊"禮"爲核心,涉及到修身、爲政、治國等方面。儘管《楚語》在行文的結構上與《周語》、《魯語》

---

① (唐)陸淳:《春秋啖趙集傳纂例·三傳得失議》引,見顧頡剛主編《古籍考辨叢刊》之《唐人辨僞集語》,中華書局1955年版,第72頁。

② 《國語·魯語下》"公父文伯之母朝暮之哭"章。

及部分《晉語》相同，但整體上看《楚語》的内容和形式更爲成熟。較之周、魯二“語”話題簡單，雖以歷史事件爲引，但幾筆帶過，且語言淺近，風格統一，有集中編輯加工的特點。《楚語》應是當時就名之爲“語”的書。

周王室、諸國之史以及卿士家史是史官的記言史，是未經加工潤色“語”化的第一手史料，而《楚語》的史料應該是最純粹的“語”類史料，直接源自于楚國的“語”書，而不再是第一手的記言之史。

第二節　《國語》中的禮、樂和令

《國語》各國之“語”也有其重要史料來源，如文本中有關“禮”、“樂”、“令”等的敘述，應有其原始的文獻資料提供參考。“禮”是《國語》一以貫之的重要思想，和“樂”和“令”都是用來維護統治秩序的重要手段。

一　禮

“禮”，這裏是指關於儀禮和禮制、禮治的文獻。周禮沿襲夏、商之禮，文獻資料衆多。《論語·八佾》子曰：“周監於二代，鬱鬱乎文哉，吾從周。”儀禮，是禮具體的行爲規範。禮制，是關於禮的各種制度。《國語》中有各種禮制類的資料，分散於《周語》、《魯語》、《齊語》、《晉語》和《楚語》之中，且比較系統。這些禮制資料通過天子、諸侯和卿大夫的論說爲人所知。禮治，是治國以禮的思想，是《國語》記言中體現出來的最主要的思想。表現在文本中即是政治家、思想家對以禮治國、統治萬民等思想的精辟論述，部分内容來源於人們對禮的詮釋類的文獻。《國語》全書涉及畿服、籍田、宗法繼承、爵祿、姓氏、幣制、宴饗、昭穆、祭祀用牲等制度。這些重要的史料可信度較高。

（一）畿服制度

《周語上》“穆王征犬戎”記載了周代畿服制，史料珍貴，可參照其他文獻的記載探究其淵源。

> 夫先王之制，邦内甸服，邦外侯服，侯、衛賓服，蠻、夷要服，戎、狄荒服。甸服者祭，侯服者祀，賓服者享，要服者貢，荒服者王。日祭、月祀、時享、歲貢、終王，先王之訓也。

這段話實際上是對周代畿服制的概括介紹，需要輔以其他的文獻方能更清楚。《尚書·禹貢》記以王畿爲中心，方圓五百里爲單位劃分各服。王城之外五百里範圍內王畿之地爲甸服，甸服之外，各取五百里之地分別爲侯服、綏服、要服、荒服。各服按距離王畿的遠近來承擔輕重不同的義務。西周繼承了這一制度，並有所發展。《周禮·夏官·大司馬》載：

> 方千里曰國畿，其外方五百里曰侯畿，又其外方五百里曰甸畿，又其外方五百里曰男畿，又其外方五百里曰采畿，又其外方五百里曰衛畿，又其外方五百里曰蠻畿，又其外方五百里曰夷畿，又其外方五百里曰鎮畿，又其外方五百里曰蕃畿。①

《周禮·夏官》的記載非常清楚，名稱與《尚書》和《國語》略異。《周禮·秋官》對要服和荒服的說明較之祭公謀父的概括更爲明確。且對各服具體要履行怎樣的義務有了明確的記載。《周禮·秋官·大行人》載：

> 邦畿方千里，其外方五百里，謂之侯服，歲壹見，其貢祀物；又其外方五百里，謂之甸服，二歲壹見，其貢嬪物；又其外方五百里，謂之男服，三歲壹見，其貢器物；又其外方五百里，謂之采服，四歲壹見，其貢服物；又其外方五百里，謂之衛服，五歲壹見，其貢材物；又其外方五百里，謂之要服，六歲壹見，其貢貨物；九州之外，謂之蕃國，世壹見，各以其所貴寶爲摯。②

《周禮·秋官》所記反映了這一制度逐步完善和發展。且不論《禹貢》和《周禮》文獻內容的真僞和成書的早晚，僅從史料上看可知《國語》祭公謀父的話是有文獻依據的。

（二）籍田之禮

《周語上》記載宣王不籍千畝一事，文中詳細介紹了周代籍田之禮的過程。在每年立春前九天，可以翻動土地之時，農官就要提醒天子準備行籍田之禮了。周天子以及百官、平民都積極籌備。天子要在立春前五天齋戒沐浴，以示莊重。

---

① （清）孫詒讓：《周禮正義》，中華書局 1987 年版，第 2292 頁。
② 同上書，第 2974—2975 頁。

《周語上》"宣王不籍千畝":

> 鬱人薦鬯,犧人薦醴,王裸鬯,饗醴乃行,百吏、庶民畢從。及籍,后稷監之,膳夫、農正陳籍禮,太史贊王,王敬從之。王耕一墢,班三之,庶民終于千畝,其后稷省功,太史監之,司徒省民,太師監之,畢,宰夫陳饗,膳宰監之。膳夫贊王,王歆大牢,班嘗之,庶人終食。是日也,瞽帥、音官以風土。廩于籍東南,鍾而藏之,而時布之于農。稷則徧誠百姓,紀農協功,曰:"陰陽分布,震雷出滯。土不備墾,辟在司寇。"乃命其旅曰:"徇,農師一之,農正再之,后稷三之,司空四之,司徒五之,太保六之,太師七之,太史八之,宗伯九之,王則大徇,耦穫也如之。"

關於籍田之事,最早文獻記錄可見於甲骨文:"辛丑貞,……人三千藉。"(《粹》1299)"藉"與"籍"文字相通。可見周代的籍田之禮是承襲了夏商的傳統。商人專設小耤臣來掌管籍田等農事。此外,周金文中《戈簋》也記載:"王曰戈,命女司土,官司籍田。"周天子任命這位戈爲司土,即司徒之官,掌管籍田。司徒爲卿事寮。掌民事,所以《國語》這段說"司徒省民"。整個儀式中耕作等項目則由太史寮掌理,所以這個籍禮儀式又由太史主持。其他職官如后稷、膳夫、農正等均爲太史寮屬官,也參與籍禮。周代的先祖歷任農官,周王室也是格外重視農業生產的,所以籍田之禮尤其重要,很好地舉行籍田之禮不但是勸民農耕,也是對祖先的尊重。

(三) 宗法繼承制

西周初年,周公對商王朝王位繼承的制度加以改革,廢掉兄死弟及,只規定嫡長子繼承,意在解決長期以來王位繼承上過多的爭奪問題。相應的諸侯國君、卿大夫爵祿的繼承都是如此。但是周宣王肆意踐踏這一制度。《周語上》記載宣王喜歡魯武公之次子戲,所以廢掉長子括的太子身份。樊仲山父的勸諫闡述了維護古訓的積極意義。《晉語》記載晉獻公在驪姬的蠱惑下廢掉太子申生,導致晉國政治一片混亂,殘殺無數,群公子四方逃難。破壞嫡長子繼承制帶來後果是十分嚴重的。這一制度有明文規定,盡人皆知,是國家政權穩定的基礎。《國語》雖然沒有直接援引這一制度的具體內容,作爲西周社會最重要的禮制,歷史告訴我們這是必須要嚴格遵守的。

（四） 爵祿制度

西周社會諸侯分五等爵，卽公、侯、伯、子、男。陳恩林認爲："周代的所謂"爵"，就是周代統治階級内部等級關係在法律制度上的規定。周代諸侯的五等爵，就是周代諸侯的五個等級。在先秦兩漢文獻中，周代諸侯劃分爲五等，這是不容否認的客觀事實。"①《國語》對周代五等爵制度有記載，史料價值很高。《周語中》周襄王曰："昔我先王之有天下也，規方千里以爲甸服。……其餘以均分公、侯、伯、子、男，使各有寧宇。"爵祿的制定和授予自有其合理的依據而非隨意，稱公、稱侯往往取決於出身、功績等因素。通常是天子的三公和前代王者之後稱公，諸侯大者稱侯，小者稱伯、子、男。各在五服之中，承擔對天子相應的貢賦等義務。見上文所引《周禮·秋官·大行人》中的具體規定。

五等爵也代表了不同的等級地位，公、侯、伯、子、男由高至低，等級嚴明。《楚語上》說："天子之貴也，唯其以公侯爲官正，而以伯子男爲師旅。"韋昭注："正，長也。"說明公、侯相當於天子任命的"官正"，是百官之長；伯、子、男則相當於天子的師旅，位在公、侯之下。以爵位定身份地位高低，制度嚴格，不容僭越。《吳語》載吳、晉等會盟於黃池，吳王以武力相脅，迫使晉國不得不令吳先歃血爲諸侯盟主，但對其改伯爵之位的要求則依禮拒絕。晉大夫董褐曰：

> 今君掩王東海，以淫名聞於天子，君有短垣，而自踰之，況蠻、荆則何有於周室？夫命圭有命，固曰吳伯，不曰吳王。諸侯是以敢辭。夫諸侯無二君，而周無二王，君若無卑天子，以干其不祥，而曰吳公，孤敢不順從君命長弟！

列國國君十分看重爵位，楚武王熊通要求天子提高其子爵，遭拒後僭越稱王。爵位表面上是國君的爵位，實際上也是諸侯國的政治地位的表現，一旦確定，改變實難。

《國語》中還記載了諸侯冊命之禮。《周語上》襄王派内史過冊命晉惠公諸侯之禮。在冊命頒賜侯服命圭的儀式上，晉惠公禮儀不到位，"執玉卑，拜不稽首。"參與冊命的呂甥和郤芮也同樣不恭敬。内史過認爲晉惠公如此無禮必無後，呂甥郤芮二人也不得善終。重耳作了晉國國君後襄王又派内史興授晉文公諸侯的侯服命圭之禮。晉文公在太廟舉行了隆

---

① 陳恩林：《先秦兩漢文獻中所見周代諸侯五等爵》，載《歷史研究》1994 年第 6 期。

重的儀式，禮儀過程完全按照周禮的規範進行。內史興認爲晉文公定能稱霸諸侯。

以上內容不結合周禮的具體的規定，是難以明曉的。

（五）姓氏制度

《國語》文本中也記載了關於姓氏的制度，主要是賜姓氏，也包括姓氏興衰的記載。這些關乎制度的內容，當有文獻記錄可參考。

《楚語下》觀射父說："民之徹官百。王公之子弟之質能言能聽徹其官者，而物賜之姓，以監其官，是爲百姓。"① 民衆之中有才能通於君主任官的和王公貴族中品質好有才具勝任官職的，要根據他們的功勞賜予他們姓，以便世代守其官職，這就是百姓。至於天子的姓，靈王太子晉曰："唯有嘉功，以命姓受祀，迄於天下。"② 是說擁有像大禹治水那樣的功績，順應自然法則和上帝的心意，上天就會嘉獎，降福服天下，賜予姓。"皇天嘉之，祚以天下，賜姓曰'姒'、氏曰'有夏'，謂其能以嘉祉殷富生物也。"能夠盡心力輔助大禹的共工氏之後四嶽，皇天也一樣降福四嶽之國，賜予爵位和姓。"祚四嶽國，命以侯伯，賜姓曰'姜'、氏曰'有呂'。"總之，對國家和民衆有豐功偉績的，才有機會賜姓。而一旦放縱自恣，沉溺於淫樂，失去天下，也便失去姓。"亡其氏姓，踣斃不振；絕後無主，湮替隸圉。"傾覆而一蹶不振，後代斷絕或淪爲仆隸，祖先無人祭祀。

賜姓是一種榮耀，也成爲矚目的焦點，其興衰也便倍受重視。《鄭語》記載南方楚國的淵源追述到祝融，即高辛氏的火正黎。祝融之後有八姓，史伯認爲其中芈姓應該能夠興起。

> 己姓昆吾、蘇、顧、溫、董，董姓鬷夷、豢龍，則夏滅之矣。彭姓彭祖、豕韋、諸稽，則商滅之矣。禿姓舟人，則周滅之矣。妘姓鄔、鄶、路、偪陽，曹姓鄒、莒，皆爲采衛，或在王室，或在夷狄，莫之數也。而又無令聞，必不興矣。斟姓無後。融之興者，其在芈姓乎？芈姓夔越不足命也。蠻芈蠻矣，唯荊實有昭德，若周衰，其必興矣。姜、嬴、荊、芈，實與諸姬代相干也。姜，伯夷之後也，嬴，伯翳之後也。

① 《國語·楚語下》"觀射父論祀牲"章。
② 《國語·周語下》"太子晉諫靈王壅谷水"章。其下兩處引文出處同。

姓氏興衰的關鍵在於德行，"有昭德"和"令聞"。另一方面還要有婚姻關係的因素。周人認爲同姓不能通婚，晉大夫司空季子認爲"同姓不婚，惡不殖也。"① 曰：

> 異姓則異德，異德則異類。異類雖近，男女相及，以生民也。同姓則同德，同德則同心，同心則同志。同志雖遠，男女不相及，畏黷敬也。黷則生怨，怨亂毓災，災毓滅姓。是故娶妻避其同姓，畏亂災也。故異德合姓，同德合義。義以導利，利以阜姓。姓利相更，成而不遷，乃能攝固，保其土房。

姓不同德性就不會相通，德性不相通就不是同類。異姓之間即使再親近，男女通婚，也不會產生禍亂，反而能繁衍後代。同姓雖然德性、心性、志向相同，關係再疏遠男女也不能通婚，通婚則褻瀆了恭敬，進而產生怨憤并帶來災禍。炎黃二帝同姓異德，所以有阪泉之戰。同姓不通婚異姓通婚的制度也有爲統治階級服務的政治功能。孔子曰："古者，分同姓以珍玉，展親也；分異姓以遠方之職貢，使無忘服也。"② 對同姓和異姓諸侯的分封就能說明問題。

《國語·晉語四》還記載了黃帝、炎帝姓氏的由來以及黃帝二十五子的賜姓情況。

> 同姓爲兄弟。黃帝之子二十五人，其同姓者二人而已；唯青陽與夷鼓皆爲己姓。青陽，方雷氏之甥也。夷鼓，彤魚氏之甥也。其同生而異姓者，四母之子別爲十二姓。凡黃帝之子，二十五宗，其得姓者十四人爲十二姓。姬、酉、祁、己、滕、箴、任、荀、僖、姞、儇、依是也。唯青陽與蒼林氏同于黃帝，故皆爲姬姓。同德之難也如是。昔少典娶於有蟜氏，生黃帝、炎帝。黃帝以姬水成，炎帝以姜水成。成而異德，故黃帝爲姬，炎帝爲姜。③

這段文字記載的內容，學界一直爭論探討，儘管如此，仍然具有其史料價值。

---

① 《國語·晉語四》"鄭文公不禮重耳"章。
② 《國語·魯語下》"孔丘論楛矢"章。
③ 《國語·晉語四》"重耳婚媾懷嬴"章。

（六）幣制

《國語・周語下》有關於周代幣制的文字記載。"景王鑄大錢"記錄了單穆公勸諫鑄造大錢一事，指出了錢幣發行的目的、流通原則、錢幣的性質等問題。

> 古者，天災降戾，於是乎量資幣，權輕重，以振救民，民患輕，則爲作重幣以行之，於是乎有母權子而行，民皆得焉。若不堪重，則多作輕而行之，也不廢重，於是乎有子權母而行，小大利之。

古時天災降臨，統治者就應該對國家的物資和錢幣進行審查，以便救濟民衆。錢輕物重，就發行重幣，配合輕幣來流通，民衆都能夠獲得益處。這則史料具有經濟學的價值，對研究春秋時期的幣制有特別的意義，可信度極高。班固《漢書・食貨志》有引錄，《文獻通考・錢幣考》全文收錄。

（七）宴饗之禮

先秦有宴饗之禮，規格各不相同，取決於禮待對象職位的高低。晉國派正卿士季（隨會）到周王室聘問，周定王采用了肴烝之禮來接待他。士季認爲切割牲體的做法是降低了宴饗的等級，於是委婉求問，定王爲他詳細講述宴饗之禮中的各種規格各類對象，士季深受啟發，返回後認真修禮。《周語中》"定王不用全烝"對此記載：

> 禘郊之事，則有全烝；王公立飫，則有房烝；親戚宴饗，則有肴烝。……夫王公諸侯之有飫也，將以講事成章，建大德、昭大物也，故立成禮烝而已。飫以顯物，宴以合好，故歲飫不倦，時宴不淫，月會，旬修，日完不忘。服物昭庸，采飾顯明，文章比象，周旋序順，容貌有崇，威儀有則，五味實氣，五色精心，五聲昭德，五義紀宜，飲食可饗，和同可觀，財用可嘉，則順而德建。古之善禮者，將焉用全烝？

定王指出全烝、房烝、肴烝三種不同規格的宴饗之禮，分別用於禘郊、王公和親戚三類不同的形式。使用肴烝之禮接待士季正是表達親戚間的親密感情。"叔父使士季實來修舊德，以獎王室。唯是先王之宴禮，欲以貽女。余一人敢設飫禘焉，忠非親禮，而干舊職，以亂前好？且唯戎、狄則有體薦。"全烝之禮雖好，畢竟不符先王的規定，不能表達叔伯之國間的親密。史料中還記載了禮儀的一些其他規定，儀式莊重，常用於諸侯朝見天子、諸侯之間的聘問等重大場合，同時解釋天子、諸侯"立飫"的意義所在。這段文字出自定王之口，史料可信度較高。

（八）昭穆制度

《魯語上》"夏父弗忌改昭穆之常"章記載夏父弗忌擔任宗伯，冬天祭祀祖廟的時候隨便將魯僖公的神主放到了魯閔公的神主之前。此舉違背了宗廟昭穆制度，宗有司重申昭穆制度的意義。

> 夏父弗忌爲宗，蒸將躋僖公。宗有司曰："非昭穆也。"曰："我爲宗伯，明者爲昭，其次爲穆，何常之有！"有司曰："夫宗廟之有昭穆也，以次世之長幼，而等胄之親疏也。夫祀，昭孝也。各致齊敬於其皇祖，昭孝之至也。故工史書世，宗祝書昭穆，猶恐其逾也。今將先明而後祖，自玄王以及主癸莫如湯，自稷以及王季莫如文、武，商、周之蒸也，未嘗躋湯與文、武，爲不踰也。魯未若商、周而改其常，無乃不可乎？"弗聽，遂躋之。

昭穆是天子、國君宗廟先王神主排列的方式，通常左爲昭，右爲穆。父子分列昭穆，兄弟則同昭穆，這是很嚴格的規定。昭穆制度準確反映出天子諸侯的世繫，也是絕對不能亂的。

（九）祭祀用牲制度

祭祀要使用犧牲，但是如何使用犧牲，《國語》中有相關的記載，可以幫助我們更多地了解不同的情況和相應的規定。《楚語下》"觀射父論祭祀用牲"一章楚大夫觀射父全面介紹了祭祀用牲的制度。祭祀對象不同，使用犧牲的種類、數量、大小等就不同。這在當時應該是在上者都比較清楚的制度。《楚語下》的這章記載反映了當時甚至更早時候祭祀的實際情況，十分珍貴。

> 王問于觀射父，曰："祀牲何及？"對曰："祀加於舉。天子舉以大牢，祀以會；諸侯舉以特牛，祀以太牢；卿舉以少牢，祀以特牛；大夫舉以特牲，祀以少牢；士食魚炙，祀以特牲；庶人食菜，祀以魚。上下有序，則民不慢。"王曰："其小大何如？"對曰："郊禘不過繭栗，烝嘗不過把握。"王曰："何其小也？"對曰："夫神以精明臨民者也，故求備物，不求豐大。……"王曰："芻豢幾何？"對曰："遠不過三月，近不過浹日。"

楚昭王問祭祀用牲都涉及到哪些，觀射父回答說祭祀用牲要比平常初一、十五的供奉增加一些。天子初一、十五供奉太牢，那么祭祀的時候就要用三太牢。諸侯初一、十五供奉一牛的話，祭祀的時候就要用太牢。卿初一、十五供奉豬、羊各一，祭祀的時候只用一牛。大夫初一、十五供奉一豬，祭祀的時候供奉羊豬各一。士人初一、十五供奉煎魚，祭祀的時候用一豬。平民百姓初一、十五供奉蔬菜，祭祀的時候供奉煎魚。楚昭王問祭祀用牲的大小，觀射父說郊祭天地的時候所用的犧牲其角像蠒繭和栗子那么大最好，宗廟祭祀的時候所用犧牲其角不要超過手掌一握最好。神明以其精明察臨民眾，只求祭品完備，不求豐厚體大。豬牛羊等大牲畜的豢養一般不過三個月，小禽和魚不過十天。祭祀是用來宣明孝道，繁衍人口，安定國家和撫定百姓的，所以不能廢黜。觀射父所言，也是我們了解先秦時期祭祀之禮的珍貴史料。

《國語》對禮制的記載除了上述九種之外，經濟方面尚有土地、漁獵和賦稅制度，社會生活方面尚有喪葬、士相見、冠禮、贄禮、婚姻、車服以及男女內外之禮等。軍事方面有軍隊等級制度等。如《魯語上》載魯莊公讓宗婦拜見齊姜用幣，夏父展指出"婦贄不過棗、栗，以告虔也。男則玉帛、禽鳥，以章物也。"是周代贄禮的規定。再如《晉語六》載趙文子行冠禮，執贄拜訪前輩卿大夫，接受鼓勵和訓誡，則是冠禮的規定。又如《魯語下》載季康子改田賦之法，是極為珍貴的關於周代土地、賦稅制度及其變化的史料。

周代以禮治國，在教育方面，貴族子弟小學就習學禮，關乎禮的文獻自然會很多。卿大夫們因為自小接受禮樂教育，大都對禮儀制度爛熟於心。《國語》能大量記載禮儀制度從而成為禮儀的範本，和當時的社會環境有直接的關係。

二　樂

"樂"是音樂。據《呂氏春秋》記載夔為舜樂正，"正六律，和五聲，以通八風，而天下大服。"舜曰："夫樂，天地之精也，得失之節也。是故聖人能和，樂之本也。"[①] 這是從政治功用的角度來說明音樂的重要性，此外音樂還能變易風俗，滌蕩人的性情。"樂"也分等級，不同階層的人有不同的可供享受的音樂。先秦的教育中"樂"是極其重要的內容。《周禮·春官·大司樂》記"樂"的作用："以樂語教國子，興、道、諷。孔

子授弟子的科目中也包括"樂",可惜"樂"已失傳。無法知道孔子是如何教弟子"樂"的,但結合後世的文獻,如《禮記·樂記》、《荀子·樂論》、《中庸·自用章》、《史記·樂書》以及《漢書·律曆志》、《漢書·禮樂志》中的相關記載,可以斷定更多在於音樂與政治、教化以及等級制度等方面,內容相對專業,也可以斷言這方面的樂政文獻不會很少。《周語下》"景王鑄無射鍾"和"景王問鍾律於伶州鳩"二章的記載,應該是反映了春秋時期音樂家對音樂與政治的基本認識,即"樂以和民"和"樂以成政"。這和《呂氏春秋》的觀點是一致的。

"景王鑄無射鍾"中單穆公認爲鑄大鍾加重民衆負擔,會使鍾聲不和,沒有益處。制禮作樂應該符合制度,所以聖人很謹慎。伶州鳩認爲"樂以殖財",但必需上下和諧,人神和諧,如果疲民力逞淫心,那麼作樂就無益於教化。"景王問鍾律於伶州鳩"中伶州鳩首先闡述樂理,十二律的成因及功能,又詳細解釋七律,這些都是專業性極強的音樂知識。伶州鳩還將十二律和七律的道理結合黃帝傳說、武王克商以及天地、陰陽、五行、人事等來闡述以及樂與政治的關係。沒有足夠的專業知識和文獻參考,這些深奧的樂政思想是很難表述清晰的。

"禮"、"樂"常常并稱,也因爲在很多重大的場合禮樂是并作的,"樂"於是也便具有了宣教和規範的意義。《魯語下》晉悼公享叔孫穆子,《晉語四》秦穆公享公子重耳,席間奏樂、唱詩明志,也反映了時人精於禮樂。豐富的樂政文獻是統治階級禮樂政治的經驗總結,是他們習學的依據,更是整理歷史文獻的重要參考。

三 令

"令",是指先王的法令、政令,即《國語·楚語上》申叔時所謂的"先王之制"。韋昭注:"先王之官法,時令也。"先王的法令和政令常常被後人奉爲治世的金科玉律,是先秦重要的文獻匯編。

"令"與"禮"不同。"禮"的內涵更寬泛,而"令"則不然,通常是某方面重要內容。周代的"禮"中有"令","令"是"禮"的組成部分,專指法令和政令,是"禮"中最核心和最有力度的內容,真正擔負經國家、定社稷和序民人的重任。《周語上》邵公諫厲王弭謗說:"民不堪命矣!"命,就是政令。"令"的內容涉及到政治生活的方方面面,有對百官的職責規範,有對獎懲的規範,有對賦稅制度的規範等等。要求必須遵守。《周禮》一書記載了百官的職責,實際上也是一部政令的匯編。

《國語》中多處載有先王之制，其中前文提及的漁獵、貢賦、貨幣、王位繼承等就是不同方面的"令"。《魯語上》"臧文仲說僖公請免衛成公"章："刑五而已，無有隱者，隱乃諱也。大刑用甲兵，其次用斧鉞，中刑用刀鋸，其次用鑽笮，薄刑用鞭扑，以威民也。故大者陳之原野，小者致之市朝，五刑三次，是無隱也。"此爲刑罰之令。《魯語上》"臧文仲如齊告糴"章："國有饑饉，卿出告糴，古之制也。"此爲卿之職責。《周語上》"邵公諫厲王弭謗"章："天子聽政，使公卿至於列士獻詩，瞽獻曲，史獻書，師箴，瞍賦，矇誦，百工諫，庶人傳語，近臣盡規，親戚補察，瞽史教誨，耆、艾修之。"此爲文化屬官之職責。

不論是繼承下來的先王政令還是當下新頒布的政令，都應有文獻的依據。

"禮"、"樂"、"令"等文獻，是西周、春秋時期以禮樂治國的重要文獻，在當時應該是數量衆多，内容上涵蓋方方面面，這些都是《國語》中的文化背景史料。豐富和完善了《國語》的内容，提升《國語》的文獻價值。

第三節 《國語》中的世、故志、訓典及瞽史之記

"世"、"故志"、"訓典"及"瞽史之記"等文獻，屬於歷史類的文獻資料。也是《國語》的文化背景方面的史料。"世"就是天子、諸侯、卿大夫的世繫。《國語》中"世"就是一個潛在的時間綫索。理清世繫同樣能把握歷史的發展脈絡。"故志"，就是對過去史實的記載，屬於具有警示作用的史料匯編。"訓典"指的是先王之遺言，是治國之箴言。"瞽史之記"或稱"瞽史之紀"，是瞽矇口傳的歷史，事件可能是真實的，但具體的細節可信度未必完全真實可信。口耳相傳，傳之久遠，既能輔助說理，也能起到彌補史料不足的作用。

一 世

"世"，按照韋昭的注解"世"就是周官小吏所奠先王的世繫。父子相繼爲世，世所自出爲繫。"世"的作用在於"昭明德而廢幽昏焉，以休懼其動。"[1] 顯揚明德者之聲名，廢棄幽昧昏庸者，以便約束自己有所戒

---

① 《國語·楚語上》"申叔時論傅太子之道"章。

懼。《國語》的編撰，有"世本"類文獻提供自上古至春秋時帝王、諸侯、卿大夫的世繫。其周、魯、晉、鄭等"語"中有對上古傳說時代帝繫的描述。如：

> 昔共工棄此道也，……欲壅防百川，墮高堙庳，以害天下。……禍亂並興，共工用滅。其在有虞，有崇伯鯀，播其淫心，稱遂共工之過，堯用殛之於羽山。其後伯禹念前之非度，釐改制量，象物天地，比類百則，儀之於民，而度之于群生，共之從孫四嶽佐之，高高下下，疏川導滯，……帥象禹之功，度之于軌儀，莫非嘉績，克厭帝心。皇天嘉之，祚以天下，賜姓曰"姒"、氏曰"有夏"，謂其能以嘉祉殷富生物也。祚四嶽國，命以侯伯，賜姓曰"姜"、氏曰"有呂"，謂其能為禹股肱心膂，以養物豐民人也。此一王四伯，豈繫多寵？皆亡王之後也。……有夏雖衰，杞、鄫猶在；申、呂雖衰，齊、許猶在。……夫亡者豈繫無寵？皆黃、炎之後也。①

顧頡剛先生說其中的世繫②，灼然可知：

> 共工→四嶽→齊、許　　　　　　伯鯀（鯀）→伯禹→有夏→杞、鄫

再如：

> 故有虞氏禘黃帝而祖顓頊，郊堯而宗舜；夏后氏禘黃帝而祖顓頊，郊鯀而宗禹；商人禘舜而祖契，郊冥而宗湯；周人禘嚳而郊稷，祖文王而宗武王；幕，能帥顓頊者也，有虞氏報焉；杼，能帥禹者也，夏后氏報焉；上甲微，能帥契者也，商人報焉；高圉、大王，能帥稷者也，周人報焉。凡禘、郊、祖、宗、報，此五者國之典祀也。③

這一段話說的是祭祀，顧頡剛先生從中理出了世繫，如下：

---

① 《國語·周語下》"太子晉諫靈王壅穀水"章。
② 顧頡剛：《中國上古史研究講義》八《國語》，中華書局 2002 年版，第 15 頁。
③ 《國語·魯語上》"展禽論祭爰居非政之宜"章。

```
                              堯
    黃帝—顓頊————幕—舜——有虞氏
              └——鯀—禹—杼——夏后氏
         ┌·帝嚳—契—冥…上甲微…湯—商人
         └—稷—高圉—太王—文王—武王—周人
```

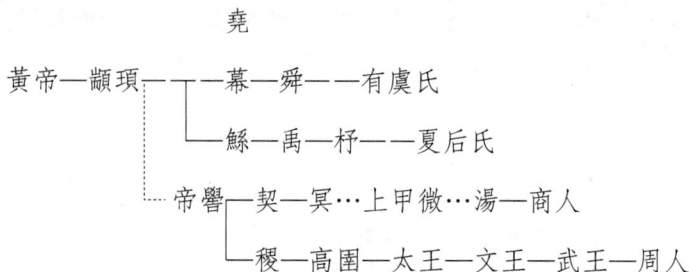

顧頡剛先生根據《國語》的這兩段記載，理出了傳說時代的世繫，但他并不相信這個世繫。他認爲《國語》的說法凡是極力宣講的恐怕都是"有所爲而爲"① 的。勸諫者談祖論宗都將根伸得很遠，伸到最後就剩下黃帝和炎帝了，結果是原本不是一族的也成了一族，擁有共同的祖先，帝嚳也便相同。如商代始祖契和周代始祖稷都是帝嚳的兒子，商人又禘舜，則帝嚳、契和舜也是同族，進而和禹是同族，則夏、商、周三代同宗，帝嚳相同了。但參考其他的文獻記載，發現《國語》的記載疑點頗多。顧頡剛先生認爲這是講"黃帝子孫"故事的人胸無定見，逞口瞎說。或許諸國帝嚳原本如此，早已爲人熟知，所以史官和瞽矇都這樣講。再如：

> 昔少典娶于有蟜氏，生黃帝、炎帝。黃帝以姬水成，炎帝以姜水成。成而異德，故黃帝爲姬，炎帝爲姜，二帝用師以相濟也，異德之故也。②

雖然内容是在說姓氏，卻將黃帝和炎帝說成是親兄弟了。則炎帝一支的帝嚳也與黃帝的帝嚳相同了，這的確是讓人懷疑的。

對於楚國先祖的來歷，《鄭語》中史伯給以如下說明：

> 夫荆子熊嚴生子四人：伯霜、仲雪、叔熊、季紃。叔熊逃難于濮而蠻，季紃是立，薳氏將起之，禍又不克。是天啟之心也，……且重、黎之後也，夫黎爲高辛氏火正，以淳耀敦大，天明地德，光照四海，故命之曰"祝融"，其功大矣。……其後八姓于周未有侯伯。……融之興者，其在羋姓乎？羋姓夔越不足命也。蠻羋蠻矣，唯荆實有昭德，若周衰，其必興矣。姜、嬴、荆、羋，實與諸姬代相干也。

---

① 顧頡剛：《中國上古史研究講義》，中華書局 2002 年版，第 19 頁。
② 《國語·晉語四》"重耳婚媾懷嬴"章。

這裏追述到了高辛氏時期，說楚人先祖祝融爲高辛氏火正，其後八姓在周末爲侯伯，只有芈姓能興旺。顧頡剛先生認爲這段文字是有目的的，是爲達到編撰者想要的效果而編造出來的，是"有所爲而爲"的。

除了上古傳說時期的世繫外，《國語》各語中篇次的安排也體現出天子、諸侯甚至是卿大夫的世繫。《周語》起自周穆王，經恭王、厲王、宣王、幽王、惠王、襄王、定王、簡王、靈王、景王、敬王等，這也是一條清晰的世繫。《魯語》起於魯莊公，經（閔公）僖公、文公、宣公、成公、襄公、昭公、（定公）哀公，和《春秋》所記十二公的世繫相符。《晉語》則始自晉獻公，也是按照世繫一直寫到三家分晉。《楚語》亦是如此。《國語》即使沒有標注時間，世繫也間接提供了時間綫索，不過是沒有像《春秋》經傳那樣明確標注罷了。關於這方面的資料，可查看日本學者桂湖村講述的《國語國字解·敍說》，其中第六、七兩章則是專門整理《國語》書中涉及的諸侯世繫表和列國卿大夫世繫表。

我們說《國語》的史料有來自世繫或帝繫之類的參考文獻，這些文獻或許不同於我們今天所見的《世本》、《帝繫》和《五帝德》等。"其中無意中說到的地方，或許很有些真材料，爲別種書裏所看不見的。"① 後世所見的《世本》，東漢皇甫謐認爲是左丘明所著，多不可信。清孫星衍在孫馮翼重集《世本》序言中指出《世本》蓋周末史氏所爲。該書於宋代已經失傳，清代學人搜集佚文輯錄的《世本》所錄大約是漢初的資料，與《國語》編撰者所見的應該不同。

二 故志

"故志"的作用在於警戒後人。這種文獻專記前世成敗興衰，史書的特征明顯，但又不是純粹的史書，而是有一定編撰目的的史料匯編。記言與記事並重。統觀《國語》全書，其中卿大夫勸諫天子、國君所述的歷史史料，内容涉及前代的歷史、上古傳說、奇聞異事等，都符合"故志"的特點。《吳語》伍子胥以楚靈王不行君道，落得自縊身死的結果勸諫夫差伐越，曰："此志也，豈遽忘于諸侯之耳乎？"此"志"，猶"故志"也。《周語下》周靈王壅谷水和洛水，太子晉諫言所引論據，也應該是來自"故志"類的文獻。《楚語上》蔡聲子引王孫啟、析公臣、雍子和申公巫臣助晉抗楚之事談楚材晉用，也應該看作來源於"故志"類的文獻。

我們將"故志"視爲《國語》的文化背景類史料文獻，基於其多源

① 顧頡剛：《中國上古史研究講義》，中華書局 2002 年版，第 19 頁。

自諸侯《春秋》類史料。《國語》全書多有此類"故志"的史料，無疑豐富了史書的内涵。

三 訓典

"訓典"，卽先王之遺言。《周語上》載周先王不窋竄於戎狄之間"修其訓典。"韋注："訓，教也。典，法也。"《晉語八》載隨武子"端刑法，輯訓典，國無奸民。"俞樾曰："輯訓典，謂集合先代之訓辭及其典禮也。"《楚語下》王孫圉言左史倚相"能道訓典"，所言"訓典"同樣是前代之訓辭的匯編。《楚語上》申叔時所言教太子以"訓典"，韋昭注以"五帝之書"。據以上《國語》文本所提可知"訓典"是當時存在的一種文獻形式，以先王遺留下來的訓誡爲主要内容，其作用在於"以朝夕獻善敗於寡君，使寡君無忘先王之業。"①"訓典"的史料或許有來自史書的内容，也或許有瞽史流傳下來的内容。瞽史流傳下來的内容經後人加工整理成爲可供參閱的文獻。《國語》文本中用來勸誡而徵引的古代傳說史料具有"訓典"的特征。如《晉語四》證明同姓同德或異德、得姓等問題，以炎黃同姓，長而異德和黃帝二十五子得姓做論據，這些就相當於"訓典"的内容。此外，《魯語》上展禽用作祭祀先祖的論據、《鄭語》關於楚國歷史淵源的内容，應該是采自"訓典"一類的文獻。

《國語》書中還提到"訓語"。《鄭語》史伯說："訓語有之曰……"講述夏衰之際褒之二君化龍降於王庭，及周屬王末其漦化爲玄黿，入王府，府上童妾遇之後，不夫而育，於宣王時而生褒姒。從作用看，"訓語"也是用來勸諫天子和國君的。這和人們所認識的"訓典"的作用基本一致。

"訓典"的編撰的目側重於"訓"，在史實内容的選擇上主要集中於天子諸侯的興亡成敗教訓，和列國春秋、瞽史之紀、"故志"，甚至是"令"、"語"等或有交叉，差別在於其作用更爲明確，文獻所屬的類型不同而已。

四 瞽史之記

瞽史之記，"記"也寫作"紀"，是根據瞽史口傳歷史整理出來的文獻形式。瞽史，是有眼盲之疾的史官。瞽者，因目盲而耳益聰，有著極強的記憶力。通常在先秦擔任掌管音樂和口傳歷史的職責。在文字出現之前

---

① 《國語·楚語下》"王孫圉論國之寶"章。

瞽史是主要保存歷史的人，憑借記憶口耳相傳，使得歷史得以流傳。文獻載體進一步發展豐富，又出現秉筆直書的史官，瞽史的地位和作用就有所下降了，漸漸流於民間，但影響依舊。① 瞽史帶到民間的口述歷史也是《國語》史料的來源。

《周語下》單襄公說"吾非瞽史，焉知天道。"說明瞽史在人心目中仍然有地位，且比較神秘高深。徐中舒先生認爲春秋時期儘管學術文化的水平已經很高，但人類記錄歷史仍然存在最初的刻木和口語傳誦等方式。太史執簡策記錄歷史，亦有憑口傳以記言的瞽矇，二者並存，所記結合起來便構成了比較完整的歷史。瞽矇的口傳歷史不但充實了太史簡策所記的簡練的歷史，也豐富了歷史事件，讓我們盡可能了解到歷史的真實，這些內容再經人記錄和整理就成了"語"。②《晉語四》兩次徵引的瞽史之記，就是記錄瞽史口述的歷史文獻。這類資料在當時應是廣爲人知的，但瞽矇傳誦的歷史在流傳中往往會因其他傳誦者的感情傾向和評判標準的不同而發生改變，進而發展爲後來的野史和小說者流，與真實歷史出現差距。顧頡剛先生認爲《國語》更像《三國演義》，"事件是真的，對這件事情的描寫很多是假的。"③ 大概就是從這一角度評價的。不管怎樣，《國語》徵引瞽史之記，也說明其與監戒的宗旨相符，可見其史料的價值。

上古三代的古史傳說，以不同的文獻形式流傳，是《國語》文化背景史料的重要來源。因爲年代荒遠，所以時間跨度大。從洪水以前說起，卽便說到堯舜，也不願意停止。④《國語》中有三皇五帝和共工、四嶽的傳說，也有三代的傳說，這些傳說到春秋之際就已經廣爲人知了。

第四節 《國語》中的詩、書、易及俗語箴言

一 詩

"詩"卽我們今天所說的《詩經》。在周代的小學教育中，"詩"也是重要的一門功課，和"禮"、"樂"一樣都是貴族子弟自小習學的內容。"詩"也常在先秦政治生活中起著重要的作用。在很多重大的場合中，

① 徐中舒：《左傳選》後序《〈左傳〉的作者及其成書年代》，中華書局 1963 年版，第341—373 頁。

② 同上。

③ 顧頡剛：《中國上古史研究講義》八《國語》，中華書局 2002 年版，第 13 頁。

④ 同上。

"詩"用以美化辭令和表達心志。一個國家的外交官，在外交辭令中會用
"詩"是必備的才能。正因如此，漢代毛亨以"詩"政治功用的視角來詮
釋"詩"。我們批判毛傳的時候其實是沒能深層探究他傳"詩"的本意。
韋昭認爲教授貴族子弟所用的"詩"，目的是要他們學會美刺，歌頌先王
懿德和諷刺踐踏禮制的天子和國君。先秦時"詩"在一些場合廣爲吟唱，
也不是隨便的吟唱，而是在利用"詩"來行美刺之事。

西周春秋時期，"詩"的數量無人知曉，據記載孔子曾於三千餘篇詩
中刪得三百五篇。[①] 三千餘篇應該是虛指，言當時詩作數量極多。統治者
往往以"詩"察下情，觀民風。在某種意義上講"詩"也是史。印度最
早的社會史和宗教史都是用梵歌的形式來表現的，梁啟超說："此蓋由人
類文化漸進之後，其所受之傳說日豐日賾，勢難悉記，思用簡便之法以永
其傳；一方面則愛美的觀念，日益發達，自然有長於文學之人，將傳說之
深入人心者播諸詩歌以應社會之需，於是乎有史詩。是故邃古傳說，可爲
'不文的'之史；其'成文的'史則自史詩始。我國史之發展，殆也不能
外此公例。"[②] 今天可見《詩經》中也有關於商、周民族歷史發展的詩，
如《生民》、《公劉》、《綿》、《皇矣》、《大明》，以及《文王》、《玄鳥》、
《長發》、《殷武》、《常武》、《出車》、《江漢》、《六月》等，卽如梁任公
所言。

《國語》中的記載，很多都可以在"詩"中找到印證。《周語上》
"内史過論神"章有："周之興也，鸑鷟鳴於岐山。"韋注："詩曰：'鳳
凰鳴矣，于彼高岡。'"出自《詩經·大雅·卷阿》。高岡卽岐山，兩相印
證。《周語中》"富辰諫襄王以狄伐鄭"章又言"昔摯、疇之國也由大
任"。《詩經·大雅·大明》有"摯仲氏任，自彼殷商，來嫁于周，曰嬪
於京。乃及王季，維德之行。大任有身，生此文王。"可視爲富辰所言之
依據。"詩"之素材雖也是傳說，但其基本的史實應是存在的。《周語上》
"西周三川皆震"章記載周幽王二年，公元前780年，出於岐山的涇、
渭、洛三川發生地震。《詩經·小雅·十月之交》[③] 有"燁燁震電，不寧
不令。百川沸騰，山塚崒崩。高岸爲谷，深谷爲陵。"正是對這地震的描

<hr>

① 《史記·孔子世家》記載："古者'詩'三千餘篇，及至孔子，去其重，取其可施於禮
義，……三百五篇，孔子皆弦歌之，以求合《韶》《武》雅頌之音。"

② 梁啟超：《中國歷史研究法》，河北教育出版社2002年版，第15頁。

③ 《詩經·小雅·十月之交》有"十月之交，朔曰辛卯，日有食之，亦孔之醜。"據學者
以及天文學家推定是記載周幽王六年，卽公元前776年9月6日的一次日食。這是世界
上有文獻記載的最早的日食記錄。

述。《周語中》"單襄公論陳必亡"一章記載陳靈公荒淫之事。《詩經·陳風·株林》一詩諷刺陳靈公與夏姬淫亂，可以印證。《周語下》王子晉諫周靈王壅穀、洛引詩曰："殷鑒不遠，在夏后之世。"見於《詩經·大雅·蕩》。又曰："觀之詩、書，與民之憲言，則皆亡王之爲也。"也可見人們熟知"詩"所蘊涵的歷史史實及其鑒戒作用。

"詩"有證史的作用，也有引史監戒的作用。而文獻中的引"詩"多起輔助說理以鑒戒的作用，《國語》也不能外。其引"詩"有可見於今"詩三百"的，也有逸"詩"。

《國語》中出現的"詩"，有三種情況：

（一）直接引"詩"

正文中說話者直接援引"詩"的内容，用以輔助說理。

> （1）周文公之頌曰："載戢干戈，載櫜弓矢。我求懿德，肆于時夏，允王保之。" 　　（《周語上》穆王將征犬戎）

韋注：頌，《時邁》之詩也。武王旣伐紂，周公爲作此詩，巡守、告祭之樂歌也。以武王、周公定天下斂干戈之事，告誡穆王應該"耀德不觀兵"。[1]

> （2）頌曰："思文后稷，克配彼天。立我蒸民，莫匪爾極。" 　　（《周語上》芮良夫論榮夷公專利）
>
> （3）大雅曰："陳錫載周。"（《周語上》芮良夫論榮夷公專利）

（2）韋注：《頌》，《周頌·思文》也，謂郊祀后稷以德配天之樂歌也。
（3）韋注：《大雅·文王》之二章也。言文王布賜施利，以載成周道也。
引詩的作用在於以先王之德勸諫當政者修德保民。

> （4）周文公之詩曰："兄弟閱于牆，外禦其侮。" 　　（《周語中》富辰諫襄王以狄伐鄭）

韋注：文公之詩者，周公旦之所作《棠棣》之詩是也，所以閔管、蔡而親兄弟。引詩以此勸王不要伐同姓鄭國，又是使用類比的方法。

---

[1] 《國語·周語上》"穆王將征犬戎"章。

（5）詩曰："愷悌君子，求福不回。"

（《周語中》單襄公論郤至佻天之功）

見於《詩・大雅・旱麓》。單襄公論郤至佻天之功，引此詩在於說明平易溫和的君子，不用邪僻的手段來求得福祿。通過君子與小人獲得福祿途徑的對比，說明郤至佻天之功，故而兵在其頸。既增加說服力，也更有文采。

（6）詩曰："四牡騤騤，旟旐有翩，亂生不夷，靡國不泯。'又曰：'民之貪亂，寧爲荼毒。"　（《周語下》太子晉諫靈王壅穀水）

詩見《大雅・桑柔》之二章、十一章。韋注：疾厲王好征伐，用兵不得其所，禍亂不平，無國不見滅之。又言民疾王之虐，貪樂禍亂，安爲苦毒之行也。

（7）詩云："殷鑒不遠，在夏后之世。"

（《周語下》太子晉諫靈王壅穀水）

韋注：謂湯伐桀也。引自《詩・大雅・蕩》，以前代覆亡爲鑒是很多王室成員和貴族卿士們頭腦中始終存在的思想。某種意義上說，這種思想也是《國語》編撰者的思想。

（8）其語說《昊天有成命》，……其詩曰："昊天有成命，二后受之，成王不敢康。夙夜基命宥密，於，緝熙！亶厥心肆其靖之。"

（《周語下》晉羊舌肸聘周論單靖公敬儉讓咨）

《昊天有成命》見於《周頌》。

（9）詩曰："其類維何？室家之壺。君子萬年，永錫祚胤。"

（《周語下》晉羊舌肸聘周論單靖公敬儉讓咨）

出於《詩・大雅・既醉》第六章。韋注：言孝子之行，先於室家族類以相致，乃及於天下也。

（10）詩也有之曰："瞻彼旱麓，榛楛濟濟。愷悌君子，干祿愷悌。"

（《周語下》單穆公諫景王鑄大錢）

見《詩·大雅·旱麓》之首章。言王之德被及，故君子求祿，其心樂易也。

（11）周詩有之曰："天之所支，不可壞也。其所壞，亦不可支也。"

（《周語下》劉文公與萇弘欲城周）

此詩大概爲逸詩。韋注：《周詩》飫時所歌也。支，柱也。反映了當時人們的天命觀。以此立論並論證周室衰敗已久得不到上天的支持，強以天道補人事，必會遭到禍殃的觀點，今天看來是不正確的，但當時卻具有很強的說服力，何況確有劉文公和萇弘的命運作證據。

（12）詩云："上帝臨女，無貳爾心。"

（《晉語四》齊姜勸重耳勿懷安）

《詩·大雅·大明》之七章。韋注：上帝，天也。女，武王也。言天臨護女，伐紂必克，無有疑心。

（13）周詩曰："莘莘征夫，每懷靡及。"

（《晉語四》齊姜勸重耳勿懷安）

見《詩·小雅·皇皇者華》之首章。韋注：言臣奉命當念在公，每輒懷私，將無所及。

（14）鄭詩云："仲可懷也，人之多言。亦可畏也。"

（《晉語四》齊姜勸重耳勿懷安）

《詩·鄭風·將仲子》之卒章。韋注：言雖欲從心思仲（祭仲），猶能畏人自止，見可懷，思可畏也。

（15）商頌曰："湯降不遲，聖敬日躋。"

（《晉語四》宋襄公贈重耳以馬二十乘）

出自《詩·商頌·長發》之三章。韋注：言湯之尊賢下士甚疾，故聖敬之道日升聞於天也。

　　　（16）周頌曰："天作高山，大王荒之。"

　　　　　　　　　　　　　　　　（《晉語四》鄭文公不禮重耳）

出自《詩·周頌·天作》之首章。韋注：言天生此高山，使興雲雨，大王則秩祀而尊大之。

　　　（17）曹詩曰："彼己之子，不遂其媾。"

　　　　　　　　　　　　　　　　（《晉語四》楚成王以周禮饗重耳）

出自《詩·曹風·候人》之三章。

　　　（18）詩云："刑于寡妻，至于兄弟，以御于家邦。"
　　　　　　　　　　　　　　　　（《晉語四》胥臣論教誨之力）
　　　（19）詩云："惠于宗公，神罔時恫。"
　　　　　　　　　　　　　　　　（《晉語四》胥臣論教誨之力）

均出自《詩·大雅·思齊》之二章。先言榜樣的力量，再說爲政諮詢於大臣，順而行之，故鬼神無怨痛之者。

　　　（20）周詩曰："經始靈臺，經之營之。庶民攻之，不日成之。經始勿亟，庶民子來。王在靈囿，麀鹿攸伏。"

　　　　　　　　　　　　　　　　（《楚語上》武舉論臺美而楚殆）

此周詩爲《詩·大雅·靈臺》。楚靈王建造了章華之臺，問伍舉高臺之美。伍舉引此詩認爲當年文王建靈臺，用以教百姓謀利益，而不是使百姓貧困的。以章華之臺爲美，那麼楚國就危險了。這種對比是極具效果的。

　　　（21）周詩有之曰："弗躬弗親，庶民弗信。"

　　　　　　　　　　　　　　　　（《楚語上》白公子張諷靈王宜納諫）

此周詩爲《詩·小雅·節南山》。楚國大夫白公子張勸諫楚靈王，引用這兩句意在奉勸靈王躬親政事，從諫向善，取信於民。

《國語》對"雅"、"頌"的引用較多，集中於《周語》、《晉語》和《楚語》，而以《周語》最多。表面上看似乎沒有起到提供史實的作用，但透過引詩，我們可以看到引詩背後暗含的史實及其鑒戒作用。直接援引詩句，豐富了《國語》的語言和審美表現力。

（二）重大場合中誦"詩"

"詩"之所以重要，在於它普遍應用於外交等重大場合，包括聘問、宴饗、戰爭等。古代貴族子弟的教育必須要學習"詩"，以備從政之需。"不學詩，無以言"，① 所以孔子教授弟子"詩"。學"詩"而不會應用，也是沒有用的。"誦詩三百，授之以政，不達；使於四方，不能專對。雖多，亦奚以爲？"② 《國語》中記載了一些場合中用"詩"的情況。

《魯語下》"叔孫穆子聘于晉"一章，晉悼公以宴饗之禮款待叔孫穆子，宴席間奏《肆夏樊》、《遏》、《渠》以及《文王》、《大明》、《綿》，他不答拜，而奏及《鹿鳴》、《四牡》、《皇皇者華》時，每曲終了，答拜一次。表現了他是一個知禮樂的外交使者。對此，叔孫穆子這樣解釋道：

> 寡君使豹來繼先君之好，君以諸侯之故，貺使臣以大禮。夫先樂金奏《肆夏樊》、《遏》、《渠》，天子所以饗元侯也；夫歌《文王》、《大明》、《綿》，則兩君相見之樂也。皆昭令德以合好也，皆非使臣之所敢聞也。臣以爲肆業及之，故不敢拜。今伶簫詠歌及《鹿鳴》之三，君之所以貺使臣，臣敢不拜貺？夫《鹿鳴》，君之所以嘉先君之好也，敢不拜嘉。《四牡》，君之所以章使臣之勤也，敢不拜章。《皇皇者華》，君教使臣曰'每懷靡及'，諏、謀、度、詢，必咨於周。敢不拜教。臣聞之曰：'懷和爲每懷，咨才爲諏，咨事爲謀，咨義爲度，咨親爲詢，忠信爲周。'君貺使臣以大禮，重之以六德敢不重拜。

可見諸侯之間的聘問常常會有唱詩明志，這也是禮樂政治的要求。但詩樂是有嚴格的等級要求的，聘禮中唱詩的內容要符合雙方的身份。《鹿鳴》、《四牡》和《皇皇者華》是《詩·小雅》的前三篇，爲周代宴會群臣、嘉賓時演奏的樂歌。《肆夏樊》、《遏》、《渠》是夏代的樂曲名，是天子

---

① 《論語·季氏》。
② 《論語·子路》。

用來宴饗諸侯時演唱的。禮有九夏，《周禮》：“鐘師掌以鐘鼓奏有九夏。”其二曲爲《肆夏》，一名《繁》，也作《樊》。其三曲爲《韶夏》，一名《遏》。其四曲爲《納夏》。一名《渠》。今已亡逸。《文王》、《大明》、《綿》爲《詩·大雅·文王之什》的前三篇，是兩國國君會見時演唱的。晉悼公設宴款待叔孫穆子演奏這些音樂，可知“樂”早已完全失去了等級上的差異，在上者已是習慣成自然，甚至根本就不知道“樂”曾經的政治作用。所以晉侯派人間叔孫穆子：“吾子舍其大而加禮於其細，敢問何禮也？”

同卷“諸侯伐秦魯人以莒人先濟”章，晉悼公聯合諸侯之大夫伐秦，至黃河而無先渡河者。魯叔孫穆子賦“匏有苦葉”，表明必渡河之志，於是以莒人先濟。

同卷“公父文伯之母欲室文伯”章，文伯之母爲文伯娶妻，宴饗家臣，而爲賦《綠衣》之三章。委婉地表明對婚娶的態度和正家室之道，合乎商量婚事的主旨和禮法。《綠衣》出自今《詩經·邶風》。其第三章曰：“我思古人，俾無訛兮。”以言古之賢人，正室家之道，使不犯錯誤。

《晉語四》“秦伯饗重耳以國君之禮”章：“明日宴，秦伯賦《采菽》，子餘使公子降拜。……秦伯賦《鳩飛》，公子賦《河水》。秦伯賦《六月》，子餘使公子降拜。”雖不見引具體詩作内容，但秦伯與重耳唱詩的記録也再現了“詩”的政治功用。其中《采菽》出自《小雅》，爲周天子賜諸侯命服之樂也。其詩曰：“君子來朝，何賜予之，雖無予之，路車乘馬。”《鳩飛》出於《小雅·小宛》之首章，曰：“宛彼鳴鳩，翰飛戾天。我心憂傷，念昔先人。明發不寐，有懷二人。”韋注曰：“言己念晉先君洎穆姬不寐，以思安集晉之君臣也。”《河水》當爲《沔水》，也見於《小雅》其詩曰：“沔彼流水，朝宗於海。”言己返國當朝事秦。《六月》也出於《小雅》。韋注云：“道尹吉甫佐宣王征伐，復文、武之業。其詩云：‘王于出征，以匡王國。’二章云：‘以佐天子’，三章云：‘共武之服，以定王國。’此言重耳爲君，必霸諸侯，以匡佐天子。”“詩”的作用在這次宴饗中發揮了到極至，準確含蓄地表達了秦穆公對重耳寄予的厚望和重耳對秦穆公的感恩之情。雙方舉止合儀，應答合禮，而富有文采。

（三）“詩”的其他政治功用

直接引“詩”是用“詩”來類比和鑒戒，聘問宴饗中以“詩”相互唱和反映“詩”在先秦政治生活中的重要作用。此外，《國語》中也談及“獻詩”，這也是官方收集整理“詩”的一個途徑。“詩”廣爲傳唱，用於各種重要的場合。其美刺監戒的作用深入人心，結合“禮”、“樂”，言情誦志。

統治者使公卿至於列士獻詩，也是完善禮樂政治的需要。《周語上》"邵公諫厲王弭謗"章："故天子聽政，使公卿至於列士獻詩，瞽獻曲，史獻書，師箴，瞍賦，矇誦，百工諫，庶人傳語，近臣盡規，親戚補察，瞽、史教誨，耆、艾修之，而後王斟酌焉，是以事行而不悖。"記載了當時天子聽政，公卿至於列士獻詩的傳統。獻詩於王也有使行事不悖的作用。《晉語六》"趙文子冠"章，范文子告誡趙文子不能驕傲，以古代賢德之王爲證，指出他們能多方聽從直言，"使工誦諫於朝，在列者獻詩使勿兜。"顯然，公卿列士獻詩能在一定程度上讓統治者了解下情而少受蒙蔽。

統治者亦以"詩"來教化子弟，《楚語上》"申叔時論傅太子之道"章："教之詩，而爲之導廣顯德，以耀明其志。"並通過"誦詩以輔相之"，使之成爲具有美德修養的人。

"詩"常與"禮""樂"結合，共同營造和、平的政治環境。《周語下》"單穆公諫景王鑄大鍾"章："夫政象樂，樂從和，和從平。聲以和樂，律以平聲。金石以動之，絲竹以行之，詩以道之，歌以詠之，匏以宣之，瓦以贊之，革木以節之，物得其常曰樂極，極之所集曰聲，聲應相保曰和，細大不逾曰平。"

"詩"所能發揮的政治功用，幾乎在《國語》中都有體現。雖然"詩"不能算作嚴格意義上《國語》的史料來源，卻是《國語》所載的西周春秋時代的重要的文化背景文獻。"詩"豐富了《國語》篇章的內容，增加了說理的力度和語言的表現力，充分反映了西周春秋時期"詩"教的深遠影響。

二 書

《書》，漢代以來稱《尚書》，包括虞、夏、商、周四個時代君王的文告以及君臣之間的談話記錄，然而卻不是簡單的文告和君臣對話，書中反映的是很重要的政治哲學思想。《國語》中徵引《書》的隻言片語其作用是用以深化所要闡發的思想。《書》和"詩"一樣也是《國語》史料形成的重要文化背景文獻。

據陳夢家《尚書通論》統計，《國語》中引《書》的內容共有14處，即《周語》8處，《鄭語》1處，《晉語》2處，《楚語》3處。其中不見於今本的共11處。這些史料或以"書曰"領起；或以"夏書"、"周書"領起；或以篇名領起。

以下錄陳夢家《尚書通論》中歸納的《國語》中徵引《尚書》史料的內容。標有▲的爲引自不見今本《尚書》的部分。

（1）引“書曰”類

▲《周語》中　富辰曰：書有之曰：必有忍也，若能有濟也。

（富辰諫襄王以狄伐鄭）

▲《周語》中　單襄公曰：書曰：民可近也，而不可上也。

（單襄公論郤至佻天之功）

（2）引篇名類

▲《周語》上　在湯誓曰：余一人有罪，無以萬夫；萬夫有罪，在余一人。　　　　　　　　　　　　　　（內史過論晉惠公必無後）

《周語》上　在盤庚曰：國之臧，則惟女衆。國之不臧，則惟余一人，是有逸罰。　　　　　　　　　　　（內史過論晉惠公必無後）

此見於今本《尚書·盤庚上》

▲《周語》中　單襄公曰：在太誓曰：民之所欲，天必從之。

（單襄公論郤至佻天之功）

▲《周語》下　單襄公曰：吾聞之太誓，故曰：朕夢協朕卜，襲于休祥，戎商必克。　　　　　（單襄公論晉周將得晉國）

▲《鄭語》　史伯曰：太誓曰：民之所欲，天必從之。

（史伯爲桓公論興衰）

（3）引“夏書”、“周書”類

▲《周語》上　（內史過）對曰：夏書有之曰：衆非元后，何戴？后非衆，無與守邦。　　　　　（內史過論晉惠公必無後）

▲《周語》下　單襄公曰：夏書有之曰：關石、和均，王府則有。

（單襄公諫景王鑄大錢）

▲《晉語》九　智伯國曰：夏書有之曰：一人三失，怨豈在明，不見是圖。　　　　　　　　　　　　（智伯國諫智襄子）

▲《晉語》九　智伯國曰：周書有之曰：怨不在大，也不在小。

（康誥）（智伯國諫智襄子）

《楚語》上　左史倚相曰：《周書》曰：“文王至於日中昃，不皇

暇食。惠於小民，唯政之恭。” 　　　　（無逸）（左史倚相儆申公子亹）

　　▲《楚語》上　白公曰：“昔殷武丁能聳其德，至於神明，以入於河，自河徂亳，於是乎三年，默以思道。卿士患之，曰：‘王言以出令也，若不言，是無所稟令也。’武丁於是作書，曰：‘以余正四方，余恐德之不類，茲故不言。’若是而又使以象夢旁求四方之賢，得傅說以來，升以爲公，而使朝夕規諫，曰：‘若金，用女作礪。若津水，用女作舟。若天旱，用女作霖雨。啟乃心，沃朕心。若藥不瞑眩，厥疾不瘳。若跣不視地，厥足用傷。’” 　　（白公子張諷靈王宜納諫）

　　▲《楚語》下　昭王問于觀射父，曰：“《周書》所謂重、黎寔使天地不通者，何也？’…… ” 　　　　　　（觀射父論絕地天通）

　　這些徵引，一方面說明時人熟知《書》中的言論和史實，另一方面在論證某一觀點時，《書》的至理名言確能收到畫龍點睛的效果，進而豐富《國語》文字的表達和思想內涵。至於所引逸《書》的部分，則說明當時《書》的史料豐富，與今天所見的不同。在先秦其他文獻中，也有很多對《書》的引用，說明《書》是當時著書立說者的重要參考文獻，內容遠比我們今天所見的多，《國語》的編撰者自然會借鑒其中的內容。

三　易

　　《國語》中也有一些卜筮的記載，雖不如《左傳》多，但也是重要的史料。殷周卜筮之風極盛，王室和諸侯國的檔案中有大量的保存記錄。《周禮·春官》載先於《周易》的有《連山》和《歸藏》兩部占筮的書。但《國語》所用，以《周易》爲主。《易》以及與卜筮相關的資料也是《國語》史料中的文化背景文獻。

　　《周語下》單襄公預測晉周實有晉國，曰“成公之歸也，吾聞晉之筮之也，遇乾之否，曰：‘配而不終，君三出焉。’”韋注：“乾下乾上，乾也。坤下乾上，否也。乾初九、九二、九三，變而之否也。乾，天也，君也，故曰配，配先君也。不終，子孫不終爲君也。乾下變而爲坤，坤，地也，臣也。天地不交曰否，變有臣象。三爻，故三世而終。上有乾，乾，天子也。五體不變，周天子國也。三爻有三變，故君三出於周也。”意思是說晉成公從周王室回國做國君的時候，晉國人占卜，得乾卦變爲否卦，卦辭說德行雖配天卻不能世代爲國君，將會有三個國君是從周王室回來即位的。《晉語一》“獻公卜伐驪戎勝而不吉”章，史蘇占卜討伐驪戎，兆象爲“挾以銜骨，齒牙爲猾”狀，認爲雖可戰勝，但並不吉利。獻公不

聽，敗驪戎獲驪姬以歸。史蘇認爲女禍亂國，"戎必以女勝晉"，預測驪
姬之亂。《晉語四》"重耳親筮得晉國"章："公子親筮之，曰：'尚有晉
國。'得貞屯、悔豫，皆八也。"司空季子解釋屯、豫二卦曰："吉，是在
周易，皆利建侯。……其（屯）繇曰：'元亨利貞，勿用有攸往，利建
侯。'……其（豫）繇曰：'利建侯行師。'……是二者，皆得國之卦
也。"殷、周史官有卜筮的職責，通常會留有記錄。

《國語》中記載卜筮的內容較少，有限的幾處多集中於對卦象的分析，
而分析的結果不但準確，而且往往能得到驗證。《易》的占卜作用首先是在
思想上的詮釋，以此來左右人的言行，人也便在約束中謹慎行事。在以禮
爲規範人言行的政治環境中，尊禮和悖禮的命運自然會不同，悖禮可能出現
的後果往往是能預知的，加之以《易》的佐證，便又有了天道的依據。這實
際上是一些精明的占卜者能夠準確預見到某件事情的發展趨勢，借占卜來增
加諫言的分量罷了。此類文獻資料當時應該十分豐富，以至於人們精於此道。

四　俗語箴言

俗語箴言也是《國語》文化背景史料之一種，這類史料也常在其他
的文獻中發揮著作用。《國語》中的人物有時在言語中以"某聞"或"某
聞之"的形式引出俗語、箴言或前代掌故以增強勸諫的說服力，帶有經
驗的色彩。這些資料我們還不能準確判斷其出處，應該與民間流傳的俗語
箴言、先代的制度和民眾的輿論有關。在說話人的心中，顯然是將"聞
之"的話作爲較有說服力的論據。

我們粗略整理出來 70 餘條這類資料，全書應該遠不止這些。此類俗
語箴言在文中多以間接引語的形式出現。

（一）《周語》11 條

1. 鄭厲公曰："吾聞之，司寇行戮，君爲之不舉，而況敢樂禍乎！"

（《周語上》鄭厲公與虢叔殺子頹納襄王）

2. 內史過曰："臣聞之，道而得神，是謂逢福，淫而得神，是謂
貪禍。今虢少荒，其亡乎？"　　　　　　　（《周語上》內史過論神）

3. 倉葛呼曰："……臣聞之曰：'武不可覿，文不可匿。覿武無
烈，匿文不昭。'"　　　　　　　　　　（《周語中》陽人不服晉侯）

4. （劉康公）對曰："臣聞之：爲臣必臣，爲君必君，寬肅宣惠，
君也；敬恪恭儉，臣也。……"　（《周語中》劉康公論魯大夫儉與奢）

5. 吾聞之，國德而鄰於不修，必受其福。

（《周語下》單襄公論晉將有亂）

6. 靈王二十二年，穀、洛鬥，將毀王宮。王欲壅之，太子晉諫曰：“不可。晉聞古之長民者，不墮山，不崇藪，不防川，不竇澤。

（《周語下》太子晉諫靈王壅穀水）

7—9. （太子晉曰）：“人有言曰：‘無過亂人之門。’又曰：‘佐饔者嘗焉，佐鬥者傷焉。’又曰：‘禍不好，不能爲禍。’”

（《周語下》太子晉諫靈王壅穀水）

10. 吾聞之曰：一姓不再興。

（《周語下》晉羊舌肸聘周論單靖公敬儉讓咨）

11. 臣聞之，琴瑟尚宮，鍾尚羽，石尚角，匏竹利制，大不逾宮，細不過羽。　　　　　（《周語下》單穆公諫景王鑄大鍾）

（二）《魯語》11 條

1. 匠師慶言於公曰：“臣聞聖王公之先封者，遺後之人法，使無限於惡。其爲後世昭前之令聞也，使長監於世，故能攝固不解以久。”

（《魯語上》匠師慶諫莊公丹楹刻桷）

2. （展禽）對曰：“獲聞之，處大教小，處小事大，所以禦亂也，不聞以辭。……”　　　（《魯語上》展禽使乙喜以膏沐犒師）

3. 臣聞之：班相恤也，故能有親。

（《魯語上》臧文仲說僖公請免衛成公）

4. 臣聞之曰：善有章，雖賤賞也；惡有釁，雖貴罰也。

（《魯語上》臧文仲請賞重館人）

5. 臣聞之曰：毀則者爲賊，掩賊者爲藏，竊寶者爲宄，用宄之財者爲姦。　　　　　（《魯語上》里革更書逐莒太子僕）

6. 吾聞之，不厚其棟，不能任重。重莫如國，棟莫如德。

（《魯語上》子叔聲伯辭邑）

7. 丘聞之：木石之怪曰夔、蝄蜽，水之怪曰龍、罔象，土之怪曰羵羊。　　　　　（《魯語》下季桓子穿井獲羊）

8. 公父文伯之母對曰：“吾聞之先姑曰：‘君子能勞，後世有繼。’”

（《魯語下》公父文伯之母對季康子問）

9. 子夏聞之，曰：“善哉！商聞之曰：‘古之嫁者，不及舅、姑，謂之不幸。’夫婦，學于舅、姑者也。”

（《魯語下》公父文伯之母對季康子問）

10. 文伯之母聞之，怒曰：“吾聞之先子曰：‘祭養尸，饗養上賓。’……” （《魯語下》公父文伯飲南宮敬叔酒）

11. 公父文伯卒，其母戒其妾曰：“吾聞之：好內，女死之；好外，士死之。” （《魯語下》公父文伯卒其母戒其妾）

（三）《晉語》40 條

1. 成聞之：民生于三，事之如一。
（《晉語一》武公伐翼止欒共子無死）

2. 太子曰：“吾聞之羊舌大夫曰：‘事君以敬，事父以孝。’”
（《晉語一》獻公將黜太子申生而立奚齊）

3. 且吾聞之：甚精必愚。 （《晉語一》優施教驪姬遠太子）

4. 太子聞之，曰：“子輿之爲我謀，忠矣。然吾聞之，爲人子者，患不從，不患無名，爲人臣者，患不勤，不患無祿，今我不才而得勤與從，又何求焉……” （《晉語一》獻公作二軍以伐霍）

5. 驪姬曰：“……吾聞之外人之言曰：爲仁與爲國不同。爲仁者，愛親之謂仁；爲國者，利國之謂仁。……”
（《晉語一》優施教驪姬譖申生）

6. 公曰：“非子之所知也。寡人聞之，立太子之道三：身鈞以年，年同以愛，愛疑決之以卜、筮。 （《晉語一》申生伐山東）

7. 且吾（里克）聞之曰：敬賢於請。 （《晉語一》申生伐山東）

8. 突聞之：國君好艾，大夫殆；好內，適子殆，社稷危。
（《晉語一》申生伐山東）

9. 吾聞君子不去情，不反讒，讒行身死可也，猶有令名焉。死不遷情，彊也。守情說父，孝也。殺身以成志，仁也。死不忘君，敬也。
（《晉語二》驪姬譖殺太子申生）

10. 吾聞之：仁不怨君，智不重困，勇不逃死。
（《晉語二》驪姬譖殺太子申生）

11. 吾聞之曰：大國道，小國襲焉曰服。小國傲，大國襲焉曰誅。
（《晉語二》虢將亡舟之僑以其族適晉）

12. 吾聞之，惠難徧也，施難報也。不徧不報，卒於怨讎。
（《晉語二》宰周公論齊侯好示）

13. 克（里克）聞之，夫義者，利之足也；貪者，怨之本也。
（《晉語二》里克殺奚齊而秦立惠公）

14. 舅犯曰："偃也聞之，喪亂有小大。大喪大亂之剡也，不可犯也。父母死爲大喪，讒在兄弟爲大亂。"

（《晉語二》里克殺奚齊而秦立惠公）

15. 寡人聞之，得國常於喪，失國常於喪。

（《晉語二》里克殺奚齊而秦立惠公）

16. 臣聞之曰"仁有置，武有置。仁置德，武置服。"

（《晉語二》里克殺奚齊而秦立惠公）

17. 臣聞之，亡人無黨，有黨必有讎。

（《晉語二》冀芮答秦穆公問）

18. 慶鄭曰："鄭也聞之曰：'軍敗，死之；將止，死之。'"

（《晉語三》惠公斬慶鄭）

19. 吾聞晉之始封也，歲在大火，閼伯之星也，實紀商人。

（《晉語四》齊姜勸重耳勿懷安）

20. 臣（僖負羈）聞之，愛親明賢，政之幹也。禮賓矜窮，禮之宗也。 （《晉語四》曹共公不禮重耳而觀其駢脅）

21. 叔詹諫曰："臣聞之：親有天，用前訓，禮兄弟，資窮困，天所福也。 （《晉語四》鄭文公不禮重耳）

22. 偃也聞之：戰鬥，直爲壯，曲爲老。

（《晉語四》文公救宋敗楚於城濮）

23. 范武子曰："爕乎，吾聞之，干人之怒，必獲毒焉。"

（《晉語五》范武子退朝告老）

24. 晉人欲爭鄭，范文子不欲，曰："吾聞之，爲人臣者，能內睦而後圖外，不睦內而圖外，必有內爭，盍姑謀睦乎！"

（《晉語六》范文子論內睦而後圖外）

25. 吾聞之，君人者刑其民，成，而後振武於外，是以內和而外威。

（《晉語六》范文子論外患與內憂）

26. 吾聞之，唯厚德者能受多福，無德而服者眾，必自傷也。

（《晉語六》范文子論勝楚必有內憂）

27. 吾聞之，天道無親，唯德是授。

（《晉語六》范文子論德爲福之基）

28. 郤至曰："至聞之，武人不亂，智人不詐，仁人不黨。"

（《晉語六》欒書發郤至之罪）

29. 臣聞之，亂在內爲宄，在外爲姦，御宄以德，御姦以刑。

（《晉語六》長魚矯脅欒中行）

30. （穆子）辭曰：“……臣聞之曰：‘無功庸者，不敢居高位。’……” 　　　　　（《晉語七》悼公使韓穆子掌公族大夫）

31. （辛俞）對曰：“……臣聞之曰：‘三世事家，君之，再世以下，主之。’……” 　　　　　（《晉語八》辛俞從欒氏出奔）

32. 吾聞國家有大事，必順于典刑，而訪諮於耇老，而後行之。
　　　　　（《晉語八》范宣子與和大夫爭田）

33. 文子曰：“……吾聞之曰：‘善人在患，弗救不祥；惡人在位，不去亦不祥。’必免叔孫。”（《晉語八》趙文子請免叔孫穆子）

34. 鍼聞之，國無道而年穀龢熟，鮮不五稔。
　　　　　（《晉語八》秦后子謂趙孟將死）

35. （醫和）對曰：“……和聞之曰：‘直不輔曲，明不規闇，拱木不生危，松柏不生埤。’……” 　　　　　（《晉語八》醫和視平公疾）

36. 僑聞之，昔者鮌違帝命，殛之於羽山，化爲黃熊，以入於羽淵，實爲夏郊，三代舉之。夫鬼神之所及，非其族類，則紹其同位，是故天子祀上帝，公侯祀百辟，自卿以下不過其族。
　　　　　（《晉語八》鄭子産來聘）

37. 臣聞之，委質爲臣，無有二心，委質而策死，古之法也。
　　　　　（《晉語九》中行穆子帥師伐狄圍鼓）

38. 臣聞之：國家之將興也，君子自以爲不足，其亡也，若有餘。
　　　　　（《晉語九》趙簡子問賢於壯馳茲）

39. 臣聞之，君子哀無人，不哀無賄；哀無德，不哀無寵；哀名之不令，不哀年之不登。 　　　　　（《晉語九》竇犨謂君子哀無人）

40. 吾聞之，德不純而福祿並至，謂之幸。
　　　　　（《晉語九》趙襄子使新稚穆子伐狄）

（四）《鄭語》1 條

1. 臣聞之，天之所啟，十世不替。

（五）《楚語》1 條

1. 子高曰：“吾聞之，唯仁者可好也，可惡也，可高也，可下也。好之不偪，惡之不怨，高之不驕，下之不懼。”
　　　　　（《楚語下》葉公子高論白公勝必亂楚國）

（六）《越語》7 條

1. 大夫種對曰：“臣聞之賈人，夏則資皮，冬則資絺，旱則資舟，水則資車，以待乏也……” 　　（《越語上》勾踐滅吳）

2. 蠡聞之，上帝不考，時反是守，彊索者不祥。得時不成，反受其殃。失德滅名，流走死亡。（《越語下》范蠡勸勾踐無蚤圖吳）

3. 王召范蠡而問焉，曰：“諺有之曰：‘觥飯不及壺飧。’……” 　　（《越語下》越興師伐吳而弗與戰）

4. 臣聞之，得時無怠，時不再來，天予不取，反爲之災。贏縮轉化，後將悔之。天節固然，唯謀不遷 。

　　（《越語下》越興師伐吳而弗與戰）

5. 范蠡曰：“臣聞古之善用兵者，贏縮以爲常，四時以爲紀，無過天極，究數而止。” 　　（《越語下》越興師伐吳而弗與戰）

6. 范蠡進諫曰：“臣聞之，聖人之功，時爲之庸。得時不成，天有還形。天節不遠，五年復反，小凶則近，大凶則遠。先人有言曰：‘伐柯者其則不遠。’……”

　　（《越語下》范蠡諫勾踐勿許吳成卒滅吳）

7. 臣聞之，爲人臣者，君憂臣勞，君辱臣死。

　　（《越語下》范蠡乘輕舟以浮於五湖）

從這些以“聞之”領起的內容來看，應該是對社會政治生活和人生經驗的概括和總結，且得到普遍的認可而成爲某種意義上的真理。我們無法判斷這些資料的出處，但可以推測這些“聞之”的內容比較流行，人所熟知。《國語》中的這些俗語箴言很多都具有原創性，以“某聞之”的形式領起，常常出現在合適的語境之中，以加強說理的效果。其句法結構工整，具有韻律感，便於記憶和運用，很象今天的格言警句。另外，俗語箴言的流傳，離不社會輿論。民衆的輿論多產生於公共場所，如鄭國鄉校，既是學校，又是鄉人聚會議事場所，更是修身治國箴言、社會輿論的集散之地。

這裏列舉的還不是此類表述的全部，尚有以“某聞之”領起的並沒有收入，大概只能算是說話者在表述上的一種手段而已，“聞之”領起的內容恐怕未必具有流行性，不過是自己概括的經驗罷了，但也具有一定的說服力。

當然，這類的資料也不過是《國語》史料形成的文化背景資料，從

《國語》全書看，這種資料還有很多。如書中也摻雜較多的童謠、諺語、俗語（人有言曰）以及鐘銘、祭典之語等，使得《國語》的語言呈現出多樣化的特色，豐富了人物的語言同時，增加了《國語》的語言表現力和濃重的文學色彩。應該說時人對這些文化背景資料的掌握、消化以及靈活運用，也是《國語》語言深閎杰異的重要因素。

第五节　《國語》的編撰意圖、選材與結構

唐趙匡、陸淳，宋司馬光父子、李燾等學者認爲《國語》或許是《左傳》編撰者所搜集的全部史料的簡單匯編，也或許是《左傳》編撰完成後剩餘史料的簡單匯編。乍看起來似有道理，其實他們是將《國語》的編撰過程看得過於隨意了，僅僅認爲不過是廣異聞的工作。通覽全書可知《國語》八國之語的史料安排并不是隨意的，即便是每章之間并不相關，也有其相同的思想內涵，這一點體現在編撰意圖上。

一　《國語》的編撰意圖

楚人申叔時指出"語"書都有"知先王之務，用明德於民"和"求多聞善敗以監戒"的政治目的。《國語》是"語"書，是韋昭所謂的"治國之善語"，也有著這樣的編撰意圖。前文所述，記事史官所記《春秋》、卿士家史、"語"類文獻以及"禮"、"樂"、"令"等豐富的文獻資料，是《國語》最爲重要的資料來源。我們從《國語》史料構成的角度來看，能更深刻體會到《國語》的編撰意圖。

先秦時期私人修史常常能體現經世致用的史學觀念，那麼選擇何種史料來反映這種觀念，就成爲修史中的重要問題，編撰者要立足於此梳理史料，否則便不能體現出史書應有的價值，這是我們研究史書的人都十分清楚的問題。《國語》編撰的時代應當是戰國中期以前，各家思想雖然比較活躍，但大都未達到成熟。儒家是百家思想的一支，其優勢在於思想上承周公禮樂治國觀念，又經孔子大力宣講故而影響更廣。前面我們說過《國語》的主體思想符合儒家思想，也兼有墨家、法家、道家等其他思想的因素。編撰者一方面要保留各國史乘的原貌，一方面也注意到這些思想對諸侯爭霸的作用因而不去改變它。① 從儒家思想的層面上看禮治、忠

---

① 傅庚生：《國語選》前言，人民文學出版社 1959 年版，第 1—15 頁。

恕、正名、重民等思想貫穿《國語》始終，這顯然是爲統治者"多聞善敗以監戒"提供史實參考。韋昭《國語解敘》言左氏傳經之後"雅思未盡，故復采錄前世穆王以來，下迄魯悼智伯之誅，邦國成敗、嘉言善語、陰陽律呂、天時人事、逆順之數，以爲《國語》。……所以包羅天地、探測禍福、發起幽微、章表善惡者，昭然甚明。"晉孔晁認爲左丘明集"高論善言"而爲《國語》，指出《國語》所搜集的內容特點。唐劉知幾認爲左丘明稽逸文，纂別說，爲《國語》，以其文方內傳。明王世貞認爲左丘明"春秋外傳"之文"商略帝王，包括宇宙，該治亂跡善敗，按籍而索之，班班詳核，奚翅二百四十二年之行事。"① 以上諸家之言也從另一個角度說出了《國語》"探測禍福、發起幽微、章表善惡"和多聞善敗之跡以鑒戒的編撰意圖。此外，從諸家推測《國語》如何梳理史料及編撰等的言論上分析，也可知他們認爲《國語》的編撰并非簡單隨意之事，應該有十分明確的編撰目的。

從《國語》的文本上看，其中有很多關乎天子、諸侯以及卿大夫們破壞禮制之行的記載，都於文末交代了預料中當有的結果，這顯然是編撰者自行加入的內容，體現了"語"書的作用。這些在上者破壞禮制的史料，應是編撰者圍繞編撰意圖而選擇的。據統計全書八國之語共計 230 章，近 60 章於文末交代了人物的命運或事件的結果，超過總章數的四分之一。其中《周語》23 章。穆王無端征伐犬戎，結果是"荒服者不至。"厲王任用衛巫消彌民怨，專有湖澤山林之利，導致國人暴動，"流王於彘。"宣王廢棄籍田禮，後三十九年，天子的軍隊於千畝與姜氏之戎作戰時被打敗。宣王無視嫡長子繼承制以個人喜好強立魯武公之子戲爲世子，結果魯國政治出現混亂，魯人殺了戲，宣王只好出兵伐魯而立孝公。這種嚴重違背禮制的行爲導致"諸侯從是而不睦。"晉惠公在天子冊命諸侯之禮過程中輕慢，而呂甥、郤芮也表現的傲慢無禮，內史過以此斷言晉侯將無後，呂甥、郤芮會不得善終。襄王八年晉侯兵敗於韓不久殞命，十六年晉人又殺其子懷公。呂甥、郤芮則被秦穆公所殺。而冊命晉文公諸侯國君之禮，文公則莊重有禮，卿士靜肅甚恭。內史興斷言文公必會稱霸。後來晉文公勤王平亂，敗楚會盟，始霸諸侯。《魯語》、《晉語》和《楚語》也不乏這類的記載。《魯語下》虢之會叔孫穆子觀楚公子的陣勢論其必謀篡國君之位；《晉語一》獻公占卜伐驪戎而不聽史蘇之言；《楚語上》楚

---

① 孔晁、劉知幾、王世貞的說法見朱彝尊《經義考》卷二百九引，中華書局 1998 年版，第 1071—1072 頁。

靈王城陳、蔡及不羹，不聽范無宇之言等記載都是這種爲文的方式。告誡世人言有招禍，行有召辱，禍辱往往"近者禍及身，遠者及其子孫。"[1]不管預言的結果是短期內出現還是十幾年後出現，在禮治社會的背景下，那些結果都是注定要出現的，符合矛盾發展的必然規律，帶有唯物色彩。

那些沒有給出預料結果的記載，如果國君或卿大夫沒有接受諫言，一般就只給出"弗聽"類的表述而已。如果國君或卿大夫聽從諫言，往往在行文最後交代出納諫後處理內政外交諸事取得的好結果。《魯語》、《晉語》和《楚語》也同樣有此類記載，編撰者也沒有站出來表態。《魯語上》"莊公如齊觀社"章曹劌諫言"不可"，但"公不聽，遂如齊"。"莊公丹桓公之楹而刻其桷"章匠師慶認爲這樣廢掉了先君桓公節儉的美德，"公弗聽"。《晉語三》秦饑而乞糴於晉，惠公信虢射之言而不聽慶鄭之諫，遂不予糴。《魯語上》臧文仲諫僖公向周天子和晉侯獻玉而免衛成公，在外交上贏得良好的聲譽和實惠。《晉語四》子犯諫重耳納懷嬴，公子"逆之"，而成秦晉之好。《楚語上》左史倚相諫司馬子期勿以妾爲正妻，以免違背道義，於是"子期乃止"。這種行文的方式雖無對事件結果的預測，只是簡單說出諫言是否被采納，然而是非曲直盡在不言中。

應該看到以上兩種行文方式實際上反映了編撰者對史料進行再加工的過程，編撰者也藉此種方式直接、完整地表現"語"書的鑒戒之功。這應該是《國語》文本的特色。

傅庚生先生曾認真研究了《國語》的編撰目的，指出正是因爲有了編撰的意圖，編撰者在梳理史料時往往會"集中某一部分材料去解釋某一個問題，剪裁刪汰和重點突出的結果，便自然在若干部分中都形成它自己的重心，這是可以理解的。它既經過史家在紛雜的材料中有規劃、有目的地擷取，又經過改編和潤色，有一定程度的系統性，所以我們覺得《國語》還不是自然散佚而偶然餘存的一部分殘缺不完的史料。"[2] 圍繞編撰意圖來選擇史料，應該是史家修史或創作的基本原則。在選擇和利用史料方面《國語》的編撰者很好地貫徹了這一基本原則，正因如此，《國語》才有其經世致用的史學價值。

我們探討《國語》編撰的意圖，分析其史料來源、選擇、以及全書的結構安排等就會審慎而不輕率，才能準確把握其史學和史學史價值、思想傾向等問題，惟其如此才能重新審視《國語》並爲其重新定位。

---

① 劉向集錄：《戰國策·趙策》"趙太后新用事"，上海古籍出版社 1985 年版，第 768 頁。
② 傅庚生：《國語選》前言，人民文學出版社 1959 年版，第 1—15 頁。

二　《國語》的選材與結構

《國語》的選材與結構，自然要圍繞"語"書編撰意圖來展開。編撰意圖的體現又要取決於史料反映的主要思想。

《國語》呈現的是西周中後期禮樂不興的背景下，開明中正的卿大夫心憂國運，爲能扭轉禮樂崩壞的局面而謹守以禮治國理念的現實。他們總是不失時機地宣講禮治思想，稱之爲"天之道也"，將之尊奉到至高無上的地位。認爲"禮，所以正民也"①、"政以禮成，民是以息"、"禮，所以守其國，行其政令，無失其民者也"、"禮，經國家，定社稷，序民人，利後嗣者也。"②《國語》全書都在強調禮治是維繫統治秩序、上下和諧乃至再現盛世的根本，並以此爲指導來選擇史料和剪裁編輯。如《周語上》選錄穆王征犬戎，周穆王想立威諸侯，於是征伐犬戎，師出無名，窮兵黷武，破壞了畿服制，致使"荒服不至"。《周語上》選錄了襄王賜晉文公侯服圭命，晉文公能恭敬尊禮而行。内史興諫王要善待之，"樹於有禮，艾人必豐。"但《周語中》則載晉文公重耳向周襄王請天子獨享的隧葬之禮，襄王以禮爲依據，言語委婉而有鋒芒，拒絕了其僭越的要求。而編撰者又在《晉語》中稱頌其流亡時"好善不厭，父事狐偃，師事趙衰，而長事賈佗。……居則下之，動則咨焉，成幼而不倦，殆有禮矣。"尊賢良，有禮有德，終掌晉國，成就霸業。一方面否定其僭越無禮之舉，另一方面卻又爲他守德尊禮之行點贊。《魯語》選錄魯莊公到齊國觀社祭、裝飾其父桓公之廟以及要求宗婦覿哀姜以幣諸事，皆是其悖禮之舉。《齊語》載齊桓公葵丘會盟，受天子賜胙，下拜升受，守君臣上下之禮。可見都是圍繞禮來選材的。《國語》和《左傳》一樣稱頌霸業，在王室衰微，禮制遭踐踏不可復興的時候，人們將復興大業寄托在諸侯霸主身上，因此主要選擇成就霸業的那些諸侯國的史料。對齊桓晉文之事大書特書，對楚莊王、吳王闔閭、越王勾踐的稱霸過程也詳細介紹，禮治思想貫穿於其中。至於秦、宋、衛等其他中原諸國則沒有選擇史料專列爲《秦語》、《宋語》和《衛語》，秦穆公稱霸西戎之事也只是穿插於《晉語》之中。

《國語》的編撰者還記錄了不少卿大夫之行，尊禮悖禮均有點評。那些卿大夫們往往身居高位。在内容的選擇上并不看重他們的言行於國家是否重要，而是不拘事之大小，全在一個"禮"字。如《魯語下》選錄叔

---

① 《國語·魯語上》"莊公如齊觀社"章。
② 楊伯峻：《春秋左傳注》，中華書局 2002 年版，第 73、79、858、1266 頁。

孫穆子和公父文伯之母的史料，也有不少家居生活的瑣事；《晉語八》選錄趙文子之事，《晉語九》選錄趙簡子諸事，也都不過是些朝堂平常之事。但這些事也仍然能讓人看出編撰者對卿大夫家史的選錄也是緊緊圍繞著編撰意圖展開的。我們說禮是修身、齊家、治國的關鍵，也是全書的思想核心。

另外，《國語》文本也依據行文的需要或詳或略地選錄了周代一些具體的禮儀制度，如畿服制、籍田禮、士冠禮、祭祀用牲制度、宴饗禮、幣制、喪禮、昭穆制等。編撰者將這類史料自然而然地融入到文中，而非隨心所欲。事實證明這些內容都有其存在的理論基礎，即需要以這些資料重申禮制是維護統治秩序的工具。

《國語》的選材目的明確，且具有典型性，而以典型來突出編撰的主旨，則是古今爲文著書之通義。

在結構的安排上，學界普遍認爲《國語》分周、魯、齊、晉、鄭、楚、吳、越八國之語，且諸語互不聯屬，創國別體例。八國之語的順序安排，清人董增齡和今人白壽彝等認爲是按照周王室與魯、齊、晉、鄭諸侯國之間的親疏遠近關係以及諸夏與蠻夷的關係來安排的，這是很正確的。董立章在其《國語譯注辨析》一書中認爲：

> 《魯語》繼《周語》之後，可知崇周尊魯；繼而是《齊語》，僅記齊桓霸業。因齊桓公時期是齊、魯關係最好的時期，……再次爲《晉語》，……究其因是晉、魯關係極密，自晉文公稱霸至三家分晉，魯始終是晉的忠實盟國。再次爲《鄭語》，僅一卷。最後是僭越稱王的楚、吳、越之語。綜觀其結構，反映了尊王攘夷、先華夏、後夷狄、詳周魯晉而略齊鄭吳的思想傾向。在地理關係上，魯近齊而遠晉；就國際關係論，魯親晉而疏齊。因此齊雖近而僅記齊桓公在位的齊魯關係蜜月的時期，晉雖遠而詳記其霸業興衰及內部君臣矛盾的發展；而魯雖弱小卻置於齊晉之前，且有兩卷之多。①

種解釋也有其合理性。我們說《國語》的編撰有其意圖，即爲宣傳禮治、重民、忠恕等思想，以實現其鑒戒作用。圍繞這些思想所選擇的史料，客觀上也向後人展示了禮樂崩壞的原因。換言之，一部《國語》就是一部完整的西周中後期到戰國初期五百多年禮樂崩壞的歷史。有起因，

---

① 董立章：《國語譯注辨析》，暨南大學出版社1993年版，第5頁。

卽社會生產力的發展以及隨之而來的生產關係的變化，表現在上層建築上則是周天子自毀禮制。有發展，卽各諸侯僭越周禮。有高潮，王室衰微，大國爭霸。有結局，社會結構發生深刻的變化，以血緣關係爲紐帶的宗法制已無法維繫分封制，士階層的崛起成爲必然。各諸侯不再以尊王攘夷、稱霸爲最後目標，統一天下成爲他們的終極理想。從這一角度講，《國語》的結構安排更有深意。

西周部分，《國語》的編撰者選擇了穆王、恭王、厲王、宣王及幽王當政時的一些重要事件。見於《周語上》的前半部分和《鄭語》。這些史料爲我們提供了西周中後期社會轉型的時代背景。主要選取的史料有：穆王征伐犬戎、恭王滅密、厲王專山澤之利以及宣王不籍千畝、廢魯太子括而立戲、伐魯立孝公、料民於太原等史實。這些史實，表面看沒有什麼關聯，共同的特點是均記載周天子的悖禮之行。其實卻是大筆勾勒了一個時代的背景：王室衰微、社會正發生深刻的變革。今天我們對西周中後期社會政治經濟環境的了解，主要通過《國語》的這部分記載，足見其史料價值之重要。編撰者截取這段歷史，體現了"語"書的編撰意圖。

進入春秋時期，周王室已然淪落爲一個普通的小國，可以說《周語》就是全書的鋪墊，更是春秋諸侯稱霸的背景。王室衰微禮樂不興才有諸侯爭霸，周天子自毀禮制，才有一向秉持周禮的魯國也只在"儀"上做文章，《魯語》的記載較詳。《齊語》記齊桓公霸業，尊王攘夷不過是其稱霸的幌子。《晉語》共九卷，一方面有對晉國勤王[①]的考慮，一方面也因爲晉國久霸中原、史料記載翔實的緣故。《鄭語》記載西周將亡，史伯爲鄭桓公分析天下形勢，預言晉、楚、秦、齊必會興起，鄭應據濟、洛、河、潁之地以自固。不妨認爲《鄭語》所涉及的史實，其實是對周、魯、齊、晉等國政治變化的準確預判，《國語》編撰者在四國之後突然又插入一段西周的史料，應該不是隨意的。以上四國的順序安排，意在表明肱股周室的諸侯國尚且僭越禮樂，謀求稱霸，何況其他諸國，更不要說荊楚和吳越了。楚王尚德，國勢強大，與中原晉國長期爭霸，楚莊王甚至直接向周王問鼎之輕重，有取代之意。吳、越兩國，也曾在吳王闔閭和越王勾踐時期與中原諸國抗衡。《國語》對其盛衰的記載，雖然沒有了濃重的禮治的色彩，卻也突出了其"知先王之務，用明德於民"以及"求多聞善敗以監戒"的編撰意圖。

---

① 《左傳》載周平王東遷，靠鄭和晉的力量，所謂"周之東遷，晉鄭是依。"所以《晉語》之後列《鄭語》。

第三章 《國語》的版本

在紙出現之前，最常用的文獻載體是竹木簡和繒帛。竹木簡不便翻閱和攜帶，繒帛造價昂貴，都限制了文獻的流傳。隨著造紙術和印刷術的出現，古代典籍文獻的廣泛快速流傳也有了更加便利的條件，更多的典籍文獻被刊印並大行於世。文獻在流傳中形成了不同的版本，研究不同版本的文獻，有利於我們梳理不同時代文獻研究的概況，考鏡源流。《國語》歷經戰國以來戰火的摧殘，能得以流傳至今，得益於其與《春秋》經傳間緊密的關係。本章簡單梳理《國語》的版本，了解《國語》流傳的概況。

今天我們所見的《國語》版本，主要有兩個系統，即公序本和明道本。

第一節 漢唐時期《國語》的流傳及北宋公序本

一 漢唐時期《國語》的流傳

（一）古籍文獻的“篇”和“卷”

版本是版本學的專有名詞，“版”同“板”。隨著北宋雕版印刷的盛行，“版”和“本”合爲一詞。葉德輝云：“雕板謂之板，藏本謂之本。藏本者，官私所藏，未雕之善本也。自雕板盛行，於是板本二字合爲一名。”[1] 專指雕版所印之書。其實版本之“本”，應該理解爲今天的“祖本”或“底本”。據載劉向校讎典籍，一人讀書，一人持本。書爲整理後重新繕寫之書，本乃繕寫時可依之本，也即葉德輝所言之藏本。今天我們所講的版本含義是指“同一部書在編輯、傳抄、刻版、排版、裝訂乃至

---

① （清）葉德輝：《書林清話》卷一《板本之名稱》，中華書局 1957 年版，1999 年第 4 次印刷，第 25 頁。

流通過程中所產生的各種形態的本子。"① 並不限於雕版印刷的書籍，實際上還包括雕版印刷以前的寫本和以後的鈔本、稿本。同一部書有了不同的本子，難免會在文字、制版、印刷、裝幀等方面出現差異，研究這些差異，有助於了解古籍的源流和不同版本的優劣。學習和研究古代典籍需要使用優質的版本。

在紙被普遍使用之前，書籍稱"卷"和稱"篇"通常表明書籍的書寫材料不同。春秋時期簡牘和縑帛已開始兼用，但以竹書爲主。戰國時帛書較流行，至漢仍竹帛兼用。劉向典校書籍，皆先書竹，以其漆書或刀刻易於刮削修改，而將最終定稿繕寫於縑帛，② 故"篇"與"卷"的使用是有分別的。章學誠《文史通義·篇卷》篇稱："向、歆著錄，多以篇卷爲記。大約篇從竹簡，卷從縑帛，因物定名，無他義也。而縑素爲書，後於竹簡，故周秦稱篇，入漢始有卷也。"儘管劉向父子的時代竹木簡與縑帛並行，而縑帛造價昂貴，不得普及。《漢書·藝文志》、其他史家目錄、補史目錄、官家目錄及私家目錄等都以"卷"稱書籍。隨著竹簡使用率的下降至最終被淘汰，"篇"的意義產生變化，被納入"卷"中，所以卷之中有若干篇。最初的紙，其原料與縑帛無大分別。《初學記》云："古者以縑帛依書長短，隨事截之，名曰幡紙，故其字從絲。"③ 後來經過蔡倫的改進慢慢發展演變而成今天的樣子。紙與縑帛有著淵源關係，故而以紙爲原料的書籍也便沿用"卷"的稱呼。

（二）漢唐時期《國語》的流傳

關於《國語》寫本的記載，當屬班固《漢書·藝文志》爲最早。《漢書·藝文志》載春秋類《國語》二十一篇，左丘明著。稱二十一篇，即是書於竹簡。《晉書·束皙傳》載太康二年（公元 281 年）從魏襄王墓中出土一批竹書，内有《國語》三篇。1987 年在湖北慈利石板村出土的戰國中期竹簡《國語·吳語》，大概就是當時流傳的《國語》寫本的殘存部分。我們不能判定劉向整理圖書，是否亦將《國語》先書於竹，後錄之於縑帛。目前考古還沒有發現有帛書《國語》出土。

---

① 程千帆、徐有富：《校讎廣義·版本編》，齊魯書社 1991 年版，第 7 頁。
② 漢應劭《風俗通》曰："劉向爲孝成皇帝典校書籍二十餘年，皆先書竹，改易刊定，可繕寫者以上素也。"曾貽芬、崔文印二先生《中國歷史文獻學史述要》一書據《文選》張景陽《雜詩》注引《風俗通》此語後李善尚有"今東觀書，竹素也"的話，斷言劉向"最後書寫，不過是寫在經過加工後潔白的竹簡上罷了，而不是寫在昂貴的縑帛上。"見該書 2010 年商務印書館出版發行之增訂本，第 50—51 頁。
③ （唐）徐堅等：《初學記》，中華書局 1962 年版，2004 年重印，第 516 頁。

秦火前後《國語》版本的情況我們無法得知。漢文帝時期，《國語》
"幽而復光"。漢成帝時劉向"始更考校，是正疑謬"，則劉向整理後的本
子就成了官方的定本。至班固所見，期間傳抄的情況也已無從考證了，是
否有抄錄於繒帛的《國語》也不清楚，可以肯定的是以竹簡爲載體的應
該不少，故班固稱其"二十一篇"，在當時其流傳也僅限於上賢達識之
士，俗儒則不識。東漢以來，有鄭衆、賈逵、服虔、唐固、虞翻、韋昭、
王肅、孔晁等人爲《國語》作注，這些注本的底本應該是劉向父子所整
理的本子。漢唐之間版本是如何流傳的也不能詳知。魏晉時期造紙術得到
了大大發展，生產的紙張數量和質量都大大提高。紙張結構較緊密，纖維
束較少，白度也增加了。東晉時期紙張成爲最主要的書寫載體，簡牘基本
廢棄不用。人們從簡牘上抄寫書籍，篇篇相連，粘貼在一起，再用木軸卷
起，則是卷中有篇了。《隋書·經籍志》所載賈逵等六家《春秋外傳國
語》皆稱"卷"而不稱"篇"，則是表明《國語》是書寫於紙張上的本
子。唐人有《國語舊音》一卷，北宋宋庠因之而成《補音》三卷。其底
本應該是與漢代學者所用底本同。北宋時期已經有了雕版印刷技術，《國
語》的版本和流傳也進入了一個全新的時期。

另外，《漢書·藝文志》《國語》之下有一條"《新國語》五十四篇"
的記錄，班固注"劉向分《國語》"，這大概是當時諸國"語"類文獻匯
編的另一種寫本。錢穆先生認爲：

> 余疑此五十四篇者，蓋《國語》二十一篇，合之《國策》三十
> 三篇，並而爲書，適得五十四篇。晚世以《國語》、《國策》合刻，
> 其例先啓於向矣。向蓋以二書大體既類，故爲合續，如古虞夏商周書
> 合爲《尚書》，先有其事。而班氏不深考，遂輕名曰《新國語》，而
> 謂向所分。實則應曰向所並合，乃得耳。"①

今本《戰國策》即爲劉向編輯整理並定名，而《新國語》無人看到，
錢穆先生的推測具有合理性，可惜找不到確鑿的證據。

二 北宋公序本

《國語》公序本，是十分重要的版本，即北宋宋庠的校本。宋庠（996—
1066），字公序，安州安陸（今湖北省安陸市）人，天聖初舉進士，後拜

---

① 錢穆：《先秦諸子繫年》，河北教育出版社 2002 年版，第 488 頁。

尚書刑部員外郎，詔爲翰林學士。皇佑中拜兵部侍郎、同中書門下平章事、集賢殿大學士。享明堂，遷工部尚書。英宗卽位，移鎮武寧軍，改封鄭國公。以文學名擅天下，讀書至老不倦，善正訛謬，是一位嚴謹的學者。《宋史》有傳。他在《國語補音》序中云：

> 諸本題卷次叙各異，或有先題《國語》卷第幾作一行，次又別題曰某語，次下又別題曰某公。疑皆後人以意妄自標目，然不能得其定本未知孰是。庠家舊藏此書，亦參差不一。天聖初有宗人同年生緘，假庠此書，最有條例，因取官私所藏凡十五六本，校緘之書。其間雖或魯魚，而緘本大體爲詳。又題號諸篇，較若畫一，並不著卷字，但曰某語第幾。其間唯一國有一篇，或二三篇，則加上、中、下以爲別，然不知此目興自何世，及何人論次，決非丘明所自造。蓋歷世儒者，各有章句，並擅爲部第，莫可知已。唯此本題卷不與諸家類，今輒據以爲正云。

宋庠見《國語》諸本題卷次叙各異，因不得定本而無法斷定孰是孰非，後見同族宋緘有題號諸篇較爲齊整劃一之本，便以此本爲據，期間又參校官私所有十五、六種版本對《國語》及韋昭注加以整理，是爲公序本。宋庠又定唐人《舊音》之是非，以陸德明《經傳釋文》及許慎的《說文》等爲解字的依據，以當時的《集韻》解音，在舊音的基礎上加以補充，成《國語補音》三卷。並在序中對《國語》卷次的安排作了說明。

公序本人多稱善，遺憾的是其行世而諸本皆廢，後人無從知曉宋緘本及公私所藏十五、六種之本的原貌，無法品評其取捨之優劣。誠如清人段玉裁所言"今公序本巋然獨存，其僞誤誠當爲公序本所黜，而其精粹又未必爲公序本所采。"[1]

關於公序本的刊刻情況，有人據《滂喜齋藏書記》、施廷鏞《古籍珍稀版本知見錄》及王應麟《玉海·藝文·春秋》的記載，判定今天可知的應爲北宋治平元年（1064年）國子監刊刻的本子。[2] 從天聖初年宋氏校正《國語》以來，到治平元年，近四十年的時間，監本是可知最早的官方刻本，其祖本無法知曉，則可視之爲今所見公序本系列的祖本。那么，今存的宋刻《國語》，則均屬公序本，事實上這期間也有明道本的刊

① （清）段玉裁：《重刊明道二年國語序》，嘉慶庚申歲吳門黃氏讀未見書齋用影宋本重雕，上海博古齋影印黃氏叢書士禮居藏板《天聖明道本國語》。
② 李佳：《〈國語〉宋公序本刊刻考》，載《安徽史學》2009年第1期。

刻行世。結合郭萬青、俞志慧等一些學者的研究成果，這里統計出的屬于公序本系列的還有：

1. 宋刻宋元遞修本《國語》，爲目前所見最早的版本。國家圖書館《中華再造善本》第二輯，2006 年影印，一些綜合性大學和省級圖書館均有收藏。不難查閱。

2. 金李本《國語》二十一卷，明嘉靖戊子，即嘉靖七年（1528 年）吳郡金李澤遠堂翻刻宋本。上海商務印書館《四部叢刊》初編史部縮印杭州葉氏藏明金李校刊本。

3. 明穆文熙批輯《國語鈔評》，明萬曆甲申，即萬曆十二年（1584年）刻本。八國之語各一卷，共八卷。一函四冊。半葉 9 行，行 20 字，小字雙行，白口，四周雙邊。前有萬曆甲申六月劉鳳序。首卷題“明吏部考功員外郎魏郡穆文熙批輯，山東道監察御史劉懷恕校閱，吳興知縣聊城傅光宅、長洲知縣秣陽曾鳳儀同刊”。卷端有眉批，文中有紅、藍、墨三色圈點。有刻工柯應春、高伯玉。此本也見於美國哈佛圖書館。

4.《新鍥鄭孩如先生精選〈國語〉旁訓便讀》善本，二卷。明鄭維嶽撰，明萬曆庚子，即萬曆二十八年（1600 年）楊氏同仁齋刻本。扉頁有“國策直音旁訓便讀”，疑爲“國語”之誤。此本爲《國語》選注本，第一卷包括《周語》、《魯語》和《齊語》，第二卷包括《晉語》、《楚語》、《吳語》和《越語》，《鄭語》未選。全書共選 98 章，正文七行各行右附一窄行書鄭維嶽旁訓，多爲對韋注的概括，較簡潔。

5. 明刻《監本音注〈國語〉解》，吳韋昭注，二十卷。四冊。10 行，雙行小字注，正文中有誤字，有改刻痕跡。將二十一卷本《越語》上下卷合爲一卷。

6.《國語裁注》九卷，明閔齊伋撰。萬曆己未，即萬曆四十七年（1619 年），八冊。《晉語》合並而分上下卷。每頁天頭有評注，引用柳宗元、汪道昆、孫應鰲、穆文熙、屠隆等語。重點字詞章法典故處亦標有“字法”、“文法”和“章法”等字樣。韋注移到每篇之後。可見是爲了突出“裁注”的重點。該本國家圖書館有套印本。

另有明版《國語》，姚江張金祥藏本，四冊，與《國語裁注》冊數不同，卷數相同，對比內容也相同，沒有“字法”、“文法”等字樣，也無對行文的評價。應該是對《國語裁注》的重新整理。刻本長 26.2cm，寬17.1cm。天頭 3.8cm，地腳 1.2cm。正文九行，無豎格，注文雙行。後有烏程閔齊伋皇明萬曆己未（1619 年）末長至日序。

7. 高麗刻本《國語補音》二十一卷，韋解，宋庠補音。宋氏補音加於韋注前後。刻本長 32.7cm，寬 21.2cm，正文 10 行，20 字，雙行小字注。單魚尾，白口。首刻張一鯤撰《刻國語序》，次韋昭《國語解敘》，再次宋庠《國語補音敘錄》，最後爲正文。

8.《四庫全書》本，據章銓藏孔繼涵微波榭叢書鈔。清乾隆年間。

9. 文盛堂藏板南宋鮑彪原本《〈國語〉〈國策〉合注》。乾隆壬午，即乾隆二十七年（1762 年）重刊本。

10. 日本秦鼎《春秋外傳國語定本》，亦爲公序本系統。

11.《國語正義》，清董增齡撰。光緒庚辰，即光緒六年（1880 年）章壽康式訓堂刻本。

以上所列十一種公序本《國語》，爲常見的和主要的本子，而目前我們能夠在官、私所藏目錄及圖書館中找到的《國語》刊本，都是明、清二代的翻刻本和手抄本。明代的版本今天可見的多是嘉靖和萬曆年間的刻本。除了依據不同底本刊印的公序本外，也出現了精選本、重新合並卷次的刊本等其他形式的版本。代表性的前者如《新鍥鄭孩如先生精選國語旁訓便讀》，後者如《國語裁注》。

第二節 《國語》明道本

《國語》的另一個重要版本爲明道本。明道本，即宋仁宗明道二年（1033 年）取天聖七年（1029 年）印本的重刊本，故又稱"天聖明道本"。天聖爲宋仁宗年號，明道爲由天聖改元。徐復觀先生認爲"天聖明道本"之稱，始於黄丕烈（號蕘圃）重雕時的扉頁。其原因是"爲了轉售取利。因爲玩版本的人，有的和玩其他古董的人一樣，常常是一手買進，一手賣出，以收藏家而兼古董商的。"[1] 據張以仁先生考證，其實"天聖明道本"的稱呼最早見於文字所記的是清人何焯（號義門）的《跋國語——舊鈔天聖明道本》。[2] 這一稱呼雖早於黄丕烈百餘年，但是不是出於書商轉售取利，或藏書家抬高此本價值的意圖尚需探討。不過這一稱呼也讓人易見其淵源，沒什麼不好。

明道本《國語》應是以絳雲樓所藏爲底本。何焯曰：

---

[1] 徐復觀：《釋"版本"的"本"及士禮居本〈國語〉辨名》，收入《中國思想史論集續編》，上海書店 2004 年版，第 164 頁。

[2] 張以仁：《淺談〈國語〉的傳本》，《孔孟月刊》第 21 卷第 3 期。

　　虞山錢宗伯，舊藏宋仁宗天聖七年所開《國語》、明道二年復經刊正者，最爲古本，矜慎不肯借傳，即同好也罕得見。康熙甲子，余交其從孫孝修，嘗爲道之。後見其族孫遵王所撰敏求記，甚貴其書。己丑夏，吴興書賈忽以傳本來鬻，余驚喜，以重值購焉。①

錢宗伯，明末清初著名藏書家錢謙益（1582—1664），江蘇常熟人。字受之，號牧齋，晚號蒙叟，東澗老人。學界稱之爲虞山先生。絳雲樓是其藏書樓。錢氏“所收必宋元板，不取近人所刻及鈔本”，又“好自矜嗇，傲他氏以所不及，片楮不肯借出。”② 絳雲樓於順治七年（1650年）起火，③盡焚十餘萬卷，包括世所罕見三千九百部宋元版圖籍，但所藏圖書並未盡焚。何焯早從錢牧齋的孫輩族人錢遵王（錢曾）那得知天聖明道本《國語》珍貴，自康熙甲子（康熙二十三年，1684年），與錢牧齋孫交往，至康熙己丑（康熙四十八年，1709年），方重金購得傳鈔本。可知錢氏族人早在絳云樓失火前已影鈔了天聖明道本《國語》，錢謙益族孫錢曾和錢氏族人錢世興二人的話也證明了這一點。

　　絳云樓幸餘之書後歸於錢曾（錢遵王）。據黄丕烈《蕘圃藏書題識》《國語》二十一卷校宋本卷首錢遵王跋曰：“吾家所藏《國語》有二：一從明道二年刻本影鈔；一是宋公序補音南宋槧本。”④ 錢遵王稱其家藏有明道二年的影鈔本。卷首敘後也有錢氏族人錢士興跋曰：“宋板《國語》二本，一摩吾家明道二年刻本，比真本不差毫髮，一是宋公序補音刻本，段節分明，注釋詳備，合而觀之，此書遂無遺憾。”錢士興直言宋版明道本乃摹寫其家明道二年刻本。

　　錢曾一生醉心藏書和鈔校，爲一些珍本的保存和流傳做出貢獻。錢氏鈔書紙墨精良，校勘嚴謹。所以錢士興言摹寫宋版《國語》明道本“比真本不差毫髮”。明道本如何流傳的，我們不得而知，但何焯得到之前就已在藏書家之間輾轉流傳了。錢曾與汲古閣毛晉、陸貽典（字赦先）、季振宜、曹溶、金俊明、葉樹廉、馮舒等江浙藏書家之間常常互通有無，鈔書勘校。《國語》明道本的鈔本也應在這小范圍中得以傳鈔和勘校。如陸

---

① （清）何焯：《義門先生集》卷九，《續修四庫全書》編撰委員會編《續修四庫全書》集部·別集類，上海古籍出版社1995年版，第230頁。

② 曹溶：《絳雲樓書目題辭》，見於李希泌、張椒華編《中國古代藏書與近代圖書館史料》（春秋至五四前後），中華書局1982年版，第33頁。

③ （清）錢謙益《宋本漢書跋》云：“吾家庚寅之火，江左書史圖籍一小劫也。”

④ 《清人書目題跋叢刊六》之《黄丕烈書目題跋》，黄丕烈撰，中華書局1993年版，第29頁。

貽典，也是常熟人，爲錢謙益的學生，與毛晉是兒女親家，又與葉樹廉、馮舒交往甚密。陸貽典精于校勘，對明道本《國語》勘校頗爲用力。

黃丕烈開雕明道本在嘉慶四年（1799 年），轉年行世，這個版本又稱爲"士禮居本"。"士禮居本"是吸收了衆多學者校勘成果的版本。

在開雕明道本之前，黃丕烈看了不少校勘過的本子。黃氏以毛氏汲古閣影鈔本爲底本，也卽源自錢氏之本，參校其他本。《蕘圃藏書題識》"《國語》二十一卷校宋本"題識中較爲詳盡地記載其勘校的經過。校宋本卷前題識云：

> 此書首借朱秋崖所臨惠松崖校閱本對勘，而參以傳錄陸赦先校本，亦可自信爲善本矣。繼得影寫明道本屬余友顧澗薲正之。宋本之妙，前賢所校實多闕疑，遂一一考訂如左。書中稱影宋本者皆盡美盡善處也，而今而後《國語》本當以此爲最，勿以尋常校本視之。乾隆乙卯八月，棘人黃丕烈識。

此校宋本來自于朱邦衡（字秋崖）所臨惠棟（號松崖）乾隆庚戌（1790年）校本，參以陸赦先校本及影寫明道本，經顧廣圻（號澗薲）校勘後定本。其中影寫明道本蓋爲未經他人校勘之錢氏摹寫本，或爲與真本不差毫髮之本，或爲其他藏書家之鈔本，但應爲錢氏本。黃丕烈認爲"而今而後《國語》本當以此爲最"，不能以尋常校本對待。乾隆乙卯，卽乾隆六十年（1795 年）。

此校宋本卷後題識，將明道本勘校的勘校者和所據的校本作了詳細交代。云：

> 錢遵王印寫錢宗伯家藏宋刻本與今本大異。今歸於葉林宗借勘一過。戊戌夏五月六日，常熟陸貽典校畢識。
>
> 六月十二日鐙下覆校畢。赦先。
>
> 宋本《國語》從來罕有，義門先生以不得購見爲恨事。此書晚出，可謂唐臨晉帖矣。末冊有跋語，原尾可證。（楊紹和案：此段係墨筆書，無款。以蕘翁辛亥跋語證之，當從陸校本過錄，故附於赦先諸跋之後。）
>
> 乾隆丁卯照影宋本校頗有俗字，不及新本之古。十月從錢氏本再校。松崖棟記。
>
> 壬申正月上元再閱一過。

二月七日又閱一過。

朱墨校宋本《國語》，墨筆得之友人，朱筆得之沈寶硯。云陸赦先校本也。赦先本寶硯秘不示人，此特其臨本耳。壬申八月日記。松崖。

壬申九月又從陸赦先本校對一過。

十月從錢氏本再校。

宋公序本改從古字頗失舊觀，當略從十之四五，餘當仍明道本刻刊也。壬申十月望後再記。松崖。

乾隆庚戌長至日小門生朱邦衡臨校。

乾隆庚戌臘月借同郡滋蘭堂朱秋崖臨校惠松崖校本參校一過。平江黃丕烈識。

庚戌秋於文瑞書肆得校本《國語》六冊，係明翻宋刊本，而爲陸赦先校。赦先之跋，朱書燦然。大抵後人臨本，其校本之善否猶未敢必也。適便訪余友朱秋崖譚及是書云有臨校惠校本，取而讀之，始知赦先果有《國語》校本。校本者不止赦先，余所得者特赦先校本耳，不若惠校之從二本也。爰假錄此。蕘圃烈書。

是書爲山東孔氏校刊本。書中確有改正處，特校未盡耳。余因得赦先校本，從同年賓嵋蔣君借閱一過。繼又借得秋崖藏本，思傳錄一冊，苦無他本，乃從賓嵋易得此書，喜之不勝，竭數晝夜之力而竣事，間以陸校本參互疑似，然猶未盡其同異。殘臘不及覆校，當俟諸來歲也。庚戌臘月望前，蕘翁丕烈又書。

辛亥春季校竣《說文》後，適五柳居主人陶蘊輝思以唐《六典》易余所藏臨陸赦先校本《國語》，爰得以陸校覆勘一過。卷中墨筆皆從陸校參考而書之者也。彼此互校尚多疑似，或更博考諸書，以冀一得，乃云備耳。時三月下澣一日鐙下蕘圃校畢書。

乙卯夏日用影宋本覆校一過。澗蘋顧廣圻。

據以上題識概括起來有如下參校之本：

1. 陸赦先校本。陸赦先認爲錢氏本與通行的公序本大異，從葉樹廉從兄葉林宗處借得公序本對勘。順治十五年，1658 年五月校畢，六月覆校。去絳云樓之火已有八年之久。

2. 惠松崖校本。乾隆十二年，1747 年，惠棟以錢氏本再校之本。乾隆十七年正月 "閱一過"。二月又據沈寶硯 "秘不示人" 之朱墨校宋本，卽陸赦先本 "閱一過"。九月又據陸赦先本對校一過。十月依錢氏本再校。十月中下旬以公序本對校。

3. 朱邦衡臨惠校本。朱邦衡，字秋崖。與其侄朱文游授業於余蕭客，余蕭客爲惠棟學生。則朱邦衡所臨校者，爲惠校本。乾隆庚戌，卽乾隆五十五年，1790 年。黃丕烈從友人朱邦衡處借惠校本，比校陸敕先本，有優劣之評。

4. 山東孔氏校刊本。① 乾隆五十五年，1790 年臘月黃丕烈以陸敕先本參校，未能覆校。

5. 影宋本。卽錢氏影鈔本。顧廣圻以影宋本再校，乾隆六十年，1795 年夏。距黃丕烈開雕刊印尚有四年時間。

據顧廣圻《思適齋書跋》"《國語》二十一卷明刻本"所記，乾隆癸丑（乾隆五十八年，1793 年）勘校亦參段玉裁所得之傳錄宋本。段玉裁《重刊明道二年國語序》記錄了段氏與黃丕烈的往來：

> 乾隆己丑，予在都門。時東原師（戴震）有北宋《禮記注疏》及明道二年《國語》，皆假諸蘇州滋蘭堂朱丈文游所照校者。予復各照校一部，嗣奔走四方，無讀書之暇。辛丑，乃自蜀歸金壇，又遇橫逆侵擾，不能讀書。壬子，乃避居於蘇，頗多同志，黃君蕘圃其一也。常熟錢氏從明道二年刻本影鈔者在其家，顧君千里細意校出。

可知段玉裁於乾隆己丑（乾隆三十四年，1769 年），自戴震處得到明道二年本《國語》，此本以朱文游所藏本爲參校本，應爲惠校本。段氏以惠棟本爲基礎照校一部，是段玉裁本。乾隆壬子（乾隆五十七年，1792 年），段氏見黃丕烈家中錢氏明道二年刻本《國語》的影鈔本，此本已經過顧千里細心校勘。

綜上，在黃丕烈開雕明道本之前，清代學者已經相互借鈔讎校，前後經歷約一個半世紀，出現了一些不同的校本，代表性的如陸貽典校本、惠棟校本等。這些校本基本是以錢氏明道本爲底本，爲黃丕烈、顧千里等人的校勘提供了借鑒。

黃丕烈《校刊明道本韋解國語劄記》② 云：

---

① 紀昀等撰《四庫全書總目》《國語》條有"衍聖公孔傳鐸所刊本"，應爲"山東孔氏校刊本"之底本，也就是今天所說的詩禮堂本《國語》。

② 《清人書目題跋叢刊六》之《黃丕烈書目題跋》，中華書局 1993 年版，第 246 頁，此跋爲顧千里代黃丕烈所作，署名爲黃丕烈。

　　《國語》，自宋公序取官私十五六本校定爲《補音》，世盛行之，後來重刻，無不用以爲祖。有未經其手，如此明道二年本者，乃不絕如綫而已。前輩取勘公序本，皆謂爲勝，然省覽每病不盡，傳臨又屢失真，終未有得其要領者。丕烈深懼此本之遂亡，用所收影鈔者，開雕以餉世。其中字體前後有歧，不改畫一。缺文壞字，也均仍舊，無所添足，以懲妄也。讎字之餘，頗涉《補音》及重刻公序本，綜其得失之凡，而劄記之。金壇段先生玉裁，嘗謂《國語》善本無逾此，其知此爲最深，今載其校語。惠氏棟閱本，借之同郡周明經錫瓚家，也載之以表微。參管窺者，以某案別之，旁述見聞，則標姓名，諸注疏及類書援引，殊未可全據，故多從略，總如干條爲一卷。至於勝公序本者，文句煩簡，偏旁增省，隨在皆是，既有此本，自當尋案而得，苟非難憭，不復悉數矣。嘉慶四年十月二十七日吳縣黃丕烈書。

　　有公序本以來，明道二年本的流傳不絕如綫而已。開雕只因省覽公序本“每病不盡，傳臨又屢失真，終未有得其要領者”。黃氏“深懼此本之遂亡，用所收影鈔者，開雕以餉世。”刊印過程中保持了明道二年本的原貌，校勘中參考了段玉裁、惠棟校語及“管窺者”、某某之“旁述見聞”。黃氏以爲該本較之公序本，在文句和文字方面勝出之處實多。段玉裁認爲該本爲《國語》善本中無有超越的本子，足見其價值。

　　黃氏開雕明道本，讎字之餘，頗涉《補音》及重刻公序本，綜合其得失之凡，而作劄記。嘉慶五年（1800 年）讀未見書齋重雕《天聖明道本國語》，該本前有錢大昕序、段玉裁序，後附有顧千里代黃丕烈所作的校刊劄記。序記詳錄明道本開雕行世之前嚴謹的校勘過程。顧廣圻稱此本一出，“自今而後宋公序以下本皆可覆瓿矣。”①

　　郭萬青對明道本系列進行了歸納。清嘉慶五年黃丕烈讀未見書齋重雕寫刻明道本（簡稱“黃刊明道本”），爲黃氏請長洲李福寫刻上版的，刊入士禮居叢書本。又有蜚英館景黃氏本、石竹山房景黃氏本、博古齋景黃氏本、上海古籍出版社《四部精要》景黃氏本、同治己巳（1869 年）湖北崇文書局重雕本、《四部備要》聚珍版本。商務印書館上世紀三十年王雲五主編《國學基本叢書》和《叢書集成初編》本《國語》，皆從崇文書局刻本而來，依士禮居叢書本。此外，中華書局《四部備要》本《國

---

① 顧千里《思適齋集》錄《跋影宋本國語後》，見《清人書目題跋叢刊六》，中華書局 1993 年版，第 555 頁。

語》亦爲依據黄刊明道本。商務印書館和中華書局刊印的叢書，使得明道本系統的《國語》得以更好地普及。①

小　結

關於《國語》版本問題，這里結合上節内容做一個小結。

北宋之前《國語》版本是與不同注本並行，到宋就只剩下韋昭一家注本了。北宋宋庠整理《國語》韋解，作《補音》三卷，是爲公序本。天聖明道本，卽明道本，直到清黄丕烈重雕於嘉慶五年行世才得以逐漸流傳。

明代《國語》的版本有吳勉學和張一鯤的校刻本，還出現了選編本和重編本，都屬於公序本的系統。明朱墨印本《國語》九卷，存於美國國會圖書館，爲明萬曆四十七年注本，閔齊伋跋，當爲黄丕烈仿宋刻本曾用以校勘之本，從卷帙與注本的時間看，大抵與《國語裁注》相同。上海涵芬樓影印的《四部叢刊》本，是杭州葉氏藏明金李校刊本，也是公序本。

明道二年影印本早在明中後期就有人加以校勘了，乾嘉學者相互借閱校讎。出現了一些代表性的校本，如陸貽典的校本，惠棟校本，段玉裁校本、顧廣圻校本等。這些校本對黄丕烈作《國語劄記》有一定的借鑒。這個系統主要有讀未見書齋仿宋本《國語》二十一卷，刊入士禮居叢書。明道本系統晚出的還有商務印書館的排印本，中華書局的《四部備要》本。

學界通常認爲明道本較公序本更優，其實二者各有千秋。公序本通行後官私所藏及宋緘之本都不得見了。段玉裁云："今公序所據之本皆亡，此巋然獨存，其僞誤誠當爲公序所黜，而其精粹又未必爲公序所采，是以薈圖附之考證，持贈同人，此存古之盛心，讀書之善法也。古書之壞於不校者固多，壞於校者尤多。壞於不校者，以校治之，壞於校者久且不可治。"這是對公序本的批評。公序本獨行，無别本參照，給勘誤帶來了困難。但公序本以《説文》和《經傳釋文》等爲解字依據，以《集韻》解音，對文辭古奧處注訓明瞭，便於閲讀流傳。

---

① 郭萬青：《論〈國語〉版本暨〈古今韻會舉要〉引〈國語〉例辨正》，《人文中國學報》第 16 期。

明道本的優點是保存了更多《國語》傳本的原貌，益於研究最初文本的記載和注釋，且可以據此訂正公序本。如錢遵王所舉之例有明道本《周語》云："昔我先王世后稷"和"襄王二十四年，秦師將襲鄭，過周北門，左右皆免胄而下拜"兩處，公序本前句脫"王"字，後句脫"拜"字，致使與注文大相違背。但也有謬誤如錢士興所舉之例云："明道本《周語》單襄公曰：'驪，此其孫也。'注曰：'此周子者，晉襄公之孫也。''襄'字上當無'單'字，以公序本爲正。"二本相較，各有褒貶者。如清人許宗彥《鑒止水齋集》卷十一《天聖明道本國語跋》以爲明道本不如公序本。而顧千里則說明道本出則"公序本以後本當以覆瓿矣。"我們研究《國語》，不能只用心於一種版本，兩種版本互相比照方可明斷正誤，進而對《國語》有正確的理解。

第四章 《國語》韋昭注本

上一章我們談《國語》的版本問題，其實版本的流傳也借助於不同的注本。劉向父子整理的版本是基礎，不同注本則是在同一版本的基礎上的注釋本，所以我們將版本和注本分開來談。

戰國末期以來，五經皆有專家潛心作傳注。秦有博士伏生等，漢有諸多今古文經學家，他們爲經作注疏已然成爲治學時尚，注疏的體制也最終於此時得以完備。《國語》的語言古奧，加之語言的發展及傳抄方面產生的錯誤，漢代人們也多難讀懂。但因其"春秋外傳"的地位，得到了一定程度的重視，故而注者並不少。然而到了北宋時期就只有三國韋昭的注本獨存，其他的注本都亡佚了。

韋昭《國語》注也稱《國語》韋解。韋昭注本獨存，其原因一方面在於其博采鄭衆、賈逵、唐固、虞翻等諸家，多方援引文獻典籍釋疑解惑。另一方面其注釋措辭精當，且擅於運用當時的語言於注釋中疏通文意，有利於時人閱讀和研究。我們認爲韋解更重要的作用在於將《國語》與《左傳》等儒家經典文獻之間的關係表現得更緊密，客觀上抬高了《國語》的學術地位，有爲"春秋外傳"和準經典之譽正名的作用。漢唐以來以經學爲主導，《國語》則因與《春秋》和《左傳》的關係得到學界更多注意，韋昭的注解應該是一個主要的因素。

韋昭注《國語》的文獻學意義也是不容忽視的。其注釋在體例上承漢注，且完整地體現漢注，爲後來注釋家借鑒，成爲極好的注釋範本。我們利用本節嘗試探討韋解《國語》的特點。

《國語》是歷史著作，韋解也就是史注。史學家修史如果沒有注釋家的注釋，後人在閱讀和研究上就會困難重重，其流傳也便難以久遠。史注能起到"史助"的作用，可以說史注是歷史著作中有機的部分，無法剝離。

第一節　《國語》韋注的特點

一　韋昭生平及學術

韋昭（204—273），字宏嗣，三國吳郡雲陽（江蘇丹陽）人。因避司馬昭諱，曾改名韋曜。① 《三國志·韋昭傳》② 載其"少好學，能屬文。"入仕後曾爲博士祭酒、中書僕射、侍中、領左國史，封高陵亭侯。因主編修《吳書》不爲孫皓之父孫和作紀，力主作傳，漸爲責怒而失寵。而孫皓益殘戾，"曜以爲外相毁傷，内長尤恨，使不濟濟，非佳事也，故但示難問經義言論而已。"孫皓"以爲不承用詔命，意不忠盡，遂積前後嫌忿，收曜付獄。"時人華覈對其評價極高，云："自少勤學，雖老不倦，探綜墳典，温故知新，及意所經識古今行事，外吏之中少過曜者。""今曜在吳也，漢之史遷也"及"曜之才學也漢（叔孫）通之次也"等，並以此諫孫皓效仿漢武帝待司馬遷事令昭修史，遭拒，昭終被誅，卒年七十餘。陳壽評昭曰："篤學好古，博見群籍，有記述之才。"

時人對韋昭的評價當不是虛言。史書所載其主要學術工作有修史、古籍整理和傳注三個方面。韋昭深得古代史官的修史傳統，史德高尚。其修《吳書》，③ 據史料分析應是繼承了司馬遷修史的體例和理念。④ 除注《國語》外，《隋書·經籍志》載其撰著有《漢書音義》七卷，《孝經解贊》一卷。其他如《洞紀》四卷，⑤ 《毛詩答雜問》七卷（與朱育等合撰），《辯釋名》一卷。這些著述大多亡佚。可見韋氏爲《國語》作解，學術積澱也是相當深厚的。

二　《國語》韋注的特點

漢魏史著注釋中，只有《國語》韋昭注和《左傳》杜預注算得上是

---

① 避諱之說存爭議。
② 以下所引，均見《三國志》卷六五《吳書》二十《王樓賀韋華傳》，中華書局 1982 年版，第 1460 頁。
③ 《隋書·經籍志》，載《吳書》二十五卷，《舊唐書》卷四六，志第二六，載《吳書》五十五卷。
④ 韋昭修《吳書》，孫皓意爲其父孫和作紀，韋昭以孫和未登基，不是帝王，堅持作傳。可知《吳書》的體例是繼承司馬遷《史記》的體例，也可見他修史的原則性。
⑤ 《舊唐書》卷四六，志第二六，載《洞記》九卷，《新唐書》卷五八，志四八仍爲四卷，唐劉知幾《史通》稱《洞記》"因表而作，用成其書"，非國史之流。

保存完整的史注，一些學者的史注在流傳中亡佚了，但他們的注釋在亡佚前往往會被後世類書、小學要籍和學者疏證、集解等著作徵引。清代學者有專門的輯佚著作，但這些都只能讓人看到漢注的部分特徵而難見全貌。儘管韋解《國語》和杜注《左傳》成於三國西晉時期，但注解的源頭卻是兩漢。吳曾祺評價《國語》韋注"其詞嚴潔不蕪，深得漢人注書義法。"① 梁啓超則認爲"《國語》韋昭注爲漢注古書之一"。② 將之視爲漢注，認爲韋注不但體現漢注的特點，而且也保留了大量的漢注，具有文獻學、訓詁學和史學的重要價值。

　　《國語》韋注具有體例完備、訓釋簡括、兼采諸家、徵引廣博等特點，其中體制完備最重要。韋氏繼承並發揚了漢人注疏的傳統。我們知道東漢鄭玄融合今古文經學遍注群經，尤重訓詁。其訓釋的內容、方式方法、使用術語等都爲後世沿用，成就最高。注解的同時也兼顧校勘，如其《三禮注》。鄭玄還能根據具體文獻的特點選擇合適的方式來注解，如對《詩經》毛傳的箋，便是對毛亨的傳進行了很好的補充訂正。鄭玄是漢人注書的代表性人物，其注書的風格特色不能不對韋昭注書有影響。相比而言杜預對漢人注書體例的借鑒似乎缺少融會貫通，其注《左傳》徵引上不標注出處，不但難以考辨，且有抄襲之嫌。

　　《國語》韋注重訓詁，也重校勘，並時時注意疏通文意。注解的內容更廣泛，細緻詳盡，嚴謹踏實。運用的手法多樣，形成了完備的體例。韋注徵引出處明確，表現出誠實的學術品德，更爲重要的是開後世文獻集解之風氣，影響深遠。《史記》三家注、《漢書》顏師古注，都是《國語》韋注體例上的繼承和發展。

　　韋氏《國語》注解有如下四個特點：

　　（一）完備有體，成一家之名學

　　宋庠《國語補音序錄》曰："觀韋氏所敘，以鄭衆、賈逵、虞翻、唐固爲主而增損之，故其注備而有體，可謂一家之名學。"這是對韋注特點的全面概括。稱韋注"備而有體"，顯然是比較他注不夠完備，不成體系而言。韋注之前，劉向在漢成帝時有過考校，到漢章帝時鄭衆之訓注"解疑釋滯，昭析可觀，至於細碎，有所缺略。"③ 賈逵注雖說精實，"然

①　吳曾祺補正，朱元善校訂：《國語韋解補正》之《國語韋解補正序》（綫裝四冊）第一冊，商務印書館民國 6 年版，第 1 頁。

②　梁啓超：《中國近三百年學術史》，東方出版社 1996 年版，第 260 頁。

③　韋昭：《國語解敘》。

於文間時有遺忘。"① 虞翻注和唐固注多有善者，"然所理釋，猶有異同。"②
諸家注釋並行，是非混雜，儘管有識之士能辨別取捨，但淺聞初學者卻未
必能摒棄謬誤。爲此韋昭在賈注、虞注和唐注等的基礎上復爲《國語》
作解，增補了一些自己所見的資料，參考五經，以《左傳》來參驗歷史
史實，以《世本》來考證世繫源流，以《爾雅》爲依托來辨諸家之訓。
從韋昭所作的這些工作可以看出似乎賈、虞、唐三君注更重文字訓詁，在
考證史料上則不如韋昭更認真詳審，韋昭依托的文獻也多以經書爲主。豐
富了注釋的內容和形式，這才使得其注解成爲"一家之名學"。

但成"一家之名學"並非韋昭注解的目的，注釋的根本目的在於疏
通文意，幫助全面理解文本。我們歸納出韋昭爲此目的所做的工作：訓釋
文字、補充史實、梳理世繫、解名物職官、釋禮制、考地理、通天文、明
律呂等。注釋內容細緻入微，這便是韋注的"有體"。

1. 訓釋文字

訓釋文字方面，韋昭從不機械考究，而是緊密結合正文，力求達到最
貼切。如《周語下》"單穆公諫景王鑄大錢"章："瞻彼旱麓，榛楛濟濟。
愷悌君子，干祿愷悌。"韋注："旱，山名。山足曰麓。榛，似栗而小。
楛，木名。濟濟，盛貌也。盛者言王者之德被及也。"又："愷，樂也。
悌，易也。干，求也。君子，謂君長也。言陰陽調，草木盛，故君子求
祿，其心樂易也。"《魯語上》"展禽論祭爰居非政之宜"章"及前哲令
德之人，所以爲明質也。"韋注："質，信也。以其有德於民而祭之，所
以信之於民心也。"《齊語》"管仲佐桓公爲政"章："桓公召而與之語，
訾相其質，足以比成事，誠可立而授之。"韋注："訾，量也。相，視也。"
又解："比，輔也。足以輔其官，成其事。"又解："言可以立爲大官，而
授之事也。"《晉語八》"醫和視平公疾"章："物莫伏於蠱，莫嘉於穀，
穀興蠱伏而章明者也。故食穀者，晝選男德以象穀明，宵靜女德以伏蠱
慝。"韋注："伏，藏也，嘉，善也。"釋第一個"伏"字。又注："穀氣
起則蠱伏藏，穀不朽蠹而人食之，章明之道也。"又注："選擇有德者而
親近之，以象人之食穀而有聰明。"又注："靜，安也。伏，去也。言夜
當安女之有德者以禮自節，以去己蠱害之疾。言蠱害穀，猶女害男。"韋
昭對前後兩個"伏"字的訓釋有所不同，則是根據正文表述的意義來決
定的。第二個"伏"，以"藏"訓解未嘗不可，但若表明決絕的意思

"去"字更合適。以上四個例子，韋昭通常都是釋明具體字的字義後，再以"言"或"謂"字領起來疏通文意。此類例證較多，不贅舉。

韋注有古文經學派的嚴謹，以賈逵等爲代表的東漢古文經學家們，其訓釋古文、注解經書十分精審，爲韋昭樹立了注書的榜樣。而韋昭善於隨文意說解的特點也能體現今文經學派的靈活。鄭玄能融合今古文，更是在多方面爲韋昭提供借鑒。韋昭對文字的訓釋，自然是受到兩漢經學傳統的影響。

2. 補充史實、梳理世繫

在補充史實和梳理世繫方面，韋昭有自己的處理方式。《國語》是記言史，往往以具體的歷史史實來引出言論，但對史實的背景並不交代。爲便於了解事件的背景從而更好地理解正文，韋注則加以補充說明。如《魯語上》"曹劌問戰"章："長勺之役，曹劌問所以戰於莊公。"韋注："長勺，地名。曹劌，魯人也。莊公，魯桓公之子莊公同也。初，齊襄公立，其政無常，鮑叔牙曰'君使民慢，亂將作矣。'奉公子小白奔莒。魯莊八年，齊無知殺襄公，管夷吾、邵忽奉公子糾奔魯。九年夏，莊公伐齊，納子糾。小白自莒先入，與莊公戰於乾時，莊公敗績。故十年齊伐魯，戰於長勺也。"這段注釋交代了長勺之戰的背景，也從世繫角度介紹了魯莊公。《晉語五》"范武子退朝告老"章"郤獻子聘於齊，齊頃公使婦人觀而笑之。"韋注："獻子，晉卿，郤缺之子克也。聘，在魯宣十七年。"又注："郤子跛，齊頃公帷婦人使觀之，郤子將升，婦人笑於房。"韋注交代郤克的身份，簡要敘述了郤獻子在齊國受辱的情形。晉卿范武子見郤克盛怒歸來，認爲郤克若不能向齊國發泄憤怒，一定會遷怒於本國，爲避免郤克以內部矛盾替代外部矛盾，告老讓位與他。這也是後來齊晉鞌之戰背景。同卷"郤獻子分謗"章"靡笄之役，韓獻子將斬人。"韋注："靡笄，齊山名。魯成二年，晉郤克伐齊，從齊師於靡笄之下，戰於鞌。獻子時爲司馬，將斬人以爲戮，罪在可赦。"便是發生於齊晉鞌之戰的事情，兩處注釋結合則文意更加清晰了。隨後四章也都是以鞌之戰爲背景，讀者了解到注釋的內容，便於從整體上把握正文。《周語》、《鄭語》、《楚語》等正文中也有一些涉及到上古傳說時期的內容，我們可以視之爲歷史典故，韋昭在對這方面內容注釋上力求將典故說清楚，有的於正文有幫助理解的作用，有的內容則是一種資料性質的注釋，幫助理解正文的作用不明顯，可有可無。如《周語上》"内史過論神"章："其衰也，杜伯射王於鄗。"韋注："杜國，伯爵，陶唐氏之後也。《周春秋》曰：'宣王殺杜伯而不辜，後三年，宣王會諸侯田於囿，日中，杜伯起於道左，衣朱衣冠朱冠，操朱弓、朱矢射宣王，中心折脊而死也。'"《鄭語》："夫黎爲高辛氏火正。"韋注："高辛，帝嚳。黎，顓頊之後也。顓頊生老童，老童產重、黎及吳回，吳回產陸終，陸終生六子，其季曰連，爲芈姓，楚之先祖也。季連之後曰鬻熊，事周文王，其曾孫熊繹，當成王時，封爲楚子。黎當高辛氏爲火正。"韋注中間插入楚國先人世繫，來補注正文關於楚先王功德之說。又："董姓鬷夷、豢龍，則夏滅之矣。"韋注："董姓，己姓之別受氏爲國者也。有飂叔安之裔曰董父，以擾龍服事帝舜，賜姓曰董，氏曰豢龍，封之鬷川，當夏之興，別封鬷夷，於孔甲前而滅矣。傳曰：'孔甲不能食龍而未獲豢龍氏，劉累學擾龍于豢龍氏以事孔甲。'"是解釋典故，補注資料性的內容，交代明白。至於梳理世繫通常也是韋昭隨手便做的事，我們常見其在注釋中對某國君或卿大夫以世繫的角度來簡單介紹，如上文提到的魯莊公、郤獻子等。值得注意的是韋昭對上古傳說中人物世繫的注釋，如上文《鄭語》例證中對楚之先祖世繫的梳理等。此外，《魯語上》"展禽論祭爰居非政之宜"章中便有依《世繫》對"黃帝"、"顓頊"、"（帝嚳）嚳"、"堯"、"舜"、"湯"、"鯀"、"契"、"冥"、"杼"、"上甲微"、"高圉"等人的注釋。因例證較多，這里不再舉例說明。

　　3. 解名物職官、釋禮制

　　解名物職官、釋禮制等方面，韋昭也是一絲不苟，又不刻板生硬。《周語上》"內史過論神"章"王使太宰忌父帥傅氏及祝、史奉犧牲、玉鬯往獻焉。"韋注："玉鬯，鬯酒之圭，長尺一寸，有瓚，所以灌地降神之器也。"注解名物清楚而有形象感。又"使太宰以祝、史帥狸姓，奉犧牲、粢盛、玉帛往獻焉，無有祈也。"韋注："太宰，王卿也，掌祭祀之式、玉幣之事。祝，太祝也，掌祈福祥。史，太史，掌次主位。"此爲釋職官，且交代地位等級及主管事務。"宣王不籍千畝"章有注"膳夫，上士也，掌王之飲食膳羞之饋食。農正，田大夫也，主敷陳籍禮而祭其神，爲農祈也。"《魯語下》"孔子論楛矢"章："有隼集于陳侯之庭而死，楛矢貫之，石砮其長尺有咫。"韋注："隼，鷙鳥也。楛，木名，砮，鏃也，以石爲之。八寸曰咫。"《楚語下》"觀射父論絕地天通"章："使名姓之後，能知四時之生、犧牲之物、玉帛之類、采服之儀、彝器之量、次主之度、屏攝之位、壇場之所、上下之神、氏姓之出，而心率舊典者爲之宗。"韋注："宗，宗伯，掌祭祀之禮。"亦爲此類。《周語上》"內史過論晉惠公必無後"章："古者，先王既有天下，又崇立上帝、明神而敬事之，於是乎有朝日、夕月以教民事君。"韋注："禮，天子搢大圭、執鎮圭，繚藉五采五就，以春分朝日、秋分夕月，拜日於東門之外。然則夕月在西門之外也。"又："爲贄幣、瑞節以鎮之。"韋注："鎮，重也。贄，六贄也，謂孤執皮帛，卿執羔，大夫執鴈，士執雉，庶人執鶩，工商執雞。幣，六幣也，圭以馬，璋以皮，璧以帛，琮以錦，琥以繡，璜以黼也。瑞，六瑞：王執鎮圭，尺二寸；公執桓圭，九寸；侯執信圭，七寸；伯執躬圭，亦七寸；子執穀璧，男執蒲璧，皆五寸。節，六節：山國用虎節，土國用人節，澤國用龍節，皆以金爲之；道路用旌節，門關用符節，都鄙用管節，皆以竹爲之。"以上爲釋禮制。結合正文這種清楚全面的補注十分有利於時人的理解。此外《周語下》"單穆公諫景王鑄大錢"章對"輕"、"重"的注釋、《楚語下》"觀射父論祀牲"章對正文涉及的禮制的補注亦屬此類。韋昭對於職官和禮制的注解主要依托"三禮"，尤其是《周禮》，書中對"后稷"、"司徒"、"司寇"、"司徒"、"宗伯"等的注解都是依託於《周禮》。

4. 考地理、通天文、明律呂

韋注在考地理、通天文、明律呂等方面應有文獻可據，科學嚴謹。

《國語》正文中涉及到的地名，韋昭注或交代出其地理位置，或注出即"今"某地，或指出行政歸屬，或直接注出是山水之名。相對簡單，較少考證。如《周語上》"密康公母論小丑備物終必亡"章："一年，王滅密"韋注："密，今安定陰密縣是也，近涇。""西周三川皆震伯陽父論周將亡"章："幽王二年，西周三川皆震。"韋注："西周，謂鎬京也，幽王在焉，邠、岐之所近也。三川，涇、渭、洛，出於岐山也。"《魯語上》"曹劌問戰"章："長勺之役。"韋注："長勺，魯地。"《魯語下》"孔子論大骨"章："吳伐越，墮會稽。"韋注："會稽，山名。"《越語上》則注解爲"會稽，山名，在今山陰南七里。"大概因《越語》中會稽是比較重要的地點，所以注出具體的位置，看得出韋昭注釋地理是有思考的。《齊語》"以燕爲主，反其侵地柴夫、吠狗。"韋注："燕，今廣陽薊也。（柴夫、吠狗）燕之二邑。"又"東南皆有淫亂者，萊、莒、徐夷、吳、越，一戰帥服三十一國。遂南征伐楚，濟汝，踰方城，望汶山。"韋注："萊，今東萊也。莒，琅邪縣也。……汝，水名。方城，楚北之阨塞也。謂師至于陘時也。在魯僖四年。汶山，楚山也。"《吳語》"夫差伐齊不聽申胥之諫"章："三歲於沮、汾以服吳、越。"韋注："沮、汾，水名，楚東鄙沮、汾之閒乾谿也。魯昭六年，楚令尹子蕩帥師伐吳，師于豫章，次于乾谿。"《國語》正文中的個別地點韋昭也會注出其歷史沿革等內容。《周語上》"邵公諫厲王弭謗"章："三年，乃流王於彘。"韋注："彘，晉地，漢爲縣，屬河東，今曰永安。"有的正文沒有具體的地名，而只有大致的方位，韋注也能注出來，讓人心中有一個具體化的位置。如《周語上》"穆王將征犬戎"章："我先王不窋用失其官，而自竄于戎、狄之閒。"韋注："堯封棄於邰，至不窋失官，去夏而遷於邠，邠西接戎、北近狄也。"

注釋天文現象及其術語也能做到簡潔而準確，有理有據。《周語中》"單襄公論陳必亡"章："辰角見而雨畢，天根見而水涸。"韋注："辰角，大辰蒼龍之角。角，星名也。見者，朝見東方建戌之初，寒露節也。雨畢者，殺氣日至，而雨氣盡也。"又"天根，亢、氐之閒。涸，竭也。謂寒露雨畢之後五日，天根朝見，水潦竭盡也。《月令》'仲秋，水始涸。'天根見，乃竭盡也。"《周語下》"景王問鍾律於伶州鳩"章："昔武王伐殷，歲在鶉火，月在天駟，日在析木之津，辰在斗柄，星在天黿。"韋注："歲，歲星也。鶉火，次名，周分野也。從柳九度至張十七度爲鶉火。謂武王始發師東行，時殷十一月二十八日戊子，於夏爲十月。是時歲星在張十三度。張，鶉火也。"又注："天駟，房星也。謂戊子日，月宿房五度。"又注："津，天漢也。析木，次名，從尾十度至南斗十一度爲析木，其閒爲漢津。謂戊子日，宿箕七度也。"又注："辰，日月之會。斗柄，斗前也。謂戊子後三日，得周正月辛卯朔，於殷爲十二月，夏爲十一月。是日，月合辰斗前一度也。"又注："星，辰星也。天黿，次名，一曰玄枵。從須女八度至危十五度爲天黿。謂周正月辛卯朔。二日壬辰，辰星始見。三日癸巳，武王發行。二十八日戊午，度孟津，距戊子三十一日。二十九日己未晦，冬至，辰星與須女伏天黿之首也。"這段在回答景王何爲七律的問題中，伶州鳩結合星相闡述音樂與政治之間的關係。除上例所舉外，還涉及到"辰星"、"北維"、"天黿"、"析木"、"建星"、"牽牛"、"分野"、"辰馬"、"鶉"、"駟"等名詞術語，韋昭一一注出，展示了扎實的天文學知識，體現了嚴謹的注釋風格。此外在《晉語》和《楚語》中也有零星關於天文術語方面的注解。

韋昭對律呂方面的注釋，集中於《周語下》"景王問鍾律章"，對"律"的注釋，專業性強，注釋結合天地、月份、陰陽、人事和周易分別解釋了"六律"（黃鍾、大蔟、姑洗、蕤賓、夷則、無射）和"六呂"（林鍾、仲呂、夾鍾、大呂、應鍾、南呂）。如"黃鍾"，韋注："十一月，黃鍾，乾初九也。六者，天地之中。天有六氣，降生五味。天有六甲，地有五子，十一而天地畢矣。而六爲中，故六律、六呂而成天道。黃鍾初九，六律之首，故六律正色爲黃鍾之名，重元正始之義也。黃鍾，陽之變也，管長九寸，徑三分，圍九分，律長九寸，因而九之，九九八十一，故黃鍾之數立焉，爲宮。法云：九寸之一得林鍾初六，六呂之首，陰之變，管長六寸。六月，律之始也，故九六，陰陽、夫婦、子母之道。是以初九爲黃鍾。黃，中之色也。鍾，言陽氣鍾聚於下也。"呂律分陰陽，對應十二月，奇數月爲陽，偶數月爲陰，陰陽交錯。其他呂律之名的注解也是如此。就整篇注釋來看，韋昭將文中樂官所言歲星運行與對應律度相合而成七律，又因七律而定七聲之事解釋得順暢明晰，讓這樣一則樂政資料並不因過於專業而深澀難懂。

以上諸多方面的注釋，是《國語》韋注比較重要的部分，體現了完備的特點。而有體的特點主要表現在注釋的方式方法上。韋昭注釋的方式上主要有直接訓釋、考辨、直接串解等。方法上有界說、音訓、引證等。如上文所舉例證，翻閱韋注，不難發現。完成這樣的注釋顯然需要韋昭有統觀全書的注釋規劃，更離不開他廣博的學識、前輩學術大家留下的佐證以及豐富的參考文獻，而我們也的確看到了韋注中徵引了前賢諸多的經典文獻，這些徵引爲韋注增色，同時也成爲其特色。

（二）兼采諸家，比並釋疑

韋昭《國語解敘》云："因賈君之精實，采虞、唐之信善，亦以所覺增潤補綴，參之以《五經》，檢之以《內傳》，以《世本》考其流，以《爾雅》齊其訓，去非要，存事實，凡所發正三百七事。"① 在所有注釋中，韋昭未標徵引出處的注僅過半數，可看作是韋氏自己的注釋，餘者都采賈、唐、虞三君之說。其中，韋注直接或間接徵引賈逵注共 69 條，唐固注 74 條，虞翻注 22 條。三君之外又采鄭眾注 12 條。

韋昭對前人注解的徵引，往往進行梳理，通過對比分析，並結合上下文得出更爲淺近且貼近文意的解釋。如《魯語下》"公父文伯之母欲室文伯"章："師亥聞之曰：'善哉！男女之饗，不及宗臣；宗室之謀，不過宗人。'"韋注："賈侍中云：'男女之饗，謂宴相饗食之禮不及宗臣也。'昭謂：上章所云'撤俎不宴'是也。"又"虞、唐云：'不過宗人，不與他姓議親親也。'昭謂：此宗人則上宗臣也。亦用同姓，若漢宗正用諸劉矣。凡時男女之饗，不及宗臣，至於謀宗室之事，則不過宗人。故敬姜欲室文伯而饗其宗老，賦《詩》以成之也。"再如《晉語四》"鄭叔詹據鼎耳而疾號"章："文公誅觀狀以伐鄭，反其陴。"韋注："賈侍中云：'鄭

---

① 據《四庫全書總目提要》考證認爲只有六十七事。"三百七"和"六十七"傳抄錯誤的可能性不大，即便是韋昭的注釋在傳抄的過程中亦有散佚也未必相差這麼多。具體原因，待考。

復效曹觀公胼脅之狀，故伐之。'唐尚書云：'誅曹觀狀之罪，還而伐鄭。'昭省內、外傳，鄭無觀狀之事，而叔詹云'天禍鄭國，使淫觀狀'，謂淫放於曹，不禮公子，與觀狀之罪同耳。"再如同卷"文公任賢與趙衰舉賢"章："夫三德者，偃之出也。"韋注："偃，狐偃。賈、唐云：'三德，欒枝、先軫、胥臣，皆狐偃所舉。'虞云：'三德，謂勸文公納襄王以示民義，伐原以示民信，大蒐以示民禮。故以三德紀民。'昭謂：欒枝等皆趙衰所進，非狐偃。三德紀民之語在下，虞得之。"又如《楚語上》"白公子張諫靈王宜納諫"章："武丁於是作書。"韋注："作書，解卿士也。賈、唐云：'《書》，《說命》也。'昭曰：非也，其時未得傅說。"全書這類注釋較多，多爲史實考辨方面的注解。韋昭對諸家注釋不是簡單地一番判斷便選出合己意者，摒棄不合己意者，而是都拿來進行比較分析。諸家意見一致的便是互爲佐證，意見不一者便給出考辨的過程和結論，體現了注釋嚴謹求是的學術態度。其邊注釋邊研究的注書方法，也爲後人沿用，實開集解之風。董增齡評韋注"殊非實事求是之心"，[1] 顯然是不客觀的。

韋昭有時會對諸家的注解直接給出是非判定，如上所舉《晉語四》之例，直接表態"虞得之"。再如《周語上》"穆王將征犬戎"章："侯、衛賓服。"韋注："凡此服數，諸家之說皆紛錯不同，唯賈君近之。"《周語中》"富辰諫襄王以狄伐鄭"章："周文公之詩曰：'兄弟鬩于牆，外禦其侮。'"韋注："鄭、唐二君以爲棠棣穆公所作，失之，唯賈君得之。"《晉語三》"惠公改葬共世子"章："惠公卽位，出共世子而改葬之。"韋注："唐（固）以賈君爲申生妃，非也。"《晉語七》"悼公賜魏絳女樂歌鍾"章："鄭伯嘉來納女、工、妾三十人，女樂二八，歌鍾二肆。"韋注："嘉，鄭僖公子簡公也。女，美女也。工，樂師也。傳曰'賂晉侯以師悝、師觸、師蠲'是也。妾，給使者。女、工、妾，凡三十人。女樂，今伎女也。八人爲佾，備八音也。或云：'女工，有巧伎者也。'與傳相違，失之矣。賈侍中云：'妾，女樂也。'下別有女樂二八，則賈君所云似非也。"反映了韋昭客觀求是的態度，不迷信某一家之說。

韋注除了援引鄭、賈、虞、唐等四家注釋外，也時有"說云"、"或云"、"一云"等[2]雜於其中，比照說明。有時也徵引孔子、東方朔、周氏

---

① （清）董增齡：《國語正義》序，見《國語正義》，巴蜀書社1985年版，第7頁。

② 汪遠孫《國語三君注輯存》云："此或賈氏自存別說，或韋氏係他人之說未能臆定。"可見內中也還有賈逵的意見，不過沒有標明。

等人的說法，孔子的說法多來自《論語》，類比《國語》正文的說理，起到幫助理解的作用。徵引其他人的話也是同樣的作用。這些徵引在內容和形式上都極大豐富了韋注，也從側面反映了當時人們對《國語》的理解狀況以及注釋學的進步發展。

（三）徵引文獻廣博，輔注具有權威性

除了參引四家注釋等來考辨史實外，韋昭還參考了不少文獻來擴充其注釋的信息含量，輔助理解《國語》正文。據我們統計韋注中提及的徵引文獻有 30 種左右，包括《易》、《詩》、《書》、"三禮"、《春秋》、《左傳》、《公羊傳》、《夏書》、《周書》、《周春秋》、《孝經》、《論語》、《世本》、《帝繫》、《爾雅》、《法》、《農書》、《司馬法》、《毛詩傳》、《毛詩序》、《詩敘》、《書序》、《管子》、《謚法》等。這些文獻有的用來交代歷史背景，有的用來考辨歷史事件和禮儀制度，有的用來類比以便更容易理解注釋。韋昭徵引文獻注明出處，發揚漢人注書之法，學術品德誠實嚴謹。

這里我們簡單介紹韋昭徵引文獻的大致情況，主要選擇被徵引文獻中有代表性的介紹。

1. 徵引《左傳》、《春秋》經和《公羊傳》

《春秋》是史書，《左傳》傳《春秋》之事，《公羊傳》傳《春秋》之義。《國語》諸語中以記言爲主體的《周語》、《魯語》、《齊語》、《鄭語》、《楚語》等往往以史實引出議論，史實沒有發生的具體時間，且內容高度概括。記言記事并重的《晉語》以及記事更多的《吳語》、《越語》也不標記時間，但記事多與《左傳》所載有關，或同或異，或詳或略。韋昭針對這些問題在注釋中盡量將概括的史實補充完整，指出《國語》文本與《左傳》、《春秋》等所記的關聯。三部文獻中韋昭徵引《左傳》最多。

韋注徵引《左傳》的資料，或有標注，或無標注。

（1）直接標注的徵引。直接標注的徵引就是在徵引時標注出徵引資料的來源，通常的標注是"傳曰"或"內傳"，也有時直接標"傳"，但爲數不多。

以"傳曰"領起，清楚了然。如《魯語下》"季冶致祿"章："子冶歸，致祿而不出。"韋注："致，歸也。歸祿，還采邑也。傳曰'公冶致其邑'也。"①《晉語一》"史蘇論獻公伐驪戎"章："今晉國之方，偏侯

---

① 見《左傳》襄公二十九年，原文爲"公冶致其邑於季氏"。

也。"韋注:"方,大也。偏,偏方也,乃甸內偏方小侯也。傳曰:'今晉甸侯。'"①《吳語》"夫差伐齊不聽申胥之諫"章:"王縊,申亥負王以歸,而土埋之其室。"韋注:"傳曰:'王縊,申亥以其二女殉而葬之。'"②《楚語上》"蔡聲子論楚材晉用"章:"師還至,則以王如廬。"韋注:"師,子孔、潘崇之師。二子懼,故以王如廬。廬,楚邑也。傳曰:'初,鬭克囚于秦,秦有殽之敗,而使歸求成,成而不得志,公子燮求令尹不得,故作亂。城郢,而使賊殺子孔,弗克而還。'"③ 韋注中標注有"傳曰"者約有近百處。

有的徵引以"內傳"二字領起,雖然沒有做到與"傳曰"的表述整齊劃一,也不至於給時人帶來困擾。《周語中》"富辰諫襄王以狄伐鄭"章:"鄭伯南也,王而卑之,是不尊貴也。"韋注:"昭案:內傳,子產爭貢,曰:'爵卑而貢重者,甸服也。鄭伯男也,而使從公侯之貢,懼弗給也。'④ 以此言之,鄭在男服,明矣。周公雖制土,中設九服,至康王而西都鄗京,其後衰微,土地損減,車服改易,故鄭在男服。禮,畿外之侯,伯也。世謂其見待重於采地之君,故曰是不尊貴也。"《晉語三》"呂甥逆惠公於秦"章:"公在秦三月。"韋注:"內傳:公以九月獲,十一月歸。"⑤《晉語四》"重耳婚媾懷嬴"章:"昔少典娶于有蟜氏,生黃帝、炎帝。"韋注:"昭謂:神農,三皇也,在黃帝前。黃帝滅炎帝,滅其子孫耳,明非神農可知也。言生者,謂二帝本所生出也。內傳:'高陽、高辛氏各有才子八人。'謂其裔子耳。賈君得之。"⑥ 同卷"秦伯納重耳於晉"章:"十二月,秦伯納公子。"韋注:"內傳:'魯僖二十三年九月,晉惠公卒。'而此云十月。賈侍中以爲閏餘十八,閏在十二月後,魯史閏爲正月,晉以九月爲十月而置閏也。秦伯以十二月始納公子,公子以二十

---

① 見《左傳》桓公二年,原文爲"今晉,甸侯也,而建國。本旣弱矣,其能久乎?"
② 見《左傳》昭公十三年,原文爲"夏五月癸亥,王縊於芋尹申亥氏。申亥以其二女殉而葬之。"
③ 見《左傳》文公十四年,原文爲"初,鬭克囚于秦,秦有殽之敗,而使歸求成,成而不得志。公子燮求令尹而不得。故二子作亂。"
④ 見《左傳》昭公十三年。原文爲"及盟,子产争承,曰:"昔天子班贡,轻重以列,列尊贡重,周之制也。卑而贡重者,甸服也。郑伯,男也,而使從公侯之贡,惧弗给也,敢以为请。"
⑤ 見《左傳》僖公十五年,韋昭據《左傳》而作的說明,非《左傳》正文。
⑥ 見《左傳》文公十八年,原文爲"昔高阳氏有才子八人,苍舒、隤岂、檮寅、大临、龙降、庭坚、仲容、叔达,齐圣广渊,明允笃诚,天下之民谓之八恺。高辛氏有才子八人,伯奋、仲堪、叔献、季仲、伯虎、仲熊、叔豹、季狸,忠肃共懿,宣慈惠和,天下之民谓之八元。"韋昭之說源于此。

四年正月入晉桑泉。"① 韋注徵引標注"内傳"者共 6 處。

　　韋昭徵引《左傳》的資料或有與《左傳》正文所記有出入之處。文字上或多或少，或許韋昭精通經書引用時未必都核對文本，亦或韋昭所見文本與我們今天所見的不同。一般來講"傳曰"的内容較《左傳》原文的差距不大，"内傳"領起的内容多是概括性的語言，與《左傳》原文差距較大。總的說來這些徵引都是用來補充注釋和正文内容的，起到了輔助理解的重要作用。

　　（2）無標注徵引。無標注徵引是以概括性的語言敘述《國語》正文涉及的歷史史實。韋昭的概括主要依據《左傳》的記載，并用《春秋》經傳的時間來紀年。如《周語下》"賓孟見雄雞自斷其尾"章："（王田于翟）將殺單子，未克而崩。"韋注："單子，單穆公也。克，能也。王欲廢單猛，更立子朝，恐其不從，故欲殺之，遇心疾而崩，故未能。在魯昭二十二年。"《左傳》昭公二十二年載"夏四月，王田北山，使公卿皆從，將殺單子、劉子。王有心疾，乙丑，崩于榮錡氏。"再如《魯語下》"子服惠伯從季平子如晉"章："平丘之會，晉昭公使叔向辭昭公，弗與盟。"韋注："晉昭公，晉平公之子昭公夷也。魯昭十年，季平子伐莒取鄆，莒人愬之於晉。昭十三年，晉將討魯，會于平丘，使叔向辭魯昭公，不與之盟也。"韋注概括介紹平丘之會前的事情。《左傳》昭公十年載"秋七月，平子伐莒，取鄆。"昭公十二年載"公如晉，至河乃復。取鄆之役，莒人訴于晉，晉有平公之喪，未之治也，故辭公。"昭公十三年載"邾人、莒人愬于晉曰：'魯朝夕伐我，幾亡矣。我之不共，魯故之以。'晉侯不見公，使叔向來辭，……魯人懼，聽命。"儘管時間上跨三年，但概括得簡潔明了。再如《晉語二》"宰周公論晉侯將死"章："桓公在殯，宋人伐之。"韋注："魯僖十七年冬，齊桓公卒，五公子爭立，太子奔宋，宋襄公伐齊，納之，是爲孝公。"《左傳》僖公十七年載"管仲卒，五公子皆求立。冬十月乙亥，齊桓公卒，……孝公奔宋。"僖公十八年載"十八年春，宋襄公以諸侯伐齊，……齊人將立孝公，不勝，四公子之徒遂與宋人戰。夏五月，宋敗齊師於甗，立孝公而還。"也是將發生於兩年之間的事概括出來。又如《楚語上》"左史倚相儆司馬子期唯道是從"章："穀陽豎愛子反之勞也，而獻飲焉，以斃於鄢。"韋注："穀陽豎，子反之内豎也。斃，踣也。魯成十六年，晉、楚戰於鄢，楚恭王傷目。明日，將復戰，王召子反，穀陽豎獻飲於子反，醉不能見。王曰：'天敗楚也。'乃

---

① 見《左傳》僖公二十三年，原文爲"九月，晉惠公卒。"

宵遁。子反自殺。"《左傳》成公十六年載"六月，晉、楚遇于鄢陵，……（呂錡）射共王，中目。……谷陽豎獻飲於子反，子反醉而不能見。王曰：'天敗楚也夫！余不可以待。'乃宵遁。"楚國的軍隊回到瑕，子反自殺。《左傳》詳細記載晉楚鄢之戰，韋昭擇其主要事件概括出來注解《國語》涉及的史實，幫助全面理解正文。

以上諸例反映出韋昭注釋春秋史實主要依托《左傳》的記載，並且給出時間，便於查找對比，更便於理解《國語》正文。相比有標注的徵引這是一種靈活的做法，實際上也增加了《國語》所載內容的信息量和可信度。

諸語中《晉語》九卷徵引《左傳》記載的史實資料最多，這和《晉語》內容在全書的比重大且記事較多有關。徵引最少的爲《鄭語》，僅有4處。《齊語》、《越語》各有8處。

韋昭注解史實除了徵引《左傳》外，還徵引了《春秋》經文和《公羊傳》的文獻資料。比較而言，數量很少。

《周語下》"單襄公論晉必有亂"章："柯陵之會。"韋注："經書：'公會尹子、單子、晉侯、齊侯、宋公、衛侯、曹伯、邾人伐鄭。六月乙酉，同盟于柯陵。'在魯成十七年。"《魯語上》"夏父弗忌改昭穆之常"章："夏父弗忌爲宗，蒸將躋僖公。"韋注："昭謂：此魯文公三年喪畢祫祭先君於太廟，升群廟之主，序昭穆之時也。經曰：'八月丁卯，大事於太廟，躋僖公'是也。僖，閔之兄，繼閔而立。凡祭祀，秋曰嘗，冬曰蒸。此八月而言蒸，用蒸禮也。凡四時之祭，蒸爲備。傳（《公羊傳》）曰：'大事者，祫祭也。毀廟之主陳于太祖，未毀廟之主皆升合食于太祖。躋僖公，逆祀也。逆祀者，先禰而後祖也。'"文公三年當爲文公二年。《晉語六》"晉敗楚師於鄢陵"章："夫陣不違忌，一閑也。"韋注："違，避也。忌，晦也。閑，隙也。晦，陰氣盡，兵亦陰，故忌之。經書：六月甲午晦，晉侯及楚子、鄭伯戰于鄢陵。"《晉語九》"衛莊公禱"章："簡子曰'志父寄也。'"韋注："志父，簡子後名。《春秋》書趙鞅入晉陽以叛，後得反國，故改爲志父。"韋昭以《春秋》之名領起，不同於前三例。查《春秋》經魯定公十三年載"秋晉趙鞅入于晉陽以叛"。

徵引《公羊傳》僅2條，上例《魯語上》之中提到的"傳曰"之文卽爲《公羊傳》文字。《公羊傳》文公二年："大祫者何？合祭也。其合祭奈何？毀廟之主陳於大祖。未毀廟之主，皆升合食於太祖。躋者何？升也。何言升乎僖公？譏。何譏爾？逆祀也。其逆祀奈何？先禰而後祖也。"韋昭改問答式爲敘述式，來說明經文中何爲"大事"、"合祭"和

"躋"等。另一條見於《周語中》"富辰諫襄王以狄伐鄭以狄女爲后"章："鄶由叔妘。"韋解："鄶，妘姓之國。叔妘，同姓之女爲鄶夫人。唐尚書云：'亦鄭武公滅之，不由女亡也。'昭謂：公羊傳曰：'先鄭伯有善乎鄶公者，通於夫人以取其國。'此之謂也。"《公羊傳》桓公十一年："先鄭伯有善於鄶公者，通乎夫人，以取其國而遷鄭焉。"基本與韋注徵引是一致的。

《春秋》經文簡略，《公羊傳》傳《春秋》之義，韋昭注釋《國語》只能擇二者之可用者。《左傳》傳《春秋》之事，更能直接詮釋《國語》中的史實，因而韋注能夠依托《左傳》將《國語》文本立體化，在注釋中增加記事的分量。

《國語》韋解大量徵引了《春秋》經傳的內容，主要作用有三：

首先，簡要交代事件發生的時間、歷史背景，補足事件的因果。韋昭據《春秋》經傳能注出事件發生的具體時間，事件發生的前因後果，並通過《國語》與《春秋》經傳的文字結合起來達到疏通文意的目的，淺聞初學者不但較全面地理解了《國語》，還能將《左傳》的相關內容與《國語》進行對比，有利於研究二者之間的關係。這樣的作用顯而易見，上文有例，此不再舉。

其次，考辨《國語》史實的細節，客觀上考證了《國語》記史的真實性。韋昭作爲史官，追求歷史事件完整、清晰的同時，更能以嚴謹求是的態度來考辨前人對史實注解的正誤，既有可信度，又有權威性。韋氏以《春秋》經傳，主要是《左傳》來幫助注釋，參以鄭衆、賈逵、虞翻和唐固等人的注釋，以《左傳》爲依據定是非。《周語中》"富辰諫襄王以狄伐鄭以狄女爲后"章："鄭武、莊有大勳力于平、桓。"韋解："幽王既滅，鄭武公以卿士夾輔周室。平王東遷洛邑，桓王即位，鄭莊公爲之卿士，以王命討不庭，伐宋，在魯隱十年。唐尚書云：'王奪鄭伯政，鄭伯不朝，王伐鄭，鄭祝聃射王中肩，豈得爲功？"桓"當爲"惠"，傳曰："鄭有平、惠之勳。"'昭謂：鄭世有功而桓王不賞，又奪其政，聃雖射王，非莊公意。又詩敘云：'桓王失信，諸侯背叛。'明桓王之非也，下富辰又曰：'平、桓、莊、惠皆受鄭勞。'明各異人，不爲誤也。"唐固徵引《左傳》"鄭有平、惠之勳"的記載來質疑《周語》"鄭武、莊有大勳力于平、桓"的話，認爲非周桓王當爲周惠王。韋昭則據隱公十年《左傳》的記載來證明鄭武公、鄭莊公對平王和桓王有大功勳，再梳理周、鄭間是非，引用《周語》富辰的話"平、桓、莊、惠皆受鄭勞"的話指出"鄭武、莊有大勳力于平、桓"實不爲誤。可見韋氏雖以《左傳》爲據，卻不泥於《左傳》。其史學視野較之唐固更寬。此類例證較多，再如《晉語一》"申生伐山東"章："夫爲人子者，懼不孝，不懼不得。"韋解："賈、唐云：'不得，不得君心也。'昭謂：不得立也。內傳：太子曰：'吾其廢乎？'里克曰：'子懼不孝，無懼不得立。'"韋昭依據《左傳》的記載表達自己的態度，對賈逵、唐固注解雖未作肯否，似又覺說得通，我們通過對比可知二人對文意的理解不夠準確到位。又如《楚語上》"蔡聲子論楚材晉用"章："蔡聲子將如晉。"韋解："蔡聲子，蔡公孫歸生子家也。唐云：'楚滅蔡，蔡聲子爲楚大夫。'昭謂：蔡時尚存，聲子通使于晉、楚耳。在魯襄二十六年。"則是直接否定了唐固的注釋。韋昭在注釋中多處直接否定賈逵、唐固等人的注釋，體現了他作爲史官的自信和嚴謹的態度。我們也在閱讀韋注的過程中完整深入地了解《國語》所記載的史實，這或許是韋注勝出他注的一個主要原因。

第三，韋注的徵引增強了《國語》與《春秋》經傳的聯繫。前文所舉諸例，皆爲表現。試想《國語》這樣一部非經典文獻而能以《春秋》經傳的內容來詮釋，實是提升了它的地位。另外，我們說《國語》正文沒有記載事件的具體時間，實際上也存在一個模糊的時間。《周語》記載的事件發生於諸位天子在位期間，其他七國之語也多有本國國君在位的紀年，韋昭往往在注釋中注出時間，所據恰是《春秋》經傳的時間，以魯國的紀年整齊劃一，使得《國語》更具有史書的特點。我們以韋注的時間直接找到《左傳》的相關記載，二書比照閱讀研究，更能多角度了解歷史。《周語上》"鄭厲公與虢叔殺子頹納惠王"章："惠王三年。"韋注："惠王，周莊王之孫、釐王之子惠王涼也。三年，魯莊公十九年也。"《周語中》"劉康公論魯大夫儉與侈"章："十六年，魯宣公卒。"韋注："定王十六年，魯宣之十八年也。"《晉語四》"文公修內政納襄王"章："元年春，公及夫人嬴氏至自王城。"韋注："文公元年，魯僖二十四年。"韋注此類例證較多，不贅舉。韋注將《國語》放到了《春秋》經傳的時間坐標上，這是韋注溝通經傳與《國語》之間關係的重要做法。二書之間互補互證一目了然，內容上的關聯是韋昭用《春秋》經傳注解《國語》的一種客觀必然。學界也因此稱《左傳》、《國語》爲春秋史的姊妹篇。

韋注從內容到形式都實現了《國語》與《春秋》、《左傳》之間的聯通，也輔證了兩漢魏晉學者視《國語》爲"春秋外傳"和儒家準經典的觀點，客觀上提升了《國語》的學術地位。

2. 徵引"三禮"

《國語》中記載或涉及的職官、禮制等內容，韋昭主要依據"三禮"

來注釋。就韋注中徵引的"三禮"文獻資料來看，以《周禮》數量最多。明確標注徵引出處的 100 多處。其中：《周禮》48 處，"六官"皆有。《禮記》26 處，即《曲禮》3 處、《檀弓》1 處、[①]《王制》3 處、[②]《月令》12 處、《玉藻》1 處、《樂記》1 處、《祭法》4 處、《祭義》1 處。《儀禮》5 處，全部出自《聘禮》。只標注有"禮"的共 17 處，據核實，也多能找到出處，包括《周禮》春官，《禮記》中的《曲禮》、《雜記》、《坊記》、《冠義》，《儀禮》中的《士虞禮》、《喪服》、《特牲饋食禮》等。徵引的內容同樣不是直接引用原文，而是簡單概括。

徵引"三禮"的資料主要有兩個作用，一是直接注解《國語》正文涉及的制度，除解釋外還對文中制度加以補充說明，起輔助理解的作用。二是爲《國語》正文提及的內容注出源自於"禮"的依據。

韋注徵引"三禮"的主要作用是解釋和補充說明正文，我們以實例說明之。《周語上》"穆王將征犬戎"章："蠻、夷要服。"韋注："蠻，蠻圻。夷，夷圻也。周禮，衛圻之外曰蠻圻，去王城三千五百里，九州之界也。夷圻去王城四千里。周禮行人職，衛圻之外謂之要服，此言蠻、夷要服，則夷圻朝貢或與蠻圻同也。"是爲注解正文制度。《晉語四》"楚成王以周禮饗重耳"章："楚成王以周禮享之，九獻，庭實旅百。"韋注："九獻，上公之享禮也。庭實，庭中之陳也。百，舉成數也。周禮：'上公出入五積，饗餼九牢，米百有二十筥，醯醢百有二十甕，禾十車，芻薪倍禾。'"楚成王以招待國君的規格來接待重耳，韋注解釋"九獻"，并據《周禮》補充說明以國君規格的禮遇是什麼樣的標準。《魯語下》"叔孫穆子聘於晉"章："夫先樂金奏肆夏樊、遏、渠，天子所以饗元侯也。"韋注："金奏，以鍾奏樂也。《肆夏》，一名《樊》；《韶夏》，一名《遏》；《納夏》，一名《渠》。此三夏曲也。禮有九夏。周禮：'鍾師掌以鍾鼓奏九夏。'元侯，牧伯也。"先釋"金奏"，再據《周禮·春官·鍾師》指出鍾師負責演奏九夏，補充禮制信息。《魯語下》"叔孫穆子諫季武子爲三軍"章："季武子爲三軍。"韋注："周禮：'天子六軍，諸侯大國三軍。'魯，伯禽之封，舊有三軍，其後削弱，二軍而已。武子欲專公室，故益中軍以爲三，三家各征其一。事在魯襄十一年。"此先注《周禮》之規定，再注明魯國軍隊的建制變化等信息，與正文內容關係密切。韋昭也

---

① 《晉語九》"趙簡子以晉陽爲保障"章，韋注徵引《禮記》的內容出自今存《禮記·檀弓下》。

② 《魯語上》"曹劌諫莊公如齊觀社"章，韋注徵引《禮記》的內容出自今存《禮記·王制》。

能依據禮書的記載糾正《國語》正文的謬誤。《魯語上》"展禽論祭爰居非政之宜"章"商人禘舜而祖契，郊冥而宗湯。"韋注："舜，當爲嚳，字之誤也。禮祭法曰：'商人禘嚳。嚳，契父，商之先，故禘之。'後鄭司農云：'商人宜郊契。'"也有的注釋雖然沒有標注徵引"三禮"，但注文所依也不出"三禮"。如《周語上》"内史過論晉惠公必無後"章："爲贄幣、瑞節以鎮之。"韋注："贄，六贄也。謂孤執皮帛，卿執羔，大夫執雁，士執雉，庶人執鶩，工商執雞。幣，六幣也，圭以馬，璋以皮，璧以帛，琮以錦，琥以繡，璜以黼也。瑞，六瑞：王執鎮圭，尺二寸；公執桓圭，九寸；侯執信圭，七寸；伯執躬圭，亦七寸；子執穀璧，男執蒲璧，皆五寸。節，六節：山國用虎節，土國用人節，澤國用龍節，皆以金爲之；道路用旌節，門關用符節，都鄙用管節，皆以竹爲之。"對"六贄"、"六幣"、"六瑞"及"六節"的注解，韋昭依據《周禮·春官·大宗伯》和《秋官·小行人》的記載。這既是注解正文，也有擴充資料輔助說明的作用。

韋注徵引"禮"的另一個作用是爲《國語》正文提及的内容注出禮制的依據。《魯語下》"公父文伯飲南宫敬叔酒"章："以露睹父爲客。"韋注："睹父，魯大夫也。客，上客也。禮：飲，尊一人以爲客也。"同卷"孔丘謂公父文伯之母知禮"章："公父文伯之母朝哭穆伯，而暮哭文伯。"韋注："哭，謂既練之後，哀至之哭也。此父子之喪哭不相及，終言之耳。禮，寡婦不夜哭，遠情欲也。"《齊語》"管仲對桓公以霸術"章："澤立三虞，山立三衡。"韋注："周禮有澤虞之官。虞，度也，掌度知川澤之大小及所生育者。"又注："周禮有山虞林衡之官。衡，平也，掌平其政也。"《晉語六》："趙文子冠"章："（趙文子冠，見欒武子）武子曰：'美哉！'"韋注："武子，欒書。禮：既冠，奠贄于君，遂以贄見卿大夫。美哉，美成人也。"《越語上》"句踐滅吳"章："女子十七不嫁，其父母有罪；丈夫二十不娶，其父母有罪。"韋注："禮，三十而娶，二十而嫁。今不待禮者，務育民也。"同章"當室者死，三年釋其政"章韋注："當室，適子也。禮，父爲適子喪三年。"此類徵引也不少，有不少注解如果不徵引"三禮"的相關資料注釋也未嘗不可，但注釋徵引一方面體現了"三禮"的權威性，也能使研習者了解更多先秦禮制的信息。韋昭這種嚴謹的注釋風格也增加了《國語》注釋的厚度，不僅具有學習參考的價值，更有學術研究價值。

以上爲徵引《周禮》之例，下面再談韋注《國語》中徵引《禮記》和《儀禮》的情況。

《周語中》“單襄公論陳必亡”章：“天根見而水涸。”韋注：“天根，亢、氐之閒。涸，竭也。謂寒露雨畢之後五日，天根朝見，水潦盡竭也。月令：‘仲秋，水始涸。’天根見，乃盡竭也。”同章：“草木節解而備藏。”韋注：“備，收藏也。月令：‘季秋，農事畢收。’”以《禮記·月令》中的資料來輔證注釋。《周語下》“單穆公諫景王鑄大鍾”章：“越之匏竹。”韋注：“越匏竹以爲笙管也。越，謂爲之孔也。樂記曰：‘朱絃而疏越。’”引《樂記》之語來輔證，意謂張上朱紅的絲弦而疏通瑟的底孔。《魯語下》“孔丘非難季康子以田賦”章：“其歲，收田一井，出稷禾、秉芻、缶米，不是過也。”韋注：“其歲，有軍旅之歲也。缶，庾也。聘禮曰：‘十六斗曰庾，十庾曰秉。秉，二百四十斗也。四秉曰筥，十筥曰稷。稷，六百四十斛也。’”引《儀禮·聘禮》的記載解釋出稷、秉、缶等單位具體數量，比較科學。《吳語》“越王句踐命諸稽郢行成於吳”章：“句踐請盟：一介嫡女，執箕箒以咳姓於王宮。”韋注：“一介，一人。咳，備也。姓，庶姓。曲禮曰：‘納女於天子，曰備百姓。’”以《禮記·曲禮》之言釋《國語》句踐請盟之語，指出所言之依據。

徵引《禮記》、《儀禮》的記載同樣起到了疏通文意、輔助理解、注出依據的作用。

韋昭徵引“三禮”文獻內容較多，有的注釋雖然沒有明確標注出來，但也不難看出注釋的依據在“三禮”，這和《國語》內容多涉及以禮治國的思想有關。在那個開明卿大夫眷戀和不斷反思以禮治國的時代，《國語》的重要性還不是記事，而是闡述禮治思想，具有教化的意義。韋注使得《國語》的禮治思想更加彰顯，禮學色彩更爲濃重。我們說韋注的徵引不是簡單的考辨和輔證，客觀上也能使淺聞初學者在閱讀和研習時置身文中，深刻感受那個時代的社會政治環境。

3. 徵引《易》、《書》、《詩》、《論語》、《孝經》、《爾雅》等儒家經典文獻

儒家“十三經”文獻，除了《穀梁傳》和《孟子》外，韋昭注《國語》對其餘十一經都有所徵引。上文介紹了韋注徵引《春秋》經傳、“三禮”，這裏介紹一下韋注對《易》、《書》、《詩》、《論語》、《孝經》和《爾雅》等儒家經典文獻的徵引情況。

（1）注引《易》　韋昭徵引《易》，有兩種情況，一種是直接標注“易曰”，一種是以《易》之方法或内容注釋正文中出現的占卜之辭。第二種嚴格意義上不應算做徵引，但從另外一個角度看，韋昭的注解也確是來源於《易》的思想，所以也一並加以說明。

以"易曰"領起的徵引共有7處，并不多。《周語上》"密康公母論小醜備物終必亡"章："王田不取羣。"韋注："不盡羣也。易曰：'王用三驅，失前禽也。'"出自《易》比卦五爻，言君王田獵三面包抄而留一面讓動物逃生，不殺絕。以徵引輔注"不盡羣"。《周語下》"單襄公論晉周將得晉國"章："言義必及利。"韋注："能利人物，然後爲義。易曰：'利物足以和義。'"出自《易》乾卦文言，言君子利人利物則能合於道義。通過韋注可知正文之語的淵源。《楚語上》"左史倚相儆申公子亹"章："文王至於日中昃，不皇暇食。"韋注："日昳曰昃。易曰：'日中則昃。'"出自《易》豐卦，言日過正午則會偏西。日昳，太陽偏西之意，卽昃。此爲輔證，豐富注釋的內容，增加注釋的厚度。

第二種情況雖無直接以"易曰"領起，但注釋中仍可見《易》的內容和思想。《晉語四》"重耳親筮得晉國"章，如："得貞屯、悔豫，皆八也。"韋注："內曰貞，外曰悔。震下坎上，屯。坤下震上，豫。得此兩卦，震在屯爲貞，在豫爲悔。八，謂震兩陰爻，在貞在悔皆不動，故曰皆八，謂爻無爲也。"再如："震，車也。坎，水也。坤，土也。屯，厚也。豫，樂也。車班外內，順以訓之，泉原以資之，土厚而樂其實。不有晉國，何以當之？"韋注："易，坤爲大車，震爲雷。今云車者，車亦動，聲象雷，其爲小車也。車，震也。班，遍也。遍外內，謂屯之內有震，豫之外亦有震。坤，順也。豫內爲坤，屯二與四亦爲坤。資，財也。屯三至五，豫二至四，皆有艮象。豫三至五有坎象。艮山坎水。水在山上爲泉原，流而不竭。屯、豫皆有坤象，重坤故厚豫爲樂。當，應也。"看似以"易"領起，而注釋的內容則無《易》中的原文，只是以《易》的理論來分析《國語》正文罷了。同卷"秦伯納重耳於晉"章："臣筮之，得泰之八。曰：是謂天地配亨，小往大來。"韋注："乾下坤上，泰。遇泰無動爻無爲侯。泰三至五震爲侯。陰爻不動，其數皆八，故得泰之八，與貞屯、悔豫皆八義同。陽下陰升，故曰配亨。小，喻子圉。大，喻文公。陰在外爲小往，陽在內爲大來。"同樣是以《易》之理論來注釋《國語》正文占筮的內容。這種情況在韋注中確有不少，清楚地解釋了正文中與《易》相關的問題，便於研習者理解。有時韋注還會將《易》的內容與天象、音律相結合，比附歷史事件，如《周語下》"景王問律於伶州鳩"章。

比較而言，《國語》中正文涉及的占卜之事要比《左傳》少得多，儘管如此，我們還是能夠通過這些記載大致了解到西周春秋時期社會政治生活中占卜的重要性，了解到時人對《易》的思想了然於心，對《易》的闡述諳熟靈活，對《易》的方法運用嫺熟。韋昭也是如此，其以《易》

的方法和思想來闡釋，十分專業恰當，除了吸收前人的成果外，也體現了其淵博的學識。

（2）注引《書》 《書》即《尚書》。内容包括虞、夏、商、周君王的文告以及部分君臣間談話的記録。韋昭的經學更重古文，其徵引之《書》極大可能是古文經。劉向整理圖書發現古文《書》經與今文版本差異不是很大，大約有七百餘字的差異，較之今文脱落六、七十字而已。我們今天可見的《書》源自東晉梅賾的僞古文《書》，與韋昭所見版本應該不同。

韋昭注釋《國語》徵引《書》共計 16 處，其中《夏書》1 處，《周書》2 處，以"書曰"領起者 13 處。

標注引自《夏書》的見於《周語上》"穆王將征犬戎"章："邦内甸服。"韋注："邦内，謂天子畿内千里之地。商頌曰：'邦畿千里，維民所止。'王制曰：'千里之内曰甸。'京邑在其中央，故夏書曰'五百里甸服'，則古今同矣。甸，王田也。服，服其職業也。"注引記載夏、商、周三代畿服制文獻的資料，起到補注正文和爲正文的表述追溯淵源的作用。引《周書》的兩處，一處即見於"穆王將征犬戎"章，出自《康誥》，注釋"侯衛賓服"實爲五圻之總稱，即是《康誥》所載的"侯、甸、男、采、衛"。另一處見於《楚語下》 "觀射父論絶地通天"章："周書所謂重、黎寔使天地不通者，何也？"韋注："周書，周穆王之相甫侯所作《吕刑》也。重、黎，顓頊掌天地之臣。《吕刑》曰：'乃命重、黎，絶地天通。'"也是起到補注正文的作用。此外，注釋中提及《商書》的兩處。見於《周語上》"内史過論晉惠公必無後"章，爲注釋《湯誓》和《盤庚》之語，並無引文，也爲讀者理解正文提供了信息。另外，也有引自《書序》的資料，《書序》是漢代流傳下來並加於《書》每篇篇首或篇末的文字，這裏也附帶說明。韋注共徵引 3 處。其中一處標注《夏書序》，亦見於"穆王將征犬戎"章。另外兩處標注爲《書序》，一處見於《楚語上》"申叔時論傅太子之道"章，一處見於"白公子張諷靈王宜納諫"章。三處均用來補注史實。

韋昭以"書曰"領起的 13 處徵引，都有爲自己的注釋提供輔證和依據的作用，增加注釋的可信度。試舉例說明之。《周語下》"晉羊舌肸聘周論單靖公敬儉讓咨"章："成王不敢康，敬百姓也。（夙夜基命宥密）夙夜，恭也。"韋注："夙夜敬事曰恭，書曰：'文王至于日昃，不遑暇食。'"以《書》之記載來說明天子勤政敬事，詮釋"恭"。《魯語上》"臧文仲說僖公請免衛成公"章："大刑用甲兵，其次有斧鉞。"韋解：

"斧鉞，軍戮。書曰：'後至者斬。'"徵引之語不見今本《尚書》，其作用在於輔注"斧鉞"。《齊語》"管仲教桓公足甲兵"章："小罪讁以金分，宥閒罪。"韋注："小罪，不入於五刑者。以金贖，有分兩之差，今之罰金是也。書曰：'金作贖刑。'"又注"宥，赦也。閒罪，刑罰之疑者。書曰：'五刑之疑有赦。'"注解正文，又引《書》語爲己注之依據。

（3）注引《詩》　韋昭注引《詩》共有 34 處，當是除《左傳》、"三禮"之外其徵引經書內容較多的。包括輔證注釋的引《詩》和補注正文提及詩篇名的引《詩》兩種情況。

第一種情況是輔證《國語》正文內容的引《詩》，主要注引具體詩句。《周語中》"單襄公論陳必亡"章："野有庾積，場功未畢。"韋注："昭謂：此庾露積穀也。詩云：'曾孫之庾，如坻如京'是也。"又注："治場未畢。詩云：'九月築場圃。'"前引出自《小雅·甫田》，後引出自《豳風·七月》。《魯語下》"閔馬父笑子服景伯"章："今吾子之教官僚曰'陷而後恭'，道將何爲？"韋注："唐云：'同官曰僚。'昭謂：此景伯之屬，下僚耳，非同官之僚也。同僚，謂位同者也。詩云：'我雖異事，及爾同僚。'"引詩出自《大雅·板》。《齊語》"管仲對桓公以霸術"章："服牛、軺馬。"韋注："服，謂牛服車也。軺，馬車也。詩云：'睆彼牽牛，不以服箱。'"引詩出自《小雅·大東》。《楚語下》"子常問蓄貨聚馬鬭且論其必亡"章："道殣相望。"韋注："道冢曰殣。詩云：'行有死人，尚或殣之。'"引詩出自《小雅·小弁》。這類引注具有爲韋昭自己的注解提供佐證或指出注解意義淵源的作用。全書共有 26 例。

補注正文中提及詩篇的引《詩》主要是依據篇名注出相關的詩句。《魯語下》"叔孫穆子聘於晉"章："夫《鹿鳴》，君之所以嘉先君之好也，敢不拜嘉。"韋注："嘉，善也。《鹿鳴》曰：'我有嘉賓，德音孔昭。'是爲嘉善先君之好也。"《晉語四》"秦伯享重耳以國君之禮"章，秦穆公以國君之禮宴請重耳，在宴席中穆公賦《采菽》，重耳賦《黍苗》。穆公賦《鳩飛》，重耳賦《河水》。穆公最後賦《六月》。以《詩》唱和，表達彼此的思想意圖。韋昭在注釋中都能夠注出具體的詩句，輔助理解正文。結合這些詩句我們可以還原秦伯與重耳宴飲之禮誦詩的大致情況，並能根據注解知道每首詩在宴飲之禮中的寓意，側面了解到《詩》在先秦政治生活中的作用。此類徵引共有 8 處。

此外與引《詩》相關聯的還有徵引《毛詩》的內容。韋昭以"毛詩傳云"或"詩傳云"、"毛詩序云"或"詩序云"等形式引入注釋者共 5處，其中《魯語上》1 處、《魯語下》1 處、《晉語二》1 處、《鄭語》1

處、《楚語上》1 處。雖然數量不多卻與正文相呼應，豐富了注釋的內容。閱讀正文，參考注釋，不但能準確把握文意，也能增長學識。

這裏附帶說明，對《國語》正文中出現的《詩》中的某些詩句，韋昭在注釋上主要參考毛亨傳和鄭玄箋，具有權威性。因不屬於注釋引《詩》的範疇，故這裏不舉例說明。

（4）注引《論語》　韋注《國語》對《論語》的徵引共有 11 處，其中直接標注爲"《論語》曰"者 3 處，標注爲"孔子曰"者 5 處，未作標注者 2 處。這些徵引都是起到輔證正文注釋的作用。據核實，韋注徵引的《論語》內容涉及到《八佾》、《里仁》、《雍也》、《泰伯》、《顏淵》、《衛靈公》、《季氏》、《微子》、《堯曰》等篇的內容。《周語下》"單襄公論晉將有亂"章："夫君子目以定體，足以從之，是以觀其容而知其心矣。"韋注："體，手足也。論語曰'四體不勤'也。"出自《微子》篇。《晉語四》"文公修內政納襄王"章："官宰食加。"韋注："官宰，家臣也。加，大夫之加田。論語曰：原憲爲家邑宰。"出自《雍也》篇"原思爲之宰"，原憲卽子思。所引與今可見《論語》原文有出入。《鄭語》"史伯爲桓公論興衰"章："主芣、騩而食溱、洧。"韋注："芣、騩，山名。主，爲之神主。孔子曰：'夫顓臾爲東蒙主。'食，謂居其土，食其水。"出自《季氏》篇，與《晉語五》"車者論梁山崩"章注引"孔子曰"內容相同。《季氏》原文爲"夫顓臾，昔者先王以爲東蒙主。"韋注所引與之略有出入。其餘 4 處注引"孔子曰"者，均與今天可見《論語》原文相同。另兩處韋注所引《論語》無標注的均見於《周語上》。"穆王將征犬戎"章："有不王則修德。"韋注："遠人不服，則修文德以來之。"出自《季氏》篇。"內史過論晉惠公必無後"章："施其所惡，棄其忠也。"韋注："己所不欲，勿施於人。所惡於下，故不以事上……"

韋注徵引《論語》起到輔證的作用，大概人們對《論語》更爲熟悉，所以注引《論語》的內容，更能起到快速理解正文的作用。

（5）注引《孝經》　韋注徵引《孝經》有明確標注的僅 1 處。《周語上》"穆王將征犬戎"章："賓服者享。"韋注："供時享也。享，獻也。周禮，甸圻二歲而見，男圻三歲而見，采圻四歲而見，衛圻五歲而見。其見也，必以所貢助祭於廟，孝經所謂'四海之內，各以其職來祭'者也。"出自《孝經·聖治章》。五圻之內爲賓服，賓服中的諸侯，離王畿遠近不同向天子進獻貢物的時間周期和貢獻的量都不同，但必須按時進獻貢物以備天子祭祀之用。另有一處韋注提及《孝經》之言與《國語》正文所載不同。《魯語上》"展禽論祭爰居非政之宜"章："周人禘嚳而郊稷，祖文王而宗武王。"韋解："此與《孝經》異也。商家祖契，周公初時也祖后稷而宗文王，至武王雖承文王之業，有伐紂定天下之功，其廟不可毀，故先推后稷以配天，而後更祖文王而宗武王也。"《孝經·聖治章》："昔者，周公郊祀后稷以配天，宗祀文王於明堂，以配上帝。"韋昭綜合《國語》和《孝經》的記載，以歷史發展的眼光來注釋，作出了合理的解釋。

（6）注引《爾雅》 《爾雅》是一部訓詁學的工具書，最後成書大約在戰國末期。書中匯集了春秋戰國時期的一些基本詞匯和名物的釋義。爾，近也。雅，正也。雅正之言，卽先秦時期社會政治、文化和社會交流中的規範語言。《爾雅》用當時的語言來解釋古語詞和方言。釋古今之異言，通方俗之殊語。是研讀文獻之人必備的訓詁學工具書，也因此在唐代成了儒家的經典文獻。以《爾雅》爲注釋《國語》詞匯的主要依據，在韋昭的時代應該是一種必然的選擇。韋昭注《國語》徵引《爾雅》有明確標注的僅有4處，而其《國語解敘》則云"以爾雅齊其訓"，可知韋注中詞匯和名物等的訓釋都是要與《爾雅》爲標準的，其徵引的數量則是遠不止區區4處了。

《魯語上》"匠師慶諫莊公丹楹刻桷"章："莊公丹桓宮之楹，而刻其桷。"韋注："桓宮，桓公廟也。楹，柱也。唐云：'桷，榱頭也。'昭謂：桷一名榱，今北土云亦然。爾雅曰：'桷謂之榱。'"見於《爾雅·釋宮》。《齊語》"管仲教桓公親鄰國"章："爲遊士八十人，奉之以車馬、衣裘，多其資幣，使周遊於四方，以號召天下之賢士。"韋注："州十人。齊居一州。爾雅曰'齊曰營州'也。"見於《爾雅·釋地》。天下九州，齊屬營州，卽《禹貢》、《周禮》所言青州。故選遊士八十人，每州十人，號召天下之賢士。《晉語四》"楚成王以周禮享重耳"章："若不獲命，其左執鞭弭，右屬櫜鞬，以與君周旋。"韋注："鞭，所以擊馬。傳曰：'雖鞭之長，不及馬腹。'爾雅曰：'弓無緣者謂之弭。'櫜，矢房。鞬，弓弢也。言以禮避君，君不還，乃敢左執弓，右屬手於房以取矢。與君周旋，相馳逐也。"見於《爾雅·釋器》。《越語下》"越興師伐吳而弗與戰"章："至於玄月，王召范蠡而問焉。"韋注："爾雅曰：'九月爲玄。'謂魯哀十六年九月也，至十七年三月，越伐吳。"見於《爾雅·釋天》。

以上四例是韋注可見的直接標注徵引《爾雅》的內容，都是具體的名詞，仍是輔注和提供淵源的作用。至於《釋詁》、《釋言》、《釋訓》的內容，韋注徵引應該更多，不便處處標注罷了。

4. 徵引《世本》

韋注《國語》中直接標注徵引《世本》和《帝繫》的僅有 3 處，但《國語》正文中涉及的上古傳說和三代的帝繫，春秋時期天子、諸侯、卿大夫等的世繫，韋昭在注釋中应该主要依據《世本》來"考其源流"。文獻記載世繫主要由瞽矇來掌管。《周禮·春官》："（瞽矇掌）諷誦詩，世奠繫，鼓琴瑟。"瞽矇主要掌管諷誦詩和天子、諸侯等世繫以及彈奏琴瑟之事。鄭玄注引杜子春云："瞽矇主誦詩，並誦世繫，以戒勸人君也。故《國語》曰'教之世，而爲之昭明德而廢幽昏焉，以怵懼其動也。'"① 可知《世本》的政治作用。

《國語》正文中與《世本》相關的內容主要在《周語》、《魯語》、《晉語》、《鄭語》和《楚語》各卷中，如果沒有韋注也是很難理順的。兩處直接標注引自《世本》的內容都是用來注釋姓氏的，而不是用來幫助梳理正文中出現的帝繫、世繫。《周語中》"富辰諫襄王以狄伐鄭及以狄女爲后"章："密須由伯姞"。韋注："《世本》云：'密須，姞姓。'"《吳語》"越王句踐命諸稽郢行成於吳"章："越王句踐起師逆之。"韋注："句踐，祝融之後，允常之子，芊姓也。……《世本》亦云：'越。芊姓也。'"一處標注《帝繫》在《晉語四》"重耳婚媾懷嬴"章。曰："青陽，方雷氏之甥也。"韋注："方雷，西陵氏之姓。彤魚，國名。帝繫曰：'黄帝娶於西陵氏之子，曰嫘祖，實生青陽。'姊妹之子曰甥。"同引注《爾雅》的情況一樣，韋昭在《國語解敘》中已經說明了"以世本考其流"，故而注釋中涉及的帝繫和世繫的梳理則不再標注。如《周語下》"太子晉諫靈王壅穀水"章："皇天嘉之（禹），祚以天下，賜姓曰'姒'、氏曰'有夏'，謂其能以嘉祉殷富生物也。祚四嶽國，命以侯伯，賜姓曰'姜'、氏曰'有呂'。"韋注："堯賜禹姓曰姒，封之於夏。祉，福也。殷，盛也。賜姓曰'姒'、氏曰'有夏'者，以其能以善福，殷富天下，生育萬物也。姒，猶祉也。夏，大也。以爲善福，殷富天下爲大也。堯以四嶽佐禹有功，封之於呂，命爲侯伯，使長諸侯也。姜，四嶽之先，炎帝之姓也。炎帝世衰，其後變易，至四嶽有德，帝復賜之祖姓，使紹炎帝之後。以國爲氏也。"《魯語上》"展禽論祭爰居非政之宜"章："黄帝能成命百物，以明民共財，顓頊能修之。帝嚳能序三辰以固民，堯能單均刑法以儀民，舜勤民事而野死，鯀鄣洪水而殛死，禹能以德修鯀之功，契爲司徒而民輯，冥勤其官而水死，湯以寬治民而除其邪，稷勤百穀而山死，文

王以文昭，武王去民之穢。”韋注：“黃帝，少典之裔子帝軒轅也。……顓頊，黃帝之孫、昌意之子帝高陽也。……帝嚳，黃帝之曾孫、玄囂之孫、蟜極之子帝高辛也。……堯，帝嚳之庶子陶唐氏放勛也。……舜，顓頊之後六世有虞帝重華也。……鯀，顓頊之後，禹之父也。……契，殷之祖，爲堯司徒，能敬敷五教。……冥，契後六世孫、根圉之子也。……湯，冥後九世、主癸之子，爲夏諸侯。……稷，周棄也……”韋注中對“黃帝”、“顓頊”、“帝嚳”、“堯”、“舜”、“鯀”、“契”、“禹”、“冥”、“湯”、“稷”等從帝繫的角度作注。此外，本章中還有對“幕”、“杼”、“上甲微”、“高圉”、“大王”等作世繫上的注釋。且不說對這些傳說和三代時期的人物的注釋是否合於歷史實際，但若無這些注釋，可以肯定，正文中的人物關係就無法理清。

韋昭也對《國語》正文中的周天子、諸侯、卿大夫等人也注出世繫。如“穆王”，韋注：“周康王之孫、昭王之子穆王滿也。”“恭王”，韋注：“穆王之子恭王伊扈也。”“厲王”，韋注：“恭王之曾孫、夷王之子厲王胡也。”“宣王”，韋注：“厲王之子宣王靖也。”“幽王”，韋注：“宣王之子幽王宮涅也。”這些注釋合在一起就是西周中後期天子的世繫。對春秋時期的周天子惠王、襄王等也是同樣的注釋，此不一一列舉。《周語上》“仲山父諫宣王立戲”章：“魯武公以括與戲見王。”韋注：“伯禽之玄孫，獻公之子武公敖也。括，武公長子伯御也。戲，括弟懿公也。”同卷《內史過論晉惠公必無後》章：“襄王使邵公過及內史過賜晉惠公命，呂甥、郤芮相晉侯不敬，晉侯執玉卑，拜不稽首。”這句話涉及周天子、晉侯以及四位卿大夫。韋注：“襄王，周僖王之孫、惠王之子襄王鄭也。邵公過，邵穆公之後邵武公也。惠公，晉獻公之庶子惠公夷吾也。……呂甥，瑕呂飴甥也；郤芮，冀芮：皆晉大夫。”再如《齊語》對齊桓公、鮑叔和管仲的注釋，韋注：“桓公，齊太公之後、僖公之子、襄公之弟桓公小白也。”“鮑叔，齊大夫，姒姓之後、鮑敬叔之子叔牙也。”“管夷吾，齊卿，姬姓之後，管嚴仲之子敬仲也。”韋注此類注解隨處可見，不再多舉。

除以上專門說明的文獻外，《國語》韋注徵引的文獻還有《農書》、《管子》、《司馬法》、《法》等，都是用來輔證注釋，幫助理解的。

5. 諸“語”互注

韋注中也有徵引《國語》中彼國之“語”的文字來輔助注釋此國之“語”的。此單列出來，以別於所引其他文獻。韋注這種諸“語”互注的情況全書有明確標記，其中注引《周語》7 處、《魯語》3 處、《齊語》1處、《晉語》6 處、《鄭語》2 處、《楚語》3 處、《吳語》2 處，《越語》0

處。共計 24 處。

這些引注所起到的作用，多不外乎補注，卽進一步證明所注的內容，更易於讓人理解正文。如《周語上》"穆王將征犬戎"章："有不貢則修名。"韋注："名，謂尊卑職貢之名號也。晉語曰'信於名則上下不干也。'"《晉語》補注出《周語》正文所言之因。《周語下》"太子晉諫靈王壅穀水"章："夫天地成而聚於高，歸物於下。……是故聚不阤崩，而物有所歸，……是以民生有財用，而死有所葬。"韋注："物有所歸，故生有財用。山陵不崩，故死有所葬。齊語曰：'陵爲之終。'"《齊語》之言可視爲《周語》這段話的概括，而《周語》之言則是對《齊語》"陵爲之終"的因果闡釋。《鄭語》"史伯爲桓公論興衰"章："商契能和合五教，以保于百姓者也。"韋注："保，養也。五教：父義、母慈、兄友、弟恭、子孝。魯語曰：'契爲司徒而民輯。'"是用《魯語》結論性的文字來概括《鄭語》的文字。《鄭語》的文字則佐證《魯語》所述之因。《越語下》"越興師伐吳而弗與戰"章："古之善用兵者，贏縮以爲常，四時以爲紀。"韋注："以爲常，隨其贏縮也。紀，猶法也。四時有轉運，用兵有利鈍也。周語曰'王欲合是五位三所而用之'是也。"將范蠡的話與伶州鳩以天象合於七律來說解武王建立功業的史實互證，既達到對比理解的目的，也擴充了相關知識。

至於擴充知識，韋昭諸"語"互證涉及相關的資料確有這樣的作用。如《齊語》"管仲對桓公以霸術"章："管子對曰：'昔吾先王昭王、穆王，世法文、武遠績以成名。'"韋解："……言昭王、穆王雖有所闕，猶能世法文王、武王之典，以成其功名也。《周語》曰：'厲始革典。'言至厲王乃變更文、武之常典。"周厲王無道，變更常法，王室益衰。擴展歷史知識更能讓人多角度理解興衰成敗的因果。《鄭語》"史伯爲桓公論興衰"章："且重、黎之後也，夫黎爲高辛氏火正，以淳燿敦大，天明地德，光照四海，故命之曰'祝融'，其功大矣。"韋注："重、黎，官名。楚語曰：'顓頊乃命南正重司天，北正黎司地。'言楚之先爲此二官。"注引《楚語》既是擴充知識，也是補注《鄭語》所云"其功大矣"。同卷同章："故王者居九畡之田。"韋注："九畡，九州之極數。楚語曰：'天子之田九畡，以食兆民，王取經入焉，以食萬官。'"《楚語》的記載是對《鄭語》的詳細解說。

《國語》諸"語"間的引注主要目的在於幫助理解正文，也有的客觀上起到了溝通史實的作用，提醒讀者可以相互比照閱讀和研究。如《晉語四》"文公出陽人"章："公請隧，弗許。"韋注："三君云：'隧，王之葬禮。'昭謂：隧，六隧之地，事見周語。"《周語中》"富辰諫襄王以狄伐鄭以狄女爲后"章："子頹之亂，又鄭之繇定。"韋注："子頹，周莊王之子、惠王之叔父也，篡惠王而立。惠王出居鄭，鄭屬公殺子頹而納之。事在周語上也。"《魯語上》"臧文仲說僖公請免衛成公"章："溫之會，晉人執衛成公歸之于周。"韋注："成公恃楚而不事晉，又殺弟叔武，其臣元咺訴之晉，故文公執之。事見周語中也。"

　　諸"語"互注的形式反映韋昭對《國語》文本精熟，也反映了他對注釋內容有著極強的整體性把握，讓人覺得信手拈來。如《周語上》"邵公諫厲王弭謗"章："瞽、史教誨，耆、艾修之。"韋注："瞽，樂太師；史，太史也。掌陰陽、天時、禮法之書，以相教誨者。單襄公曰：'吾非瞽、史，焉知天道？'"所引單襄公之語見於《周語下》"單襄公論晉將有亂"章。柯陵之會，單襄公據晉厲公及三郤舉止言談斷定晉將有亂。魯成公問是天道還是人的緣故，於是單子對曰："吾非瞽、史，焉知天道？"引注準確自然。韋注中一條條彼此互引的佐證，也是一條條橫向關聯的紐帶，卷帙獨立的八國之語彷彿由這有限的互證注解串聯在了一起。

　　（四）圍繞文本，訓釋簡潔

　　韋昭注解《國語》，采用當時的語言，目的是讓淺聞初學者能夠能準確把握文本的內容。在語言的運用上，追求表達清晰順暢，無滯礙，故而訓釋簡潔。又能根據具體語境，不拘泥於詞的某些固定詞義，靈活引申。我們今天閱讀韋注，也不覺得難懂。如《周語中》"富辰諫襄王以狄伐鄭"章："兄弟讒鬩、侮人百里。"韋注："鬩，很也。兄弟雖以讒言相違很，猶以禁禦他人侵侮己者。百里，諭遠也。"《齊語》"管仲對桓公以霸術"章："令夫工，群萃而州處，審其四時，辨其功苦，權節其用，論比協材，旦暮從事，施於四方，以飭其子弟，相語以事，相示以巧，相陳以功。"韋注："萃，集也。州，聚也。言四時各有其宜也，謂死、生、凝、釋之時也。辨，別也。功，牢也。苦，脆也。權，平也，視其平沈之均也。節，節其大小輕重。論，擇也。比，比其善惡也。協，和也，和其剛柔也。施其物用於四方也。飭，教也。陳，亦示也。功，成功也。功善則有賞。"詞語的訓釋如同訓詁之書，簡潔明了。又能結合正文，闡述其意，則理解起來更能貼近文本。此類注解應該是韋注的最明顯的特點，通篇皆是。

　　也有一些注釋並不直接注出字義，而需要結合上下文以及古代漢語的語言習慣來理解。《周語中》"單襄公論郤至佻天之功"章："若是而知晉國之政，楚、越必朝。"韋注："知政，謂爲政也。"《晉語一》"武公伐翼止樂共子無死”章："令子爲上卿，制晉國之政。”韋注："上卿，執政命於天子者也。”《晉語三》"秦侵晉止惠公於秦"章："秦始知河東之政。”韋注："秦取河東之地而置官司，故云知河東之政。”《越語上》"勾踐滅吳"章："吾與之共知越國之政。”韋注："知政，謂爲卿。”韋注將"知政"、"制政"從"知……之政"、"制……之政"中概括出來加以注解，詞匯間爲動賓關係。上述注釋也各有不同，或言"爲政"，或言"爲卿"，或不需注釋，都是命之爲卿，以秉國政的意思。這里的注解不能直譯，而應該意譯。從韋昭注釋的體例上，選擇了一個"謂"字領起，是有說法的。下文要專門介紹。《越語下》"范蠡進諫勾踐持盈定傾節事"章："天道盈而不溢，盛而不驕，勞而不矜其功。”韋注："勞，動而不已也。”有人認爲"勞，功也。”按古人的爲文傳統，三句話句法結構一致，後兩句承前省略主語"天道"，則"盈"、"盛"、"勞"三字當爲同類詞性，即形容詞詞性。盈，滿也。盛，興也。《爾雅》："勞，勤也"，辛勤、勞苦之意，即韋注所謂"動而不已"。勤而有其功，故"不矜其功"。"勞"若取名詞"功"之意，用於此處與前兩句意義不相順暢，且在句子結構上也是不一致的。《晉語六》"范文子論私難必作"章："凡吾宗祝，爲我祈死，先難爲免。”韋注："免，免于亂。”并不直接訓"免"，而是指出免於何事。訓釋靈活，用字簡練。

韋昭注中多有以"言"或"謂"領起的注文，語言表述簡括，能圍繞文本，疏通文意。"言"和"謂"是古人注書常用的兩種方式，并不是古人爲避免同一種注釋形式的單一而在表述上選擇的變化，二者是有差異的。當然，不同注釋家和對不同性質的文獻注釋時所側重或有不同。通常認爲"言"的作用重在申講，"謂"則多用以指出特定的事物，有時二者又是同義相通的。韋昭《國語》注文在使用"言"、"謂"上也區別不大。但仔細比較便可發現用"言"與用"謂"領起的注文側重點多數情況略有不同。試以例證來分析說明。

韋注中以"言"領起的注文。《周語上》"穆王將征犬戎"章："載戢干戈，載櫜弓矢。我求懿德，肆于時夏，允王保之。”韋注："載，則也。干，楯也。戈，戟也。櫜，韜也。言天下已定，聚斂其干戈，韜藏其弓矢，示不復用也。懿，美也。肆，陳也。于，於也。時，是也。夏，大也。言武王常求美德，故陳其功德，於是夏而歌之。”《周語下》"單襄公論晉周將得晉國"章："朕夢協朕卜，襲于休祥，戎商必克。”韋注："朕，武王自謂也。協，合也。休，美也。祥，福之先見者也。戎，兵也。言武王夢與卜合，又合美善之祥，以兵伐殷，必克之也。”《晉語二》

"虢將亡舟之僑以其族適晉"章："君不度而賀大國之襲，於己也何瘳？"韋注："度，揆也。大國，晉也。瘳，猶損也。言君不揆度神意，而令賀之，何損於禍。"《晉語七》"悼公卽位"章："夫膏粱之性難正也。"韋注："膏，肉之肥者；粱，食之精者。言食肥美者，率多驕放，其性難正。"《楚語上》"申叔時論傅太子之道"章："明度量以導之義。"韋注："義，宜也。言度量所宜。"《吳語》"吳王夫差與越荒成不盟"章："孤將有大志於齊。"韋注："言欲伐齊。"以上六例"言"的内容或先訓釋詞義，或無訓釋詞義，皆是立足於原文而梳理句意，言明具體之事，基本不旁及其他。

韋注中以"謂"領起的注文。《魯語上》"臧文仲說僖公請免衛成公"章："大者陳之原野。"韋注："謂甲兵、斧鉞也。"臧文仲向魯僖公介紹古代刑罰，大刑用軍隊討伐，次一點用斧鉞殺戮。"大者"卽韋注所謂用甲兵、斧鉞討伐殺戮的情況，要陳尸原野。《齊語》"桓公帥諸侯而朝天子"章："遂南征伐楚，濟汝，踰方城，望汶山，使貢絲於周而反。"韋注："濟，渡也。汝，水名。方城，楚北之阨塞也。謂師至于陘時也。在魯僖四年。汶山，楚山也。"《晉語三》"呂甥逆惠公於秦"章："吾君愁焉其亡之不卹，而群臣是憂，不亦惠乎？"韋注："憂，謂改立君，賞群臣，作轅田。"《晉語四》"齊姜勸重耳勿懷安"章："自子之行，晉無寧歲，民無成君。"韋注："成，定也。謂奚齊、卓子殺死，惠公無親，外内惡之。"《鄭語》"史伯爲桓公論興衰"章："以他平他謂之和，故能豐長而物歸之。"韋注："謂陰陽相生，異味相和。土氣和而物生之，國家和而民附之。"又："若以同裨同，盡乃棄矣。"韋注："裨，益也。同者，謂若以水益水，水盡乃棄之，無所成也。"《越語下》"范蠡進諫句踐持盈定傾節事"章："天時不作，弗爲人客；人事不起，弗爲之始。"韋注："作，起也。攻者爲客。起謂天時、利害、災變之應。人事，謂怨叛、逆亂之萌也。先動爲始。"以上諸例"謂"的内容則不拘正文字詞訓釋，似在點明正文的言外之意，是對一種狀況的引申或類比而不是對某一特定事件的具體說明，有擴充注釋之功，表述簡練明白，便於理解通篇文字。

韋昭在運用這兩種方式的時候比較自如，注語文約辭豐，功力深厚。而這兩種方式差別細微，也有交叉，但韋注能做到以區分差異爲主，則又是韋昭嚴謹作風的體現，爲後世注釋家提供了參考。

以上四個特點，也是《國語》韋注的優點，但並不能因此認爲韋注就是完美無缺的，客觀地說韋注也有其不足。前文敘及《國語》的注本時，曾提到有清代及民國學者針對《國語》韋解做過不少考據的工作，如黃丕烈、王引之、汪遠孫、董增齡、俞樾、陳瑑、吳曾祺等，也出現了一些專門的注本，這些顯著的成果有助於我們重新理解《國語》文本。但評價一部著作的注釋，當結合注釋家所在的時代學術環境。韋昭主要的學術在三國時期，去兩漢未遠，正如吳曾祺、梁啟超等人所言《國語》韋注可視爲漢注。漢注爲注釋學之始，自有不完善之處。清人董增齡《國語正義》序言稱："韋解孤行天壤間已千五百餘年，未有爲之疏者。竊意許叔重、鄭康成兩君爲漢儒宗主，自三國分疆而儒學爲之一變。宏嗣生於江南擾攘之秋，抱闕守殘，視東漢諸儒已非其時矣。其所解固援經義而與許、鄭諸君有未僉合者，依文順釋，義有難安，況墨守一家之說，殊非實事求是之心。……韋解體崇簡潔，多闕而不釋。"董增齡評價三國時期的韋注，用了發展的眼光。韋注在徵引諸家之說的同時也有自己的考證，雖多以賈注爲是，也有否定的。顯然是通過多家比對，來決定取捨。至於說"墨守一家之說"，我們從徵引數量上也可知董氏的話是有偏頗的，鄭、賈、唐、虞四家韋昭徵引的數量分別是鄭注 15 條，賈注 69 條，唐注 77 條，虞注 21 條，賈注不是最多。韋注闕而不釋的部分，或許當時不需解釋。吳曾祺評價韋注云："惜其于故訓尚疏，不及東京諸儒遠甚，故其中遷就舊文，以附己說者，所在多有。"也是沒有看到語言隨時代發展的結果。漢人不懂先秦，唐人不懂漢魏，清人又如何盡懂韋昭？至於"遷就舊文，以附己說"，"舊文"在當時恐怕也不是什麼舊文，倒更有緊扣原文的優勢。"附己說"則是每個注釋家都如此的，不能自圓其說又如何能自立學說。總之，要站在韋昭所處的時代辨證地看韋解《國語》，後世所云其不足，而未必是其當時之不足。不可否認韋解有錯處、牽強處，有與前代大家不合者亦屬正常，所謂瑕不掩瑜，我們一方面要用當時的學術來審視《國語》韋注，肯定其優點，一方面要用發展的眼光來研究韋注，解決因時代和語言發展造成的問題，讓今後淺聞初學之人依然能讀懂這部文獻。

"成一家知名學"並非韋昭注書主觀刻意要達到的目的，其注解能緊緊圍繞《國語》文本，說解的同時，讓這部史著的內容更加豐滿，結構更加立體化了。

第二節　《國語》韋注的學術貢獻

　　《國語》韋昭注是體例完備、特點鮮明的史注，也是保存最完整的史注，具有很高的學術價值。本節主要依托韋注特點和學術價值，歸納其訓詁學和文獻學方面的貢獻。

一　訓詁學領域的貢獻

　　訓詁大約起源於三代的庠序之教，但並無具體的史料證實。春秋時期訓詁已行，《周語下》"晉羊舌肸聘周論單靖公敬儉讓咨"章記載晉國叔向到周王室聘問，單靖公依禮接待，宴席間談論《昊天有成命》這首詩。叔向解曰："昊天有成命，頌之盛德也。其詩曰：'昊天有成命，二后受之，成王不敢康。夙夜基命宥密，於緝熙！亶厥心，肆其靖之。'是道成王之德也。成王能明文昭，能定武烈者也。夫道成命者，而稱昊天，翼其上也。二后受之，讓於德也。成王不敢康，敬百姓也。夙夜，恭也；基，始也。命，信也。宥，寬也。密，寧也。緝，明也。熙，廣也。亶，厚也。肆，固也。靖，穌也。其始也，翼上德讓，而敬百姓。其中也，恭儉信寬，帥歸於寧。其終也，廣厚其心，以固穌之。始於德讓，中於信寬，終於固和，故曰成。"叔向使用的是典型訓詁方法，先說詩的中心思想，再解釋前三句的句意。後面幾句則訓釋每一個詞，最後總結詩意。《詩》在春秋政治生活中有著重要的地位，尤其在邦交往來的辭令中，通常多誦《詩》以明志。時人對《詩》的詮釋是訓詁學進一步發展的重要因素。春秋末私學興起，諸家傳授經典而訓詁勃興。注釋古書而應與官學和私學的教育發展相關。

　　注釋家首先是要通訓詁的，訓詁又是爲閱讀古書服務的。西漢經學家注書時尚未歸納訓詁的方式方法，東漢學者則有意識地歸納出訓詁的方式方法，影響到注書的體例。《國語》韋注的體例充分體現了兩漢時期的訓詁學成果。

　　在訓釋詞匯方面，有義訓，也有音訓。

　　1. 義訓　義訓，即不憑借字形、字音而直接注解詞義。其方式有直訓、界說等。

　　直訓是用同義詞或近義詞來釋義的一種方式。如《周語上》"穆王將征犬戎"章，韋注："懿，美也"、"允，信也"、"訓，教也"、"滋，益也"、"讓，譴、責也"。《晉語一》"優施教驪姬譖申生"章，韋注：

"慈，愛也"、"歿，終也"、"美，善也"、"釋，解也"、"假，借也"、"蓋，掩也"、"濟，渡也"、"奇，異也"、"險，危也"等。以上所列爲直訓。

界說即下定義，也稱義界。如《周語上》"内史過論神"章，韋注："矯誣，以詐用法曰矯，加誅無罪曰誣"、"信，再宿爲信"、"次，過信曰次"、"潔祀曰禋"等。《齊語》韋注："春田曰蒐"、"秋田曰獮"、"脛本曰股"、"高平曰陸"、"大陸曰阜"、"大阜曰陵"、"堇，溝上之道也"、"穀地曰田"、"麻地曰疇"等。以上所列爲界說。

義訓是《國語》韋注中最基本的注釋詞義形式，例不贅舉。

2. 音訓　音訓，就是因聲求義。古音相同、相近的詞往往意義相通，注釋家便利用這一特點來釋詞。

音同即先秦古音的聲母（也稱"声紐"）和韻部完全相同，釋字與被釋字是雙聲疊韻的關係。如《周語上》"芮良夫論榮夷公專利"章："夫王人者，將導利而布之上下者也。"韋注："布，賦也。"二字同爲古幫母魚部。同卷"内史過論神"章："國之將興，其君齊明衷正。"韋注："衷，中也。"二字同爲古端母冬部。同卷"内史過論晉惠公必無後"章："制義庶孚以行之。"韋注："義，宜也。"二字同爲古疑母歌部。《魯語下》"叔孫穆子諫季武子爲三軍"章："是以上能征下，下無姦慝。"韋注："征，正也。"二字同爲古章母耕部。《鄭語》"史伯爲桓公論興衰"章："計億事，材兆物。"韋注："材，裁也。"二字同爲古從母之部。以上爲同音相訓，二字同音同義。

音近即先秦古音聲母和韻部都相近或有一方相近。韻母有通轉、對轉或旁轉等關係，聲母或相同，或爲準雙聲、旁紐等情況。韋昭解《國語》也不乏此類訓釋詞義的例證。《周語上》"西周三川皆震伯陽父論周將亡"章："陰迫而不能烝。"韋注："烝，升也。"二字章書旁紐，同爲蒸部，疊韻。音近義同。《魯語下》"公父文伯之母論勞逸"章："晝而講貫，夕而習復。"韋注："復，覆也。"二字並滂旁紐，同爲覺部，疊韻。音近義同。又："夜而計過無憾，而後即安。"韋注："憾，恨也。"二字同爲匣母，雙聲，韻母文侵通轉。音近義同。《齊語》"管仲對桓公以霸術"章："參其國而伍其鄙。"韋解："參，三也。"二字心山準雙聲，同爲侵部，疊韻。音近義同。《晉語四》"重耳婚媾懷嬴"章："乃歸女而納幣，且逆之。"韋注："逆，親迎也。""逆"、"迎"二字同爲疑母，雙聲。韻母鐸陽對轉。音近義同。《楚語上》"伍舉論臺美而楚殆"章："遄者騷離。"韋注："騷，愁也。"二字牀心鄰紐，同爲幽部，疊韻。音近義同。

韋昭所用的義訓和音訓之法當然是後來學者歸納出來的說法，卻可見兩漢以來的訓詁傳統。韋注對文字的訓釋，有如字書，成爲文字學和訓詁學研究的重要參考。此外韋昭淺明易懂的注釋方式也初學者提供了治學經驗和便捷門徑。①

當然，從語言學角度看《國語》韋注的學術貢獻，也包括韋注對文本句意的梳理。通常簡明扼要，化含蓄爲清晰，補足內容，能兼顧上下文。這些在敘及韋注特點疏通文意的時候都已做了說明。

二　文獻學領域的貢獻

韋昭《國語》注的文獻學貢獻歸根結底還是體現在實際運用方面，即幫助初學者讀懂文獻文本，此外還有對後人注釋古書的影響。這里重點梳理這方面的意義。

《國語》韋注體例完備，爲後世注釋家提供了重要借鑒。上節對《國語》韋注的體例專門的歸納：訓釋文字、補充史實、梳理世繫、解名物、釋禮制、考地理、通天文、明律呂等均能以文本爲中心，眉目清晰，恰到好處；徵引文獻簡括，考證亦不繁瑣。宋庠評價其“成一家之名學”。彭益林認爲《國語》韋注是今天可見史注中最早的，其完備的體例爲後來注書者效法，具有承上啟下之功。我們據此可探知漢魏史注的概況，亦可知後世注釋體例之淵源。

《國語》韋注爲後世注書提供訓詁學的佐證。《四庫全書總目提要》云：“自鄭眾《解詁》以下，諸書並亡。《國語》注存於今者，惟昭爲最古。黃震《日鈔》稱其簡潔，而先儒舊訓亦往往散見其中。如朱子注《論語》‘無所取材’，毛奇齡詆其訓‘材’爲‘裁’，不見經傳，改從鄭康成‘桴材’之說，而不知《鄭語》‘計億事，材兆物’句，昭注曰：‘計，算也。材，裁也。’已有此訓，然則奇齡失之眉睫之間矣。此已見其多資考證也。”諸多爲經史等文獻作注的學者均引韋注《國語》中的訓釋來作爲旁證，如裴松之注《三國志》、裴駰《史記集解》、唐孔穎達《五經正義》，司馬貞《史記索隱》、張守節《史記正義》、李善《文選注》、李賢注《後漢書》、汪繼培《潛夫論箋校正》、郭慶藩《莊子集釋》、孫詒讓《墨子間詁》、汪榮寶《法言義疏》、朱謙之《老子校釋》、楊伯峻《列子集釋》、黃暉《論衡校釋》、王利器《新語校注》、詹鍈

---

① 彭益林：《淺談〈國語·韋注〉的特點和價值》，載《人大復印資料·歷史學》1982 年第 12 期。

《文心雕龍義證》、方詩銘等《古本竹書紀年輯證》、周天遊輯注《薛瑩後漢紀》以及《太平御覽》等。甚至一些字書韻書也采《國語》韋注。《國語》韋昭注是被人廣爲參考的史注，是注釋學中不可或缺的珍貴文獻資料。

從韋注徵引文獻的角度看，《國語》韋注徵引前賢之注，引書衆多，開史注集解之風，不能說對《史記》三家注、《漢書》顏注等史注沒有影響。韋昭注解《國語》對當時的儒家經典文獻幾乎都有取用。

徵引《春秋》經傳，客觀上使得《春秋》經傳與《國語》間的聯繫更加緊密。尤其是徵引《左傳》，以魯國十二公紀年爲《國語》所載的史實標注時間，以左氏所載史實來補足《國語》史實的內容，增加了《國語》的史學厚度。後世學者研究春秋史，對比二書的文字和史實，完善了對春秋史的整體認知。在互補互證中《國語》史料的重要價值得到彰顯。韋注爲《國語》確立史著的地位提供了有利的幫助。

徵引"三禮"，再現了周代部分禮制的內容和禮治思想，有助於理解歷史事件的因果，從而準確評判歷史人物及事件。韋注中對"禮"的注解和補充也使得《國語》具有了禮學的色彩。韋注拓寬了《國語》文本中的禮治空間，準確地傳達出編撰者對禮治的反思和眷戀，凸顯了《國語》所承載的禮治教化功用。當然，我們也能在《國語》中找到可信度極高的史料，有些甚至是獨一無二的珍貴史料。

徵引《易》、《書》、《詩》、《論語》、《孝經》、《爾雅》等儒家經典文獻以及《世本》，都是疏通文意的需要，也爲注釋立憑據、溯淵源，以增加注釋的可信度和權威性。

韋注參考鄭衆、賈逵、服虔、唐固、虞翻等人的注釋，也因此保留了極爲珍貴的佚注。清人馬國翰、汪遠孫、黃奭、王謨、蔣曰豫、王仁俊等都據《國語》韋解輯得鄭衆、賈逵、服虔、唐固、虞翻等人的佚注，爲研究韋注之前的這些注釋以及漢注的整體風貌提供資料參考。

《國語》韋昭注釋語言簡練嚴謹，繼承漢注傳統，也垂範後人。《漢書·藝文志》六藝敘言及學者習五經"說五字之文，至於二三萬言"。顏師古注曰："言其煩妄也。桓譚《新論》云秦近君能說《堯典》，篇目兩字之說至十餘萬言，但說'曰若稽古'三萬言。"[1] 顯然在不必要的問題上浪費筆墨是不可取的，注釋提倡簡練。韋昭繼承了兩漢經學家注釋簡練的傳統，並不針對《國語》文本體現出來的禮治、重民、正名等儒家思

---

① （漢）班固撰，（唐）顏師古注：《漢書》，中華書局 1962 年版，第 1723—1724 頁。

想在注釋中作繁瑣的闡釋，只是詁訓和疏通文意。有些篇章涉及較多的禮制、世繫、職官、天象、占卜等問題，韋昭的注語也保持一貫的簡練風格，不做無關的解說。

此外，《國語》韋昭注也具有一定的史料價值。因韋注徵引廣博，所以爲我們提供了大量内容豐富的史料，包括歷史史實、禮儀制度、世繫、占卜、天文、音樂等資料。這些史料不但爲注釋《國語》正文提供補充，助研讀者理解文本，而且也加強了與文本所載資料的縱向聯繫，爲進一步研究提供便利。

綜上所述，《國語》韋注在訓詁學和文獻學領域有較大的學術貢獻。文獻學領域的貢獻多是體例上爲後世注書提供的借鑒。就徵引儒家經典文獻、前人注釋等方面來看，則對《國語》文本又有著更深層的影響。《國語》在思想上基本與後來的儒家思想一致，韋注中隨處可見的儒家經典文獻的影子，也間接地抬高了它的地位，因此我們認爲視之爲"春秋外傳"、"六經之流，三傳之亞"，① 有一定的道理。今天不少學者反對《國語》"春秋外傳"之稱以及其準經典地位，若能將韋注的作用也考慮進去，或許會有新的認識。割裂韋注與《國語》文本之間的血肉聯繫，就不能很好理解《國語》編撰的意圖和韋昭作注的初衷。

全面客觀研究和評價《國語》韋解，重視其學術貢獻，才能更好地利用《國語》。

---

① （唐）劉知幾撰，（清）浦起龍釋：《史通通釋》，上海古籍出版社 1978 年版，第 14 頁。

第五章 《國語》其他注本

史書記載爲《國語》作注釋的學者主要有東漢的鄭衆、賈逵、服虔，三國吳唐固、虞翻、韋昭，魏王肅，西晉的孔晁等。據錢大昕《補續漢書·藝文志》和侯康《補後漢書·藝文志》載，唐以前尚有東漢楊終《改定春秋外傳章句》。侯康《補三國志·藝文志》載三國魏孫炎也有《春秋外傳國語注》。《魏書·劉芳傳》載北魏劉芳撰韋昭注《國語音》。但楊終、孫炎的注和劉芳的音都沒能保留下來。韋注之前鄭衆、賈逵、服虔、唐固和虞翻以及同時期的王肅、稍晚的孔晁等人的注也都先後亡佚，到北宋官家目錄所見就只有韋昭注了。上一章介紹了韋昭注，本章根據所見的文獻資料，簡單介紹一下其他注本的情況。

第一節 漢、三國和晉代的《國語》注本

這一時期除了韋昭注外，《國語》的其他注包括東漢鄭衆、賈逵、服虔和楊終的注，三國吳唐固、虞翻和魏王肅、孫炎的注，晉孔晁的注。楊終和孫炎的注亡佚更早，也不見於輯佚書。其他人的注，尚有清人輯佚所得，當今學者也開始研究這些輯注。

一 後漢鄭衆《春秋外傳國語章句》

鄭衆（？—83），字仲師，河南開封人。父鄭興，初習學今文經學，後轉古文經學。鄭興爲人忠信正直，不喜讖緯之學。其師劉歆爲古文經學的代表人物。鄭衆授業於其父，是劉歆的再傳弟子。"從父受《左氏春秋》，精力於學，明《三統曆》，作《春秋難記條例》，兼通《易》、《詩》，知名於世。"① 爲官也一如其父，有政績。曾作大司農，故後人稱之爲"鄭司

---

① （南朝宋）范曄：《後漢書·鄭范陳賈張列傳》，中華書局 1965 年版，第 1224 頁。

農"。侯康撰《補後漢書·藝文志》載鄭衆有《春秋外傳國語章句》。

《春秋外傳國語章句》即所謂的《國語》鄭注，可惜已經亡佚。清人有輯佚所得其注，但不足以窺見《國語章句》的全貌。然其名爲"章句"，或可推測一二。據傳孔子定詩、書、禮、樂，子夏發明章句，但章句之學，始于西漢。六藝焚於秦火，聖道師傳中斷，簡編訛缺，故學者不能得其本真，於是章句之學興。章句也是一種講解經書的方式，即以分章析句來闡述大義。如東漢王逸《楚辭章句》、公穀二家《春秋章句》和宋趙岐《孟子章句》等。兩漢講經的傳統則在於以訓詁通大義，不爲章句，則可知章句與訓詁有分別。章句重在分章析句，用其意傳，而非經之本旨，且言語枝蔓，多附會，流於煩瑣，以至於經義常常被割裂，不便於完整連貫地理解。鄭衆《國語章句》是否也有"章句"之弊，難以知曉。但分章析句的特點和不重詞義訓詁的特點應該具備。韋注徵引鄭注較少，只有 12 條。清人輯佚去其重復者得 20 餘條，從僅存的 20 餘條《國語》鄭注來看，具有漢代古文經學派注書簡明樸素的特點。

二　後漢賈逵《國語解詁》

賈逵（30—101），字景伯，扶風平陵（今陝西咸陽西北）人，東漢著名經學家。九世祖賈誼。和鄭衆一樣，賈逵之父亦師從劉歆，"父徽，從劉歆受《左氏春秋》，兼習《國語》、《周官》，又受《古文尚書》於塗惲，學《毛詩》於謝曼卿，作《左氏條例》二十一篇。"① 賈逵授業其父，也是劉歆再傳弟子。"弱冠能誦《左氏傳》及五經本文，以大夏侯《尚書》教授，雖爲古學，兼通五家穀梁之說。……尤明《左氏傳》、《國語》，爲之解詁五十一篇。"② 賈逵爲人磊落有節，睿智多思。明帝時獻《春秋左傳解詁》、《國語解詁》。章帝時賈逵多次爲帝言《古文尚書》與經傳《爾雅》訓詁相應，詔令撰歐陽、大小夏侯《尚書》古文同異。逵集三卷，帝善之。復令撰齊、魯、韓《詩》與毛《詩》異同，並作《周官解故》。章帝八年，授諸儒高才生《左氏》、《穀梁春秋》、《古文尚書》、《毛詩》，四經行世。在賈逵的努力下古文經學的地位得到了統治者的重視。賈逵爲人不拘小節，時人常以此譏之，故不至於大官。然學者宗之，後世稱爲通儒。

---

① （南朝宋）范曄：《後漢書·鄭范陳賈張列傳》，中華書局 1965 年版，第 1234 頁。
② 同上書，第 1235 頁。

《隋書·經籍志》載賈逵注《春秋外傳國語》二十卷，《後漢書》則云《國語解詁》，是爲賈注之《國語》。《國語解詁》最終亡佚於何時，不能確定。宋人陳彭年等修撰《廣韻》，孫奭爲《孟子》作注都曾徵引過《國語解詁》，但《宋史·藝文志》不見記載，說明到宋代賈注《國語》才逐漸亡佚。

諸家注本並存之時，似乎賈逵的《國語解詁》較韋昭的《國語解》更爲學界所重，這得益於賈逵經學的學術淵源和聲望，也或賈注重在訓詁，嚴謹博雅，韋注多於名物、制度、史事用心，更爲通俗淺易的緣故。據郭萬青統計，唐初李善《文選注》徵引《國語》賈逵注 188 條，引韋昭注 91 條。《慧琳音義》、《希麟音義》共徵引賈注 600 餘處 230 條之多。引韋注只有 2 次 2 條，且非《國語》注。[①] 清人《國語》諸家注本的輯佚成果中，也以輯得賈逵注最多。民國劉師蒼、劉師培有《國語賈注補輯》，有人稱乃舊注輯佚之大要，輯得 600 餘條。隨著語言的發展，韋注通俗淺易的優勢體現出來，大約中唐以後，韋昭注本成爲流傳最廣，影響最大的注本。

清人輯佚《國語》賈注所得最多，去其重復，有近 500 條。張以仁《國語舊注輯校》共整理出 481 條之多。這些注釋雖不足以還原《國語解詁》之原貌，亦能總結出賈注的特點。"解詁" 也稱 "解故"。"解"，分開，解開。"詁"，訓詁。用簡單通俗的語言來釋義。可知 "解詁" 側重於對詞語的釋義，以釋詞爲主，在需要的時候解句。韋昭《國語》注徵引賈注 69 條，多肯定借鑒其釋義。輯佚所見賈注《國語解詁》，多采釋詞，解句較少。韋注徵引，也多與唐注、虞注並引，於二者或三者之間有所取捨，或考辨諸家而有自己的結論。

三 後漢服虔注《國語》

服虔，生年不詳，大約在漢獻帝年間病逝。其主要學術活動在東漢末年，與鄭玄同時且有往來，是當時的大儒。《後漢書·儒林列傳》載："服虔字子慎，初名重，又名祇，後改爲虔，河南滎陽人也。少以清苦建志，入太學受業。有雅才，善著文論，作《春秋左傳解》，行之至今。又以《左傳》駁何休之所駁漢事六十條。舉孝廉，稍遷，中平末，拜九江太守。免，遭亂行客，病卒。所著賦、碑、誄、書記、連珠、九憤；凡十

---

① 郭萬青：《論〈國語〉版本暨〈古今韻會舉要〉引〈國語〉例辨證》，《人文中國學報》第 16 期，上海古籍出版社 2010 年版，第 480—481 頁。

餘篇。"① 寥寥百字介紹服虔學術生平，不見其關於《國語》注的說明。也不見正史《藝文志》的記載，韋昭《國語》注也無徵引，然在清人的輯佚書如汪遠孫的《三君注輯存》中可見 11 條，分別采自《周禮疏》、《詩正義》和《儀禮疏》。張以仁先生認爲唐人的注疏中可見，服虔注《國語》應該是有的。大概是附於《左傳》注之後。因爲服注《左傳》三十一卷，較賈逵、王肅、董遇、杜預等人的《左傳》注多出一卷。這一卷當爲《國語》注。②

經張以仁先生考證，這 11 條輯注所言之事，皆出自《國語》，不涉及《左傳》和《漢書》，且唐人所引多處於孔晁、韋昭等《國語》注連言，所以是服虔注《國語》無疑。這 11 條服注，不直接釋義和解句，多以補充說明爲主。服注的這種注釋方式，與韋昭以釋詞來疏通文義的注釋宗旨似有不合，不被徵引也就可以理解了。

四　三國吳唐固注《春秋外傳國語》

唐固（？—225），字子正。生年無可考，大約在東漢桓帝元嘉至永壽年間，即公元 151—155 年間。漢末三國吳人，曾居丹陽（浙江安吉西北）。陳壽《三國志》無其傳，只在闞澤傳中提及。曰："澤州里先輩丹楊唐固亦修身積學，稱爲儒者，著《國語》、《公羊》、《穀梁傳》注，講授常數十人。權爲吳王，拜固議郎，自陸遜、張溫、駱統等皆拜之。黃武四年爲尚書僕射，卒。"③ 裴松之注引《吳錄》曰："固字子正，卒時年七十餘矣。"唐固德學兼備，有聲望。吳王孫權拜唐固爲議郎，掌顧問應對。黃武四年（225 年）任尚書僕射，爲尚書令佐官，掌少府文書檔案。故被稱之爲"唐尚書"。

唐固《國語》注，也不得久傳，清人馬國翰、汪遠孫等有輯注，去其重復，得 100 餘條。韋昭《國語》注徵引唐注最多，有 76 條。唐固同樣繼承了漢代以來的注書傳統，注釋中也徵引鄭注、賈注等。在釋詞解句方面有自己的優勢，也能提供更多的背景資料。韋昭徵引唐注也多采納其觀點，但對《國語》背景史料的補充則有商榷之處，有的注釋韋昭在徵引時直言"失之"、"誤矣"、"非也"。賈注與唐注的對比中韋昭多肯定賈注而否定唐注。如《魯語上》"夏父弗忌改昭穆之常"章："其禾札

① （南朝宋）范曄：《後漢書·儒林列傳》第六十九下，中華書局 1965 年版，第 2583 頁。
② 張以仁：《〈國語〉舊注範圍的界定及其佚失情形》，刊於《屈萬里先生七秩榮慶論文集》，臺北聯經出版事業公司 1978 年版。
③ （晉）陳壽：《三國志·吳書·張嚴程闞薛傳第八》，中華書局 1959 年版，第 1250 頁。

也"。韋注："不終曰夭，疫死曰札。"唐云："未名曰夭"，失之矣。《魯語上》"里革斷宣公罟而棄之"章："水虞於是乎講眾罶，取名魚，登川禽，而嘗之寢廟，行諸國，助宣氣也。"韋注："……是時陽氣起，魚陟負冰，故令國人取之，所以助宣氣也。《月令》：'季冬始漁，乃嘗魚，先薦寢廟。'唐云'孟春'誤矣。"《晉語三》"惠公改葬共世子"章："惠公即位，出共世子而改葬之。"韋注："共世子，申生也。……唐以賈君爲申生妃，非也。"

韋昭徵引唐注中與賈注並引的 30 多處，多兼取之。取之，是考辨之佐證。非之，是考辨以正是非。於當時是有意義的。

五 三國吳虞翻注《春秋外傳國語》

虞翻（約 164 年—約 233 年）字仲翔，漢末三國吳會稽余姚（浙江余姚縣西北）人。爲人性狂而剛直。陳壽《三國志·吳書·虞陸張駱陸吾朱傳第十二》載，虞翻初爲郡功曹，侍奉太守王朗。朗敗於孫策，策復命翻爲會稽功曹，後任富春縣長。曹操征虞翻爲司空，拒辭不受。魏文帝常爲翻設虛位，也足見其爲曹魏所重。虞翻明利害，得孫策信任。孫權嗣位，虞翻數以酒犯顏，其諫爭也構怨孫權，終遭流放至交州（今兩廣及越南北部）。古稀之年離世。陳壽評："虞翻古之狂直，固難免乎末世。"時人張紘有贊語云："虞仲翔前頗爲論者所侵，美寶爲質，彫摩益光，不足以損。"①

虞注《春秋外傳國語》二十一卷，與其他諸家注本並行至宋也散佚了，清代學者據韋昭《國語》注、《初學記》、《史記集解》、《水經注》、《玉海》、《後漢書注》、《左傳正義》等輯得 100 餘條，去其重復著得 50 條左右。韋昭徵引虞注 22 條，這 22 條中，只有 3 條是獨立徵引虞注的，剩餘的 19 條都是與賈注、唐注並引，韋昭有時以"虞注近之"直接肯定。50 餘條輯注中包括解釋名物、交代背景資料或提供相關信息。風格上與賈注、唐注頗同。

縱觀《國語》韋注，可知韋昭往往有針對性地集中於某處徵引三君注，②或恐恰是其前注者存在不同之處，才更有必要徵引諸家注來分析和澄清。

---

① （晉）陳壽：《三國志·吳書·虞陸張駱陸吾朱傳第十二》，中華書局 1959 年版，第 1320 頁。
② 三君爲賈逵、唐固和虞翻。

六　三國魏王肅《春秋外傳國語章句》

王肅（195—256），字子雍，東海郯（今山東郯城西南）人。三國魏著名經學家，今、古文經學並通，成"王學"一派。《三國志》將其生平傳記附於其父王朗之後，朗爲蘭陵侯，肅因襲其爵。王肅在魏歷經文帝、明帝、齊王曹芳、高貴鄉公曹髦四帝，多議時政。爲官端方規矩，能同時得曹魏和司馬氏集團的重視，然其人品仍爲人稱道。裴松之注引陳寔之語評其有"三反"，曰："方於事上而好下佞己，此一反也；性嗜榮貴而不求苟合，此二反也；吝惜財物而治身不穢，此三反也。"① 是對他比較準確而全面的評價，合於魏晉風度。

王肅善賈逵、馬融之學，而不喜鄭玄之學。其父王朗爲今文經學大家，賈、馬之學爲古文經學，肅今、古文兼長。東漢鄭玄通今、古文經學，遍注群書而成"鄭學"一派，其學風靡延及魏晉爲曹魏所重。王肅亦遍注群經，創"王學"一派，與鄭學抗衡。其學術也是在與鄭學的抗辯中進益。

王肅亦作《國語章句》二十二卷，此"章句"之任務，也在於分章析句。至宋亡佚。清人汪遠孫、黃奭等所輯王注甚少，去重復得 8 條。王肅與韋昭同時而分事魏、吳，彼此能否見到對方的《國語》注本，不得而知，也不見世人探討二注本的優劣。或許王肅是章句之學，更學術化，固守解經的謹嚴，缺少通俗淺近的解句，以至不能最終流傳下來。就僅存 8 條輯注與韋注比較來看，二者倒能夠互爲補充。如《周語中》"富辰諫襄王以狄伐鄭及以狄女爲后"章有："鄭，伯南也。"韋注徵引賈逵注、鄭衆注並引《左傳》指出鄭在男服，"南"通"男"，言不尊貴。王注："鄭伯爵而連男言之，猶言曰'公侯'，足句辭也。"王肅以爲"男"用來足句，也是一家之說。

七　晉孔晁注《春秋外傳國語》

孔晁，生卒年無可考。西晉名士，人稱"五經博士"，經學造詣深厚。據史書有限的記載，可知其主要活動在曹魏後期和晉武帝時期。主要負責文化、禮儀和祭祀等方面的事務。爲官直言敢諫，不懼犯帝之諱，上

---

① （晉）陳壽：《三國志·魏書·鍾繇華歆王朗傳第十三》，中華書局 1959 年版，第 423 頁。

以爲輕慢，但並不加以問罪。①《晉書》無本傳。

孔晁注《春秋外傳國語》二十卷並没有因爲比韋注晚出而流傳下來，和鄭注、賈注、虞注、唐注以及王注一樣最終亡佚了。《宋史·藝文志》無記載，亡佚的時間大約也在宋代。孔晁注本借鑒了賈注、服注、韋注等前人的注釋。清人馬國翰等人輯佚所得孔注共 140 餘條，去其重復得 60 條左右。

孔晁《國語》輯注數量雖然不多，卻能看出在釋詞和解句方面較爲全面的特點。釋詞上包括人物、職官、名物等内容，但不如韋注詳細。另一方面在涉及史實因果的注釋上，孔注的處理也非常得體，因果關係清楚，有的甚至要比韋注更明白。就有限的孔注來看，孔注還未能超出韋注，這或許是它不得久傳的原因。

以上七家注本，雖然亡佚了，但在《國語》的流傳過程中也起到了十分重要的作用，韋注正是在鄭、賈、虞、唐等前人之注影響下成爲集大成者。

第二節　明、清和民國時期的《國語》注本

兩晉到明、清之間尚有南北朝、隋、唐、宋、元各個時期。可以肯定的是晉、唐之間《國語》仍舊是賈、唐、虞、韋、王、孔等人的注本在流行，正史的《藝文志》或《經籍志》均有記載。唐敦煌寫本《國語》殘卷《周語下》有四十七處注文，無標注姓名。此外還有《國語舊音》一卷，雖名爲"舊音"，亦有闡釋意義處，但有似雞肋。北宋宋庠據唐《國語舊音》作《國語補音》三卷，補音重在從語音的角度來研究，雖然也有釋義的部分，並不占多數。《宋史·藝文志》又載魯有開《國語音義》一卷，不知其詳。元政府在圖書管理方面既有限制也有鼓勵的政策，出版業比較興旺，在這樣的大環境下《國語》韋注的流傳也便有了保障。明代《國語》刻本有兩種情況：一種能基本保持宋元刻本原貌，一種是經過重新編輯的刻本。前一種主要有弘治、正德、嘉靖和萬曆年間的刻本，後一種主要有分國而訂的張一鯤與郭相奎的别本《國語》二十一卷、

---

① （唐）房玄齡等《晉書·傅玄傳》言晉武帝詔玄等大膽進言曰："近者孔晁、綦毋蒜皆案以輕慢之罪，所以皆原，欲使四海知區區之朝無諱言之忌也。"杜佑《通典》卷一〇四《上書犯帝諱及帝所生諱議》載："晉博士孔晁上書犯帝諱，後自上又觸諱，而引詩書不諱，臨文不諱。有司奏以慢論。"

有鄭維嶽撰《新鍥鄭孩如先生精選國語旁訓便讀》二卷，此外還有萬曆二十八年（1600年）由楊氏同仁齋刊刻閔齊伋撰的《國語裁注》等。

清代爲《國語》作注者甚多，包括洪亮吉《國語韋昭注疏》十六卷、汪中《國語校文》一卷、姚鼐《國語補注》一卷、劉臺拱《國語校補》一卷、黃模《國語補韋》四卷、汪遠孫《國語三君注輯存》（三君爲賈達、唐固、虞翻）四卷、《國語發正》二十一卷、《國語考異》四卷、陳瑑《國語翼解》六卷、譚沄《國語釋地》三卷、王煦《國語釋文》六卷、董增齡《國語正義》二十一卷。清末民國時期有吳曾祺《國語韋解補正》、沈鎔《國語詳注》、徐元誥《國語集解》、葉玉麟選注《國語》等。學術筆記和學術札記主要有黃丕烈《明道本國語札記》一卷、姚鼐《國語補正》一卷、孔廣栻《國語解訂僞》稿本一冊、王引之《經義述聞》、俞樾《群經平議》、于鬯《香草校書·國語》、吳闓生《群書點勘·國語》等。

本節我們有選擇地介紹幾部明清時期有代表性的《國語》注本。

一　明代的《國語》注本

明代的典籍刊印較前代興盛，《國語》也出現了很多家刊本，但沒有對《國語》重新進行系統全面注釋的學者。下面介紹明代重新劃分《國語》卷次的本子和《國語》的精選本。

（一）張一鯤、郭相奎別本《國語》二十一卷

清人周中孚在《鄭堂讀書記》卷十九史部雜史類中記載此本。張一鯤和郭相奎取外傳之文，各分四國訂之，仍用韋注，增加了宋庠的補音，注於文下，中間多有脫誤。前有韋昭序、宋庠敘錄、張一鯤刻序、七條校補《國語》內容，後有萬曆乙酉新都吳肅卿（汝紀）跋。此本坊間多有翻刻。

（二）鄭維嶽《新鍥鄭孩如先生精選國語旁訓便讀》

鄭維嶽，卽鄭孩如。其精選古籍"便讀"是系列叢書，包括《左傳》、《國語》、《戰國策》和兩漢等史著的旁訓便讀，更像今天的選讀叢書。鄭維嶽撰二卷本《新鍥鄭孩如先生精選國語旁訓便讀》，由楊氏同仁齋刊刻於萬曆二十八年（1600年）。扉頁上標注有"國策直音旁訓便讀"字樣，疑爲"國語直音旁訓便讀"之誤。

鄭氏精選《周語》20章，《魯語》13章，《齊語》5章，《晉語》38章，《楚語》11章，《吳語》5章，《越語》6章。除《鄭語》外共計98章。每章文字自擬標題。正文共七行，爲大寬行，每行右各有小行爲旁

注，針對文中主要字詞給予訓釋。注語是對韋注的概括吸收，撮其要刪其繁者旁注之，語言簡潔。僅以開篇《謀父諫征犬戎》爲例，如旁訓"祭公謀父"，曰："食邑於祭字謀父。"[①] 注"先王耀德不觀兵"，於"耀"旁訓"明"。於"明德"旁訓"道化"。於"觀兵"旁訓"示威武"。[②] 均是對韋注的概括，更爲簡潔。

這種簡潔明瞭的旁訓形式，便於理解，且不割裂正文，保證了閱讀文字的連續性。這個精選本利於初學者閱讀，能起到引導入門之功。但不便於全面深入地把握《國語》的文本。

（三）閔齊伋《國語裁注》

《國語裁注》共九卷，明閔齊伋撰。萬曆四十七年（1619年）閔齊伋刻套印，共八冊。前有韋昭《國語解敘》，目錄定《周語》第一，《魯語》第二，《齊語》第三、《晉語上》第四、《晉語下》第五、《鄭語》第六、《楚語》第七、《吳語》第八、《越語》第九。有一段文字說明重新合並卷次的原因：

> 按漢志及隋唐經籍志或爲二十卷，或爲二十一卷，雖多割裂，於義無取也。春秋獨晉主盟爲久，事文繁多，今定自武公至懷公爲晉上卷，自文公至晉末爲晉下卷，而周及列國每爲一卷，又舊本取語中各章句首錄爲細目，尤爲無謂，今不復贅也。

正文寫有眉批，且多標注引文的作者，如柳宗元、汪道昆、穆文熙、孫應鰲、王慎中、王世貞、屠隆等。柳宗元的評語出自《非國語》，其他人的評說引自何書待考。所引多側重於對歷史史實的評價，也有針對行文的評價。如對"桓公自莒反于齊"一段，評曰："文氣快逸，錘煉之力少減，是戰國之濫觴。"評管仲對桓公問云："二百四十年大快之舉；二百四十年大快之文！"此外，正文中也常見"字法"、"文法"、"章法"字樣以示讀者應留意該處的遣詞用語、章法安排、爲文之法等。

注釋放在每篇之後，有來源於韋注的，也有不見於韋注的。

此外，還有姚江張金祥所藏四冊明版《國語》，也是閔齊伋所撰的

---

① 韋注：祭，畿內之國，周公之後也，爲王卿士。謀父，字也。《傳》曰："凡、蔣、邢、茅、胙、祭，周公之胤矣。"

② 韋注：耀，明也。觀，示也。明德，尚道化也。不示兵者，有大罪惡然後致誅，不以小小示威武也。

《國語裁注》，但書中無"字法"、"文法"、"章法"等標注，也無眉批。書後附有閔齊伋的序，云：

> 注《國語》者漢有鄭衆、賈逵，魏有王肅，吳有虞翻、唐固、韋昭，晉有孔晁。歷世久，多有散佚。其以全書傳者，獨韋氏解耳。弘嗣因鄭賈之精確，采虞唐之博贍，輯而成書，患不在寡，若之汰之，或有所未盡與？夫晈精確以了義，當不厭祥，期指點而會心，宜攬其要，竊不自量爲裁注如右。

通過對比可知此本與萬曆四十七年八冊版善本《國語裁注》同屬一個底本，但萬曆四十七年八冊版《國語裁注》沒有後序。我們推測張氏藏版大概爲重雕，重雕合並了冊數，又增加了閔齊伋的後序，所以時間上應是晚出，但不會很晚。

閔齊伋《國語裁注》在裁注的內容上更側重於對歷史事件和文學思想等方面的評價，更像讀書心得，在文本詞語注釋方面不夠細緻，用力不多。八冊套印本中關於《國語》行文的"字法"、"文法"及"章法"的點評，具有一定的學術性，可爲後世學者從文學角度研究《國語》提供參考。

二　清代、民國時期的《國語》注本

清代考據之學大興，校釋《國語》的學者衆多，且成果豐碩。其中，有補注者，即在韋注的基礎上再加注釋。如董增齡《國語正義》、吳曾祺《國語韋解補正》、徐元誥《國語集解》等。更多的是僅列《國語》的詞句和韋注而加以考辨的。如上文所列姚鼐《國語補注》、黃模《國語補韋》、汪遠孫《國語考異》、《國語三君注輯存》、劉臺拱《國語校補》、汪中《國語校文》、陳瑑《國語翼解》等。王引之、俞樾、于鬯、吳闓生等學術筆記或札記著作中的《國語》校注也是僅列《國語》詞句和韋注單獨考辨。沈鎔的《國語詳注》是重注性質，擇要注釋，相對簡略。

各家注本雖影響不同，但都爲後來學者的研究提供借鑒。我們僅就有代表性、影響較大的三個注本作簡要的介紹。

（一）董增齡《國語正義》

董增齡，字慶千，生卒年不詳。其籍貫有爭議，有人說是烏程人，我們認爲《國語正義》的序文稱"歸安董增齡撰"，可能是他本人的態度。《國語正義》是其重要著作，也是進一步研究《國語》韋昭注的重要著作。據郭萬青統計，韋注 5629 條，董增齡正義疏證 1425 條，其系統性在清代是無出其右的。①

董增齡感慨韋解《國語》孤行於天地之間大約一千五百餘年，卻沒有爲之作疏的人，於是發奮五年而成《國語正義》。他在書序中言：

> 宏嗣生於江南擾攘之秋，抱闕守殘，視東漢諸儒已非其時矣，其所解固援經義而與許、鄭諸君有未盡合者，依文順釋，義有難安。況墨守一家之說，殊非實事求是之心，用是采擷諸經舊說，間下己意，非求爭勝于青藍，不敢面諛夫鹿馬。……今銓釋韋解之外，仍援許、鄭諸君舊詁，備載其後，以俟辨章，譬導水而窮其源，非落葉而離其根也。韋解體崇簡潔，多闕而不釋。《史記》集解、索隱、正義及應劭、如淳、晉灼、蘇林、顏師古等家《漢書》注、章懷太子《後漢書》注，凡于馬、班正文采取《國語》者，各有發揮，或與韋解兩歧，或與韋解符合，同者可助其證佐，異者宜博其旨歸，並采兼收以匯古義。……國邑、水道以《漢·地理志》、《後漢·續郡國志》爲主，而參以《水經注》、《元和郡縣誌》、杜氏《通典》諸家，並列我朝所定府廳州縣之名，庶覽者了然。至於宮室器皿衣裳之制度，則孔、賈諸疏具存，止擷簡要，不事詳敘。②

序言中董增齡既指出了韋昭注的不足，又分析了存在不足的客觀原因。《國語正義》以公序本爲依托，先照錄韋解，然後作正義。更可貴的是大凡能在其他文獻的注釋中見到的韋昭佚注，以及鄭衆、賈逵、虞翻、唐固、王肅、孔晁等人的佚注，他都能盡量搜羅輯錄，用以充實韋解或者對比考辨。此外董氏還援引東漢許慎、鄭玄的詁訓，附在其正義之後。董氏還將前代注釋家對《史記》、《漢書》和《後漢書》中所引《國語》文字的注釋與韋注進行比較，本著"同者可助其佐證，異者博其旨歸"的原則全部收錄。他引用文獻中的內容，通常以自己的話重新概括，更易爲人理解。對《國語》中國邑、水道、宮室、器皿、服飾等名物，董氏也有考證。可以說《國語正義》集諸家注解所長，較之先其出現的那些注解更細緻全面，這是其進步之處。研究《國語》不能忽視這部著作。

---

① 郭萬青：《董增齡籍貫問題試探》，《唐山師範學院學報》2014 年第 36 卷第 3 期。
② （清）董增齡：《國語正義》，巴蜀書社 1985 年版，王利器先生珍藏原版光緒庚辰章氏式訓堂精刻本。

任何事物都不可能十全十美，《國語正義》也一樣，其不足也比較明顯。首先，正義中多徵引先秦兩漢的文獻，如《書》、《詩》、《禮》、《莊子》、《史記》等，對理解《國語》正文未能起到易懂的效果。徵引他注也多爲先秦兩漢的注解。吳曾祺云："董氏之書多徵引舊典，而于文義之不可通者，反忽而不及。似博而實略，似精而實疏。"① 其次，對韋注的一些史實，往往過分解釋，徵引衆多，往往近千字，對禮制和地理的解釋也往往幾百字，便又是"似博而實略，似精而實疏"了。其三，對韋解的正義有些是不必要的，究其原因或許是受前人不良注書習慣的影響，過分考據。另一方面也有其太重韋注而略文意的原因。最後，董氏正義在行文上略有粗糙之弊，很多時候隨意刪除韋注中的虛詞，也有抄寫文字倒錯的現象，如"我求懿德，肆于時夏。"則寫成"求我懿德，肆于時夏。"總的說來，作爲"疏"，還是極有層次的，其不足也並非吳曾祺說的那樣嚴重。如果能與其他版本比較來看，《國語正義》也是有其獨到價值的。

（二）吳曾祺《國語韋解補正》

吳曾祺（1852—1929），字翼亭，亦作詡庭，福建閩侯（今福州）人，晚號"漪香老人"，人稱"涵芬先生"。清末民初時期著名的文章學家、藏書家和訓詁學家。《國語韋解補正》完成於 1913 年。

《國語韋解補正》，也兼采各家。但與董增齡的《國語正義》相比，吳曾祺的韋解補正內容充實完備，一個主要的原因在於輯錄的資料更多。補正敘文曰：

> 余以暇日流覽諸家撰述，見其於《國語》一書，也時有箋疏，惜其寥寥無幾。獨高郵王氏，所得爲多。乃擇其說之合者，悉撰而輯之。其有不足，輒以己意謬爲附益。歲月既久，楮墨遂滋，因匯爲一編，名曰《國語韋解補正》。補者，補其所未備。正者，正其所未安。備且安，而是書之本末具矣。

這段文字說出了補正的緣由以及目的。吳氏所依據的《國語》底本是黃丕烈刊刻的明道本，參照公序本，各取所長。此外還參考黃丕烈校刊《國語劄記》、董增齡《國語正義》以及汪遠孫《國語發正》、《國語明道本考異》等。除了引文中提到的王引之《經義述聞》外，補正也采汪中、

---

① 吳曾祺：《國語韋解補正》，商務印書館印行民國 6 年版。

段玉裁、惠棟、洪頤煊、程瑤田、陳奐等通人之說，補韋解之所未備，正韋解之所未安。

補正一書箋注約有八、九百條，其中取自前人之說者在十之三、四，餘者爲出於吳氏己意。此外校對異本所得百餘條，統共在千條之上，可見其下了大功夫。吳曾祺的這本補正在當時應該是最爲詳盡的《國語》補注了。近人徐元誥指出這部著作的不足在於"詳此略彼，入主出奴。"其《國語集解敘例》對吳氏《補正》及其他清代學者的補注或校勘、詮釋的著作有一番評價。云：

> 後之學者有董氏《正義》，汪氏《考異》、《發正》，黃氏《劄記》，陳氏《翼解》，王氏《述聞》，俞氏《平議》，吳氏《補注》。用力勤矣，所得爲多，然詳此略彼，入主出奴，時可考見，蓋未薈集而折衷之，則無由劑其平而究其用也。①

徐元誥的觀點，有爲自己《國語集解》做宣傳的嫌疑。各人注釋的側重點不同，不宜強求面面俱到。我們主張對前人的成果批判繼承，惟其如此方能逐步完善一部著作的校注，利於我們理解編撰者的本意。

（三）徐元誥《國語集解》

徐元誥（1878—1955），字寒松，號鶴仙，江西吉水八都人，爲我國近代文字學家，曾主持編寫《中華大字典》。其《國語集解》，問世最晚，而集衆家之校勘成果，補韋之注，較前人所注更爲詳盡。傳文以明道本和公序本爲底本，參以群書，不乏己見，是一部學術價值極高的著作。

徐元誥的《國語集解》同樣匯集了前代注釋家的成果，是吳曾祺補注之後更爲詳盡完善的補注。《國語集解敘例》稱：

> 傳文以明道、補音二本爲據，擇其是者從之。其遺異脫衍，胥注句下。有依他說訂正者，仍列原文於《集解》，證以他說。注文以韋解爲準，字句僞者，胥依《考異》、《劄記》改正。有依他說改正者，於注中注明。韋解未采之三君注，間據《輯存》補入於《集解》。韋解訓僞，有說可易者易之，仍列韋解與《集解》，復引他說以解之。

---

① 徐元誥撰，王樹民、沈長雲點校：《國語集解》，附錄之徐元誥《國語集解敘例》，王樹民注云"按所列諸家皆《集解》所采取者，尚有沈鎔《國語詳注》，書中所采也多，而獨遺之。又吳氏之書爲《國語韋解補正》，此作《補注》，也爲小失。"中華書局 2002 年版，第 592 頁。

> 地名今釋，幾經考定，即用他說亦然。爲便於行文計，或不詳載書名，但非盡歷其境，倘有僞誤，諸待教正。傳文闕注，無說可采者，搜集他書補之。韋解訓僞，無說可易者，則附存鄙疑，聊資商榷。各篇分章，或同補音本，或同明道本，要視文義分合爲斷。

徐元誥兼取公序本和明道本之優長，並明確標注所采。如《周語中》"襄王拒晉文公請隧"章"余一人其流辟於裔土，何辭之與有！"集解："元誥按：明道本'流辟'下有'旅'字，又'與有'作'有與'，今俱依宋庠本。"《魯語下》"公父文伯之母別於男女之禮"章"祭悼子，康子與焉，酢不受，徹俎不宴。"集解："元誥按：明道本酢作'胙'，非。"公序本、明道本正文相同而學者考證爲誤，集解往往據某學者之說加以考辨而作定論。如《周語上》"內史過論晉惠公必無後"章"拜不稽首，輕其王也。"集解："各本'輕'作'誣'。韋解曰：'誣，罔也。'俞樾曰：'拜不稽首乃不敬，非誣罔也。'……元誥按：俞說是，今據依訂正。"《魯語下》"孔子論大骨"章"昔禹致群神於會稽之山，防風後至，禹殺而戮之。"集解："各本'防風'下有'氏'字。黃丕烈曰：'韋解防風是汪芒君之名，是"氏"字衍也。《史記》亦衍。'元誥按：《文選·思玄賦》李注引《國語》亦無'氏'字。下文'客曰防風何守也'，止作'防風'是無'氏'字甚明，今據刪。"《齊語》"夫爲其君勤也。"集解："各本'勤'作'動'，莊九年《左傳正義》引《管子》正作'勤'。洪頤煊曰：'"勤"字是。僖二十八年《左傳》注曰："盡心盡力，無所愛惜曰勤。"'元誥按：洪說是，今據以訂正。"《晉語二》"獻公問卜偃攻虢何月"章"袀服振振，取虢之旂。"集解："明道本'袀'作'均'，注同，內傳亦同。服注曰：'均服，黑服也。'陳璟曰：'服說失之。杜謂"戎事上下同服"是也，韋注正與杜合。《呂覽》作"初服"，"初"即"袀"之誤。劉逵注《吳都賦》亦作"袀"。'元誥按：《舊音》出'袀'，今從之。"這類的例證集解中較多。徐氏立足韋解，有與韋解不同之處，則會依據汪遠孫《考異》和黃丕烈《劄記》的結論。若按其他學者的考據則加以注明。韋昭未注出的部分，且無他說直接可取的，徐氏通常會搜羅他書補注。總而言之，集解的內容可謂搜羅廣泛，且更重文與義之間的關聯，可見集解的工作嚴謹務實。

　　《國語集解》行世比較晚，故而能輯錄更多的資料，既便於學者在閱讀和研究中比較辨別，又能啟人思考，從而更準確地領悟韋解，理解《國語》文本。這是它的優點。然而輯錄資料和考辨內容多也使得集解在行文上繁瑣，常常會因某個問題的考辨而割裂正文，導致閱讀和思考的思路被切斷。如《周語下》"柯陵之會"章"簡王十一年，諸侯會于柯陵"一句，徐元誥就"簡王十一年"大做文章，用了近 750 餘字加以解說，顯得沒有必要，若說需要也實在可以簡潔些。類似的注釋在同卷"王將鑄無射而爲之大林"一則中也屢見。各說雜陳，讀罷再看原文，思路斷矣。此類集解全書不少。王樹民先生指出徐元誥在集解的過程中存在著不足，他認爲《國語集解》的最大缺陷是編撰工作十分粗疏，多有文字的錯誤，更時有自相脫節、畫蛇添足，甚至無的放矢之處。此外，王樹民還指出也有不辨衍文而作集解的徒耗筆墨之處，於浪費筆墨之外，有時又過於簡澀，導致不知所指。還有其引用前賢之文多不著本名的、引述前賢之文時又多妄作刪改，導致失去原義的。①

我們認同王樹民先生的觀點，認爲除了以上的不足，我們從古漢語語法和訓詁以及句意的角度認爲"元誥按"的判斷，也略顯主觀輕率，有尚待斟酌之處。如《周語下》"柯陵之會"章"晉將有亂，其君與三郤其當之乎！"注曰："二'其'字疑衍一。"這裏的"其"字，兩個的用法都可解釋，第一個"其"，爲代詞，指代晉國。第二個"其"字，有推測的語氣，爲副詞。徐氏的解釋顯得主觀而有多餘，欠斟酌。《周語中》"王至自鄭，以陽樊賜晉文公"章"王以晉君爲德。"徐元誥注："明道、宋庠各本'爲'下有'能'字，今依董（增齡）本。"事實上，"王以晉君爲能德"的表述更爲恰切，此句實際上是"王以爲晉君能德"的語序。"能德"韋注"爲能布德行"，合乎文中語境和周王的內心活動。董本的句子可以變換爲"王以爲晉君德"，即有周王認爲晉君有德之義，沒有表達出天子認爲晉君"能夠"行仁德的意思。董本的底本也無外乎公序本和明道本，大概傳抄遺漏，不能成爲有力的依據。這類按語也不在少數，這裏只作簡單闡述，俟他日專門探討。

王樹民、沈長雲二位先生對《國語集解》進行了點校，每卷末均附有校記，注明對徐元誥本舛誤修訂的依據。依據的文獻較多，主要以《經義述聞》、《國語發正》、《國語韋解補正》等爲主，共計 1160 條。但其取捨的標準是否科學也有待考證。

儘管《國語集解》存在一些問題，但我們認爲，這個點校本應是目前研究《國語》最好的版本之一。

最後附帶列一些新中國以來最有影響的注本，以便入門學習。主要有

---

① 　參看王樹民《國語集解》前言，王樹民、沈長雲點校《國語集解》，中華書局 2002 年版。

傅庚生《國語選》、上海師範大學古籍整理研究所點校《國語》、薛安勤、王連生注譯《國語譯注》、董立章《國語譯注辨析》、黃永堂《國語全譯》、鄔國義等《國語譯注》、來可泓《國語直解》、陳桐生注譯《國語》等。

第三節 《國語》舊注輯佚

《國語》舊注，指的是除韋昭注之外鄭衆、賈逵、服虔、唐固、虞翻、王肅和孔晁等人的注，也包括韋注中所徵引的以"或曰"、"說云"等領起的不署姓名的注釋。舊注輯佚，是指對散見於他書注釋中的亡佚舊注加以搜集和整理的工作。清代大興輯佚之風，涌現出馬國翰、汪遠孫等一批學者，他們都有專門的《國語》舊注輯佚的成果。最早研究清人輯佚《國語》舊注的是張以仁先生，從 1971 年到 1981 年十年間，張先生先後發表八篇有關《國語》舊注輯佚的文章，在緒論當代學者《國語》注釋研究中有過介紹。其中《〈國語〉舊注輯校》六個部分收入 2010 年上海古籍出版社出版《張以仁先秦史論集》中。

一 清人輯《國語》舊注大略

《國語》舊注輯佚主要見於王謨《漢魏遺書鈔》、汪遠孫《國語三君注輯存》、馬國翰《玉函山房輯佚書》、黃奭《黃氏佚書考》、勞格《月河精舍從鈔》、蔣曰豫《蔣侑石遺書》和王仁俊《玉函山房輯佚書續編》等著作。勞格所輯數量最少，只有賈逵注 2 條，這里不單獨介紹。

（一）王謨：《漢魏遺書鈔·經翼》

王謨（約 1731—1817），字仁圃，又字汝上、汝糜，晚年自稱汝上老人。江西金溪臨坊（今南城縣沙洲鄉臨坊村）人。乾嘉時期著名文獻學家，長於考證辨偽，編撰輯佚。一生輯佚所得文獻分經、史、說三部而成《漢魏遺書鈔》。

所輯《國語》舊注，包括賈逵注和唐固注。唐固注包含在賈逵注之中。筆者依據國家圖書館出版《〈國語〉研究文獻輯刊》所采清嘉慶三年（1798年）刻《漢魏遺書鈔》本（漢賈逵撰、清王謨輯《國語注》一卷）進行統計。王謨於序錄中盡述輯得賈注所據之文獻和數量，如下：

據《國語》韋注輯 81 條、據《文選》注輯 90 條、據《史記集解》輯12 條、據《後漢書》注輯 3 條、據《經典釋文》輯 3 條、據《藝文類聚》

輯 1 條、據《北堂書鈔》輯 7 條、據《初學記》輯 1 條。共計 198 條。

張以仁先生統計爲 200 條，郭萬青統計爲 197 條。造成統計不一致的情況或許所據的版本不同之故。

王謨輯得唐注所據文獻爲《國語》韋注、《史記集解》和《藝文類聚》。序錄稱約 30 餘條。張以仁先生統計爲 45 條，郭萬青統計爲 37 條。筆者統計爲 43 條。其中明確標注出處的有 23 條，包括《國語》韋注 14 條，《史記集解》8 條，《藝文類聚》1 條。餘者皆無標注。

（二）汪遠孫：《〈國語〉三君注輯存》

汪遠孫（1789—1835）字久也，號小米，又號借閑漫士，浙江錢塘人。清代著名學者。汪遠孫盡讀其家"振綺堂"所藏之書，又勤於著書、刻書和藏書。編有《振綺堂書目》、《借閑小築藏書目錄》，刊刻《咸淳志》、《臨安志》、《東城雜記》等。著《詩考補遺》，《漢書地理志校勘記》、《國語考異》、《國語三君注輯存》、《國語發正》、《三家詩考證》、《世本集證》等。

《國語三君注輯存》是輯佚性質的著作。"三君"指的是賈逵、唐固和虞翻。筆者依據的是道光丙午閏五月振綺堂汪氏刊藏本，統計汪氏輯佚所據文獻有《國語》韋注、《國語舊音》、《國語補音》、《儀禮注》、《周禮注》（杜子春）、《史記集解》、《史記正義》、《史記索隱》、《禮記正義》、《詩正義》、《左傳正義》、《書正義》、《儀禮疏》、《易釋文》、《文選注》、《北堂書鈔》、《一切經音義》、《初學記》、《太平御覽》、《唐類函》鈔本、《周禮疏》、《公羊傳疏》、《論語疏》、《孟子疏》、《荀子注》、《列子釋文》、《水經注》、《楚辭正義》、《後漢書注》、《通典》、《開元占經》、《玉篇》、《爾雅釋文》、《廣韻》、《通鑑注》、《玉海》、《元和郡縣志》等 37 部。郭萬青統計還有《藝文類聚》、《經典釋文》和《左傳釋文》3 部。

共輯得鄭衆注 6 條、賈逵注 339 條、服虔注 11 條、唐固注 92 條、虞翻注 38 條、孔晁注 45 條。

張以仁先生統計鄭衆注 5 條、賈逵注 322 條、王肅注 11 條、虞翻注 29 條、唐固注 77 條、服虔注 11 條、孔晁注 47 條、三君注 12 條、注曰 75 條、說云 13 條、或曰 1 條、呂叔玉 1 條。

郭萬青統計賈逵注 330 條、唐固注 89 條、虞翻注 37 條、鄭衆注 5 條、服虔注 10 條、孔晁注 47 條、王肅注 1 條、呂叔玉注 1 條、注曰 64 條、說云 10 條、或曰 1 條、或說曰 1 條、注《國語》者 1 條、《國語》曰 1 條、無標示 3 條。

（三）馬國翰：《玉函山房輯佚書·經編春秋部》

馬國翰（1794—1857），字詞溪，號竹吾。山東濟南歷城人。清代著名文獻學家、藏書家。馬國翰生平嗜書，所得薪俸，多用來置書，見有異本則親自手抄。馬國翰考證古籍之時痛惜多有散佚，遂致力於古籍輯佚工作。道光二十四年（1844年）成《玉函山房輯佚書》，全書分經、史、諸子3編，33類，皆爲宋以前已亡佚及久無傳本者，共收佚書594種，是我國最大的私家輯佚書，對古籍考證有極高的學術價值。

筆者所依據的版本是光緒九年長沙娜嬛館補校《玉函山房輯佚書》。《玉函山房輯佚書·補編·經編春秋部》輯有賈逵《國語解詁》二卷，鄭衆《國語章句》一卷，唐固《春秋外傳國語唐氏注》一卷，虞翻《春秋外傳國語虞氏注》一卷，孔晁《春秋外傳國語孔氏注》一卷。統計得：

1. 鄭衆《國語章句》5條。所據文獻有《國語》韋注、《詩正義》。

2. 賈逵《國語解詁》270條。所據文獻有《國語》韋注、《國語補音》、《春秋左傳正義》、《書正義》、《文選注》、《一切經音義》、《史記集解》、《史記索隱》、《後漢書注》、《開元占經》、《初學記》、《列子釋文》、《通志》、《北堂書鈔》、《玉篇》、《經典釋文》、《太平御覽》、《集韻》、《廣韻》等19部。

3. 唐固《春秋外傳國語》94條。所據文獻有《史記集解》、《國語》韋注、《國語補音》、《詩正義》、《後漢書注》等5部。郭萬青統計尚有《文選注》和《太平御覽》2部。

4. 虞翻《春秋外傳國語》37條。所據文獻有《國語》韋注、《初學記》、《禮書》、《春秋左傳正義》、《史記集解》、《水經注》、《後漢書注》等7部。

5. 孔晁《春秋外傳國語》37條。所據文獻有《國語補音》、《春秋左傳正義》、《經典釋文》3部。

張以仁先生統計馬國翰輯得鄭注5條、賈注267條、唐注94條、虞注36條、孔注45條。

郭萬青統計鄭注5條、賈注277條、唐注94條、虞注36條、孔注38條。

（四）黃奭：《黃氏佚書考·子史鉤沉》

黃奭（1809—1853），字右原，江蘇甘泉（今江蘇揚州）人，清代輯佚家。師從著名學者江藩，專門研究經學，晚年又以阮元爲師。黃奭一生致力於古書輯佚事業，共輯得古代書籍近三百種。與馬國翰並稱輯佚兩大家。除輯佚外，在音韻學、訓詁學、目錄學、校勘學諸方面都有獨到的見解。其《黃氏逸書考》是輯佚方面重要的著作。此外還編刻有《清頌堂叢書》、《漢學堂叢書》和《漢學堂知足齋叢書》等。

筆者所據爲民國二十三年江都朱氏《黃氏逸書考》。《黃氏逸書考·子史鉤沉·史部·雜史類》輯得：

1. 鄭衆《國語》注 30 條。所據文獻有《國語》韋注、《文選注》。案黃氏認爲韋昭所謂三君指鄭衆、賈逵和唐固，所以在《國語》韋注中輯得全部"三君注"12 條，認爲包含有鄭衆注。汪遠孫認爲三君是賈逵、唐固和虞翻，不包括鄭衆，通常學界認同汪遠孫的說法。另外，黃氏也認爲韋注中"說云"卽三君之說，故輯得含韋注中"說云"12 條。三君不包括鄭衆，"說云"未必是三君之說，所以黃氏所輯鄭注的數量實際上就只有 6 條。

2. 賈逵《國語》注 200 條。所據文獻有《國語》韋注、《文選注》、《史記集解》、《史記索隱》、《後漢書注》、《藝文類聚》、《北堂書鈔》、《周易釋文》、《書（舜典）疏》、《公羊釋文》、《爾雅釋文》、《初學記》等 12 部。

3. 唐固《國語》注 105 條。所據文獻有《史記集解》、《初學記》、《太平御覽》、《國語》韋注、《國語補音》、《禮記正義》、《文選注》、《詩正義》、《孟子疏》等 9 部。

4. 虞翻《國語》注 31 條。所據文獻有《國語》韋注、《初學記》、《史記集解》、《水經注》、《玉海》等 5 部。

5. 王肅《國語章句》8 條。所據文獻有《左傳正義》、《史記集解》。

6. 孔晁《國語》注 56 條。所據文獻有《國語舊音》、《詩正義》、《太平御覽》、《左傳正義》、《禮記正義》、《周禮疏》等 6 部。

（五）蔣曰豫：《蔣侑石遺書》

蔣曰豫（1830—1875），字侑石，陽湖人。咸豐、同治中出任過雞澤、元氏、蔚州知縣。爲學踏實，長於音韻訓詁，爲官之暇，撰述不輟。在遺書詁訓和古書輯佚方面卓有貢獻。有《問奇室集》和《蔣侑石遺書》十六卷。

筆者依據的是清光緒三年（1877 年）蓮花書局刊刻本《蔣侑石遺書》。《蔣侑石遺書·滂喜齋學錄》卷七《國語賈景伯注》，附有鄭衆、虞翻、唐固和孔晁輯注。輯得：

1. 鄭衆注 22 條。所據文獻有《國語》韋注、《左傳正義》。

2. 賈逵注 242 條。所據文獻有《國語》韋注、《左傳正義》、《尚書正義》、《周禮疏》、《文選注》、《初學記》、《一切經音義》、《太平御覽》、

《爾雅釋文》等 9 部。

3. 唐固注 67 條。所據文獻有《初學記》、《國語》韋注、《左傳正義》等 3 部。

4. 虞翻注 25 條。所據文獻有《國語》韋注、《左傳正義》、《一切經音義》等 3 部。

5. 孔晁注 17 條。所據文獻有《詩正義》、《太平御覽》、《左傳正義》等 3 部。

（六）王仁俊：《玉函山房輯佚書續編》

王仁俊，晚清著名歷史學家，敦煌學研究的開山之人。文獻輯佚方面的主要著作爲《玉函山房輯佚書續編》。

《玉函山房輯佚書續編》中，王仁俊依據《玉篇》和《姓解》輯得賈逵注 106 條，依據《姓解》輯得虞翻注 1 條。

以上諸家輯佚所得，我們經過比較，歸納如下：

鄭衆注，有馬國翰和黃奭的輯本。蔣曰豫所輯賈注中附有鄭注。馬、黃、蔣三家輯得的鄭注有相同的，也有對方沒有的。黃奭最多，30 條左右，認爲"三君"云和"說云"也包括鄭注的就有 24 條。馬國翰則僅輯得 5 條。

賈逵注，王仁俊從《玉篇》輯得 103 條，從《姓解》輯得 3 條，大部分爲王謨、馬國翰、蔣曰豫等所無。勞格據《文選》輯得賈注 2 條，不見於汪遠孫的輯本。蔣曰豫所輯錄的賈逵注《國語》，多與黃、馬有重復者。①

服虔注僅見汪遠孫《國語三君注輯存》，其他人則未有輯得。

唐固注，多來自韋昭的注本，馬國翰和黃奭都采輯百條左右，互異者較少。另外，王謨和蔣曰豫輯賈注也附有唐固注，比較簡略。《古逸叢書》有影印日本舊鈔卷子本《玉燭寶典》，其中有諸家所未見的唐固《國語》之注。

虞翻、孔晁的注，可見於黃奭《黃氏逸書考》和馬國翰《玉函山房輯佚書·補遺·經編春秋類》。

王肅注也僅見於黃奭所輯的 8 條，輯得的最少。

此外，郭萬青《小學要籍引〈國語〉研究》引言還介紹了其他學者對《國語》舊注的輯佚情況。包括劉師蒼、劉師培著《國語賈注補輯》，據《一切經音義》輯得賈逵注 600 餘條，去其重復得 200 餘條。日本學

---

① 見孫啟治、陳建華編《古佚書輯本目錄（附考證）》一書，中華書局 1997 年版，第 155 頁。

者新美寬、鈴本隆一《本邦殘存典籍による輯佚資料集成》據《原本玉篇》、《玄應音義》、《慧琳音義》、《希麟音義》、《漢和年號字抄》、《文選注》、《令集解》、《五行大義》、《法華經》並《法華經釋文》、《三教指歸覺明注》、《切韻》和《中論》等文獻輯得賈逵注 350 條，據《玉燭寶典》輯得唐固注 15 條、孔晁注 9 條。①

以上清代六家和劉師蒼、劉師培以及日本學者所輯《國語》舊注，爲我們閱讀《國語》提供更多的注解，在這個過程中亦可以窺探漢魏晉等學者對《國語》的不同解讀，利於我們全面理解原著。

二 研究《國語》舊注輯佚的意義

古籍文獻爲什麼要輯佚，並不僅僅因爲古籍文獻亡佚太多需要搜集整理，更重要的是通過輯佚的過程來盡可能補充史料和還原前人的學術研究成果。《國語》舊注輯佚工作將後漢和魏晉時期學者亡佚的《國語》注解從浩如煙海的文獻中整理出來，對了解他們研究《國語》以及探討輯注之間的關係有著積極的意義。

首先，清人的《國語》舊注輯佚，一定程度上彌補了後漢、魏晉時期諸家《國語》注釋散佚後的空缺，爲我們全面研究那個時期《國語》注釋的學術源流提供了重要的資料。

正是通過研究舊注，我們比較全面具體地了解到後漢、魏晉學者對《國語》注釋的大致情況，探討注釋的角度，感知諸家注解之間的聯繫，彼此的優劣，窺見他們對《國語》文本的不同解讀，以此與韋注對比，盡可能達到了對文本的精確理解。

鄭衆、賈逵、服虔、唐固、虞翻、王肅、孔晁等漢魏的經學家們都研習過《左傳》，有的甚至還爲《左傳》做過注，以這樣的學術積澱來爲"春秋外傳"《國語》作注，勢必事半功倍。他們對《國語》的解讀不可避免地會受到《左傳》的影響。韋注亦重點以《左傳》爲注釋《國語》的依據，相互對比能發現他們對具體歷史事件認識上的異同。此外，舊注對具體的禮儀制度和具體詞句注釋與否、如何注釋也能看出他們對《國語》文本的理解情況，對比韋注能讓我們有新的理解和啟發。韋注與諸家不合者，參考諸家也能發現韋解是否恰切。韋注所無之說，諸家則可彌補之，以全其說。

---

① 郭萬青：《小學要籍引〈國語〉研究》，刊於《古典文獻研究輯刊》十八編第 10、11 冊，花木蘭文化出版社 2014 年版。

　　另一方面，從舊注的形式和方法上也能夠看出先於韋注諸家的注釋體例對韋昭注釋《國語》整體結構和方法的影響，也讓我們在諸家舊注的對比中體會到韋注的全面精審的優勢和“依文順釋，義有難安”①的不足。

　　其次，研究舊注，能掌握各家注釋的大致特點，進而較全面地了解後漢、魏晉時期史注的整體風格。

　　漢魏時期很多經書的注釋保存下來了，歷史著作的注釋則較少流傳。《國語》韋注和杜預《左傳》注是保存最完整的史注。但史注和經注並不相同。二者同樣詁訓語詞，疏通句意，但史注總體上並不需要作闡述經義方面的引申，只需將文本涉及的背景和典章制度等注解清晰即可。但爲史書作注往往會受到經書注釋或爲經書作注經驗的影響，各家的側重點就會有所不同。鄭衆、賈逵的學術源於劉歆，於詁訓方面踏實嚴謹。某種意義上講三國時期的注釋也是漢注，虞注、唐注都徵引鄭注和賈注，但虞注不泥於前注，不乏考辨。唐注則嚴謹不足，略顯輕率，故韋注徵三君之注，常見其否定唐注者。王肅之注，所見者少，而其學術多貫穿與鄭學駁辨，故《國語》之詁訓往往受鄭學左右。孔晁之注雖爲後出，多借鑒韋注，難有突破。輯注和韋注的狀況整體反映了後漢至魏晉時期學者對《國語》注解的概貌。諸家各有特色，各有短長，但終是漢注風格。

　　第三，《國語》舊注匯聚了後漢、魏晉時期詁訓的精華，被後人注疏轉引，足見其在文字、音韻、訓詁方面的權威性。也爲後世研究語言的發展變化提供語料佐證。

　　許慎在賈逵等前人注釋經傳的基礎上搜集整理而成《說文解字》，確立了古文經學訓詁方面的權威性。漢注（包括魏晉注）也因此成爲後世注書廣爲徵引的佐證。《國語》舊注散見於小學要籍、類書、儒家等諸子經典注疏以及佛經音義等。一方面在注釋的過程中有權威性，另一方面也能窺見某些詞匯在語音、詞匯和語法發展的脈絡，對後世研究上古漢語、中古漢語乃至近古漢語之間的淵源起到了資料上的佐證作用。

　　當然，我們還不能從《國語》舊注輯佚的情況來推測賈逵等七家舊注的整體面貌，這七家注釋，後出者借鑒並徵引前注，但畢竟數量有限，所以難說孰優孰劣。

　　各家輯本，優劣不同。王謨所輯，以賈逵注爲主，附帶 40 餘條唐注。前有序錄，正文輯注部分沒有按照《國語》二十一卷來結構，但條目清

---

　　① 董增齡：《國語正義序》。

楚。有97條賈、唐之注未標出輯得出處，未免過多。汪遠孫《國語三君注輯存》四卷，蒐求略廣，名爲“三君”，實則多家，多家混雜，是其結構的缺憾。所輯舊注豐富超過他書，也還有遺漏，難稱盡善。唐《慧琳音義》中引賈注數百條，汪氏並未輯錄。民國劉師培有《國語賈注補輯》一書，人言舊注輯佚之大要，惜不得見。馬國翰能吸收前人輯佚經驗，按人輯佚，各自成卷。黃奭、蔣曰豫和王仁俊等在編輯整理上於馬國翰同，雖有新得，但數量不多，而從輯佚工作上看，似乎缺少馬國翰的嚴謹。

當代中國臺北學者張以仁對馬國翰、王謨、黃奭、以及汪遠孫等人所輯舊注歸納了八條舛亂之事。因篇幅所限，這裏僅錄其條目而略其例證。卽有非賈注而以爲賈注者、有以他書之文爲《國語注》者、有本無其注而杜撰者、有錯認資料而誤屬者、有數訓系於一語者、有選擇資料標準不一者、材料歸屬，諸書也多歧異、有傳無注者等等。可見舊注輯佚，也需要認真辨其僞誤。基於此，張先生“匯采諸家之成書，廣搜古籍之散佚。比同別異，勾殘補闕，正僞訂誤，以成《國語舊注輯校》六篇。”[1] 對《國語》所輯舊注的整理作出了極大的貢獻。了解《國語》的舊注輯佚問題，張以仁先生的文章是重要的參考。

---

[1] 見張以仁《國語舊注輯校序言》一文，發表於《歷史語言研究所集刊》1969年第41卷第3期。

第六章 《國語》與相關文獻的關係

我們研究西周、春秋時期的歷史史實，考查周禮離不開《國語》，研究《春秋》經傳也離不開《國語》，這是由《國語》的内容決定的。《國語》的内容對後世一些文獻也有著重要的影響，成爲這些文獻編撰的重要參考。有的文獻與《國語》的史料誰借鑒誰的問題出現爭議，如《管子·小匡》篇與《國語·齊語》之間。有的文獻借鑒《國語》則不明顯，如《越絕書》。也有的文獻借鑒是十分明顯的，如《史記》、《吳越春秋》等。不同文獻對《國語》史料的借鑒情况不同，存在的問題自然也不同。本章我們嘗試探討《國語》對這些相關文獻影響。

第一節　《國語·齊語》與《管子·小匡》的關係

《管子》一書，並非管子所著，也非一人一時之筆。大多數篇章作於戰國時期，最晚疑似西漢初年完成。從西晉傅玄到北宋蘇轍、南宋葉夢得、葉適等都持此論。朱熹認爲《管子》之書太雜，管仲當無暇著書，著書者應是不被任用之人，恐怕是戰國時人整理管仲當時行事言語之類的資料編著而成。也有人認爲其書半爲稷下大夫坐議泛論，半爲商鞅、韓非、李斯等戰國法家之流借名《管子》而行。就《内言》"三匡"的史料年代，據羅根澤先生考證《大匡》爲戰國人作，有采自《左傳》的内容。《中匡》篇幅較短，疑似戰國人作。《小匡》則爲漢人所作。但這是羅根澤先生一家之言，質疑和反駁者甚衆。

《國語·齊語》與《管子·小匡》在文字上大同，語言上各有繁簡，在結構上小異，内容上《小匡》略多。學界對二者史料上孰先孰後、有無聯繫一直說法不一，至今尚無定論。

一 《齊語》與《小匡》關係之成論

唐孔穎達認爲《管子》爲根本。曰："外傳《齊語》與《管子》大同，《管子》當是本耳。"① 南宋葉適也認爲《國語》源自《小匡》，乃是《國語》的作者理順了《管子》"三匡"篇（《大匡》、《中匡》和《小匡》）雜亂重復的文字"削除以就簡一"而成《齊語》。② 清董增齡《國語正義》序云："《齊語》一篇皆《管子·小匡》篇之辭，《管子》遠出《左氏》之前，必不預知《國語》之文而襲之，竊疑《齊語》全亡，而後人采《小匡》以補之與？"古人的表述都是未經過論證的推測性的結論。

顧頡剛先生因《史記》不采《齊語》的內容，推測《左傳》和《史記》的作者所見之《國語》並非今本《國語》，材料應該較今本更多。他認爲司馬遷生活的漢武帝時期應該還沒有《齊語》，但不代表其他文獻無其文。《齊語》中的內容當存於《管子》。《管子》爲子書，不足爲史料徵信，故司馬遷不采。再者，《齊語》中管仲提及士、農、工、商"四民不雜處"，他認爲春秋時期士都是爲國奔命的武士，本來就不與農、工、商三類庶民等列。戰國時期士才成爲游手好閒的文士而與庶民同列。斷言《齊語》爲戰國時期文字，是從《小匡》篇重抄而來，以彌補《國語》的不足。③ 他認爲"編《國語》的人就把《小匡》一篇略加壓縮和修改，算作《齊語》。"④

羅根澤先生則研究兩篇文字的差異，認爲《小匡》引用了《齊語》的史料。⑤ 但他的結論召來了不少學者的質疑和反駁。王樹民先生認爲："《齊語》專記管仲輔佐桓公稱霸之事，文同於《管子·小匡》篇，是戰國時人的追敍之詞。"⑥ 關鋒、林聿時在《管子遺著考》一文認爲"與其說《小匡》抄襲《齊語》，恐怕不如說《齊語》是根據《小匡》的材料

① （唐）孔穎達：《左傳正義》莊公九年"管夷吾治于高傒使相可也"疏，《十三經注疏》本，中華書局 1980 年版，第 1766 頁。
② （宋）葉適：《習學記言序目》，中華書局 1976 年版，第 663—668 頁。
③ 顧頡剛講授，劉起釪筆記：《春秋三傳及國語之綜合研究》，巴蜀書社 1988 年版，第 95 頁。
④ 顧頡剛：《"周公制禮"的傳說和〈周官〉一書的出現》，見《文史》1979 年第六輯。
⑤ 羅根澤：《〈管子〉探源》，見於《羅根澤說諸子》，上海古籍出版社 2001 年版，第 319—326 頁。
⑥ 王樹民：《中國史學史綱要》，中華書局 1997 年版，第 22 頁。

加以刪簡整理而來，更合情合理一些。"① 胡家聰認爲二者不存在互相抄
改的問題，《齊語》和《小匡》可能參考的底本相同，都是古時某一版
本，經過輾轉傳抄而成兩種不同的抄本。一種文字古奧，接近底本，被
《齊語》所采用，并略作修改。一種文字在多次的傳抄中被修改得通暢直
白，但也因此有錯處，到了漢代被收入《管子》，名之曰《小匡》。這一
研究很有參考價值。張固也認爲《管子》"三匡"在主體内容上要比《左
傳》和《齊語》更早，後者相關内容當以"三匡"爲史料來源。認爲
《左傳》、《國語》都抄襲了《小匡》的内容。至於"三匡"文句上淺近
通暢或有後人更多的篡改，而《左傳》和《國語》作爲春秋史一般很難
改動了。②

　　古代學者的研究實際上只是一些零言碎語，並無論證的過程。近、現
代學者的研究多立足於史料考證，多側重於史學的範疇。羅根澤先生則通
過語言學的方法細緻研究二者的關係，較之他人的研究更爲科學。

二　《齊語》與《小匡》語言上的差異

　　《齊語》和《小匡》既然在文字上大同小異，那麼文字就是深入研究
的切入點。把研究深入到文本語言的具體詞匯，通常是史學研究所需要的
關鍵手段。下面按照羅根澤先生的研究思路，以更爲細緻的方法來探討
《齊語》與《小匡》之間的關係。通過對比二者文字和語言在使用上的差
異，驗證羅先生的論斷。

　　漢語言的發展主要表現爲單音節詞匯達到飽和後，就不能滿足社會交
際的需要，而新事物不斷涌現，人們的思想認識水平不斷提高，便促使雙
音節乃至多音節的新詞匯開始大量出現，所以說詞匯常常是帶有時代性
的。因此，後代看前代的文獻也便不容易看懂。總體說來越是古遠的文
獻，使用語言上越是簡練，也越是古奧難懂。羅根澤先生認爲"凡兩書
同記一事，欲考其先後，有一要訣：前者每失之晦，後者懲其失而修正
之，必較前者顯明。"③ 這也是學者考察古文獻成書年代常用的方法。先
秦時期的書面語和口語十分接近，單音詞是主流，一詞多義的現象比較普
遍，在閱讀先秦文獻的時候常常會有詞匯上的障礙，解释不準確就會帶來
理解上的偏差。

---

① 關鋒、林聿時：《春秋哲學史論集》，人民出版社 1963 年版，第 183 頁。
② 張固也：《〈管子〉研究》，齊魯書社 2006 年版，第 187—194 頁。
③ 羅根澤：《〈管子〉探源》，見於《羅根澤說諸子》，上海古籍出版社 2001 年版，第
　319 頁。

從表面上看《國語》的文字古奧，《管子》的語言則相對淺近，可以判定《國語》的文字要比《管子》的文字早。《齊語》在詞彙的運用和語言風格上與《左傳》、《論語》等成於戰國中期以前的文獻基本一致，[①]而《小匡》的語言與《史記》、《新序》相當，甚至更淺白通俗。下面嘗試從語言運用的角度來探討《齊語》與《小匡》之間的關係。

第一，在使用實詞上，《齊語》所用更古奧難懂，《小匡》所用甚淺近。試看以下諸例：

1. 《齊語》：君加惠於臣，使不凍餒，則是君之賜也。
   《小匡》：君有加惠於其臣，使臣不凍饑，則是君之賜也。
2. 《齊語》：夫管夷吾射寡人中鉤，是以濱於死。
   《小匡》：管夷吾親射寡人，中鉤，殆於死，今乃用之，可乎？
3. 《齊語》：桓公親逆之于郊。
   《小匡》：桓公親迎之郊。
4. 《齊語》：是以國家不日引，不月長。
   《小匡》：是以國家不日益，不月長。
5. 《齊語》：合群叟，比校民之有道者，設象以爲民紀，式權以相應，比綴以度，導本肇末，勸之以賞賜，糾之以刑罰，班序顛毛，以爲民紀統。
   《小匡》：合群國，比校民之有道者，設象以爲民紀、式美以相應，比綴以書，原本窮末。勸之以慶賞，糾之以刑罰，糞除其顛旄，賜予以鎮撫之，以爲民終始。
6. 《齊語》：旦暮從事，以飭其子弟。
   《小匡》：旦昔從事於此，以教其子弟。
7. 《齊語》：夫是，故工之子恆爲工。
   《小匡》：夫是，故工之子常爲工。
8. 《齊語》：政不旅舊，則民不偷；山澤各致其時，則民不苟；陸、阜、陵、墐、井、田、疇均，則民不憾；無奪民時，則百姓富；犧牲不略，則牛羊遂。
   《小匡》：正旅舊，則民不惰。山澤各以其時至，則民不苟。陵陸丘井田疇均，則民不惑。無奪民時，則百姓富；犧牲不勞，則牛馬育。

---

① 《國語》與《左傳》的成書年代大體相當，即戰國中期以前。

9.《齊語》：故夜戰聲相聞，足以不乖；

《小匡》：是故夜戰其聲相聞，足以無亂。

10.《齊語》：設之以國家之患而不疚，退問之其鄉，以觀其所能，而無大厲，升以爲上卿之贊。謂之三選。

《小匡》：設問國家之患而不肉，退而察問其鄉里，以觀其所能，而無大過，登以爲上卿之佐。名之曰三選。

以上 10 例劃線部分的詞匯表達相同或相近的意義，總是《國語》的詞匯比較古奧難懂，《小匡》的詞匯比較淺近而常用。其他如"柔"→"愛"（《齊語》→《小匡》，下同）、"欲"→"將"、"若"→"如"、"慎"→"謹"、"勿"→"不可"、"資"→"貨"、"勿使"→"不得"、"屏"→"定"、"明"→"賢"、"監"→"觀"、"驟"→"極"、"嗣"→"後"等。雖然二者在有些詞匯的運用上都不難懂，但從整體上看《齊語》更顯古遠，詞匯的使用頻率也隨時間的推移而降低，《小匡》所用的詞在使用頻率上逐漸增高。

這裏要強調的是二者在表示詢問如何解決問題時都運用了古漢語的一種固定格式。《齊語》使用的是"若何"或"若之何"，共 15 處，其中"若之何"1 處。而不使用"奈何"。《小匡》使用的是"奈何"，共 12 處。不使用"若何"。"若"和"奈"在這樣的結構中都是動詞性。如：

《齊語》：

1. 桓公曰："……夫知吾將用之，必不予我矣。若之何？"
2. 莊公曰："若何？"施伯對曰："殺而以其屍授之。"
3. 恐宗廟之不掃除，社稷之不血食，敢問爲此若何？
4. 桓公曰："成民之事若何？"
5. 公曰："處士、農、工、商若何？"
6. 桓公問曰："夫軍令則寄諸內政矣，齊國寡甲兵，爲之若何？"

《小匡》：

1. 公曰："然則爲之奈何？"鮑叔曰："君使人請之魯。"
2. 吾恐宗廟之不掃除，社稷之不血食，敢問爲之奈何？
3. 桓公曰："定民之居，成民之事奈何？"
4. 公曰："愛民之道奈何？"

5. 管子對曰："未可。鄰國未吾親也。"公曰："親之奈何?"

以上諸例"若何"、"若之何"和"奈何"都用於對話中，表示向對方徵求或詢問解決問題的方法，意義上沒有什麼差別，相當於"何如"、"如何"，即"怎麼辦"、"怎麼處理"等。是先秦漢語最常見的一種固定表達。後世文獻中雖能見到，但已屬純粹的書面語了。清王引之《經傳釋詞》卷七："若，猶奈也，凡經言'若何'、'若之何'者，皆是。"王引之認為儒家經典文獻中一般都用"若何"、"若之何"，并沒有指出與"奈何"比較出現的時間先後。

"若"字在甲骨文和金文中即有，說明出現早。而"奈"則是後起字，用作虛詞是文字使用上的假借。"奈"也寫作"柰"，最早見於戰國時期，在包山楚簡出土的文獻中首見。《左傳》、《國語》中常見"若何"、"若之何"。據統計，《左傳》共94處。《國語》共48處，其中《齊語》15處。《管子》全書共25處，但《小匡》篇沒有。《左傳》、《國語》中"奈何"極少見。《左傳》共2處。《國語》共9次，其中《晉語》4處，《越語》5處，《齊語》無。《管子》全書共44處，《小匡》共12處。說明"奈何"出現較晚，雖與"若何""若之何"並用的時代，或初為俗語，多不為在上者所用。普遍使用於文獻中顯然時間要晚一些，亦可知《小匡》的文字要晚於《齊語》。《戰國策》中"奈何"使用數量有了一定程度的提升。今天我們還在使用"奈何"，卻不再使用"若何"、"若之何"了。

第二，《齊語》在虛詞的使用上較《小匡》更多。虛詞在春秋戰國之時就已經廣泛使用了，除了表示一定的語法作用和輔助表達某種意義外，最主要的就是表達某種語氣。如介詞"於（于）"有引介對象的作用；連詞"而"表順接或逆接的關聯；語氣詞"夫"在句首通常表示要發表議論、"也"在句末輔助判斷、"矣"表示事物發展變化的過程等等。先秦的書面語與口語基本一致，在書面語中的虛詞比較普遍。以下諸例對比可知二者在使用虛詞上的差異。如：

1.《齊語》：卑聖侮士，而唯女是崇。
　《小匡》：卑聖侮士，唯女是崇。
2.《齊語》：昔者聖王之治天下也，……而慎用其六柄焉。
　《小匡》：昔者聖王之治其民也，……謹用其六秉。
3.《齊語》：十連為鄉，鄉有良人焉。

《小匡》：十連爲鄉，鄉有良人。

4.《齊語》：與其爲善於鄉<u>也</u>，不如爲善於里；與其爲善於里<u>也</u>，不如爲善於家。

《小匡》：士與其爲善於鄉，不如爲善於里；與其爲善於里，不如爲善於家。

5.《齊語》：故不善，則政不治。

《小匡》：教訓不善，政事不治。

6.《齊語》：吾欲從事于諸侯。其可乎？

《小匡》：吾欲從事於諸侯。可乎？

對比二者有交叉的文字，我們發現《小匡》對句中的虛詞或是刪除，或是換爲其他虛詞或實詞，據粗略統計共有 130 餘處。通常連詞"而"和語氣詞"夫"、"也"等省去較多。虛詞的使用量減少，使得語言表述更爲連貫，書面語色彩更濃。《齊語》虛詞使用的多，篇幅節奏相對舒緩，口語化明顯，能更好地表達出君臣答問使用的各種語氣，娓娓道來，如話家常，也能體現出平常的情境，現場感較強。

《齊語》是先秦語言，《小匡》的語言有刻意潤色的痕跡，是相對稍晚的語言。

第三，《小匡》與《齊語》內容大同的文字中，有不少《齊語》所無的短句。這些短句有補充內容、照應上下文結構等作用，表述文意更齊整通暢。如開篇鮑叔牙舉薦管仲，鮑叔曰："夫管仲民之父母也，將欲治其子，不可棄其父母。"此語突出了管仲在民中的地位，評價極高，如人之父母，乃社稷之鎮。增加的短句顯然是《管子》一書主旨的需要。再如：

《齊語》：桓公曰："爲之若何？"管子對曰："昔者聖王之治天下也，參其國而伍其鄙，定民之居，成民之事，<u>陵爲之終，而慎用其六柄焉</u>。"

《小匡》：公曰："爲之奈何？"管子對曰："昔者聖王之治其民也，參其國而伍其鄙，定民之居，成民之事，<u>以爲民紀</u>。謹用其六秉。<u>如是而民情可得，而百姓可御</u>。"桓公曰："六秉者何也？"管子曰："殺、生、貴、賤、貧、富，此六秉也。"

《齊語》所言"陵爲之終"，語意晦澀，蓋言使民有善終。至於"六柄"則未加以展開，人難詳知其情。《小匡》"以爲民紀"則通俗易懂，但與

"陵爲之終"不是一個意思,是另外一個短句。接著管子交代措施執行後會達到的結果,卽"民情可得"與"百姓可御"。又增加君臣對話以解釋何爲"六秉"。此段言治民之道。比較而言《齊語》的內容則簡潔概括,略顯突兀,難以理解。再如:

> 《齊語》:夫管子,天下之才也,所在之國,則必得志於天下。
> 《小匡》:管仲者,天下之賢人也,大器也。在楚則楚得意於天下。在晉則晉得意於天下。在狄則狄得意於天下。

《齊語》的表述不能說不清楚,總是不如《小匡》增加語句後更有表現力。"賢人"、"大器"溢美之詞。"在楚"、"在晉"、"在狄"是對《齊語》"所在之國"的具體詮釋,極力渲染管仲之能。《齊語》表述客觀平實,雖也是褒揚之辭,卻更加適度。又如:

> 《齊語》:嶽濱諸侯莫敢不來服,而大朝諸侯於陽穀。兵車之屬六,乘車之會三。諸侯甲不解纍,兵不解翳。弢無弓,服無矢,隱武事,行文道,帥諸侯而朝天子。
> 《小匡》:然後率天下定周室,大朝諸侯於陽穀。故兵車之會六,乘車之會三。九合諸侯,一匡天下。甲不解壘,兵不解翳。弢無弓,服無矢,寢武事,行文道,以朝天子。

《小匡》以"然後"承上過度下文,概括桓公率天下尊王朝周、於陽谷舉行大型諸侯會盟,用"故"表明因果,交代成就"九合諸侯,一匡天下"的霸業。《齊語》無這兩句概括性的短句。其第一句"嶽濱諸侯莫敢不來服"的表述更接近史官的實錄之筆,交代的是成就諸侯霸業而已,不及《小匡》"率天下定周室"一句有表現力。《小匡》文字的主要作用還在於突出渲染管子的輔助功績。

《小匡》於與《齊語》內容大同的部分中間增加的短句有近百句,此外尚有五、六處成段的《齊語》所無的文字。這些內容使得《小匡》的內容上更緊湊,體現了結構上渾然一體的優勢。

以上三方面語言上的對比說明《小匡》的語言是不同於口語的書面語,比較淺近。卽便不是漢代的語言,也一定是晚於《齊語》的語言。《齊語》的文字則較古樸,是史家本來的記錄,幾無潤色痕跡,屬於先秦時期等同於口語的書面語。通篇對比二者,尤其是所載內容相同部分的文字對比，《小匡》的語言潤色痕跡顯而易見，上下通貫。在使用實詞、虛詞上就已經反映出其潤色的特點了。這里再補充例證說明之。

> 《齊語》：若必治國家者，則非臣之所能也。若必治国家者，則其管夷吾乎。
>
> 《小匡》：若必治國家，則非臣之所能也，其唯管夷吾乎。

鮑叔向桓公舉薦管仲治國家，《齊語》運用平行對稱的句式，即前後兩個"……者，……也（乎）"結構的判斷句，語氣各不相同。"者"是句中語氣詞，說話者可於舒緩語氣中推敲下面的語言，"也"是句末語氣詞，表示語義的堅定。相當於"如果一定是治理國家的話，就不是我所能輔助的了。"重復一句"若必治國家者"則爲突出強調"治國家"的重要。"則其"兩個虛詞連用，增加了委婉語氣。"則"，那麼。"其"，大概、或許、恐怕。相當於"如果一定有輔助治理國家的人，恐怕就是管仲吧！""乎"表達的語氣，有試探、有商量也有無疑而問。畢竟管仲射桓公於帶鉤，二人之間有怨隙，鮑叔使用這樣語言符合當時君臣間對話的語境。《小匡》則刪去"者"字和"若必治國家者"一句，簡潔明了。後面的句意就更突出，結構緊湊。"其唯管夷吾乎"相當於"就只有管夷吾了吧！"範圍副詞"唯"指向更明確，但缺少了《齊語》的那種生動的語氣。再如：

> 《齊語》：桓公曰："吾欲從事於諸侯，其可乎？"管子對曰："未可，國未安。"公曰："安國若何？"管子對曰："修舊法，擇其善者而業用之；遂滋民，與無財，而敬百姓，則國安矣。"桓公曰："諾。"遂修舊法，擇其善者而業用之；遂滋民，與無財，而敬百姓。國既安矣，桓公曰："國安矣，其可乎？"管仲對曰："未可。君若正卒伍，修甲兵，則大國亦將正卒伍，修甲兵，則難以速得志矣。君有攻伐之器，小國諸侯有守禦之備，則難以速得志矣。君若速得志於天下諸侯，則事可以隱令，可以寄政。"
>
> 《小匡》：桓公曰："民居定矣，事已成矣，吾欲從事於天下諸侯，其可乎？"管子對曰："未可。民心未吾安。"公曰："安之奈何？"管子對曰："修舊法，擇其善者，舉而嚴用之。慈於民，予無財，寬政役，敬百姓，則國富而民安矣。"公曰："民安矣，其可乎？"管仲對曰："未可，

君若欲正卒伍，修甲兵，則大國亦將正卒伍，修甲兵。君有征戰之事，則小國諸侯之臣有守圍之備矣。然則難以速得意於天下。公欲速得意於天下諸侯，則事有所隱，而政有所寓。"

這兩段文字是桓公詢問管仲想要成就稱霸諸侯之事是否可以，管仲的回答《齊語》和《小匡》並不相同。《齊語》對以"國未安"；《小匡》對以"民心未安"。但下文提出的具體對策則相同。文辭上仍然是《齊語》古樸，《小匡》通俗淺易。如《齊語》"滋民"、"與無財"、"業用之"等語，《小匡》則爲"慈民"、"予無財"、"嚴用之"，不難懂。《齊語》"可以隱令"、"可以寄政"爲使動用法，是先秦常見的語法現象。《小匡》"事有所隱"、"政有所寓"爲平常表述。《小匡》的語言總是能兼顧上下文，一氣貫通，毫無滯澀。桓公先言"民居定矣，事已成矣"承上啟下。整段文字爲二人對話，整體感強。《齊語》則是兩個對話的情境，有時間上的間隔，比較符合歷史的史實。

綜上，可知《齊語》的文字古遠，爲史家實錄，口語化明顯而潤色痕跡不明顯。《小匡》的文字淺近，或爲研究《管子》學說的戰國末期或秦漢時期之人所整理，是典型的書面語，潤色痕跡明顯。二者文字的比較可知《齊語》要早於《小匡》。

我們運用了語言學的方法，對比二者文字來探究各自所在的時期，這是語言發展給我們最爲直接的答案。歷史學的研究必須有考辯史實的工作才能更讓人信服，但在文獻資料不足的情況下，史實的考辯中就會不可避免地滲入主觀臆斷的因素，反而適得其反。其他領域的研究方法也往往會是一把鑰匙，能打開一扇小門，讓我們一樣豁然開朗。

三　《齊語》與《小匡》結構和內容的差異

《齊語》與《小匡》在行文的結構安排上也有不同。《小匡》結構完整，條理清晰，篇幅間上下貫通，層層相因。而《齊語》則稍顯繁瑣，有些地方的銜接不很清楚，閱讀時不順暢，則《小匡》篇結構安排優於《齊語》。結構不同，敘述的順序不同，內容的安排也有所不同。《小匡》較之《齊語》有更多的史料。這裏我們通過對比來分析二者的結構安排和內容。

第一，同一內容在二者的文本中位置不同。對比可知《小匡》的結構與《齊語》大不同者共有 7 處，不包括個別句子前後次序的位置的變換。其中管仲對桓公以"參其國而伍其鄙，定民之居，成民之事……謹用其六秉"這部分共有 5 處。齊國甲兵充足，桓公欲霸諸侯這部分共有 2 處。

《小匡》的結構順序是：參其國（制國二十一鄉：公、高子、國子，爲三軍）→伍其鄙（軌、邑、率、鄉、屬，置各級官長）→定民之居，成民之事（士、農、工、商）→安民心，修甲兵，作内政寓軍令→考核官吏，推舉賢才→輕過移諸甲兵（重罪、輕罪、小罪）→親鄰國（魯、衛、燕）→征伐沈亂不服天子者，稱霸諸侯（東救徐州，南伐楚，北伐夷狄，西服流沙西虞，秦始從，四夷及中國諸侯莫不賓服，定周室，會盟陽穀）→葵丘會盟，天子賜胙→靖魯、遷邢、封衛→輕幣重禮，諸侯歸之。

《齊語》的結構順序是：成民之事（士、工、商、農）→定民之居〔參其國〕（制國二十一鄉：公、國子、高子，各置官吏）→修舊法安國，作内政而寄軍令（軌、里、連、鄉各按軍事編制，爲三軍）→問責官吏，推舉賢才；官長述職，舉善懲弊→伍其鄙（具體措施）→定民之居（制鄙：邑、卒、鄉、縣、屬，置各級官長）→問責五屬大夫，舉好學勇武之才→親鄰國之策→輕過而移諸甲兵（重罪、輕罪、小罪、閒罪）→親鄰國之行（魯、衛、燕）→征淫亂之國（東南三十一國，南伐楚，北伐山戎，服海濱諸侯，西征白狄、服流沙、西吳，戍周，立晉惠公，會盟陽穀，帥諸侯朝天子）→葵丘會盟，天子賜胙→靖魯、遷邢、封衛→輕幣重禮，諸侯歸之。

從二者的敘述結構順序上看，顯然是《小匡》的安排更爲合理。"參其國而伍其鄙，定民之居，成民之事……謹用其六秉。"一條綫貫穿下來。每項措施均國、鄙兼顧，先國後鄙。《齊語》則略顯繁瑣，先敘國中士、工、商之分處與管理，作内政以寄軍令，設置官吏等，再敘鄙中對農的管理，設置官吏，作内政寄軍令等。《小匡》的結構調整有益於文意的上下連貫，便於閱讀理解。《齊語》則顯得滯澀，各個部分之間有割裂之感。初讀會有一些疑惑，需總體觀照方能準確理解。

但是《齊語》現有的結構安排也有其合理性，還不至於讓人費解。在君臣答問治國方略的内容上，《齊語》中管仲先提出修舊法，與無財，敬百姓，擇善而用的治國原則，然後建議如古代聖王那樣"參其國而伍其鄙"。軍事上軍政合一，"作内政而寄軍令"，寓兵於民，再提重視和選拔人才問題。這個問題之後便是發展農業生產的經濟政策。最後主張從嚴治吏，親善鄰國，以"輕過而移其甲兵"之法足甲兵，從而實現稱霸諸侯的偉業。這個總的綱目還是清晰的。

編撰者能將《齊語》人物對話的情境鎖定在特定的歷史時空之中，

更能切實體會文中傳達的意義，所以多數情況結構的編排都能保證上下意思通貫，不過整體性不如《小匡》罷了。另外在語言表達上也沒有《小匡》那樣的渲染，而以古樸平實的語言敘述治理國家方略，讀起來缺少感染力。

《小匡》中君臣的對話和對"參其國而伍其鄙"的結構安排，顯然是編撰者對原始史料進行潤色加工的結果。李學勤先生認爲："《小匡》把《齊語》的文章次序作了調整，可以看出有些是爲了使文章結構更有邏輯性。"① 表明他認爲《小匡》的文字源自《齊語》，只是在結構上做了調整。如果說《齊語》是後人補入《國語》中的，完全沒有必要將《小匡》清晰的結構改得繁瑣。

第二，《小匡》有 10 處超過 50 字以上的內容《齊語》沒有。這些獨有的內容包括兩方面，一是渲染管仲的形象、輔助才能和齊桓公霸業，二是補充管仲的治國理念。

1. 渲染管仲的形象及輔助才能。開篇用不少筆墨寫桓公、鮑叔商量如何應對魯大夫施伯從而迎回管仲之事，寫得十分詳細。

> 鮑叔曰："君使人請之魯。"公曰："施伯，魯之謀臣也。彼知吾將用之，必不吾予也。"鮑叔曰："君詔使者曰：'寡君有不令之臣在君之國，願請之以戮群臣。'魯君必諾。且施伯之知夷吾之才，必將致魯之政。夷吾受之，則魯能弱齊矣。夷吾不受，彼知其將反於齊，必殺之。"公曰："然則夷吾受乎？"鮑叔曰："不受也。夷吾事君無二心。"公曰："其於寡人猶如是乎？"對曰："非爲君也。爲先君與社稷之故。君若欲定宗廟，則亟請之。不然，無及也。"公乃使鮑叔行成，曰："公子糾，親也，請君討之。"魯人爲殺公子糾。又曰："管仲，讎也，請受而甘心焉。"魯君許諾。施伯謂魯侯曰："勿予，非戮之也，將用其政也。管仲者，天下之賢人也，大器也。在楚則楚得意於天下，在晉則晉得意於天下，在狄則狄得意於天下。今齊求而得之，則必長爲魯國憂。君何不殺而受之其屍？"魯君曰："諾。"

這段文字除了開始和結尾有下劃綫的部分與《齊語》的內容略有表述不

---

① 李學勤：《〈齊語〉與〈小匡〉》，見《古文獻論叢》，上海遠東出版社 1996 年版，第172 頁。

同，引過來以增加整體的完整性，中間部分爲《齊語》所無。主要表現管仲的"才"和"忠"。《小匡》又記魯將殺管仲，鮑叔應對的辭令以及施伯對索要管仲之事的評價。用了近400字的筆墨來敘述。寫爲何一定要生得管仲而殺之，寫鮑叔得到被綁的管仲"哭之三舉"，假裝悲傷朋友之將死特意哭出聲；寫施伯笑其僞，也由衷贊嘆其舉賢之苦心。

> 謂大夫曰："管仲必不死。夫鮑叔之忍不僇賢人，其智稱賢以自成也。鮑叔相公子小白，先入得國。管仲、召忽奉公子糾，後入，與魯以戰，能使魯敗。功足以得天與失天，其人事一也。今魯懼，殺公子糾、召忽，囚管仲以予齊，鮑叔知無後事，必將勤管仲以勞其君，願以顯其功。衆必予之有得，力死之功，猶尚可加也。顯生之功，將何如？是昭德以貳君也。鮑叔之知是不失也。"

同上段一樣，通過人物的語言，側面襯托出管仲和鮑叔的才德。《小匡》寫齊桓公在管仲的輔助下贏得諸侯擁戴時，也是極盡渲染。

> 是故天下之於桓公，遠國之民望如父母，近國之民從如流水。故行地滋遠，得人彌衆，是何也？懷其文而畏其武。故殺無道，定周室，天下莫之能圉，武事立也。……是故大國之君事如臣僕，小國諸侯驩如父母。夫然，故大國之君不尊，小國諸侯不卑。是故大國之君不驕，小國諸侯不懾。於是列廣地以益狹地，損有財以益無財。周其君子，不失成功。周其小人，不失成命。夫如是，居處則順，出則有成功，不稱動甲兵之事，以遂文、武之近於下。

這段敘述可謂周全，桓公文治武功，一匡天下，贏得人心。從"民"到大小諸侯國君、君子小人都能受其惠。越是渲染桓公，就越能突出管仲輔助之功。此外，記葵丘會盟一段，周襄王派宰孔致胙於桓公，《小匡》中有管仲與桓公就"下拜"與否探討的對話。桓公自矜堪比三代受命爲王的功業，而中原諸國輕視，頗有抱怨。管仲曰：

> 夫鳳皇鸞鳥不降，而鷹隼鴟梟豐。庶神不格，守龜不兆，握粟而筮者屢中。時雨甘露不降，飄風暴雨數臻。五穀不蕃，六畜不育，而蓬蒿藜藋並興。夫鳳皇之文，前德義，後日昌。昔人之受命者，龍龜假，河出圖，雒出書，地出乘黃。今三祥未見有者，雖曰受命，無乃

失諸乎?

太平祥瑞與動蕩紛亂各有征兆,今無三祥出現,還需崇德守禮以尊天子。突出管仲全力相桓公的賢明以及政治遠見。《小匡》的最後一段乃補敘文字,借桓公之口交代桓公是有好田、好酒、好色三邪,荒於政事的人,管仲能輔之成就霸業更顯其能。也補充交代管仲自謙不及諸賢,並舉薦之使人盡其才。但桓公欲霸諸侯,則"夷吾在此",也有當仁不讓的霸氣。

2. 補充管仲的治國理念。如管仲對桓公問"修政以干時於天下":

> 桓公又問曰:"寡人欲修政以干時於天下,其可乎?"管子對曰:"可。"公曰:"安始而可?"管子對曰:"始於愛民。"公曰:"愛民之道奈何?"管子對曰:"公修公族,家修家族,使相連以事,相及以祿,則民相親矣。放舊罪,修舊宗,立無後,則民殖矣。省刑罰,薄賦斂,則民富矣。鄉建賢士,使教於國,則民有禮矣。出令不改,則民正矣。此愛民之道也。"公曰:"民富而以親,則可以使之乎?"管子對曰:"舉財長工,以止民用。陳力尚賢,以勸民知。加刑無苛,以濟百姓。行之無私,則足以容眾矣。出言必信,則令不窮矣。此使民之道也。"

《齊語》無此內容。這一段管仲回答桓公"愛民之道"的問題,提出了使民親、民殖、民富、民有禮、民正以及牧民的具體措施。這一段與下文桓公"欲從事於天下諸侯"管子提出的"安民心"相照應而成一體。結構上也有承上啟下的作用。

再如管仲對桓公"甲兵大足矣,吾欲從事於諸侯"一段:

> 管仲對曰:"未可。治內者未具也,爲外者未備也。"故使鮑叔牙爲大諫,王子城父爲將,弦子旗爲理,甯戚爲田,隰朋爲行,曹孫宿處楚,商容處宋,季勞處魯,徐開封處衛,匽尚處燕,審友處晉。

《齊語》中並無交代,《小匡》則記載齊國按照管仲的思想在內政和外交上采取的具體措施,即委任官職、派出使者。其後爲遊士使於四方以求天下賢士等,大處小處均有交代,內容更充實完整。

以上是從結構的兩個方面來看《齊語》與《小匡》的不同。對比可知《小匡》的篇章結構更爲緊湊合理，《齊語》雖然文字相對較少，但結構則顯得複雜一些。《小匡》從內容到結構都是經過認真安排的，在於歌頌管仲的功業。《齊語》更重齊桓公稱霸之事，雖敘述管仲輔助之功，但並不過分渲染稱頌。敘事詳略得當，寫到魯國迎管仲之事很簡略，不似《小匡》用近千字詳細描述，來側面突顯管仲之能。《齊語》4000 餘字，而《小匡》7000 餘字，可知其編撰者所見的史料較之《齊語》更多。除二者相同的史料外，大概尚有齊國的檔案文獻、管仲家史資料以及稷下學宮的口傳文獻。胡家聰說《齊語》的史料更接近於原始史料，我们亦持此觀點。

通過文字和結構的對比研究，我們完全可以得出《小匡》晚出的結論。即便是在《管子》一書中，《小匡》也是相對晚出的。《齊語》是《小匡》所本的重要史料，但撰《小匡》之人，一定不止是借鑒了《齊語》。

四　結論

按照顧頡剛先生的說法《齊語》是《國語》中專記一國之事的變體。[①] 除《齊語》外，變體還包括《鄭語》、《吳語》和《越語》。變體是《國語》中比較有爭議的內容，學界主要懷疑它們的史料很可能是後人補充進來的。因此認爲《齊語》是據《小匡》後補進來的，史料價值相較他國之"語"次之。羅根澤對比《齊語》和《小匡》的文字，在研究方法上避免主觀猜測而更爲務實，認爲《小匡》是漢初的作品。其研究方法比較科學，但結論未必準確。

我們也沿用文字對比的方法，並細緻地分析二者的結構安排，認爲《齊語》是先秦時期的語言，用詞更爲古奧，多用虛詞來表達各種語氣，口語化特徵明顯，沒有明顯的語言潤色的痕跡。結構略微繁瑣，不見有刻意加工整理的痕跡，卻也相對清晰明確，更具有史官記史的特徵。內容表現上重在齊桓公霸業而並無刻意突出管仲的輔助之功。《小匡》的文字是經過潤色加工的語言，更爲淺近，但有相同或相近的表述，總是在主要詞匯的選擇上，使用晚出或淺易的詞匯。而語言的發展也證明其所用的詞匯在使用頻率上越來越高。結構上更加合理，完全按照管仲所言"參其國而伍其鄙，定民之居，成民之事"等主要措施來安排，層層相因，至桓

---

① 顧頡剛先生認爲《國語》中雜記一國之事的《周語》、《魯語》、《晉語》、《楚語》是正體，專記一國一事的《齊語》、《鄭語》、《吳語》、《越語》爲變體。見顧頡剛講授，劉起釪筆記《春秋三傳及國語之綜合研究》，巴蜀書社 1988 年版，第 94 頁。

公稱霸諸侯則是水到渠成。有些措施的内容更詳細，甚至是《齊語》所無，整體性更強。最後以補敘法烘托管仲之才德。這樣的結構清晰簡明，頗爲用心。《小匡》爲突出管仲輔助之功，通篇較《齊語》多出近3000餘字的内容。

結論：《齊語》的文字要早於《小匡》，並非有人拿《小匡》的内容來補《齊語》的散佚。而關於《齊語》散佚的問題也不過是學界的一個猜疑而已，並無證據說明《齊語》真的散佚過。當然學術研究也常常因懷疑而起並有重要的、甚至是顛覆性的發現。古代文獻中不乏有散佚和增補的事情，就《國語》而言，諸國之“語”的風格和内容不同，可能會有散佚和增補的事，也可能根本沒有。一個最簡單的道理就是《小匡》原本眉目清晰，爲何補入《國語》中卻要把結構弄得更加繁瑣？語言的古奧可以做到，結構的繁瑣卻沒有大的必要，何況還要刪除一些很詳細的内容。

再者《管子》有“三匡”，則增補《齊語》之人只取《小匡》而忽略《大匡》、《中匡》也值得探討。《管子·大匡》所載更適合《國語》編撰的意圖，既有記事，又有記言，多有爲執政者鑒戒的作用。其内容包括齊僖公、齊襄公和齊桓公三君的重大事件。先敘管仲、召忽與鮑叔論齊諸公子之優劣、勸鮑叔傅公子小白、公孫無知之亂、兄弟爭君位、桓公鮑叔商量殺公子糾且索回管仲等内容。這些内容有與《小匡》重復的，可視爲桓公稱霸諸侯的背景資料。再敘桓公不聽管仲，七次修兵革而屢遭敗績，然後與魯會盟、修内政。又敘桓公封杞、遷邢、封衛，於内勸民、輕賦稅、弛關市之征、訂立賦祿之制、舉賢任能以及對外與諸侯往來輕受重報，敗狄與山戎等。《中匡》篇幅略短，主要探討治國和處理君臣關係等問題。《小匡》介紹管仲輔助桓公成就霸業的具體措施。《齊語》若兼采《大匡》和《中匡》，則桓公霸業首尾清晰，其記言記事會更爲豐富，也能更好體現《國語》的特點和編撰意圖。我們推測編撰《國語》者搜集齊國史料之時，并不見《大匡》、《中匡》的内容。如果《齊語》散佚，則補入者也不曾見過這兩篇。

前文提及學界或認爲《齊語》抄襲《小匡》，或認爲《小匡》抄襲《齊語》，或認爲二者所據史料爲同一底本。抄襲之說卽是二者孰先孰後的問題。抄襲的前提一定是能看到所抄襲的文獻，目前尚無人有確鑿的論據證明《齊語》和《小匡》的編撰者一定見過對方的史料。既無證明，何談抄襲？甚至有學者認爲《左傳》、《國語》乃記載春秋史不易被改動，“三匡”或許受到後人更多改動，變得明白易曉，認爲文字上的古奧淺近不足以判斷二者的先後。此說法是主觀猜測，而非結論。先秦諸子文獻不乏文字古奧者，試問後人何以如此偏愛《管子》而頻加修改"三匡"？是重《管子》，還是輕《管子》？

池萬興先生認爲《管子》一書的史料來源"包含了春秋時代齊國的史官以及管仲門人弟子、後代，直到戰國田齊時代稷下學宮崇尚管仲功業的可以稱之爲'管仲學派'的稷下學士的論著。"① 則"三匡"所采的史料，應該是出於齊史官之手，經管子後代、門人，或"管仲學派"的人記錄整理。管仲輔助桓公建立霸業是齊國比較自豪的歷史，整理《管子》者當然要渲染管仲之才德，稱頌其功業，而《齊語》沒有這種渲染。胡家聰先生認爲《齊語》、《小匡》出自同一古時底本。所謂底本其實就是齊國史官所記"事語"類文獻。《國語》爲史官編撰，所以直接引用底本，不做删改，尊重史料的原貌，故而文字古奧，語句多有艱澀。《小匡》的編撰者則對底本語言有潤色，内容有充實，結構有調整，更通俗易懂。

總之，我們還是不要主觀認爲二者誰抄襲過誰，語言文字、内容結構上的對比足以說明二者的關係，卽二者史料所據底本相同，《齊語》在前，《小匡》在後，《小匡》借鑒過《齊語》，是其結構行文的重要參照。

第二節　《國語》與《史記》的關係

司馬遷繼承前代私人修史的傳統，撰寫了《史記》這部不朽的歷史名著，被魯迅先生稱之爲"史家之絕唱，無韻之離騷"，可見其在史學和文學領域中的極高的地位。司馬遷吸收前代史書體例的優長，以五體，卽表、書、本紀、世家和列傳來結構全書，首創紀傳體。五體各有淵源，在《史記》中又各有側重，避免了編年體、紀事本末體以及國別體史書的弊端。史料方面司馬遷廣泛搜羅，金德建先生的《司馬遷所見書考》和趙生群先生的《〈史記〉文獻學叢稿》等專著都有對司馬遷編撰《史記》參考文獻的考證。《國語》卽是其中一部重要的參考文獻。

本節探討《國語》與《史記》間的關係。

---

① 池萬興：《管子研究》，高等教育出版社 2004 年版，第 5 頁。

一　《國語》幽而復光

前文談到周代的文化典籍十分豐富，有專門負責管理的史官和守藏室、盟府、策府等保存文獻的機構。周室衰微，史官流失，文化下移。一些文獻也因之見於諸侯。春秋後期私學興起，講習經典；百家爭鳴，著書立說，學術一派繁榮。士階層都能接觸到各種文獻形式，研習各種文獻。

先秦文獻歷經戰爭損失慘重，特別是秦滅六國後，秦始皇采納李斯的意見焚書，致使民間所藏秦國外的文獻以及原六國故地文獻被付之一炬，幾無所餘。《史記·秦始皇本紀》載丞相李斯諫秦始皇焚書，史書非《秦記》皆焚之，非博士官府所藏，《詩》、《書》與諸子百家不得私藏，只有醫藥、卜筮和種樹之書行於世。《六國年表序》亦載："秦既得意，燒天下《詩》、《書》，諸侯史記尤甚，爲其有所刺譏也。《詩》、《書》所以復見者，多藏人家，而史記獨藏周室，以故滅。惜哉，惜哉！獨有《秦記》，又不載日月，其文略不具。"又《太史公自序》有："周道廢，秦撥去古文，焚滅《詩》、《書》，故明堂石室金匱玉版圖籍散亂。"明堂和石室是秦宗廟中保存文獻的地方。焚書無疑是一次文獻的浩劫，如《儒林列傳》所言："六藝從此缺焉。"但秦宗廟所藏官學的文獻應該是完好保存的。

西漢惠帝四年廢黜秦代的挾書律後，民間藏書大量出現。西漢政府廣開獻書之路，致力於廣泛搜集典籍文獻的工作，努力恢復舊典。不但官府搜集到文獻迅速增多，私人藏書也成爲時尚。漢武帝時期建藏書之策，置書寫之官，秘府中的典籍文獻應該不會很少了，據文獻記載當有三萬三千零九十卷之多。《漢書·藝文志》對漢代政府搜集文獻的情況有整體的記載，但不見專門的漢初文獻狀況的詳細記載。可以肯定，這些文獻對司馬遷修撰《史記》有極大的幫助。

《國語》應該是在西漢政府廢除挾書律之後重行於世的。據韋昭《國語解敘》可知漢文帝之時《國語》已"幽而復光"，"賈生、史遷頗綜述焉"。董增齡《國語正義》序稱："'外傳'不知何時始出，賈子《新書·禮容下篇》載單靖公、單襄公事，皆采《國語》，則《國語》之出也當在漢文帝之世。"賈誼見過《國語》，那麼司馬遷見到《國語》應該不會很難，然而有些學者懷疑司馬遷見過《國語》。如呂思勉先生認爲："遷之所述之事，雖與《左》、《國》或同，而其辭絕異，安得謂其曾見《左》、《國》？"劉向《別錄》中記載了《左傳》傳授情況，班固《漢書》亦有所載，① 則《左傳》在司馬遷修史前就已流行了。司馬遷見到《左傳》當無問題，後人雖有懷疑但沒有確鑿的證據。至於是否見過《國語》，回答是肯定的。《漢書·司馬遷傳》云：“司馬遷據《左氏》、《國語》，采《世本》、《國策》，述《楚漢春秋》。”司馬遷距班固二百年左右，期間並無資料記載當時的經學家對此說有異說。范曄《後漢書·班彪傳》則引班彪言曰：“孝武之世，太史令司馬遷采《左氏》、《國語》，刪《世本》、《戰國策》，據楚漢列國時事，上自黃帝、下訖獲麟，作本紀、世家、列傳、書、表，凡百三十篇，而十篇缺焉。”則班固的觀點源自其父班彪，實際上也代表了兩漢學者一貫的觀點。宋庠也認爲《國語》出於漢世，因《左傳》秘而未行，不立於學官，亦弗顯。到東漢又因《左傳》爲世人所重而得以大行。② 鄭樵《通志·總敘》云：“司馬氏世司典籍，工於制作，故能上稽仲尼之意，會《詩》、《書》、《左傳》、《國語》、《世本》、《戰國策》、《楚漢春秋》之言，通黃帝、堯、舜至於秦、漢之世，勒成一書。”以上諸家斷言《國語》於漢文帝之時“幽而復光”，且肯定司馬遷修撰《史記》采用了《國語》。司馬遷雖然是私人修史，但收集整理資料文獻的工作未必私密。班固、范曄等人的意見應該代表了兩漢人的態度，敘述事實，絲毫不懷疑。除了有《史記》所載的依據，也應該有學術傳承的依據。

　　金德建先生《司馬遷所見書考》根據《史記》中提及的文獻，整理出《史記》中的“藝文志”，在近百種文獻中可見《國語》。張大可、趙生群等著《史記研究集成》（第十一卷）考證出司馬遷所見包括《國語》在內的文獻達 106 種。

　　司馬遷《太史公自序》和《十二諸侯年表》中兩次提到《國語》。又於《史記·五帝本紀》中提及。云：“予觀《春秋》、《國語》，其發明《五帝德》、《帝繫姓》章矣，顧弟弗深考，其所表見皆不虛。”這些表述十分清楚地提及《國語》，已然說明司馬遷見過《國語》，並據《國語》所載編《十二諸侯年表》和闡發《五帝本紀》中帝德、帝繫的問題。

　　一些學者的懷疑亦有其原因，對此我們不妨從體例和內容等方面來探

---

① 劉向《別錄》佚文敘《左傳》的傳授情況：“左丘明授曾申，申授吳起，起授其子期，期授楚人鐸椒。鐸椒作《抄撮》八卷，授虞卿；虞卿作《抄撮》九卷，授荀卿；荀卿授張蒼。”《漢書·儒林傳》載：“漢興，北平侯張蒼及梁太傅賈誼、京兆尹張敞、太中大夫劉公子皆修《春秋左氏傳》。”又載賈誼曾爲《左氏傳》訓詁，授趙人貫公，貫公授其子長卿。

② 宋庠：《國語補音敘錄》。

討《史記》與《國語》間的關係。

二　《國語》對《史記》體例的影響

《國語》是國別體，但分國編撰史書的體例也對《史記》體例的安排有一定的影響。

《史記》是我國第一部紀傳體通史。紀傳體爲司馬遷首創。唐劉知幾將之視爲史書六體之一。《史通·六家》云：“古往今來，質文遞變，諸史之作，不恒厥體。權而爲論，其流有六：一曰《尚書》家，二曰《春秋》家，三曰《左傳》家，四曰《國語》家，五曰《史記》家，六曰《漢書》家。”司馬遷結構縱橫三千年的歷史顯然不是已有的編年、國別等體所能單獨完成的。其能立足實際，擇前代史書體例之長，利用不同的文體類型記錄合適的內容，創制五體，成鴻篇巨制，實有開創精神，影響深遠。鄭樵《通志·總敘》云：

> 本紀紀年，世家傳代，表以正曆，書以類事，傳以著人。使百代而下，史官不能易其法，學者不能舍其書。六經之後，惟有此作。

清趙翼《廿二史劄記》亦云：

> 古者左史記言，右史記事，言爲《尚書》，事爲《春秋》。其後沿爲編年、記事二種。記事者，以一篇記一事，而不能統貫一代之全；編年者，又不能即一人而各見其本末。司馬遷參酌古今，發凡起例創爲全史。本紀以序帝王，世家以記諸侯，十表以繫時事，八書以祥制度，列傳以志人物。然後一代君臣政事賢否得失，總匯於一編之中。自此例一定，歷代作史者，遂不能出其範圍，信史家之極則也。

所謂“百代以下，史官不能移其法”正是紀傳體融合各體的成功。“史家之極則”是對紀傳體例的影響和地位的準確概括，如此評價不爲過。

紀傳體雖爲司馬遷首創，但五體則各有其源。金毓黻先生指出：

> 吾國古史之體多爲編年，如《春秋》及《竹書紀年》皆是。司馬遷始改爲紀傳體，爲班固以下所祖，此固創而非因也。或謂《史記·大宛傳》嘗兩引“禹本紀”，而《伯夷傳》也有其“傳曰”之語，是爲本紀、列傳二體所本。又或謂《世本》有世家、有傳、有

譜、有帝繫、姓氏、居、作等篇，而遷也自言采及《春秋曆譜牒》，
爲世家、書、表各體之所本。梁啟超也論之曰，本紀以事繫年，取則
於《春秋》，八書詳紀政制，蛻形於《尚書》，十表稽牒作譜，印範
於《世本》，世家、列傳旣宗雜記，也采瑣語，則《國語》之遺規也
(《過去之史學界》)。是則《史記》之各體雖有所因，非由自創而遷
能整齊條理，上結前代史官之局，下開私家作史之風，其功侔於左
氏，而幾於孔子爭烈矣。①

金先生此段文字所引梁啟超之言敘及世家、列傳實是《國語》之遺規，
道出了《國語》的國別體例對《史記》體例的影響。

《國語》分八國結構全書，考慮的是春秋各國在歷史上的地位和影
響，周爲天下共主，魯代表了周代的禮樂文化，鄭國爲王室拱衛之國，
齊、晉、楚、吳、越都有過稱霸諸侯的歷史，稱霸代表了諸侯以禮治國的
成功。《史記》中"本紀"、"世家"和"列傳"的體例正是按人物或列
國的歷史地位和作用來安排。"本紀"首列華夏族上古聖王五帝，司馬遷
據《尚書》、《春秋》、《國語》、《五帝德》、《帝繫姓》以及諸子文獻，甚
至親自訪尋黃帝、唐堯、虞舜之處，信古文近是，故作《五帝本紀》。②
《夏本紀》記載大禹治水，上承唐堯、虞舜之功，定九州及貢賦，梳理世
繫，直至商湯滅桀。《殷本紀》從成湯滅夏桀到武王伐紂，又是接續《夏
本紀》。《周本紀》載周之興衰，世繫清晰，事件突出，直至東周諸王，
詳略各得其宜。

五帝時期歷史荒遠，文獻資料甚少，人物言行與事件始末多爲傳說，
但聖王之政未墜於地，是孔子所云人類原始共產的"大同"時期，故而
合爲一篇。夏、商、周三代之英當政，則是人類進入階級社會的"小康"
時期，也是禮樂治國盛隆的時期。足爲後世垂範。

至於《秦本紀》，司馬遷單獨爲一篇。春秋時期秦國起於戎狄之地，
不知禮儀。至秦穆公稱霸西戎，又經歷秦孝公時期變法革新，達到空前強
盛。秦趙政滅六國統一中國，結束了五百餘年的諸侯割據的紛亂局面。司
馬遷認識到秦代在歷史進程中的劃時代意義，參考《秦記》，梳理世繫，
編年記史，以"本紀"來彰顯其歷史意義。

五篇本紀的編排，體現的正是《國語》國別之體分國記史的原則，

---

① 金毓黻：《中國史學史》，河北教育出版社 2003 年版，第 56 頁。
② (漢) 司馬遷：《史記》，中華書局 1959 年版，1982 年第 2 版，第 46 頁。

所不同的是《國語》爲橫向共時的劃分，《史記》之"本紀"則爲縱向歷時的構建。

國別之體對《史記》"世家"的體例安排也同樣有其影響。這一問題將會安排在《國語》史學價值一章中做明確的闡述，這里簡要說明。司馬遷分國撰寫并編排了晉、楚、鄭、趙、魏、韓六國"世家"，則兼有共時和歷時的安排。和五篇"本紀"一樣，是國別體在紀傳體中的變通。這種結構和行文的思路，應該有來自《尚書》和《國語》體例的啓發，更是對二者體例的發展。

三 《史記》對《國語》內容的借鑒

司馬遷在處理史料的原則上和《國語》的編撰者有明顯的不同。《國語》是治國之嘉言善語，編撰者要圍繞著"語"書"求多聞善敗以鑒戒"的作用來組織史料，探禍福，彰善惡。張以仁先生認爲："《國語》作者的目的，顯然並不著重於史實的記述，而只是有意的摭取某些片段的史實，加重其中的倫理意味。"① 包括征伐之事。② 人倫關係往往滲透於《國語》的記事之中。《史記》則重在記事。"本紀"、"世家"、"列傳"所記涉及到歷代帝王或最高統治者、諸侯世繫、將相大臣以及社會各階層的代表人物。司馬遷以記人爲核心，以人來統領重大歷史事件，進而輻射社會政治、經濟、軍事等方方面面。不需要過多闡釋某種統治思想，也不用來直接勸誡，而是真實客觀地再現歷史。因此，在借鑒《國語》之時必然要根據《史記》的性質來選擇其中記事部分的內容。我們按照《史記》採用《國語》所載西周和春秋兩個時期的史料來分別敘述。

（一）全部采用西周部分的史料

西周時期的史料原本不少，但年代較遠，又歷經戰火秦火的摧殘，司馬遷所能見的應該不會很多。《尚書》是司馬遷修三代之史的重要參考，其中《牧誓》爲《周本紀》全文收錄。其他篇章則做了內容上的概括用以交代歷史背景。陳夢家先生在《尚書通論》一書中歸納了 22 則。③《國語·周語上》同樣是司馬遷修西周之史的重要參考。《周本紀》對《周語

---

① 張以仁：《論〈國語〉與〈左傳〉的關係》，見《中央研究院歷史語言研究所集刊》第33卷，民國51年。
② 張以仁：《論〈國語〉與〈左傳〉的關係》："即偶寫征伐之事，而所重者多在禮讓智勇。使讀者見善而知所從，見惡而知所去。見災異而知尊天敬神，睹禍福而知愛民尚德。成敗了了，垂戒良深。"
③ 陳夢家：《尚書通論》，中華書局 2005 年版，第 262—268 頁。

上》專記西周部分的十章史料直接引用。其中"祭公諫穆王征犬戎"、
"密康公母論小丑備物終必亡"、"邵公諫厲王弭謗"、"芮良夫論榮夷公專
利"、"邵公以其子代宣王死"、"西周三川皆震伯陽父論周將亡"等六章
被《周本紀》全部采用,只是對"邵公以其子代宣王死"章略加改動,
但人物語言基本保持原句。剩余四章中,司馬遷將"宣王不籍千畝"
中全面記錄籍田禮內容和"宣王料民"中說教內容全部刪去後引用。
"宣王立戲"、"宣王立孝公"兩章,被《魯世家》所采。敘述文字上做
了修改而人物的對話則基本采用原句。全部采用、選擇采用或略作修改
采用《國語》所載的西周史料,充實了全書有關西周歷史的記載和
《魯世家》的史實,使之更加完善,爲後世學術研究提供了源自正史的依
據。司馬遷對《國語》史料的引用,客觀上提升了《國語》所載史實的
可信度。

《鄭語》有關褒姒降生的神異傳說及爲亂西周之事《周本紀》也加以
引用,只在語言和行文的次序上稍加修改。劉節先生認爲:"拿《史記·
周本紀》與《周語》比總有十分之三、四出於《周語上》。有一條出於
《鄭語》。其餘紀年、紀事,也大半與《國語》相同。"① 劉節先生的結論
是:"可以看出《史記》又是比《國語》簡練。這卻不是《史記》拿
《國語》的文章來修改,乃是《周本紀》與《鄭語》同根據一種史料,
各自成文的。"② 簡單的對比不足以得出這樣肯定的結論。這段歷史司馬
遷不會很陌生,怎樣表述出來沒有必要受所見文獻資料記載的影響。司馬
遷要潤色語言,用自己的語言來敘述,也可以修改《國語》中的語言來
敘述。順帶說一句,《鄭語》的內容不見於《左傳》。

《國語》西周部分的史料爲《周本紀》全文采錄的六章,僅在文字上
有個別的增減,或做了語言上的調整。也或許司馬遷所見《國語》版本
不同於後世的版本。我們將這六章與《周本紀》相同記載的文字做了比
較,忽略司馬遷使用同音字、異體字或通假字的情況,具體的差異逐條列
出。下面只列《周本紀》的文字,與《周語》不同的部分用下劃綫突出
出來,在句末用小字說明不同。

1. 《周本紀》引"祭公諫穆王征犬戎"章:

(1) <u>使之務利而辟害</u>,懷德而畏威,故能保世以滋大。《周語上》此句
無"之"字

---

① 劉節:《古史考存》,北京人民出版社 1958 年版,第 322—323 頁。
② 同上。

（2）（不窋）不敢怠業，時序其德，<u>遵脩其緒</u>，脩其訓典，朝夕恪勤，守以敦篤，奉以忠信。《周語上》“遵”爲“纂”字

（3）至於<u>文王、武王</u>，昭前之光明而加之以慈和。《周語上》此句無“文王”

（4）事神保民，<u>無不欣喜</u>。《周語上》“無不”爲“莫弗”

（5）商王帝辛大惡于民，庶民不忍，<u>欣戴武王</u>……《周語上》“載”爲“戴”字

（6）<u>是故先王非務武也</u>，勸恤民隱而除其害也。《周語上》此句無“故”字

（7）<u>先王之順祀也</u>，有不祭則脩意，有不祀則脩言……《周語上》“先王之訓也”

（8）<u>於是有刑不祭</u>，伐不祀，征不享，讓不貢，告不王。《周語上》“於是乎”

（9）於是有刑罰之辟，……<u>有威讓之命</u>，有文告之辭。《周語上》“命”爲“令”字

（10）布令陳辭而有不至，則增脩於德，<u>無勤民於遠</u>。《周語上》此句前有“而”字

（11）今自大畢、伯士之終也，犬戎氏以其職來王，天子曰‘予必以不享征之，且觀之兵’，<u>無乃廢先王之訓</u>，而王幾頓乎？《周語上》此句前有“其”字

（12）<u>王遂征之</u>，得四白狼四白鹿以歸。《周語上》爲“王不聽，遂征之”

2.《周本紀》引“密康公母論小丑備物終必亡”章：

（1）共王遊於涇上，密康公從，有三女犇之。其母曰：“<u>必致之王</u>。《周語上》爲“必致之於王”

（2）王田不取群，<u>公行不下衆</u>，王御不參一族。《周語上》無“不”字

（3）康公不獻，一年，<u>共王滅密</u>。《周語上》無“共”字

3.《周本紀》引“芮良夫論榮夷公專利”章：

（1）厲王即位三十年，好利，<u>近榮夷公</u>。《周語上》“厲王說榮夷公”

（2）<u>大夫芮良夫諫厲王曰</u>：“王室其將卑乎？夫榮公好專利而不知大難。《周語上》只一句“芮良夫曰”

（3）夫利，百物之所生也，天地之所載也，<u>而有專之</u>，其害多矣。《周語上》“有”爲“或”字

（4）天地百物皆將取焉，何可專也？所怒甚多，<u>不備大難</u>。《周語上》“而不備大難”

（5）以是教王，<u>王其能久乎</u>？《周語上》此無“其”字

（6）使神人百物<u>無不得極</u>，猶日怵惕懼怨之來也。《周語上》爲"無不得其極"

（7）<u>榮公若用，周必敗也。</u>《周語上》無"也"字

（8）<u>厲王不聽，卒以榮公爲卿士，用事。</u>《周語上》"既，榮公爲卿士，諸侯不享，王流於彘"

4.《周本紀》引"邵公諫厲王弭謗"章：

（1）<u>王行暴虐侈傲，國人謗王。</u>《周語上》爲"厲王虐"

（2）<u>邵公諫曰："民不堪命矣。"</u>《周語上》"諫"爲"告"字

（3）<u>其謗鮮矣，諸侯不朝。三十四年，王益嚴，</u>國人莫敢言，道路以目。《周語上》無此句

（4）<u>厲王喜，</u>告召公曰："吾能弭謗矣，乃不敢言。"《周語上》爲"王喜"

（5）防民之口，<u>甚於防水。</u>《周語上》"水"爲"川"字

（6）<u>水壅而潰，</u>傷人必多，民亦如之。《周語上》"水"爲"川"字

（7）<u>是故爲水者決之使導，</u>爲民者宣之使言。《周語上》"水"爲"川"字

（8）行善而備敗，<u>所以產財用衣食者也。</u>《周語上》"產"爲"阜"字

（9）夫民慮之於心而宣之於口，成而行之。<u>若壅其口，</u>其與能幾何？《周語上》此句前有"胡可壅也？"

（10）王不聽。於是國莫敢出言，三年，<u>乃相與畔，襲厲王。厲王出奔於彘。</u>《周語上》僅"乃流王於彘"一句

5.《周本紀》引"邵公以其子代宣王死"章：

（1）<u>厲王太子靜匿召公之家，國人聞之，乃圍之。</u>《周語上》此句爲"彘之亂，宣王在邵公之宫，國人圍之。"

（2）昔吾驟諫王，王不從，<u>以及此難也。</u>《周語上》爲"是以及此難"

（3）<u>今殺王太子。</u>《周語上》無"太"

（4）<u>王其以我爲讎而懟怒乎？</u>《周語上》"爲懟而怒乎"

（5）夫事君者，<u>險而不讎懟，</u>怨而不怒，況事王乎！《周語上》無"讎"

（6）<u>乃以其子代王太子。</u>《周語上》"王太子"爲"宣王"

（7）<u>太子竟得脫。</u>《周語上》此處爲"宣王長而立之"

6.《周本紀》引"西周三川皆震伯陽父論周將亡"章：

（1）今三川實震，<u>是陽失其所而填陰也。</u>《周語上》"填"爲"鎮"字

（2）陽失而在陰，<u>原必塞；</u>原塞，國必亡。《周語上》"原"爲"川源"

（3）夫水土演而民用也。<u>土無所演，</u>民乏財用，不亡何待！《周語上》

"土"爲"水土"

（4）川竭必山崩。若國亡不過十年，數之紀也。《周語上》"必山崩"爲
"山必崩"

（5）天之所棄，不過其紀。《周語上》句前有發語詞"夫"

司馬遷在采用"邵公諫厲王弭謗"和"芮良夫論榮夷公專利"兩
章時調換了前後次序，且對"榮夷公專利"章的結尾加以修改，閱讀
上更覺文意通暢，因果分明。對"邵公以其子代宣王死"章中邵公的語
言在個別詞語上略有改動，其他部分則用自己語言概括，文從字順，條理
清晰。

《周本紀》對"宣王不籍千畝"和"宣王料民太原"兩章中大段的
言論，直接刪除，只留下史實的因果。這種取捨當然是立足於《史記》
記事的特點。如果不加刪減全部加入，勢必會割裂敘事的連續性，文字冗
長且影響到整體的修辭之美。

"宣王不籍千畝"章共700餘字，其中虢文公勸諫內容達600多字。
主要用來介紹籍田之禮的細節和籍田的重要意義。司馬遷沒有對這麼長的
論說歸納和概括，只保留了"不可"二字，再將此章最後不籍千畝的結
果原文引錄。《周本紀》之文：

> 宣王不脩籍於千畝，虢文公諫曰不可，王弗聽。三十九年，戰於
> 千畝，王師敗績于姜氏之戎。

"宣王料民太原"章原文近200字，《周本紀》刪去論議不可料民太
原原因的150餘字：

> 宣王既亡南國之師，乃料民於太原。仲山甫諫曰："民不可料
> 也。"宣王不聽，卒料民。

《魯世家》采"宣王立戲"和"宣王立孝公"兩章的記載，也同
《周本紀》采以上六章一樣，也只對某些句子加以斟酌修改，而人物語言
的主要部分則基本保持《周語》的原句。

《魯周公世家》載宣王立戲：

> 武公九年春，武公與長子括，少子戲，西朝周宣王。宣王愛戲，
> 欲立戲爲魯太子。周之樊仲山父諫宣王曰："廢長立少，不順；不順，

必犯王命；犯王命，必誅之：故出令不可不順也。令之不行，政之不立；行而不順，民將棄上。夫下事上，少事長，所以爲順。今天子建諸侯立其少，是教民逆也。若魯從之，諸侯效之，王命將有所壅；若弗從而誅之，是自誅王命也。誅之亦失，不誅亦失，王其圖之。”宣王弗聽，卒立戲爲魯太子。夏，武公歸而卒，戲立，是爲懿公。

《周語上》“仲山父諫宣王立戲”章：

　　魯武公以括與戲見王，王立戲，樊仲山父諫曰：“不可立也！不順必犯，犯王命必誅，故出令不可不順也。令之不行，政之不立，行而不順，民將棄上。夫下事上，少事長，所以爲順也。今天子立諸侯而建其少，是教逆也。若魯從之而諸侯效之，王命將有所壅，若不從而誅之，是自誅王命也。是事也，誅亦失，不誅亦失，天子其圖之！”王卒立之。魯侯歸而卒，及魯人殺懿公而立伯御。

　　這兩段文字的對比結果是顯而易見的，劃綫部分二者基本相同，未劃綫的部分仔細閱讀，也不難發現《史記》潤色了語言，更加簡練清晰易懂了。
　　《魯周公世家》載宣王立孝公：

　　懿公九年，懿公兄括之子伯御與魯人攻弑懿公，而立伯御爲君。伯御即位十一年，周宣王伐魯，殺其君伯御，而問魯公子能道順諸侯者，以爲魯後。樊穆仲曰：“魯懿公弟稱，肅恭明神，敬事耆老；賦事行刑，必問於遺訓而諮於固實；不干所問，不犯所咨。”宣王曰：“然，能訓治其民矣。”乃立稱於夷宫，是爲孝公。自是後，諸侯多畔王命。

《周語上》“穆仲論魯侯孝”章：

　　三十二年春，宣王伐魯，立孝公，諸侯從是而不睦。宣王欲得國子之能導訓諸侯者，樊穆仲曰：“魯侯孝。”王曰：“何以知之？”對曰：“肅恭明神而敬事耆老；賦事行刑，必問於遺訓而咨於故實；不干所問，不犯所咨。”王曰：“然則能訓治其民矣。”乃命魯孝公於夷宫。

《周語上》先寫宣王伐魯，立孝公，諸侯因此不睦。再寫宣王尋可爲諸侯之長者，樊穆仲薦魯侯，於是宣王於宗廟命其爲侯伯。《魯世家》的變動較大，首先交代伯御弒懿公而爲國君，這應是與“宣王立戲”最終結果相衝接。再寫宣王伐魯殺伯御而欲立能爲諸侯之長者，樊穆仲薦魯孝公，最後交代因此諸侯“多畔王命”。這兩段文字除劃綫部分能見彼此的關係外，在結構和因果關係上均有不同。

司馬遷對《國語》西周部分的十章史料採用了不同的處理方式援引到《周本紀》和《魯周公世家》中。此外，《鄭語》中史伯關於夏后氏末世有二龍降於王廷，龍漦化爲玄黿以及宮女孕而生褒姒之事《周本紀》也加以采用。司馬遷對鄭桓公與史伯的對話，也采用了刪改的方式，概括加工，達到敘述簡要的效果。閱讀文本足可感知，這里不再對比。

以上不妨說是司馬遷對《國語》西周史料的全盤採用，實際上分爲兩個方面，一是對原文少有改動的全部採用，一是對事件整個內容的重新敘述，但人物的語言的修改較小。

（二）甄別采用春秋部分的史料

司馬遷所見的有關春秋時期的史料較之西周時期的史料應該更爲豐富，修史所需的史料來源自然也更廣。《國語》之外，還應有《左傳》、諸子百家之書、幸存的諸侯國史書、卿大夫家史、古代典章制度的文獻甚至是民間傳說、瞽矇的口傳歷史等等。上文提及學者研究發現司馬遷修《史記》所見文獻多達 100 餘種，對其中記載春秋歷史的文獻就需要甄別采用。采用《國語》史料也應是如此。

司馬遷采用《國語》所載春秋部分的史料，有全文採用的，數量較少。更多的是部分文字的採用。

1. 全部採用

《魯語下》三章記載孔子博學事跡的內容司馬遷全部采入《孔子世家》之中。不同於對《周語上》原文少有變動的處理方式，司馬遷對此三章則是采其內容，重新潤色語言，照顧到行文風格的整體性和語言的詳略，剔除無用的信息，凝練干脆概括，更符合史書整體的語言特點。試選“季桓子穿井獲羊”和“孔丘論大骨”兩例比較《孔子世家》和《魯語》的語言來感知司馬遷對《國語》史料的靈活運用。

《孔子世家》載季桓子穿井獲羊：

> 季桓子穿井得土缶，中若羊，問仲尼云“得狗”。仲尼曰：“以丘所聞，羊也。丘聞之，木石之怪夔、罔閬，水之怪龍、罔象，土之

怪墳羊。"

《魯語下》"季桓子穿井獲羊"章:

> 季桓子穿井,獲如土缶,其中有羊焉。使問之仲尼曰:"吾穿井而獲狗,何也?"對曰:"以丘之所聞,羊也。丘聞之:木石之怪曰夔、蝄蜽,水之怪曰龍、罔象,土之怪曰墳羊。"

對比可見《孔子世家》的語言經過潤色,更集中凝練,書面語特點明顯。《魯語》的語言古樸平實,更顯口語化。

《孔子世家》載孔丘論大骨:

> 吳伐越,墮會稽,得骨節專車。吳使使問仲尼:"骨何者最大?"仲尼曰:"禹致群神於會稽山,防風氏後至,禹殺而戮之,其節專車,此爲大矣。"吳客曰:"誰爲神?"仲尼曰:"山川之神足以綱紀天下,其守爲神,社稷爲公侯,皆屬於王者。"客曰:"防風何守?"仲尼曰:"汪罔氏之君守封、禺之山,爲釐姓。在虞、夏、商爲汪罔,於周爲長翟,今謂之大人。"客曰:"人長幾何?"仲尼曰:"僬僥氏三尺,短之至也。長者不過十之,數之極也。"於是吳客曰:"善哉聖人!"

《魯語下》"孔丘論大骨"章:

> 吳伐越,墮會稽,獲骨焉,節專車。吳子使來好聘,且問之仲尼,曰:"無以吾命。"賓發幣于大夫,及仲尼,仲尼爵之。既徹俎而宴,客執骨而問曰:"敢問骨何爲大?"仲尼曰:"丘聞之:昔禹致群神於會稽之山,防風氏後至,禹殺而戮之,其骨節專車。此爲大矣。"客曰:"敢問誰守爲神?"仲尼曰:"山川之靈,足以紀綱天下者,其守爲神;社稷之守者,爲公侯。皆屬於王者。"客曰:"防風何守也?"仲尼曰:"汪芒氏之君也,守封、嵎之山者也,爲漆姓。在虞、夏、商爲汪芒氏,于周爲長狄,今爲大人。"客曰:"人長之極幾何?"仲尼曰:"僬僥氏長三尺,短之至也。長者不過十之,數之極也。"

兩段中劃綫的部分是彼此沒有的內容。《孔子世家》行文流暢，在於表現孔子的博聞，沒有旁蕪的閑筆，注重通篇的整體性。《魯語下》所記則更能反映歷史的真實，有現場感。

《孔子世家》當然也采用了《魯語下》"孔丘論楛矢"的內容，和前兩段一樣的處理方法。一個重要差別在於《魯語下》記載爲"陳惠公"，而《孔子世家》則記載爲"陳閔公"。在時間上相差近三十年，司馬遷對此或許有過考辨。

2. 部分采用

《史記》更多的還是有選擇地采用《國語》所載的春秋史料，司馬遷似乎總是在采用之時比照《左傳》亦有的史料而有所取捨。

據張以仁先生研究對比，發現《史記》中春秋史的內容借鑒《左傳》史料更多，《左傳》、《國語》二書存在時間、地點、人物和事件上的差異，《史記》也更多采用《左傳》，尤其《晉世家》的史實多與《左傳》同。如《晉語一》載晉獻公將上軍，太子申生將下軍，伐霍。《左傳》閔公元年又有趙夙、畢萬二人，《晉世家》同《左傳》。《晉語三》晉饑荒請糴於秦。穆公曰："天殃流行，國家代有。補乏薦饑，道也。"《晉世家》爲百里奚所言，與《左傳》同。記事上《晉世家》同《國語》通常是因《左傳》所記比較簡單。如里克與丕鄭謀劃納公子重耳之事，《左傳》所載僅"里克、丕鄭欲納文公"一句。《晉語》所記詳細而爲《晉世家》采用。至於《左傳》、《國語》相同的記載，如"莊公如齊觀社"（《左傳》莊公二十三年，《魯語上》）、"鉏麑賊趙宣子"（《左傳》宣公二年，《晉語五》）、"魏絳斬公子揚干僕"（《左傳》襄公三年，《晉語七》）三條，則難言《史記》借鑒了哪部文獻。

當然，單純看《史記》借鑒《國語》，在史實的時間、地點、人物、事件等方面都有相同者，反映了司馬遷在考辨歷史的問題上也比較相信《國語》的記載。《周語中》"富辰諫襄王以狄伐鄭"章"襄王十三年，鄭人伐滑。"《周本紀》"十三年，鄭伐滑。"此爲時間上的采用。而《左傳》所載爲襄王十二年，不采。此章中王子帶之亂，王黜狄后。狄人來誅殺譚伯，富辰以其屬爲王而死。《周本紀》"翟人來誅，殺譚伯。富辰曰：'吾數諫不從，如是不出，王以爲我懟乎？'乃以其屬死之。"文字與《周語中》大同。此爲對事件與人物上的采用。《晉語四》"文公出陽人"章"賜公南陽陽樊、溫、原、州、陘、絺、組、攢茅之田。"《晉世家》"賜晉河內陽樊之地。"此爲地點上的采用。

司馬遷了解的春秋史，應該主要從《春秋》、《左傳》、《國語》、《公羊傳》、《穀梁傳》、《儀禮》、《管子》、《呂氏春秋》等文獻以及他實地采集到歷史資料中得來。在選擇史實上傾向於多爲世人所重的以記事爲主《左傳》是可以理解的。《史記》中記春秋諸侯國之事，有些內容並不詳細，而只是概括時間事件，也很難判斷出司馬遷概括了哪部文獻的史料。如《晉語四》載重耳過衛之事，重在衛正卿甯莊子勸衛文公禮待重耳，記事則只一句"過衛，衛文公有邢、狄之虞，不能禮焉。"《左傳》也僅一句"過衛，衛文公不禮焉。"《晉世家》載："過衛，衛文公不禮。"《衛世家》載："十六年，晉公子重耳過，無禮。"我們不能根據《國語》、《左傳》和《史記》文字表述上的差異確定司馬遷一定采用了《左傳》。作爲太史令他應該諳熟前代的歷史，則他的概括性表述或許就是他主觀認爲準確可考的史實。至於吳越爭霸之事，《史記》則多兼采《左傳》和《國語》的內容，表現出對二者兼信的態度。所以說《國語》的一些翔實的記載補充了《史記》的內容，未被采用的史料顯然在事件的時間、地點、人物甚至是結果等方面不被司馬遷認可，但也能輔證《左傳》和《史記》的記載實有其事。

《史記》對《國語》的援引，最爲明顯的還是體現在對同一內容的文字表述上。試看二書以下幾組文字的對比。

關於晉獻公三位公子主曲沃、蒲與屈的記載：

《晉世家》：

十二年，驪姬生奚齊。獻公有意廢太子，乃曰："曲沃我先祖宗廟所在，而蒲邊秦，屈邊翟，不使諸子居之，我懼焉。"於是使太子申生居曲沃，公子重耳居蒲，公子夷吾居屈。獻公與驪姬子奚齊居絳。晉國以此知太子不立也。

《晉語一》"史蘇論驪姬必亂晉"章：

獻公伐驪戎，克之，滅驪子，獲驪姬以歸，立以爲夫人，生奚齊。其娣生卓子。驪姬請使申生主曲沃以速懸，重耳主蒲城，夷吾處屈，奚齊處絳，以做無辱之故。公許之。

《晉語一》"优施教骊姬远太子"章：

驪姬賂二五，使言於公曰："夫曲沃，君之宗也；蒲與二屈，君之疆也，不可以無主。宗邑無主，則民不威；疆場無主，則啟戎心。戎之生心，民慢其政，國之患也。若使太子主曲沃，而二公子主蒲與屈，乃可以威民而懼戎，且旌君伐。"使俱曰："狄之廣莫，於晉爲都。晉之啟土，不亦宜乎？"公說，乃城曲沃，太子處焉；又城蒲，公子重耳處焉；又城二屈，公子夷吾處焉。驪姬既遠太子，乃生之言，太子由是得罪。

《晉世家》所記內容不同《晉語一》，但三公子遠驪姬而主曲沃、蒲與屈之事則相同，顯然是有淵源的。當爲司馬遷取《晉語一》所載概括而成。"晉國以此知太子不立也"一句概括《晉語》中士蔿等人之言，也略去了更多的史料。此外，晉獻公十六年獻公與申生伐滅霍、魏、耿三國歸，士蔿勸申生爲吳太伯之事、晉獻公十七年使申生伐東山里克之諫並勸勉太子之事、驪姬以君命命太子祭齊姜歸胙於獻公之事、晉獻公二十六年葵丘會盟宰孔遇獻公勸其毋往之事、獻公卒里克使人迎重耳於翟，重耳拒絕之事、晉惠公六年韓之戰，等等，凡《晉世家》所記而《晉語》有者，都是司馬遷借鑒的證明。

《史記》關於伍子胥自殺前之語的記載：

> "必取吾眼置吳東門，以觀越兵入也！" （《越王勾踐世家》）
> "……抉吾眼縣吳東門之上，以觀越寇之入滅吳也。"吳王聞之大怒，乃取子胥尸盛以鴟夷革，浮之江中。 （《伍子胥列傳》）
> "……抉吾眼置之吳東門，以觀越之滅吳也。"
> （《吳太伯世家》）

《國語・吳語》"申胥自殺"章：

> "以縣吾目於東門，以見越之入，吳國之亡也。"王慍曰："孤不使大夫得有見也。"乃使取申胥之尸，盛以鴟鵡，而投之於江。

比較《史記》三篇與《吳語》的記載，內容相同，表述上《史記》源自《吳語》。

《史記・越王勾踐世家》關於越王句踐即位三年伐吳不勝的記載：

越王謂范蠡曰："以不聽子故至於此，爲之奈何？"蠡對曰："持滿者與天，定傾者與人，節事者以地。卑辭厚禮以遺之，不許，而身與之市。"句踐曰："諾。"乃令大夫種行成於吳，膝行頓首曰："君王亡臣句踐使陪臣種敢告下執事：句踐請爲臣，妻爲妾。"吳王將許之。子胥言於吳王曰："天以越賜吳，勿許也。"

《越語下》"范蠡進諫句踐持盈定傾節事"章：

王召范蠡而問焉，曰："吾不用子之言，以至於此，爲之奈何？"范蠡對曰："君王其忘之乎？持盈者與天，定傾者與人，節事者與地。"王曰："與人奈何？"對曰："卑辭尊禮，玩好女樂，尊之以名。如此不已，又身與之市。"王曰："諾。"乃令大夫種行成於吳。

劃綫的部分與《越語下》大同。

此外，《魯世家》記載齊桓公向魯國索要管仲之事，同於《齊語》。《晉世家》記載里克、丕鄭謀劃重耳回國繼承國君之位，重耳過曹、鄭、楚之事，齊女勸重耳歸等也與《晉語》所記大同。卽便有同於《左傳》者，也不能否定其采《晉語》。我們認爲《左傳》的內容也多源自《國語》的史料，不過加以潤色加工，更便於司馬遷直接采用。

上述所列《史記》文字，均以《國語》之文爲參考。司馬遷借鑒和吸收史料，不是一味迷信某一部文獻，而是有所考辨取捨，這反映了司馬遷作爲史學家求真的精神。著作《史記》不是簡單地串聯史料，還要辨史料之真僞，做到還原歷史的真實。總之，司馬遷編著《史記》對《國語》的史料是信任的，視其爲信史。《國語》的史料或填補了歷史的空缺，或使歷史事件更清晰、或佐證某一思想認識，成爲豐富《史記》內容的重要參考。

第三節　《國語》與《越絕書》、《吳越春秋》的關係

《越絕書》是除《左傳》和《國語》（《吳語》、《越語》）外記錄春秋時期吳越爭霸的又一部文獻。關於該書的作者和成書年代問題，李步嘉先生所著《〈越絕書〉研究》有專門一章系統介紹，理順了從古至今學者們的觀點，可爲參考。普遍認爲今本《越絕書》中保存有先秦主要是戰國時期的部分史料。

陳橋驛先生《點校本越絕書序》中對《越絕書》的作者、卷帙、價值以及歷代研究的成果等有比較詳細的梳理。《隋書·經籍志》、《舊唐書·經籍志》以及《新唐書·藝文志》列《越絕書》作者爲子貢。宋《崇文總目》除列作者爲子貢外，又有"或曰子胥"。陳振孫《直齋書錄解題》則稱《越絕書》"無撰人姓氏，相傳爲子貢者，非也。是書雜記吳越事，下及秦漢，直至建武二十八年，蓋戰國後人所爲，而漢人又附益之耳。"① 明胡應麟附和陳說，以爲子貢、子胥皆是妄說。田汝成指出"《越絕書》一十五卷，凡十九篇。爲《内經》者二，《内傳》者四，《外傳》者十有三。或曰作於子貢，或曰子胥，豈其然哉？《内經》、《内傳》辭義奧衍，究達天人，明爲先秦文字。《外傳》猥駁無倫，而《記地》二篇雜以秦漢郡縣，殆多後人附益無疑也。"② 是否爲子貢或子胥沒有正面回答，但肯定書中有先秦文字。其所謂"後人"大概指秦漢時人。楊慎根據《越絕書》篇末的隱語判斷作者爲東漢人袁康、吳平。余嘉錫先生贊同陳振孫的觀點，他認爲《越絕書》的作者既非子貢、子胥，亦非袁康、吳平。"余以爲戰國時人所作之越絕，原係兵家之書，特其姓名不可考，於《漢志》不知屬何家耳。要之，此書非一時一人之作。"③《越絕書》書中確有部分先秦時期兵家的史料，這也是其作者被認作是子貢和子胥的原因。其史料來源多爲吳越之地流行的文獻以及《左傳》、《國語》等，也有的内容源於《呂氏春秋》。《漢書·藝文志》雜家載《伍子胥》八篇，兵技巧載《伍子胥》十篇、兵權謀載《范蠡》與《大夫種》各二篇，這些文獻也應是《越絕書》的重要史料來源。李步嘉認爲《越絕書》"原始文字部分或取於先秦子部雜家之說，而與傳世經史所記不同"④，雜家之說或爲《呂氏春秋》。

《吳越春秋》一書，其作者和時代較之《越絕書》要清晰的多，成書於東漢時期，作者爲趙曄。學界普遍認爲其内容多取自《國語》、《左傳》、《史記》和《越絕書》這四部史書。《史記》雖然成書較早，但行世稍晚，趙曄編撰《吳越春秋》未必能借鑒其史料。《越絕書》的影響應該很大，明陳塏云："趙曄《吳越春秋》，又因是書（指《越絕書》）而

---

① （宋）陳振孫：《直齋書錄解題》卷五，上海古籍出版社 1987 年版。

② （明）田汝成：《田書禾小集》卷一，齊魯書社 1997 年版。

③ 余嘉錫：《四庫提要辯證》卷七，中華書局 2007 年版，第 382 頁。

④ 李步嘉：《〈越絕書〉研究》，上海古籍出版社 2003 年版，第 101 頁，也見於第 104 頁及 110 頁。

爲之。"① 清錢培名《越絕書劄記》則曰:"趙曄《吳越春秋》,往往依傍《越絕》。"②

《左傳》所載和《國語》中吳、越、楚三國之語是《越絕書》和《吳越春秋》主要的史料來源,另外,二書編撰的指導思想也同樣受到《左傳》和《國語》的影響,主要表現對諸侯霸業的稱頌。我們重點探討《國語》一書對《越絕書》和《吳越春秋》的影響。

一 《國語》吳、越之語與《越絕書》的關係

學界對《國語》與《越絕書》之間的關係尚無直接的論述,有學者認爲《越絕書》的文辭與《國語》相當,不夠華美,而"多出《國策》下矣"。③ 或云:"《國語》之言文,《越絕》之言質;文或誇以損真,質則約而存故;欲論吳越之世,舍此焉適矣。"④ 可知欲曉吳越之世,需研讀二書,要文質相合,辨文析質。《越絕書》最後成書於東漢時期,里面有漢人附益的内容,其編撰者在戰國人編撰的基礎上完成。陳橋驛認爲《越絕書》的淵源遠比《吳地傳》所說的"建武二十八年"古老,"袁康(假使確有其人)和吳平的工作,無非是把一部戰國人的著作,加以輯錄增删而已。"⑤ 我們認爲《越絕書》的史料來源比較複雜,其中即有《國語》中相關吳越内容的記載。但《越絕書》不管從内容還是文辭上能夠見到《國語》的痕跡實在不是很多。正因如此反而讓我們思考《越絕書》到底借鑒了《國語》的哪些方面,《國語》對《越絕書》的史料有什麽影響等問題。《國語》在西漢文帝之時重新行世,顯然編撰《越絕書》的作者能夠見到《國語》中吳越爭霸的歷史,但前者重點要表現的似乎并不在王霸功業上,而在權謀上。從這一點上來看二書史料是互補的。通讀《越絕書》全文,我們還是能發現來自《國語》的影響。二者之間的關係可歸納爲以下三個方面。

首先,《越絕書》的性質是"語"書,其編撰成書有《國語》等文獻的影響。

---

① (漢)袁康、吳平輯錄,樂祖謀點校:《越絕書》,上海古籍出版社 1985 年版,第 116 頁。
② 轉引自陳橋驛《點校本越絕書序》,見樂祖謀點校《越絕書》,上海古籍出版社 1985 年版,第 13 頁。
③ (清)盧文弨著,王文錦注:《抱經堂文集》卷九,中華書局 1990 年版。
④ 陳塏:《越絕書跋》,見樂祖謀點校《越絕書》,上海古籍出版社 1985 年版,第 116 頁。
⑤ 陳橋驛:《點校本越絕書序》,見樂祖謀點校《越絕書》,上海古籍出版社 1985 年版,第 8 頁。

　　"語"書最有代表性的就是《國語》、《戰國策》和諸子之書等，《越絕書》的編撰受這些文獻影響的痕跡很重。我們今天可見的《越絕書》共十五卷，在流傳過程中文獻的內容和卷帙上有些變化，但總體的面貌不會發生特別重大的變化。首卷《外傳本事》和末卷《敘外傳記》有似《公羊傳》的風格，自問自答，實與歷史無關。兩卷首尾呼應，首卷重在解題，末卷重在品評吳越爭霸中的主要人物申胥，以解讀者諸多困惑。中間的部分當爲主體。全書十三卷共十九篇，除首尾兩卷外，有五篇內容相對獨立。其中，《外傳記吳地》敘吳山川城邑。《外傳記地傳》敘越之世繫與山川城邑。《外傳記寶劍》敘越王與薛燭、楚王與風胡子論劍。同《國語·周語下》"景王問鍾律於伶州鳩"中的論議相似。《外傳記軍氣》敘子胥相氣取敵之法。同《國語·周語下》"單穆公諫景王鑄大錢"、"單穆公諫景王鑄大鍾"說理方法和風格相似。《外傳春申君》敘春申君通於李環、春申君獻李環於楚王、春申君之死、楚國之亡等，此篇似與吳越爭霸事無干。另十二篇則與吳越爭霸直接相關，多爲君臣圍繞策略進行的對話，突出道術。《荊平王內傳》敘楚平王父納子妻、伍子胥父兄被殺、伍子胥流亡入吳等事。《國語·楚語》及《越語》不見記載。《吳內傳》亦有公羊家的義法，評三代聖主賢王、諸侯霸主，不以一眚掩其大德。意在監誡後王應行仁義，禮信盛德。又敘范蠡諫句踐以持盈定傾之道。持盈定傾之道見於《越語下》，應該是《越絕書》參考的資料。《計倪內經》敘句踐問計倪伐吳，計倪對以蓄積錢糧物資，論議參以陰陽五行之說，與《國語·齊語》桓公問政管仲相類，又與《孟子》中諸侯王問王道相類。《請糴內傳》敘勾踐滅吳之事，較之《吳語》、《越語》所記更爲詳細，二者參看，可互爲補充。包括句踐侍吳三年歸，君臣謀劃弱吳，請糴於吳，子胥諫阻，伯嚭、逢同進讒，夫差伐齊，子胥諫阻，夫差殺子胥、又三年越滅吳，吳王自殺，又殺伯嚭、逢同及其妻兒。所記子胥與伯嚭的矛盾是公開的，《吳語》、《越語》則並未交代。此篇偏重記事。《外傳紀策考》敘吳王闔閭問子胥國運，子胥伐楚，吳越就李之戰，評子胥、伯嚭、范蠡三人等內容，代表史料作者的觀點，有敘有評。《外傳記范伯》篇幅短小敘范蠡薦文種去吳，而文種入越。後有子貢評語，則是受《左傳》、《史記》史評的影響。《內傳陳成恒》敘"存魯、亂齊、破吳、彊晉、霸越"游說之事，語言不似春秋時邦交辭令，更似《戰國策》縱橫家語。《外傳計倪》敘計倪對句踐待士民以仁義，親賢遠佞，可成霸業。與《國語》形式、風格相類。《外傳記吳王占夢》敘夫差異夢，伯嚭解夢以吉，公孫勝解以兇夢遭殺。夫差克齊、敗於晉，公孫勝所言俱應驗。越滅吳，夫差自殺。此解夢不同於《國語》、《左傳》多附會《周易》占筮之說，則史料年代應當較晚。東漢末年，附會讖緯夢卜之說較盛，或爲其完成之時。《內經九術》敘大夫文種對句踐以九術則伐吳有功。越乃行九術，敗吳師，殺夫差而有其國。文字表述與形式同《越語》相類。《外傳枕中記》敘范蠡對句踐以道術，陰陽進退。亦與《齊語》桓公問政於管仲形式相類。《德序外傳記》敘越霸諸侯，析成敗進退。

顯然，《越絕書》是一部輯錄吳越爭霸歷史的"語"類史書，全書以編撰者的論議和君臣答問爲主。在編撰內容、風格和形式上都受到先秦"語"書諸如《國語》、《戰國策》、《公羊傳》以及《孟子》等諸子文獻的影響。前文談及先秦"語"書是記言文獻的一大類，有著大致相同的特點和編撰目的。《越絕書》同樣不是以敘述吳越爭霸史爲主要目的，而是以爭霸之事爲論議之由，史實也沒有具體的時間標識，并且同一史實多次出現，而論議的內容則各有側重。編撰目的上我們認爲卷九《外傳計倪》篇末實有交代，曰："哀哉！夫差不信伍子胥，而任太宰嚭，乃此禍晉之驪姬、亡周之褒姒，盡妖妍於圖畫，極兇悖於人理。傾城傾國，思昭示於後王；麗質冶容，宜求監於前史。古人云'苦藥利病，苦言利行。'伏念居安思危，日謹一日。《易》曰：'知進而不知退，知存而不知亡，知得而不知喪。'又曰：'進退存亡，不失其正者，唯聖人乎？'由此而言，進有退之義，存有亡之幾，得有喪之理。愛之如父母，仰之如日月，敬之如神明，畏之如雷霆，此其可以卜祚遐長，而禍亂不作也。"概括說來即是監前史、昭後王，知進退則禍亂不作，這與《國語》"求多聞善敗以鑒戒"的編撰目的相同。

其次，《越絕書》的史料可以彌補《國語》吳、越之語的內容。

同爲記載吳越爭霸史的文獻，《國語》所記主要集中於一個具體時段，不蔓不枝，沒有相關的背景資料。《越絕書》載伍子胥逃亡之事、伯嚭與子胥的矛盾可補充吳、越之語的相關內容。這些史料可以幫助我們更爲全面了解吳越爭霸的歷史。而《國語》的史料也是《越絕書》史料的可靠依托。

《越絕書》的史料來源較《國語》吳、越之語史料來源更廣。除了有史官所載的史書外，也當有瞽矇口傳的歷史和民間流傳的野史。在運用這些史料的方法上，主要以"昔者"開篇領起。十七篇中除《吳內傳》和《外傳記軍氣》兩篇未使用外，其餘十五篇均以"昔者"領起，而領起的史實多有重復，如吳王夫差敗越王句踐，困之會稽之山，句踐使文種求成，申胥直諫，吳王不忍而許之。如吳王夫差伐齊，殺申胥，伐晉，敗於黃池。越王勾踐滅吳，夫差自殺。這些重復出現的史實大同，或稍有補充。其目的均在於引起說理講術。《越絕書》編撰的目的也在其中得以闡明。則"昔者"傳遞三個方面的意思。第一，史料的內容距離編撰者的時代較遠。第二，史料是經過加工概括過的史料，而不是照搬史書中記載的史料。第三，表述史實的方式上多有重復，略顯隨意。這些特點都不是史官修史求實嚴謹的特點，所以《越絕書》的編撰不似出於史官之手，或爲吳越之地百家者流。《國語》的編撰者當爲史官，從成書的內容上看，史料來源相對可信，多出於天子、諸侯以及卿大夫的史官之手。總體的編撰也比較嚴謹。

最後，同爲"語"書在語言藝術上二者是繼承和發展的關係。《國語》吳、越之語的語言至少是戰國中期以前的語言。《越絕書》"內傳"、"內經"中有部分是先秦語言，但不會早於吳、越之語。"外傳"的語言則像是兩漢時期的語言。

"語"書的語言不同於其他文獻類型的語言，但也有其自身的發展變化。早期"語"書如《尚書》類的文獻多文告、政令，詰屈聱牙，凝練晦澀。西周春秋時期比較注重邦交辭令，語言卽便委婉、浮夸也並非是組織語言上采用修辭技巧，而是語言表達方式的技巧。《左傳》和《國語》中的辭令是史官記錄下來的，比較接近辭令的原貌，口語化明顯。不同於《左傳》的邦交辭令和《國語》等"語"類史書的語言，諸子類"語"書的語言不但重視表達方式的技巧，而且更重視組織語言上的技巧。如《墨子》、《孟子》、《莊子》、《荀子》、《韓非子》等。但諸子語言在組織上多在遣詞潤色語句上用功，修辭技巧並不普遍。戰國時期游士階層興起，縱橫家更重辭令，善於運用鋪排、夸張等修辭效果，追求渲染和表達技巧。漢代的書面語繼承先秦的語言表達特點，也更注重組織語言的修辭技巧。

《越絕書》"內傳"與"內經"語言風格基本一致。明田汝成認爲《越絕書》"內傳"與"內經"辭義奧衍，爲先秦文字。我們認爲這兩部分多敘事，語言平實中不乏華麗，善於運用修辭等表現技巧。與《左傳》的風格很相似。"外傳"重論議，語言多有韻律節奏，有氣勢，修辭技巧較多。總體上是漢代的語言。全書的語言運用上喜歡使用三言、四言的句式，而以"外傳"更多。"內傳"、"內經"與"外傳"我們分別舉例說明之。

《荊平王內傳》記伍子胥得知父兄被害後奔亡的一段文字：

　　　　子胥聞之，即從橫領上大山，北望齊魯，謂其舍人曰："去，此
邦堂堂，被山帶河，其民重移。"於是乃南奔吳。至江上，見漁者，
曰："來，渡我。"漁者知其非常人也，欲往渡之，恐人知之，歌而
往過之，曰："日昭昭，侵以施，與子期甫蘆之碕。"子胥即從漁者
之蘆碕。日入，漁者復歌往，曰："心中目施，子可渡河，何爲不
出？"船到即載，入船而伏。半江，而仰謂漁者曰："子之姓爲誰？
還，得報子之厚德。"漁者曰："縱荊邦之賊者，我也；報荊邦之仇
者，子也。兩而不仁，何相問姓名爲？"子胥即解其劍，以與漁者，
曰："吾先人之劍，直百金，請以與子也。"漁者曰："吾聞荊平王有
令曰：'得伍子胥者，購之千金。'今吾不欲得荊平王之千金，何以
百金之劍爲？"漁者渡于於斧之津，乃發其簞飯，清其壺漿而食，
曰："亟食而去，毋令追者及子也。"子胥曰："諾。"子胥食已而去，
顧謂漁者曰："掩爾壺漿，無令之露。"漁者曰："諾。"子胥行，即
覆船，挾匕首自刎而死江水之中，明無泄也。

　　這段文字敘事語言質樸，但比較講究修辭效果，更具文采。書面語特徵明
顯。《請羅內傳》等亦是如此。《國語》吳、越之語主要是史官的語言，
少有修飾，在修辭技巧上顯然差一些。

　　《越絕書》"外傳"的語言更有特點，潤色修飾文字更爲明顯，較之
"內傳"、"內經"更多使用三言、四言句式，有似韻文，節奏感強，一氣
而下，甚有氣勢。語言華麗，加工和潤色雕琢的痕跡很重。《外傳紀策
考》中的文字多處使用四言的句子，試看其中評價子胥的文字：

　　　　子胥至直，不同邪曲。捐軀切諫，虧命爲邦。愛君如軀，憂邦如
家。是非不諱，直言不休。庶幾正君，反以見疏。讒人間之，身且以
誅。范蠡聞之，以爲不通："知數不用，知懼不去，豈謂智與？"胥
聞，歎曰："吾背楚荊，挾弓以去，義不止窮。吾前獲功，後遇戮，
非吾智衰，先遇闔廬，後遭夫差也。胥聞事君猶事父也，愛同也，嚴
等也。太古以來，未嘗見人君虧恩，爲臣報仇也。臣獲大譽，功名顯
著，胥知分數，終於不去。先君之功，且猶難忘，吾願腐發弊齒，何
去之有？蠡見其外，不知吾內。今雖屈冤，猶止死焉！"子貢曰：
"胥執忠信，死貴於生，蠡審凶吉，去而有名，種留封侯，不知令
終。二賢比德，種獨不榮。"范蠡智能同均，於是之謂也。

再如《外傳記地傳》的一段文字：

> 吳王恐懼，子胥私喜："越軍敗矣。胥聞之，狐之將殺，嚼唇吸齒。今越句踐其已敗矣，君王安意，越易兼也。"使人入問之，越師請降，子胥不聽。越棲於會稽之山，吳退而圍之。句踐喟然用種、蠡計，轉死爲霸。一人之身，吉凶更至。盛衰存亡，在於用臣。治道萬端，要在得賢。越棲於會稽日，行成於吳，吳引兵而去。句踐將降，西至浙江，待詔入吳，故有雞鳴墟。其入辭曰："亡臣孤句踐，故將士衆，入爲臣虜。民可得使，地可得有。"吳王許之。子胥大怒，目若夜光，聲若哮虎："此越未戰而服，天以賜吳，其逆天乎？臣唯君王急剷之。"吳王不聽，遂許之浙江是也。

這樣的四言句式，也是其潤色文字的重要表現。

《國語》吳、越之語的語言較之周、魯、晉、楚等語已有潤色加工的痕跡了，作爲《國語》中史料相對較晚的部分，說明在戰國中期前《國語》最終成書時，編撰"語"書者已經有意識地對語言進行潤色加工。《越絕書》在這方面與《戰國策》差不多，在修辭和表達方式上已經十分注重技巧了。《越絕書》"外傳"總體還是兩漢時期的語言，講修辭、更雕琢文字，講鋪排、講節奏韻律，有氣勢。可見戰國縱橫家游說語言的影響。書面語較濃，也有自己的語言特點，風格比較一致。

綜上所述，我們認爲《越絕書》雖然在史料和體例上不能明顯看出受《國語》的影響，但其作爲一部"語"書，在編撰的內容和方式上還是有不少《國語》影響的痕跡。其史料有先秦時期的，但經過了編撰者重新概括加工。史料來源更廣，缺少史官編撰史書的嚴謹，但對《國語》吳、越之語確是極好的補充。其語言更有修辭技巧，長於潤色。較之吳、越之語更書面化，華麗流暢。應該說《越絕書》是對先秦"語"書的繼承和發展。

二 《吳越春秋》對《楚語》、《吳語》的采用

《吳越春秋》的性質被定位爲地方史志類文獻，作者東漢趙曄，生卒年不詳。《吳越春秋》主要內容同樣是敘春秋末吳越爭霸之事。隋唐《經籍志》載趙曄《吳越春秋》十二卷，今本存十卷而已。明代錢福猜測亡佚的兩卷可能是"西施入吳"和"范蠡去越"之事。其中前五卷爲吳國之事，包括吳太伯傳、壽夢傳、公子光刺殺王僚、闔閭稱霸、夫差傳。伍

子胥奔吳、吳伐楚、越伐吳等諸多大事悉在傳中。後五卷則爲越國之事，包括無余傳、句踐臣吳、句踐歸國、句踐陰謀、句踐伐吳。該書以吳爲"内傳"或"傳"而以越爲"外傳"。《隋書·經籍志》曰："後漢趙曄，又爲《吳越春秋》。其屬辭比事，皆不與《春秋》、《史記》、《漢書》相似，蓋率爾而作，非史策之正也。"言其"率爾而作"，通讀文本可知。總體内容詳盡，但編輯略顯粗糙，有似對舊史撮鈔未作一致的文字處理。如伯嚭之名，《闔閭内傳》作"白喜"，《夫差内傳》則爲"嚭"。對一些歷史事實的人物和時間記載亦有謬誤，不同於《左傳》和《史記》。《吳越春秋》的史料來源比較清楚，當爲《左傳》、《國語》、《史記》和《越絕書》等文獻。也有迂怪妄誕，真虛莫測的委巷之說。今天可見最早的版本是元代大德十年（1306 年）刊本。明代主要有弘治十四年（1501年）鄺璠刊本和萬曆十四年（1586 年）馮念祖刊本。注本方面有元代徐天祐《吳越春秋》音注。音注以《吳越春秋》的史實與《左傳》、《國語》以及《史記》所載相比較，辨四部文獻間史實的異同。

《吳越春秋》在史料上借鑒《國語》更多，也更明顯。

從行文上看，《吳越春秋》采用《國語》有直接的徵引，略改動文字，也有對《國語》史料加以概括敘述。文本中相同或基本相同的部分較長，如卷十"勾踐伐吳外傳"句踐問戰於申包胥一段，援引《吳語》500 餘字，稍加改動字句而已。文字較長，此不贅引。再如《吳越春秋》卷三"王僚使公子光傳"：

> 莊王卒，靈王立。建章華之臺，與登焉。王曰："臺美。"伍舉曰："臣聞國君服寵以爲美，安民以爲樂，克聽以爲聰，致遠以爲明。不聞以土木之崇高，蟲鏤之刻畫，金石之清音，絲竹之淒唳以之爲美。前莊王爲抱居之臺，高不過望國氛，大不過容宴豆，木不妨守備，用不煩官府，民不敗時務，官不易朝常。今君爲此臺七年，國人怨焉，財用盡焉，年穀敗焉，百姓煩焉，諸侯忿怨，卿士訕謗：豈前王之所盛，人君之美者耶？臣誠愚，不知所謂也。"靈王卽除工去飾，不游於臺。由是伍氏三世爲楚忠臣。

《國語·楚語上》"伍舉論臺美而楚殆"章：

> 靈王爲章華之臺，與伍舉升焉，曰："臺美夫！"對曰："臣聞國君服寵以爲美，安民以爲樂，聽德以爲聰，致遠以爲明。不聞其以土

木之崇高、彤鏤爲美，而以金石匏竹之昌大、囂庶爲樂；不聞其以觀大、視侈、淫色以爲明，而以察清濁爲聰。先君莊王爲匏居之臺，高不過望國氛，大不過容宴豆，木不妨守備，用不煩官府，民不廢時務，官不易朝常。問誰宴焉，則宋公、鄭伯；問誰相禮，則華元、駟騑；問誰贊事，則陳侯、蔡侯、許男、頓子，其大夫侍之。先君以是除亂克敵，而無惡於諸侯。今君爲此臺也，國民罷焉，財用盡焉，年穀敗焉，百官煩焉，舉國留之，數年乃成。願得諸侯與始升焉，諸侯皆距無有至者。而後使太宰啟疆請於魯侯，懼之以蜀之役，而僅得以來。使富都那豎贊焉，而使長鬣之士相焉，臣不知其美也。"

《吳越春秋》的這一小段，顯然是源自《楚語》。劃綫部分只是在個別的詞句上稍有改動。"不聞以土木之崇高，蟲鏤之刻畫，金石之清音，絲竹之淒唳以之爲美。"此句"以之"二字當爲衍文。此外《吳越春秋》卷四也載吳人入楚，昭王奔鄖之事，但人物語言不同《楚語》所載。《楚語》重在明上下尊卑之禮，突出"禮"。《吳越春秋》則重在"仁"和"智"。其史料之本應是《楚語》，語言表述不同也是二書編撰目的不同的需要。又如《吳越春秋》卷五"夫差内傳"載吳王夫差伐齊與晉爭盟、越王句踐借機伐吳、吳晉黃池會盟之事，也是概括了《吳語》的內容。此段如下：

越王聞吳王伐齊，使范蠡、泄庸率師屯海通江，以絕吳路。敗太子友于始熊夷，通江淮轉襲吳，遂入吳國，燒姑胥臺，徙其大舟。吳敗齊師于艾陵之上，還師臨晉，與定公爭長，未合，邊候。吳王夫差大懼，合諸侯謀曰："吾道遼遠，無會，前進，孰利？"王孫駱曰："不如前進，則執諸侯之柄，以求其志。請王屬士，以明其令，勸之以高位，辱之以不從。令各盡其死。"夫差昏秣馬食士，服兵被甲，勒馬銜枚，出火於造，闇行而進。吳師皆文犀長盾，扁諸之劍，方陣而行。中校之軍皆白裳、白髦、素甲、素羽之矰，望之若荼，王親秉鉞，戴旗以陣而立。左軍皆赤裳、赤髦、丹甲、朱羽之矰，望之若火。右軍皆玄裳、玄輿、黑甲、烏羽之矰，望之如墨。帶甲三萬六千，雞鳴而定。陣去晉軍一裡。天尚未明，王乃親鳴金鼓，三軍嘩吟，以振其旅，其聲動天徙地。

《吳語》此段有 850 字左右，《吳越春秋》概括爲 340 字左右。較《吳語》

更爲簡潔，通俗易懂。黃池會盟吳晉爭長以及吳人告勞於周等均是概括
《吳語》的史料。

在徵引《國語》史料的同時，顯然編撰者也顧及到其他的史料，很
好地處理了不同來源史料間的融合。如卷十"句踐伐吳外傳"句踐問於
八大夫（實爲七大夫），即曳庸、苦成、文種、范蠡、皋如、扶同、計
倪。《吳語》所載爲五大夫，即舌庸、苦成、文種、范蠡、皋如。前五大
夫的順序相同，大夫名字只有一人不同。《吳越春秋》所記人物的語言比
較豐富，《吳語》的語言則比較簡約。這也反映出趙曄處理史料的靈活
性，又可見其所據史料的根本還在《吳語》。

《吳越春秋》靈活處理《國語》的史料，不僅限於直接徵引和概括
編輯以及上文所言的與其他史料比照、融合運用，也有結構安排的變
化。如《越語上》"句踐滅吳"章中記句踐致其父母昆弟而誓以鼓勵生
育之策，只是平常的記載，而在《吳越春秋》卷十"句踐伐吳外傳"
中則是以句踐之口補敘出來。可見趙氏并不是簡單撮鈔史料，編撰上還
是比較用心的。

綜上，如果從史實考證方面來評價，《吳越春秋》似有粗疏之處，如
《隋書·經籍志》所言"蓋率爾而作，非史策之正"。但若從文字處理和
史料安排上看其借鑒《國語》的史料，其編撰的工作也是很成功的。趙
曄能以當時的語言來重新組織史料。比照《左傳》、《國語》及《越絕
書》等可知其文字更爲通俗曉暢，長於概括。在對《國語》史料的處理
上，趙氏剔除《吳語》、《楚語》中更多的言論和不重要的史實，保留史
實的主干和關鍵的語言。整個史實的敘述流暢緊湊，完整渾融，毫無滯澀
之感。語言上講究修辭技巧，增加了史實的文學色彩。《四庫全書總目提
要》言其"所述雖稍傷曼衍，而詞頗豐蔚。"還是很恰當的。

第七章 《國語》的價值

　　《國語》是一部"語"類史著，史料上雖以記言爲多，然其記事也同樣不少，且具有較高的可信度。探討其價值，自然要詳細審視其史料以及文獻本身的影響。書中所載始於西周穆王時期，終於智伯之誅。幾乎涵蓋了整個春秋時期的重大歷史事件。當然也雜有不少上古傳說時代的內容，我們認爲這些傳說同樣擁有歷史史實的素地，爲研究傳說時代的歷史提供珍貴的資料。

　　在史學史上，其地位和價值也不容輕視。

　　《國語》還具有一定的思想價值，其思想價值是其編撰意圖的集中反映，是其發揮作用和最終得以流傳的根本。沒有思想的文獻本身就是沒有多少價值的文獻，勢必不會引起人們的關注。

　　《國語》也是一部特色鮮明的文學文獻，在中國古典文學的發展史上有著獨特的地位。

　　本章主要從史學和史學史兩方面探討來《國語》的價值。

第一節　《國語》中上古、三代史料之價值

　　《國語》文本中夾雜了一些上古、三代的史料，這些史料反映著當時人們對上古和三代的認識，也讓我們對那些史跡模糊的時代有了一點了解。

一　《國語》中上古傳說時期的史料

　　《國語》中關於上古傳說時期的史料並不集中，而是散見於八國之語中。但將這些史料集中在一起，也是很可觀的。這些史料通常散見於天子、諸侯、卿大夫等的論議中，用作輔證觀點的論據。從內容上看大致可分爲兩個方面：一是具體史實，二是帝繫。也有的史料二者之間兼而有之。《國語》文本中的論議者顯然不是將之視爲傳說，而是視之爲信史。

韋昭注《國語》中的帝繫依據的是《世本》，可知文本中涉及的世繫與《世本》所載基本相合。很多學者研究這些史料，對《國語》所載懷疑和否定。我們認爲不能只是視這些史料爲傳說，有些史料不正確，前後矛盾，可能是傳本不同的緣故，也不能完全認爲是無稽之談。

這些上古和三代的史料，涉及到一些傑出人物，諸如炎帝、黃帝、顓頊、帝嚳、共工、舜、鯀、禹、祝融、后稷等。也有一些著名的部族，如有虞氏、烈山氏、防風氏等。

（一）炎帝、黃帝、顓頊和帝嚳

將《國語》中炎帝、黃帝、顓頊和帝嚳的相關記載聯繫在一起來考察，能夠窺見傳說時代部族社會的生活狀貌以及往來的大略，藉此可以推測那個荒遠時期的些許時代特徵，爲學術研究提供參考。

關於炎帝和黃帝，《晉語四》"重耳婚媾懷嬴"章記載晉大夫司空季子的話：

> 昔少典娶於有蟜氏，生黃帝、炎帝。黃帝以姬水成，炎帝以姜水成。成而異德，故黃帝爲姬，炎帝爲姜，二帝用師以相濟也，異德之故也。

按此記載炎、黃二帝本是少典和有蟜氏之女所生的親兄弟，這一認識也影響到後世。漢初賈誼《新書·益壤》云："黃帝者，炎帝之兄也。"甚至在《制不定》中認爲"炎帝者，黃帝同母弟也。"按《晉語四》司空季子的話，炎、黃本是一個部族，後來他們分別居住在姜水和姬水，成爲姜姓和姬姓兩個部族的創立者。兩個部族勢力不斷壯大，他們之間爲戰蚩尤而協作，也爲爭權奪位而發生矛盾和戰爭。文獻記載也多集中於炎、黃之間協作與戰爭。《史記·五帝本紀》載黃帝戰蚩尤於涿鹿之野，戰炎帝於阪泉之野。《論衡·率性》篇則言"黃帝與炎帝征爲天子，教熊羆貔虎，以戰於阪泉之野。三戰得志，炎帝敗績。"有交戰地點、次數，有原因、手段和結果。《大戴禮·五帝德》所載略同，無戰蚩尤之事。《益壤》和《制不定》兩篇還言及炎帝無道，黃帝有道，炎帝不聽勸告，黃帝伐之於涿鹿之野，血流漂杵，誅炎帝而兼有其地，天下乃治。據此有人認爲炎帝卽蚩尤。呂思勉先生認爲蚩尤滅掉神農氏（炎帝），神農氏後裔於是因襲其位其號。所謂炎、黃二帝間的戰爭當爲二帝後裔間的事，之所以仍稱炎、黃，乃是"後裔襲位號"的緣故。① 董立章認爲蚩尤是炎帝的後代，

---

① 呂思勉：《呂思勉讀史劄記》，上海古籍出版社 2005 年版，第 37 頁。

其《國語譯注辨析》中引《禪通紀》注曰："神農第八帝曰榆罔。時蚩尤強，與榆罔爭王，逐榆罔。罔與黃帝合謀，擊殺蚩尤。"① 可知戰蚩尤的是姜姓部族第八位帝王的事，則與之協同作戰的黃帝自然亦是黃帝的後裔。且不說這些記載的真實性，但有此記載自當有此類的傳說，有此類的傳說也自當有歷史史實的素地。不能說毫無價值，可藉此探究傳說時代炎、黃部族的起源和發展。

《國語》中傳說時代的史實在當時人看來并無問題，大抵那個時代此類的傳說史實遠比今天我們從文獻中見到的多，從他們對這類史實的引用信手拈來亦可知其數量可觀。但研究者對這些史料則多持懷疑和否定的態度，甚至有人認爲很荒誕，不過是信口胡說而已。對《國語》這類史料爭議較大的是"重耳婚媾懷嬴"中司空季子下面的話：

> 黃帝之子二十五人，其同姓者二人而已；唯青陽與夷鼓皆爲己姓。青陽，方雷氏之甥也。夷鼓，彤魚氏之甥也。其同生而異姓者，四母之子別爲十二姓。凡黃帝之子，二十五宗，其得姓者十四人爲十二姓。姬、酉、祁、己、滕、箴、任、荀、僖、姞、儇、依是也。唯青陽與蒼林氏同于黃帝，故皆爲姬姓。同德之難也如是。

很多學者都曾研究過這一段文字，沒有什麼合理的解釋。不知是司空季子說錯了，還是編撰者說錯了。不知是後來傳抄的錯誤，還是後人根本沒有弄通。但是司馬遷似乎明白得很，所以《五帝本紀》也說"黃帝二十五子，其得姓者十四人。"司馬遷見到的文獻資料應比今天我們所見的多，或許版本與今存的也不相同。

顧頡剛先生則提出了疑問："這段文字實在錯誤得可以。（一）既云'其得姓者十四人，爲十二姓'，然則當爲三人同一姓，或四人同二姓的，何以有兩人是同姓的呢？這還不奇，乃至（二），前云'唯青陽與夷鼓皆爲己姓'，後又云'唯青陽與蒼林氏同于黃帝，故皆爲姬姓'，然則同姓的是己姓呢？還是姬姓呢？青陽這個人是同於夷鼓而姓己呢？還是同于蒼林氏而姓姬呢？"② 這個問題困擾了很多人。清人崔述在其《考信錄》中認爲黃帝父子異姓之說實爲"誣古聖而惑後儒"的妄說，不可信。一些爲《國語》作注的人也試圖找到有力的證據來證明原文正確或錯亂。韋

---

① 董立章：《國語譯注辨析》，暨南大學出版社1993年版，第429頁。
② 顧頡剛：《中國上古史研究講義》，中華書局2002年版，第14頁。

昭注理順了每一句話，大概韋氏此前的注本也沒有什麼異議，韋氏所引不過是賈逵、唐固、虞翻等對《國語》文本中個別名稱，諸如"兄弟"、"宗"的解釋，或對帝繫的梳理。若有錯亂的問題，韋氏當不會回避。清人惠棟曰："虞翻說以凡有二十五人，其二人同爲姬姓，又十一人爲十一姓，……餘十二姓，德薄不記錄。"俞樾曰："其得姓者十四人爲十二姓，'四'乃'三'之誤。司馬貞《史記索隱》引此文，謂'舊解破四爲三'說也。"① 徐元誥《國語集解》援引《路史》認爲當改十四人爲十二人，十二姓爲十一姓。全信《路史》似乎也不能說明問題。至於"唯青陽與蒼林氏同于黃帝，故皆爲姬姓"的話，《五帝本紀·索隱》云："唯姬姓再稱青陽與蒼林，蓋《國語》文誤。"②

當代學者楊希枚對這一段有自己的研究心得，他認爲《晉語》黃帝二十五子傳說無論在語文或情節上，都沒有不可解的矛盾。原文無疑包括上下兩節，雖有詳略之分，但內容顯然屬於同一傳說。也就是說，《晉語》傳說可能包括一節正文和一節注文。尤其就兩節排列先後次序和下節中"凡"、"故"一類的用語而言，可以斷定屬於正文和注文雜混的情況，即原文的上節（"黃帝之子二十五人"至"別爲十二姓"爲上節。"同德之難也如是"爲司空季子的評語），是原有的正文，而下節（"凡黃帝之子二十五宗"至"是也"爲下節）則應是上節的注文。楊先生甚至推測"青陽，方雷氏之甥也。夷鼓，彤魚氏之甥也"的話也可能是注文。"甥"還有可能是"姓"字之誤。其說的可能性應當是存在的，可能真如其所言。下上節之間的關係當如下，楊氏以爲小字部分應該爲注釋：

> 黃帝之子二十五人凡黃帝之子二十五宗。其同姓者二人而已；唯青陽青陽，方雷氏之甥也與夷鼓夷鼓，彤魚氏之甥也皆爲己姓唯青陽與蒼林氏同于黃帝，故皆爲姬姓。其同生而異姓者，四母之子，別爲十二姓其得姓者十四人，爲十二姓，姬、酉、祁、己、滕、箴、任、荀、僖、姞、儇、依是也。③

其中，"唯青陽與夷鼓皆爲己姓"一語的"己"字，楊希枚先生認爲是"自己"的"己"，意指黃帝本人。黃帝爲姬姓，故"己姓"即是"姬

---

① 惠棟、俞樾語見徐元誥《國語集解》，中華書局 2002 年版，第 335 頁。

② 同上書，第 336 頁。

③ 楊希枚：《先秦文化史論集》，中國社會科學出版社 1995 年版，第 215 頁。

姓"。這樣的話，全文皆通。至於青陽、蒼林和夷鼓是三人還是兩人，《國語》原文說得很清楚，二十五子中與黃帝"同姓者二人而已"，則蒼林和夷鼓應爲一人。皇甫謐《帝王世紀》云："夷鼓一名蒼林"。黃丕烈《校刊明道本韋解國語劄記》也稱："夷鼓與蒼林爲一人，皇甫謐曰夷鼓一名蒼林，以此。"都是以《國語》的這一段爲依據的。

葉林生認爲這一傳說乃是縱橫家之言，可信度較低，不具有"史"的成分，也就不具有史料價值。[①] 我們重點探討古史傳說的史料價值，史料的可信度是第一位的。《國語》成書於戰國中期之前，其後許多典籍都對書中的古史傳說加以徵引，諸如《大戴禮·五帝德》、《帝繫》、《世本》、《史記·五帝本紀》等。李學勤先生在探討中華文明起源的時候，也據《晉語四》的傳說認爲古代一些重要的王朝和方國都出於炎、黃。[②] 可見這一段記載是有參考價值的。

難以設想司空季子杜撰出這樣自相矛盾、表述糊塗的故事會一下子蒙住公子重耳，堂堂晉國公子和大夫們大概不會這樣無知。那麼就是編撰者或者史官的錯誤了，編撰者通常不會對所采的原文進行再創造，如果能再創造，也不會有《國語》全書所謂諸語風格不一，甚至前後矛盾的現象了。是史官的錯誤，似乎更說不通。筆者認爲，還是由於這久遠的年代中間缺失了重要幾個環節，導致讀者不能理解原文的意思。炎帝和黃帝子孫的事，即便有編造的成分，也不可能完全是憑空捏造的。從這一點來看，研究者重視這些史料，態度是科學的。

《國語》關於顓頊的記載很值得重視。如下：

> 星與日辰之位皆在北維，顓頊之所建也。
>
> 　　　　　　　　　　　（《周語下》景王問鍾律於伶州鳩）
>
> 黃帝能成命百物，以明民共財，顓頊能修之。……有虞氏禘黃帝而祖顓頊。　　　　（《魯語上》展禽論祭爰居非政之宜）
>
> 幕能帥顓頊者也，有虞氏報焉。
>
> 　　　　　　　　　　　（《魯語上》展禽論祭爰居非政之宜）
>
> 及少皞之衰也，九黎亂德，民神雜糅，不可方物。夫人作享，家爲巫史，無有要質。民匱於祀，而不知其福。烝享無度，民神同位。

① 葉林生：《〈晉語四〉"古史傳說"的史料價值考辨》，《廣西師院學報》2002 年第 10 期。
② 李學勤：《古史、考古學與炎黃二帝》，見《當代學者自選文庫·李學勤卷》，安徽教育出版社 1999 年版。

民瀆齊盟，無有嚴威。神狎民則，不蠲其爲。嘉生不降，無物以享。禍災薦臻，莫盡其氣。顓頊受之，乃命南正重司天以屬神，命火正黎司地以屬民，使復舊常，無相侵瀆，是謂絕地天通。

（《楚語下》觀射父論絕地天通）

以上史料傳遞了如下的信息：

第一，顓頊帝爲北方部族的領袖。《爾雅·釋天》："玄枵，虛也。顓頊之虛，虛也。北陸，虛也。"郭璞注："虛在正北，北方色黑。……顓頊水德，位在北方。"童書業先生據郭璞注認爲顓頊之名或來自星宿。引《國語·周語下》："星與日辰之位皆在北維，顓頊之所建也。"云"非天帝孰能建立'北維'乎？"[1] 可知顓頊爲天帝、爲神。再引《墨子·非攻下》"昔者三苗大亂，天命殛之。……高陽乃命（禹于）玄宮，……以征有苗。"又引《隨巢子》"天命夏禹于玄宮"；《莊子·大宗師》"顓頊得之以處玄宮"等記載，得出高陽爲天神、爲顓頊的結論。居於北方之宮，也即天上之"玄宮"。這個顓頊充滿神話色彩。

第二，顓頊是有虞氏部族的先祖之一。據《魯語》顓頊是相對人格化的形象。

第三，顓頊帝"絕地天通"。

綜合以上三個方面，大體可知傳說中顓頊帝的形象經歷了由部族先祖人王到天神帝王的神話過程。重要的是其曾於少皞之衰，九黎亂德，民神雜糅之時"絕地天通"而復舊常，民神無相侵瀆。絕地天通的措施實質是對祭祀的改革，恢復了神的威嚴和聖明，讓人重新篤信神，於祭祀時敬畏神。"絕地天通"的實質是嚴格區分民神，由貴族壟斷祭祀神明的權利，以此來控制民眾，維持其統治秩序。制定繁複的祭祀禮儀達到壟斷社會文化的目的。

《楚語》中載楚昭王不解《尚書·呂刑》所云"重黎絕地天通"的意思，觀射父的說解讓我們了解到民神關係恢復舊常之後，民有忠信，神有明德，民神相敬而不瀆。神降嘉生，民以物饗，災禍不作，求用不匱。在原始宗教文化興起之際，顓頊的"絕地通天"的意義是很大的，有利於人類文明平穩地發展進步。

這些史料反映了春秋以前人們的天命觀，也爲我們介紹了傳說時期人們處理的民神關係的具體措施。

---

[1]　童書業：《春秋左傳研究》，中華書局 2006 年版，第 7 頁。

《國語》對帝嚳只有附帶的介紹，如說他"能序三辰以固民"，[①] 即按照日月星辰的運轉治曆明時，教民稼穡，以安其居。韋昭注："嚳，稷之父。"周人禘祭嚳而郊祭稷。內容上雖不豐富具體，但約略可知他是位能繼承發揚先帝傳統的領袖。《史記·五帝本紀》說他"聰以知遠，明以察微"，"名鬼神而敬事之"。

（二）堯、舜、禹的傳說

《國語》也涉及了一些堯、舜、禹的傳說，其中以大禹的事跡為最多。他們的事跡又關涉了一些人，如祝融、鮌、丹朱、商均、五觀、太甲等。從行文上看時人對堯、舜、禹等人的事跡應該十分熟悉，因此論說中也只是簡單地敘述，達到證明觀點的目的而已。

試看《魯語上》"展禽論祭爰居非政之宜"章的記載：

> 堯能單均刑法以儀民，舜勤民事而野死，鮌障洪水而殛死，禹能以德修鮌之功，契為司徒而民輯，冥勤其官而水死，湯以寬治民而除其邪，稷勤百穀而山死，文王以文昭，武王去民之穢。故有虞氏禘黃帝而祖顓頊，郊堯而宗舜；夏后氏禘黃帝而祖顓頊，郊鮌而宗禹；商人禘舜而祖契，郊冥而宗湯；周人禘嚳而郊稷，祖文王而宗武王；幕，能帥顓頊者也，有虞氏報焉；杼，能帥禹者也，夏后氏報焉；上甲微，能帥契者也，商人報焉；高圉、大王，能帥稷者也，周人報焉。凡禘、郊、宗、祖、報，此五者國之典祀也。

這是魯國大夫展禽（柳下惠）批評臧文仲讓國人去祭祀海鳥名曰"爰居"的一段言論。先概說堯、舜、禹等聖王的歷史功績，再言各部族祭祀他們不同先祖時都采用不同的方式，具體說有禘、郊、宗、祖、報等五種形式。這應是經過前代傳承下來的祭祀制度，在視祭祀為國之大事的時代，卿大夫們於此應該是爛熟於心的。西周時期的祭祀之法已經亡佚，散見於其他典籍文獻中亦不能完整重現那個時代的祭祀狀貌。《國語》這一小段記載不僅是了解堯、舜、禹等的史料，更是古代尤其是三代祭祀之法的珍貴史料。

再如《周語下》"太子晉諫靈王壅穀水"章所載：

> 昔共工棄此道也，虞于湛樂，淫失其身，欲壅防百川，墮高堙

① 《國語·魯語上》"展禽論祭爰居非政之宜"章。

> 庫，以害天下。皇天弗福，庶民弗助，禍亂並興，共工用滅。其在有
> 虞，有崇伯鯀，播其淫心，稱遂共工之過，堯用殛之於羽山。其後伯
> 禹念前之非度，釐改制量，象物天地，比類百則，儀之於民，而度之
> 於群生，共之從孫四嶽佐之，高高下下，疏川導滯，鍾水豐物，封崇
> 九山，決汩九川，陂鄣九澤，豐殖九藪，汩越九原，宅居九隩也，合
> 通四海。

這段文字中所說的"道"即順應自然之道。共工和鯀爲政無道，以壅堵
的方式治水，遺禍百姓，堯因此誅殺鯀。韋昭注："鯀之誅，舜爲之。"
不管是堯是舜，結果都是鯀因此被處死。大禹治水有共工子孫四嶽輔助，
能順應自然之性，疏川導滯，造福百姓。除了介紹堯、禹外，涉及共工、
鯀以及四嶽等。韋昭引賈逵注云："共工，諸侯，炎帝之後，姜姓也。顓
頊氏衰，共工氏侵凌諸侯，與高辛氏爭而王也。"共工部族地處冀州，黃
河水患較多。部族首領在炎帝的政權中世襲共工之職。堯、舜之際共工主
管治水，無功後被流放於幽州，部族遂滅。太子所言共工、鯀爲政耽於淫
樂應是人們的歷史共識。據《禮記·祭法》記載："共工氏之霸九州也，
其子曰后土，能平九州，故以祀爲社。"是言其部族亦是有過功業。呂思
勉先生認爲《國語》同列共工和鯀，謂其淫樂無道，治水無功，乃是以
成敗論人，非其實，不可盡信。[1]

《周語下》"太子晉諫靈王壅穀水"章中還記載了堯賜禹之姓，封之
於夏。且因四嶽佐助大禹治水有功恢復其先祖炎帝姜姓，封之於呂，命爲
諸侯之長等內容，可供我們了解上古時期的姓氏制度。

有關鯀、禹治水的傳說，《尚書》、《山海經》、《楚辭》以及上博楚
簡《容成氏》等都有記載，[2] 可以比較來看。

至於祝融、丹朱、商均、五觀、太甲等，《鄭語》和《楚語》中有提
及，用以交代史實和補充史料。如下：

> 臣聞之，天之所啟，十世不替。夫其子孫必光啟土，不可逼也。
> 且重、黎之後也，夫黎爲高辛氏火正，以淳耀敦大，天明地德，光照
> 四海，故命之曰祝融，其功大矣。　　　　　　　　　　（《鄭語》）

---

[1] 呂思勉：《呂思勉讀史劄記》，上海古籍出版社 2005 年版，第 61 頁。

[2] 《尚書》中《洪範》和《禹貢》、《山海經·海內經》、《楚辭·天問》及上博楚簡《容
　　成氏》記載了禹治水。

> 祝融也能昭顯天地之光明，以生柔嘉材者也。　　　　（《鄭語》）

《左傳》僖公二十六年："夔子不祀祝融與鬻熊，楚人讓之。"童書業先生認爲："祝融爲楚遠祖，或以爲卽鬻熊，疑非。"[1] 引《鄭語》這兩段話，指出"蓋祝融爲火神，也卽日神。"認爲這是比較原始的開天闢地的神話，開闢天地者爲太陽神。又引《尚書·呂刑》"乃命重黎絕地天通，罔有降格。"《山海經·大荒西經》"帝令重獻上天，令黎邛下地"，以證黎卽爲祝融，顓頊"絕地天通"時主司地。童氏的判斷，顯然依據《鄭語》的記載。

以下《楚語》"申叔時論傅太子之道"章的記載在文中只是充當事實論據。楚大夫士亹針對楚莊王希望能用"善"來教導太子箴時認爲："夫善在太子，太子欲善，善人將至；若不欲善，善則不用。"以五個事例來說明這一道理。

> 故堯有丹朱，舜有商均，啟有五觀，湯有太甲，文王有管、蔡。是五王者，皆有元德也，而有奸子。

丹朱、商均、五觀、太甲、管叔、蔡叔等都是有名的不肖之子，爲亂作惡，不得善終。《國語》中此段也僅言及人名而不敘其具體惡跡，則又是不需多言而盡人皆知的歷史了。我們探究上古史，史料十分有限，還是需要重視每一條記載。

二　《國語》中三代傳說的史料

《國語》講述三代興亡的歷史，儘管有概括，但總的說來比較詳細，也是比較珍貴的史料。

（一）夏代

據李啟謙先生統計書中所見的夏史資料共 20 條，其中記錄夏代歷史事件的有 16 條，引《夏書》、《夏令》文獻材料的有 4 條。[2]

縱觀《國語》所記夏代事跡，詹子慶先生從中歸納了以下的幾種情況：[3]

---

[1]　童書業：《春秋左傳研究》，中華書局 2006 年版，第 28 頁。

[2]　李啟謙：《左傳》《國語》中所見夏代社會，中國先秦史學會《夏史論叢》，齊魯書社 1985 年版。

[3]　詹子慶師：《走近夏代文明》，東北師範大學出版社 2006 年版，第 29 頁。

（1）鯀治水失敗及其命運、大禹治水的功績。

（2）桀奔南巢。

（3）夏族的活動地域範圍等。

（4）夏人祭祀祖先神的記載。

這些記載集中於《周語》和《魯語》中。有關鯀、禹治水的事情及大禹的功績前文已有說明，此不贅述。

"桀奔南巢"見於《魯語上》"里革論君之過"章，用作里革論證"夫君人者，其威大矣。失威而至於殺，其過多矣"的論據，爲人熟知。

夏族的活動地域範圍在《國語》一書中多是零星的交代。如：

> 昔夏之興也，融降於崇山，其亡也，回祿信於聆。
>
> （《周語上》內史過論神）
>
> 伊、洛竭而夏亡。 （《周語上》西周三川皆震伯陽父論周必亡）
>
> 昔禹致群神於會稽之山，防風氏後至，禹殺而戮之。
>
> （《魯語下》孔丘論大骨）

"崇山"和"聆"是見證夏代興亡之地，"崇山"即今河南嵩山。回祿也是火神，祝融死後爲火神，或可說明夏部族先人多承繼掌火之職。"聆"則無可考證其地，應爲夏部族人活動之所。"伊"、"洛"，韋注："禹都陽城，伊、洛所近。"今河南登封一帶，也是"崇山"之所在。"禹致群神於會稽之山"應當是天下大治時期彰顯偉業的一件盛事，故得以傳誦。會稽在今浙江紹興東南，相傳少康之子無余建都于會稽。除上文談及"崇山"、"聆"、"伊"、"洛"和"會稽"外，學界也多據《國語》所載結合《尚書》、《左傳》等其他先秦文獻的內容來考辨夏部族活動的主要地域。研究尚無文字發現的夏文明，傳世文獻中的有限記載與考古發現相印證就顯得尤其重要。

關於夏代祭祀先祖的問題，前文曾提及《魯語上》"展禽論祭爰居非政之宜"章中記載夏人祭祀祖先神有禘、郊、宗、祖、報五種形式，此不贅述。這段史料也對於研究夏代的世繫有一定的參考。

《國語》對夏代興亡的記載充滿神異和宿命的論調，不過時人的確把上天和神靈降福降禍看成是關於夏代興亡的關鍵因素。除宿命的認識外，還有更爲神話的敘述。《鄭語》和《晉語》中可見。如下：

> 夏之衰也，褒人之神化爲二龍，以同于王庭，而言曰："余，褒之

二君也。"夏后卜殺之與去之與止之,莫吉。卜請其漦而藏之,吉。
乃布幣焉而策告之,龍亡而漦在,櫝而藏之,傳郊之。　（《鄭語》）

　　昔夏桀伐有施,有施人以妹喜女焉,妹喜有寵,於是乎與伊尹比
而亡。　　　　　（《晉語一》史蘇論獻公伐驪戎勝而不吉）

《鄭語》所記褒姒之來,實爲褒人之神的安排,已是注定,則西周的滅亡
也便是必然。以神異之說附會則反映了時人真實的認識水平。《晉語一》
妹喜與伊尹比亡夏,無神異之處,《竹書紀年》亦載,反而被人認定爲虛
造之事,不可信。我們認爲女禍之說由來已久,或有附會虛造,也未必沒
有史實的影子。

　　（二）商代

　　《國語》中商代的一些史料也同樣是分散零星的,同樣值得重視。試
列舉幾條,如下:

　　商之興也,檮杌次於丕山,其亡也,夷羊在牧。

　　　　　　　　　　　　　　　　　　（《周語上》內史過論神）

　　河竭而商亡。　　（《周語上》西周三川皆震伯陽父論周必亡）

　　武王伐殷,歲在鶉火,月在天駟,日在析木之津,辰在斗柄,星
在天黿。星與日辰之位,皆在北維。

　　　　　　　　　　　　　　　（《周語下》景王問鍾律於伶州鳩）

　　商契能和合五教,以保于百姓者也。　　　　（《鄭語》）

　　殷辛伐有蘇,有蘇氏以妲己女焉,妲己有寵,於是乎與膠鬲比而
亡殷。　　　　　（《晉語一》史蘇論獻公伐驪戎勝而不吉）

以上五條涉及商代興亡的徵兆、部族活動的地域、契與帝辛的功過、武王
滅商的時間等信息。對商代興亡的認識同樣是神異和宿命的,神獸檮杌出
現在丕山,帶來興旺;神獸夷羊出現在牧野,黃河水竭,帶來覆亡。之所
以興旺,在於以契爲代表的賢王能合於五教(父義、母慈、兄友、弟恭、
子孝),教養萬民而各安其所。之所以覆亡,在於帝辛耽淫妲己。武王克
商的時間在《周語下》"景王問律伶州鳩"章中以星辰日月的位置來交
代,卽歲星位於鶉火。韋注曰:"謂武王始發師東行,時陰十一月二十八
日戊子,於夏爲十月。""月在天駟(卽房星)"與"日在析木之津"。韋
注曰:"謂戊子日。""辰在斗柄"爲日月交會於斗前。韋注曰:"謂戊子後
三日,得周正月辛卯朔,於殷爲十二月,夏爲十一月。""星在天黿",卽辰

星出現在天黿星次的位置上。韋注曰："謂周正月辛卯朔。二日壬辰,辰星始見。三日癸巳,武王發行。二十八日戊午,度孟津,距戊子三十一日。二十九日己未晦,冬至,辰星與須女伏天黿之首也。"通過日月星辰具體位置的天文學依據,可以推斷出武王克商的時間,顯然只是一條十分重要的歷史資料。此外《晉語一》史蘇所言女禍之事,認爲妹喜與伊尹比而亡夏,妲己與膠鬲比而亡殷,實是將伊尹、膠鬲視爲夏、商的罪臣,實質上他們自不同於虢石父。史蘇迎合己意,混淆忠奸。顧頡剛先生評價《國語》中此類古史是"有所爲而爲"的"逞口瞎說",[①] 不無道理。

《國語》所載商王朝君王中除了契、辛外,還有武丁。武丁是一代賢王,關於他的事跡《尚書·無逸》、《孟子·公孫丑》和《史記·殷本紀》中均有記載。《楚語上》"白公子張諷靈王宜納諫"章中也有關於他的史料:

> 殷武丁能聳其德,至於神明,以入於河,自河徂亳,於是乎三年,默以思道。卿士患之,曰:"王言以出令也,若不言,是無所稟令也。"武丁於是作書,曰:"以余正四方,余恐德之不類,茲故不言。"如是而又使以象夢旁求四方之賢,得傅說以來,升以爲公,而使朝夕規諫,曰:"若金,用女作礪。若津水,用女作舟。若天旱,用女作霖雨。啟乃心,沃朕心。若藥不瞑眩,厥疾不瘳。若跣不視地,厥足用傷。"

此段記載武丁恐"德之不類",敬德而通神明,思中興之業,尋夢中賢人,得傅說相佐。略有神異色彩,卻也大體反映了武丁中興的因由,成爲研究武丁時期的重要史料。

(三) 周代

相比夏、商的史料,關於周代源起及周先祖的史料,《國語》中更多,也更爲詳細。《周語上》就有十條關於西周的史料,此外《鄭語》也是涉及西周時期的史料。這里我們按照史料的內容來介紹。

1. 周之興衰

> 周之興也,鸞鷟鳴於岐山,其衰也,杜伯射王于鄗,是皆明神之
> 志者也。　　　　　　　　　　　　　　　(《周語上》內史過論神)

---

① 顧頡剛先生在《中國上古史研究講義》中認爲《國語》所說的世繫以及古史傳說都是"有所爲而爲"的,書中講黃帝故事的人"胸無定見,逞口瞎說"。

訓語有之曰："夏之衰也，褒人之神化為二龍，以同于王庭而言曰：'余，褒之二君也。'夏后卜殺之與去之與止之，莫吉。卜請其漦而藏之，吉。乃布幣焉而策告之，龍亡而漦在，櫝而藏之，傳郊之。"及殷、周，莫之發也。及厲王之末，發而觀之，漦流於庭，不可除也。王使婦人不幃而譟之，化為玄黿，以入于王府。府之童妾未既齓而遭之，既笄而孕，當宣王時而生。不夫而育，故懼而棄之。為弧服者方戮在路，夫婦哀其夜號也，而取之以逸，逃於褒。褒人褒姁有獄，而以為入於王，王遂置之，而嬖是女也，使至於為后而生伯服。 （《鄭語》）

周幽王伐有褒，褒人以褒姒女焉，褒姒有寵，生伯服，於是乎與虢石甫比，逐太子宜臼而立伯服。太子出奔申。申人、繒人召西戎以伐周。周於是乎亡。 （《晉語一》史蘇論獻公伐驪戎勝而不吉）

三代的史料往往對舉出現，表達相同的意思。關於周代的興衰也是和夏、商一樣帶有神異和宿命的認識。"鷟鷟"，鳳鳥。《詩》云："鳳皇鳴矣，於彼高岡。""高岡"即岐山，是周部族發展和興旺之地。"杜伯射王於鄗"，韋注："《周春秋》曰：'宣王殺杜伯而不辜，後三年，宣王會諸侯田於圃，日中，杜伯起於道左，衣朱衣，冠朱冠，操朱弓、朱矢射宣王，中心折脊而死。'"宣王死，其後諸王更無中興周室的能力，王道衰落。雖說是以徵兆來論興衰，也可見其中的一些史料。女禍論中褒姒的出現也充滿了神異的色彩，有神靈的護佑，其生有驚無險。最終與虢石甫勾結而亡西周。《鄭語》與《晉語》所記相結合，大體可知幽王時期圍繞廢長立幼而起的政治斗爭以及滅西周的具體情況，史實發生的時間還不算遠，應該是真實可信的，論議者當不會"逞口瞎說"。

《周語上》涉及穆王、恭王、厲王、宣王、幽王時期的史料，這些史料的共性就是記載諸王如何行悖禮之事，致使禮樂崩壞，西周滅亡。在《國語》與《史記》之關係一節中我們對這些史料的作用已有說明，這里不再重復。

2. 周之先賢

周棄能播殖百穀蔬，以衣食民人者也。 （《鄭語》）

昔我先王世后稷，以服事虞、夏。及夏之衰也，棄稷不務，我先王不窋用失其官，而自竄于戎、狄之間，不敢怠業，時序其德，纂修其緒，修其訓典，朝夕恪勤，守以敦篤，奉以忠信，奕世載德，不忝前人。至於武王，昭前之光明而加之以慈和，事神保民，莫弗欣喜。

（《周語上》穆王將征犬戎）

昔武王伐殷，歲在鶉火，月在天駟，日在析木之津，辰在斗柄，星在天黿。星與日辰之位，皆在北維。顓頊之所建也，帝嚳受之。我姬氏出自天黿，及析木者，有建星及牽牛焉，則我皇妣大姜之姪伯陵之後，逄公之所憑神也。歲之所在，則我有周之分野也，月之所在，辰馬農祥也。我太祖后稷之所經緯也，王欲合是五位三所而用之。

（《周語下》景王問鍾律於伶州鳩）

昔者大任娠文王不變，少溲於豕牢，而得文王不加疾焉。文王在母不憂，在傅弗勤，處師弗煩，事王不怒，孝友二虢，而惠慈二蔡，刑於大姒，比于諸弟。……及其即位也，詢于“八虞”，而諮於“二虢”，度於閎夭而謀於南宮，諏於蔡、原而訪於辛、尹，重之以周、邵、畢、榮，億寧百神，而柔和萬民。

（《晉語四》胥臣論教誨之力）

這四條記載，涉及到棄、帝嚳、不窋、文王、武王。始祖棄，周之先王，長於農業，在舜、禹時期任掌農業之官后稷。至夏衰不窋放棄后稷之職，逃於戎狄之間克勤修德，純篤忠信。《周語下》關於武王克商的一段上文提及，用星相學可推演克商的具體時間。辰星與日月交會之所是顓頊建立王業的北維，帝嚳繼承了王業。韋注曰：“帝嚳，周之先祖，后稷所出。《禮·祭法》曰：‘周人禘嚳而郊稷。’”伶州鳩認為姬姓周族出於天黿，及析木星次，中經建星與牽牛星，則是王季母之姪逄公所依憑神主護佑的地方，即天黿為皇妣家齊地憑依之地。歲星所在是周王朝的分野，月之所在房星，也是先祖后稷經營農事建立王業之所，昭示農業吉祥。武王匯合歲星、日、月、星、辰五位以及逄公所憑神、周之分野和后稷所經緯三所而建立了功業。關於文王的記載主要是《晉語四》的這一段文字，涉及文王之生、文王少而有德、孝友慈惠、勤於政事、柔和萬民等，是孔子所謂的“三代之英”。

此外《周語下》“太子晉諫靈王壅穀水”章有太子晉對周先祖后稷以來治平艱難，為亂容易的感慨：

自后稷以來寧亂，及文、武、成、康而僅克安民。自后稷之始基靖民，十五王而文始平之，十八王而康克安之，其難也如是。厲始革典，十四王矣。基德十五而始平，基禍十五其不濟乎。

《國語》書中周代傳說的史料當然不止這些，學者往往將之與《詩經》、《左傳》、《竹書紀年》和《史記》等文獻結合起來研究周族的發展史。

王國維先生說：“上古之事，傳說與史實混而不分。史實之中固不免有所緣飾，與傳說無異，而傳說之中亦往往有史實爲之素地，二者不易區別，此世界各國之所同也。”① 的確，我們需要用歷史唯物主義的眼光來看待這些上古傳說時期以及夏、商、周三代傳說的史料，於神異宿命的表述中探究其所以然的根由，尋求合理的解釋，尋求史料中真實的因素。研究這些零星的史料，努力探求傳說時代的社會狀貌。從這個角度來說，這些史料有其價值，值得我們去重視。

三　《國語》西周部分的史料價值

《國語》中西周的史料主要集中在《周語上》的前十章和《鄭語》，涉及到的周天子有穆王、恭王、厲王、宣王和幽王。此外其他諸國之語中也保留少量西周早期史料。內容上看主要是關於周天子不遵禮制的記載，編撰者所見西周時期的史料或許數量有限，但已足夠展示西周中後期禮樂崩壞王室衰微的大背景，即社會轉型時期的大環境。選擇西周史料或無整體的考慮，但站在今天的角度看的確與全書史實的記載有著因果聯繫。從編撰順序上看宗周是一個方面，客觀上也具有整體的效果。這些史料的價值不可低估，我們從以下幾個方面來歸納。

第一，《國語》所載西周部分的史料，是研究西周中後期社會生活狀貌的可靠綫索，也爲研究西周的滅亡提供了重要信息。

周王朝自武王始，歷成王、康王禮樂治國達到了興盛。至昭王晚年荒於國政，王道衰微，人民怨怒。《左傳》僖公四年載其“南征而不復”，巡至漢水因船只解體而溺亡。《國語》所載始自穆王。穆王，昭王之子，也算有政治理想，希望重振周室，采取攻伐的策略來顯示王室的強勢。於是征伐勢力擴張的犬戎，以重啟與西北諸方國的往來。據《穆天子傳》記載此役後穆王西游，與位於柴達木盆地的西夏氏、昆侖山麓蔥嶺東的赤烏氏建立了友好關係，達成了中原與西北邊地的文化交流。但其采取的方式實爲窮兵黷武，被視爲是不合禮治之舉，造成“荒服不至”的後果且無助於王室地位的提升。

恭王滅密，《國語》並沒有明確給出原因，似乎是密康公沒有將三美女送給恭王的緣故。側面反映出恭王爲政的腐敗。《周本紀》載“恭王崩，子

① 王國維：《古史新證——王國維最後的講義》，清華大學出版社1994年版，第1頁。

懿王囏立。懿王之時，王室遂衰，詩人作刺。"歷孝王、夷王而至厲王。王室衰微，諸侯卻强大起來。王室靠諸侯進貢生存，於是成爲諸侯的負累，多有不按時納貢的諸侯國。天子爲了生存甚至"下堂見諸侯"。① 厲王統治殘暴，四處征伐以求恢復王室權威。《楚世家》載楚王"熊渠畏其伐楚，亦去其王。"征伐過多致使軍需大增，爲充實武備厲王任用榮夷公"專山澤之利"。而此時社會經濟的發展有了變化，公田多荒蕪，井田制已經動搖。《詩·齊風·甫田》曰："無田甫田，維莠驕驕。"② 王室收入大減，於是向庶民經營的新墾私田徵稅。《國語》載其使衛巫弭謗和專山林之利，"民不堪命"，"國人莫敢言，道路以目。"最終暴動，諸侯不享，厲王被流放於彘。《周語下》"太子晉諫靈王雍穀水"章中太子晉稱厲王"專山澤之利"爲"革典"，乃是變更周法，歷十四王至於靈王，③ 可謂爲亂已久。

周宣王執政時期，勵精圖治，也曾出現過中興的氣象。但《國語》所載的內容則是其毀壞禮制之事。其中，不籍千畝破壞了籍田禮，未能向臣民傳遞重視農業生產的態度。廢魯太子、伐魯立孝公破壞了嫡長子繼承制，無端引起魯國政權的混亂和爭斗，也使諸侯自此與王室不親睦。料民太原則是暴露自己弱處"害於政而妨於後嗣"。當然這些都是《國語》中卿大夫們的認識，他們的目的是希望統治者能以禮治國。而我們從歷史發展的角度來看，宣王的一些行事也未必都該否定。厲王之時井田制已經動搖，宣王之際更是面臨瓦解，行籍田禮確無大意義。料民則是進行人口普查，也是天子對人口和兵源的摸底，既是控制民戶、改革賦稅、增加收入的需要，也是徵兵、鞏固邊疆、抵御姜戎的需要。如此則有政治和經濟雙重的進步意義，非進諫者所知。這些史料傳遞的信息則超出了《國語》編撰意圖的框框，實爲歷史研究提供了更多的參考。

幽王是西周最後一個天子，在位十一年。《國語》記載幽王二年，即公元前 780 年西周三川發生地震。涇、渭、洛三川出於岐山。《詩經·小雅·十月之交》有"燁燁震電，不寧不令。百川沸騰，山塚崒崩。高岸爲穀，深谷爲陵。"④ 是對這地震情況的描述。幽王時期王政腐敗，

---

① （清）孫希旦：《禮記集解》，中華書局 1998 年版，第 678 頁。

② 程俊英、蔣見元：《詩經注析》，中華書局 1991 年版，第 277 頁。

③ 韋注：厲王無道，變更周法，至今靈王，十四王也，謂厲、宣、幽、平、桓、嚴、僖、惠、襄、頃、匡、定、簡、靈也。

④ 《詩經·小雅·十月之交》有"十月之交，朔日辛卯，日有食之，也孔之丑"的詩句，據學者以及天文學家推定是記載周幽王六年，即公元前 776 年 9 月 6 日的一次日食。這是世界上有文獻記載的最早的日食記錄。

天災亦不斷，農業連年欠收，上下矛盾加劇。《國語》的記載不過是一個縮影。

《鄭語》記載西周末期史伯爲鄭桓公分析天下形勢，認爲各諸侯中晉、楚、齊、秦定會興起，建議鄭桓公應當據濟、洛、河、潁之地以自固。史料中分析了西周王室衰亡的必然原因，詳細指出政治混亂的狀況。史伯的分析基本都得到應驗。《鄭語》爲我們提供了西周末年的政治形勢以及王室衰亡諸侯力政的原因。清姚鼐懷疑這部分內容分自《周語》，有一定的道理，但單獨成卷也有其道理。

西周部分的史料描繪的是春秋諸侯爭霸的大背景，是我們了解王室衰微的重要史料依憑。

第二，《國語》所載西周部分的史料揭開了禮樂崩壞的根本原因。

武王克商，周公制禮作樂，以禮治國。禮樂不但是規範在上者立身行事的主要準則，更是維護等級制度的工具。社會生活的方方面面都以禮來約束，禮治觀念深入人心，禮成爲經國家，定社稷，序民人的重要政治手段。周初一度出現了盛世景象，而盛世景象也讓周人認識到禮樂的重要。在這樣的社會環境中，尊禮就會得到認可、褒揚，悖禮往往會不得善終或無後。西周中後期禮樂崩壞，正常的統治秩序被打破，邪說暴行有作，甚至出現了君不君、臣不臣，父不父、子不子的混亂現象。臣弒其君者有之，子弒其父者有之。

《國語》開篇十章西周的史料，便毫不隱諱地揭開了禮樂崩壞始於王室這一事實。從穆王到幽王，他們自身失德，不顧禮制綱紀，不顧卿大夫勸諫，多行非禮之事。他們或破壞畿服制、籍田禮、嫡長子繼承制等禮制，或專山林川澤之利，導致社會矛盾不斷擴大，國人離心，諸侯不親睦，荒服不朝，西周最終走向了滅亡。天子肆意踐踏禮制，上行下效，諸侯、卿、大夫也便不顧禮制，爲所欲爲。他們認爲周天子全無文、武、成王、周公的盛德，徒饗貢賦，實爲負擔。

西周最核心的制度是宗法制和分封制，這兩種制度都依托於血緣關係。隨著社會政治經濟的不斷發展，宗法制度發生了動搖，周天子與諸侯國君之間的親緣關係已經支脈疏遠，親和黏著的叔伯甥舅關係也只流於表面。各方諸侯不再死守禮制，對周天子也不過虛於委蛇罷了。卽便是向來秉持周禮的魯國也只是在禮的形式上做做樣子。諸侯之間也始終存在土地、人才和人口等方面的競爭，兼并戰爭時有發生，很多小的諸侯國先後被鄰近的大國吞并。而大國也充滿危機感，爲圖存和發展需要壯大自己。《鄭語》中史伯認爲晉國會代周而興，齊國、楚國和秦國等也會因其有顯赫的先祖和德行而崛起稱霸一方。史伯在論天下形勢之時只是提及"伯夷能禮於神以佐堯",至於代周而爲諸侯之長的四國之興也並不取決於禮。可見禮在西周末年已經不再適應社會發展的需要了,可知其崩壞也是一種必然。

《周語》記載西周天子的所作所爲,目的在於宣揚禮治思想,呼吁再行以禮治國的政治主張。史料的選擇和安排顯然不是簡單的拼湊。我們看到的是西周中後期和整個春秋時期,缺少禮樂約束的社會在紛亂中進步,不符合時代發展的禮制被無情淘汰,人的自我意識加强,對等級制度產生了强烈的沖擊。天子肆意踐踏禮制導致禮樂崩壞,但如果沒有禮樂的崩壞,也便沒有後來法制的出現。

第三,《國語》所載西周部分史料保留了部分周禮,爲研究西周社會提供了寶貴的禮制資料。

這部分資料主要涉及的周禮有畿服制、籍田禮、繼承制以及人口管理制度等。《周語》正文中有比較詳細的敘述。我們在《國語》的史料一章中對此有過介紹,這里只作簡單介紹。

畿服制共有五服,卽"邦內甸服,邦外侯服,侯、衛賓服,蠻、夷要服,戎、狄荒服。"五服之中的諸侯國對王室履行不同的義務。結合《尚書·禹貢》和《周禮》的記載,會有更爲詳細準確的了解。

籍田禮應是每年都要舉行的一種禮儀,傳承不斷。甲骨文中就有籍田禮的記載。唐杜佑《通典·禮六·籍田》中亦有記載:"周制,天子孟春之月,乃擇元辰,親載耒耜,置之車右,帥公卿、諸侯、大夫躬耕籍田千畝於南郊,冕而朱紘躬秉耒,天子三推,以示天地山川社稷先古,以爲醴酪粢盛於是乎取之。內宰詔后帥六宮之人,生穜、稑之種以獻于王,使後宮藏種而又生之。"大概是采用了《周語》的史料。

繼承制,卽嫡長子繼承制。是宗法制的核心。殷商時王位繼承的世及制度常常會造成王位爭奪,甚至發生政變。爲解決這一問題,周初制定了嫡長子繼承制,希望以此避免王位爭奪。《周語》宣王干涉魯國立太子之事,破壞了嫡長子繼承制。

宣王清查太原一帶的人口數量,卿士仲山父認爲天子不應親自統計人民數量多少,因爲有"司民協孤終,司商協民姓,司徒協旅,司寇協姦,牧協職,工協革,場協入,廩協出,是則少多、死生、出入、往來者皆可知也。"可知有一整套的職官安排。

《國語》西周部分的史料十分有限,但價值不可低估。從穆王到幽王共八位天子,《國語》選錄了其中五位天子之事,缺少懿王、孝王和夷

王。《史記》也缺此三王之事，說明《國語》的這些史料是唯一的。學界
對西周中後期的社會狀貌的研究和判斷，也主要依據這些史料。對《國
語》這部文獻而言，這些史料就是全書的背景史料，告訴我們諸侯力政
是必然的結果。

第二節　相較《左傳》看《國語》春秋史料之價值

《國語》所載絕大部分是關於春秋時期的史料，探討這部分史料的價
值自然會涉及到《左傳》。《左傳》與《國語》，被人譽爲《春秋》内、
外傳。二書在内容上有約三分之二的交叉，① 前代學者又多認爲二者史料
來源上可能相同，所以本節主要參照《左傳》來看《國語》所載春秋史
的價值。

緒論部分，我們介紹了學界研究《左傳》與《國語》關係的成果，
這些成果多是以辨僞爲目的。通過史實間的對比來探討各自的價值，學界
的研究卻十分少見。

從記載的春秋史時間段上看《國語》所載的内容與《左傳》重合很多：

《左傳》：前 722 年—前 468 年。魯隱公元年——魯哀公二十七年。

《國語》：前 709 年—前 453 年。魯隱公十四年——魯悼公十四年。

《左傳》交《國語》：前 709 年—前 468 年，即魯隱公十四年到魯哀
公二十七年。時間上計有二百四十年是重合的，下限都到了戰國初期。
《國語》止於韓、趙、魏三家滅智伯。二者的史實存在全同、大同和不同
的情況。

張以仁先生研究二者的差異比較細緻深入，其文《論〈左傳〉與
〈國語〉的關係》第二部分在論及《左傳》和《國語》非一書分化而成
的問題時，將二書相交叉的史料逐一進行了對比，得二書同述一事而史實
有差異者計 191 處，其中：時的差異凡 24 處、地的差異凡 14 處、人的差
異凡 37 處、事的差異凡 116 處。事的差異包括二書同述一事内容互有差
異者 49 處、詳略不一者 19 處、細節此有彼無者 48 處。《史記》與《國
語》、《左傳》重出而互相差異之處，約 60 餘處取《左傳》，約 30 餘處取

---

① 白壽彝：《國語散論》一文稱《國語》全書共計 196 條，同于《左傳》的 104 條，爲
《左傳》所無者 92 條。則二書有二分之一的内容相交叉。但不知白壽彝先生所據的是何
種《國語》版本。

《國語》，足證史公所見《國語》、《左傳》爲兩部書。

我們研究《國語》所載春秋時期史料的價值，張先生的這些對比爲我們提供了十分全面的資料。《國語》與《左傳》的文字差異，是我們分析問題的切入點。這裏所說的文字差異，是指記載同一事件的不同語言表達。二書成書時間大體相當，語言同爲先秦語言，風格上大體一致，但記載同一歷史事件上語言的運用存在著一些差異，如詞語的選用和語句的潤色等。

<h2 style="text-align:center">一　《國語》、《左傳》記事相同</h2>

同一史實，在二書中有不同的表述，通過比較可知《左傳》的文字是經過潤色加工了的，而《國語》的文字則是未經過潤色加工的。二者史料互相印證，增加了彼此的可信度。試看下例。下劃綫部分是二者文字基本相同者，下同。

《周語下》"賓孟適郊見雄雞自斷其尾"章：

> 景王旣殺下門子。賓孟適郊，見雄雞自斷其尾，問之，侍者曰："憚其犧也。"遽歸告王，曰："吾見雄雞自斷其尾，而人曰'憚其犧也'，吾以爲信畜矣。人犧實難，己犧何害？抑其惡爲人用也乎，則可也。人異於是。犧者，實用人也。"王弗應，田于鞏，使公卿皆從，將殺單子，未克而崩。

《左傳》昭公二十二年：

> 王子朝、賓起有寵于景王，王與賓孟說之，欲立之。劉獻公之庶子伯蚠事單穆公，惡賓孟之爲人也，願殺之。又惡王子朝之言，以爲亂，願去之。賓孟適郊，見雄雞自斷其尾。問之，侍者曰："自憚其犧也。"遽歸告王，且曰："雞其憚爲人用乎？人異於是。犧者，實用人，人犧實難，己犧何害？"王弗應。

《國語》記載內容比較集中，卽重在賓孟見雄雞自斷其尾和與景王的對話，這部分與《左傳》所記相同，只是文字表述上略有變化。《左傳》中賓孟的語言文約意豐，是潤色加工後的書面語。《國語》中賓孟的話更貼近現實，口語化傾向明顯。《左傳》以記事爲主，將事件的因果關係交代的比較清楚，涉及的人物也比較多。《國語》以記言爲主，敘述史實更重言論以及事件的結果，涉及的人物比較少。結果中出現"將殺單子"，史實突兀，不了解事件的因果關係就不知其所以然，二者參看才能了解王子朝之亂中的一些細節。

如何使用史料是由二書的編撰目的決定的，編撰目的不同，史料剪裁的側重點也就不同。《左傳》對史料既有剪裁，也有潤色加工。《國語》的史料更接近原始史料。《左傳》的史料更像是源自《國語》的史料，是對《國語》史料的潤色加工。再看二者下段文字的對比：

《魯語上》"曹劌諫莊公如齊觀社"章：

> 莊公如齊觀社。曹劌諫曰："不可。夫禮，所以正民也。是故先王制諸侯，使五年四王、一相朝。終則講於會，以正班爵之義，帥長幼之序，訓上下之則，制財用之節，其間無由荒怠。夫齊棄太公之法而觀民於社，君爲是舉而往之，非故業也，何以訓民？土發而社，助時也。收攟而蒸，納要也。今齊社而往觀旅，非先王之訓也。天子祀上帝，諸侯會之受命焉。諸侯祀先王、先公，卿大夫佐之受事焉。臣不聞諸侯相會祀也，祀又不法。君舉必書，書而不法，後嗣何觀？"公不聽，遂如齊。

《左傳》莊公二十三年：

> 二十三年夏，公如齊觀社，非禮也。曹劌諫曰："不可。夫禮，所以整民也。故會以訓上下之則，制財用之節；朝以正班爵之義，帥長幼之序；征伐以討其不然。諸侯有王，王有巡守，以大習之。非是，君不舉矣。君舉必書。書而不法，後嗣何觀？"

文字對比，主要的差別在於曹劌的諫言。二者都先強調禮的作用和先王朝會的目的，文字相同。不同之處在於接下去《國語》就"如齊觀社"本身勸諫，也交代了"不可"的原因。《左傳》則繼續上文講征伐的目的，再言除非天子巡守諸侯要參加，他國國君的祭祀活動是不能參加的。《左傳》的文字彷彿是對《國語》文字的概括提煉，說教不多，言簡意賅。《國語》的語言則更接近實際，史料也更接近原始史料或者就是原始史料。

《晉語五》"靈公使鉬麑殺趙宣子"章：

靈公虐，趙宣子驟諫，公患之，使鉏麑賊之，晨往，則寢門辟矣，盛服將朝，早而假寐。麑退，歎而言曰："趙孟敬哉！夫不忘恭敬，社稷之鎮也。賊國之鎮不忠，受命而廢之不信，享一名於此，不如死。"觸庭之槐而死。靈公將殺趙盾，不克。趙穿攻公於桃園，逆公子黑臀而立之，實為成公。

《左傳》宣公二年：

（晉靈公不君）宣子驟諫，公患之，使鉏麑賊之。晨往，寢門辟矣，盛服將朝，尚早，坐而假寐。麑退，歎而言曰："不忘恭敬，民之主也。賊民之主，不忠。棄君之命，不信。有一於此，不如死也。"觸槐而死。

這又是《左傳》在《國語》記載的基礎上略作修改而成的文字。《國語》中人物的獨白古樸平易，口語化。《左傳》則有修辭的技巧，簡潔凝練，是經過加工的書面語。

《晉語七》"悼公始合諸侯"章：

四年，會諸侯於雞丘，魏絳為中軍司馬，公子揚干亂行於曲梁，魏絳斬其僕。公謂羊舌赤曰："寡人屬諸侯，魏絳戮寡人之弟，為我勿失。"赤對曰："臣聞絳之志，有事不避難，有罪不避刑，其將來辭。"言終，魏絳至，授僕人書而伏劍。士魴、張老交止之。僕人授公，公讀書曰："臣誅於揚干，不忘其死。日君乏使，使臣狃中軍之司馬。臣聞師眾以順為武，軍事有死無犯為敬，君合諸侯，臣敢不敬，君不說，請死之。"公跣而出，曰："寡人之言，兄弟之禮也。子之誅，軍旅之事也，請無重寡人之過。"反役，與之禮食，令之佐新軍。

《左傳》襄公三年：

晉侯之弟揚干亂行于曲梁，魏絳戮其僕。晉侯怒，謂羊舌赤曰："合諸侯以為榮也，揚干為戮，何辱如之？必殺魏絳，無失也！"對曰："絳無貳志，事君不辟難，有罪不逃刑，其將來辭，何辱命焉？"言終，魏絳至，授僕人書，將伏劍。士魴、張老止之。公讀其書，曰："日君乏使，使臣斯司馬。臣聞'師衆以順爲武，軍事有死無犯爲敬。'君合諸侯，臣敢不敬？君師不武，執事不敬，罪莫大焉。臣懼其死，以及揚干，無所逃罪。不能致訓，至於用鉞。臣之罪重，敢有不從以怒君心，請歸死于司寇。"公跣而出，曰："寡人之言，親愛也。吾子之討，軍禮也。寡人有弟，弗能教訓，使干大命，寡人之過也。子無重寡人之過也，敢以爲請。"晉侯以魏絳爲能以刑佐民矣，反役，與之禮食，使佐新軍。

這兩段對比，《左傳》的文字略多。《國語》的敘述很平實，不講究修辭效果。《左傳》於魏絳罪書中增加了自己所以斬殺公子揚干車御的原因，表現他的忠正的性格。同時增加了晉侯自陳己過的內容，晉悼公的形象刻畫生動，突顯了君臣的和諧相親。《左傳》文字潤色以增加表現效果，如"晉侯怒"、"必殺魏絳，無失也"等都烘托了緊張氣氛。《國語》文字表述也很清楚，但表現力要遜色很多，客觀敘述，未經刻意的潤色處理。

《楚語上》"子囊議恭王之諡"章：

　　恭王有疾，召大夫曰："不穀不德，失先君之業，覆楚國之師，不穀之罪也。若得保其首領以歿，唯是春秋所以從先君者，請爲'靈'若'厲'。"大夫許諾。王卒，及葬，子囊議諡。大夫曰："王有命矣。"子囊曰："不可。夫事君者，先其善不從其過。赫赫楚國，而君臨之，撫征南海，訓及諸夏，其寵大矣。有是寵也，而知其過，可不謂'恭'乎？若先君善，則請爲'恭'。"大夫從之。

《左傳》襄公十三年：

　　楚子疾，告大夫曰："不穀不德，少主社稷，生十年而喪先君，未及習師保之教訓而應受多福，是以不德，而亡師于鄢；以辱社稷，爲大夫憂，其弘多矣。若以大夫之靈，獲保首領以歿于地，唯是春秋窀穸之事、所以從先君於禰廟者，請爲'靈'若'厲'。大夫擇焉！"莫對。及五命，乃許。秋，楚共王卒。子囊謀諡。大夫曰："君有命矣。"子囊曰："君命以共，若之何毀之？赫赫楚國，而君臨之，撫有蠻夷，奄征南海，以屬諸夏，而知其過，可不謂'共'乎？請諡之'共'。"大夫從之。

看得出《左傳》的敘述仍是以《國語》的記載爲重點，兼采其他可供借鑒的史料達到了最佳的效果。《左傳》的文筆總是要好於《國語》，更善於刻畫人物，通過語言來反映人物的性格。病重的楚恭王一番話以情動人，求"靈"、"厲"諡號，給自己差評，形象生動。大夫莫對，五命乃許，反映出楚恭王並非如自評的那樣，則子囊議諡爲"恭"也便水到渠成。《國語》仍然是波瀾不驚地敘述史實，簡單緊湊，楚恭王的形象并不生動突出。《國語》用"恭"，《左傳》用"共"，似可說明《左傳》另有所取，也可能是後世傳抄出現的差別。

據統計《國語》與《左傳》內容完全相同的史實共有 16 處：計《周語》1 處、《魯語》2 處、《晉語》12 處、《楚語》1 處。從上五組對比中，我們可以得出如下結論：

第一，《國語》的記載接近原始史料，或者就是原始史料。《左傳》的記載或以《國語》記載爲核心加以增補或刪減，且潤色語言。

第二，《國語》和《左傳》內容相同的部分，史料互補互證，提高了史實的可信度。

二　《國語》、《左傳》記事同中有異

據張以仁先生統計《國語》、《左傳》二書同中有異的記載共 191 處。這些差異給歷史研究帶來困惑，但不管孰是孰非，應該肯定的是事件本身是存在的。先秦史研究也不一定具體準確到某一天、某件事、某個人，而重在探究一個時代的整體狀貌。當然，我們也會研究重要的歷史人物和事件，評價其是非功過，史料細節準確就十分必要。史實間的差異促使我們進一步弄清真相，盡可能還原歷史。

《周語中》"富辰諫襄王以狄伐鄭及以狄女爲后"章：

> 富辰諫曰："不可。……周文公之詩曰：'兄弟鬩于牆，外禦其侮。'……鄭武、莊有大勳力于平、桓；我周之東遷，晉、鄭是依，子頹之亂，又鄭之繇定。"

《左傳》僖公二十四年：

> 富辰諫曰："不可。……召穆公思周德之不類，故糾合宗族于成周而作詩，……其四章曰：'兄弟鬩于牆，外禦其侮。'……鄭有平、惠之勳。"

文字不多，不同處有二：一是《詩》的作者。《周語》言周文公。韋昭注："文公之詩者，周公旦之所作《棠棣》之詩是也，所以閔管、蔡而親兄弟。"《左傳》則曰召穆公。一是鄭於王室有大勳。《國語》認爲"鄭武、莊有大勳力于平、桓"，而《左傳》認爲"鄭有平、惠之勳"。唐固據《左傳》而認爲《國語》中"桓"當爲"惠"。韋昭注："下富辰又曰：'平、桓、莊、惠皆受鄭勞。'明人各異，不爲誤也。"結合正文和注釋，可知《國語》中富辰先言鄭武公和鄭莊公於王室有功勳，再概括王室四天子皆受鄭勞。《左傳》則是一句概括而已。二書的表述都沒有問題。

《魯語下》"叔孫穆子聘于晉"章：

> 　　叔孫穆子聘于晉，晉悼公饗之，樂及《鹿鳴》之三，而後拜樂三。晉侯使行人問焉，曰："子以君命鎮撫弊邑，不腆先君之禮，以辱從者，不腆之樂以節之。吾子舍其大而加禮於其細，敢問何禮也？"對曰："寡君使豹來繼先君之好，君以諸侯之故，貺使臣以大禮。夫先樂金奏《肆夏樊》、《遏》、《渠》，天子所以饗元侯也；夫歌《文王》、《大明》、《綿》，則兩君相見之樂也。皆昭令德以合好也，皆非使臣之所敢聞也。臣以爲肆業及之，故不敢拜。今伶簫詠歌及《鹿鳴》之三，君之所以貺使臣，臣敢不拜貺？夫《鹿鳴》，君之所以嘉先君之好也，敢不拜嘉？《四牡》，君之所以章使臣之勤也，敢不拜章？《皇皇者華》，君教使臣曰'每懷靡及'，諏、謀、度、詢，必咨于周。敢不拜教？臣聞之曰：'懷和爲每懷，咨才爲諏，咨事爲謀，咨義爲度，咨親爲詢，忠信爲周。'君貺使臣以大禮，重之以六德敢不重拜？

《左傳》襄公四年：

> 　　穆叔如晉，報知武子之聘也，晉侯享之。金奏《肆夏》之三，不拜。工歌《文王》之三，又不拜。歌《鹿鳴》之三，三拜。韓獻子使行人子員問之，曰："子以君命辱於敝邑，先君之禮，藉之以樂，以辱吾子。吾子舍其大，而重拜其細。敢問何禮也？"對曰："三《夏》，天子所以享元侯也，使臣弗敢與聞；《文王》，兩君相見之樂也，使臣不敢及；《鹿鳴》，君所以嘉寡君也，敢不拜嘉？《四牡》，君所以勞使臣也，敢不重拜？《皇皇者華》，君教使臣曰：'必

諮于周。'臣聞之：'<u>訪問於善爲咨</u>，<u>咨親爲詢</u>，<u>咨禮爲度</u>，<u>咨事爲</u>
<u>諏</u>，<u>咨難爲謀</u>。'<u>臣獲五善</u>，<u>敢不重拜</u>？"

這兩則史料都是重在記言，但記言的詳略不同。《國語》中對晉悼公宴饗
中所奏之樂的名稱介紹完整，叔孫穆子對這些音樂的作用和意義均有介
紹，並解釋了自己爲何"加禮於其細"。《左傳》涉及到的音樂比較概括，
也只是介紹音樂的用途。對拜《皇皇者華》之舉二者都解釋較多，《國
語》更爲詳細，包括點明奏此樂的用意在於國君教導自己以"六德"，即
"每懷"、"諏"、"謀"、"度"、"詢"、"周"，所以要再三答拜。《左傳》
則言國君教以"五善"，即"咨"、"詢"、"度"、"諏"、"謀"，内容大
同。另外《左傳》交代叔孫穆子聘於晉的原因，《國語》則無。《國語》
未交代行人姓名，《左傳》則言"韓獻子使行人子員問之"。反映二者記
言記事的側重不同。

二者文中劃綫的部分的文字似有淵源，我們的觀點是《左傳》參照
了《國語》的史料，也可能還有別的史料。《國語》文繁，《左傳》言
簡，風格不同，是各有特點的外交辭令。

《齊語》"葵丘之會天子致胙於桓公"章：

葵丘之會，<u>天子使宰孔致胙於桓公</u>，曰："'余一人之命有事於
<u>文武</u>，<u>使孔致胙</u>。'<u>且有後命曰</u>：'以爾自卑勞，實謂爾伯舅，<u>無下</u>
<u>拜</u>。'"桓公召管子而謀，管子對曰："爲君不君，爲臣不臣，亂之本
也。"桓公懼，出見客曰："<u>天威不違顏咫尺</u>，<u>小白余敢承天子之命</u>
<u>曰'爾無下拜'</u>，恐隕越於下，以爲天子羞。"<u>遂下拜</u>，<u>升受命</u>。賞
服大輅，龍旗九旒，渠門赤旃，諸侯稱順焉。

《左傳》僖公九年：

夏，會於葵丘，尋盟，且修好，禮也。<u>王使宰孔賜齊侯胙</u>，曰：
"天子有事于文武，<u>使孔賜伯舅胙</u>。"齊侯將下、拜。孔曰："<u>且有後</u>
<u>命</u>——天子使孔曰：'以伯舅耋老，加勞，賜一級，<u>無下拜</u>！'"對
曰："<u>天威不違顏咫尺</u>，<u>小白</u>，<u>余敢貪天子之命</u>，<u>無下拜</u>？——恐隕
<u>越于下</u>，以遺天子羞。敢不下拜？"<u>下</u>，<u>拜</u>；<u>登</u>，<u>受</u>。

《左傳》有其記事特有的語言表達方式，簡單交代時間、地點、事件過程

和最後的結果。整個過程順暢又干淨利落。《國語》的敘述略有波瀾,有齊桓公召管仲謀以及管仲諫言之事,反映齊桓公懷有不敬王的僭越思想。《國語》重禮,宣揚正名,故無有顧忌,史料也更貼近實際。《左傳》頌揚王霸之業,比較重視展現霸主良好的形象,故對史料有取捨。

《晉語二》"驪姬譖殺太子申生"章:

> 驪姬以君命命申生曰:"今夕君夢齊姜,必速祠而歸福。"申生許諾,乃祭于曲沃,歸福于絳。公田,驪姬受福,乃寘鴆於酒,寘堇於肉。公至,召申生獻,公祭之地,地墳。申生恐而出。驪姬與犬肉,犬斃;飲小臣酒,亦斃。公命殺杜原款。申生奔新城。

《左傳》僖公四年:

> 及將立奚齊,既與中大夫成謀,姬謂大子曰:"君夢齊姜,必速祭之。"大子祭于曲沃,歸胙于公。公田,姬寘諸宮六日。公至,毒而獻之。公祭之地,地墳。與犬,犬斃。與小臣,小臣亦斃。姬泣曰:"賊由大子。"大子奔新城。公殺其傅杜原款。

同一事件,二者記載大體相同,細節有不同。其一,《國語》中驪姬以獻公之命命申生,《左傳》言與中大夫謀。其二,《國語》未明胙在宮中的時間,《左傳》曰六日。其三,《國語》中驪姬受福置毒於酒肉很具體,《左傳》則泛言。其四,《國語》言召申生親獻,申生恐而出。《左傳》未言召申生。其五,《國語》未載驪姬嫁禍太子之語。《左傳》則有驪姬泣語"賊由大子",赤裸裸嫁禍。這些小差別不影響史實,彼此卻有互補的作用,可更爲詳細地了解史實。

《晉語七》"悼公賜魏絳女樂歌鍾"章:

> 十二年,公伐鄭,軍于蕭魚。鄭伯嘉來納女、工、妾三十人,女樂二八,歌鍾二肆,及寶鎛,輅車十五乘。公賜魏絳女樂一八、歌鍾一肆,曰:"子教寡人和諸戎、狄而正諸華,於今八年,七合諸侯,寡人無不得志,請與子共樂之。"魏絳辭曰:"夫和戎、狄,君之幸也。八年之中,七合諸侯,君之靈也。二三子之勞也,臣焉得之?"公曰:"微子,寡人無以待戎,無以濟河,二三子何勞焉!子其受之。"君子曰:"能志善也。"

《左傳》襄公十一年:

> 鄭人賂晉侯以師悝、師觸、師蠲;廣車、軘車淳十五乘,甲兵備,凡兵車百乘,歌鐘二肆,及其鎛、磬,女樂二八。晉侯以樂之半賜魏絳,曰:"子教寡人和諸戎狄以正諸華,<u>八年之中</u>,<u>九合諸侯</u>,如樂之和,<u>無所不諧</u>。請與子樂之。"辭曰:"<u>夫和戎狄,國之福也</u>;<u>八年之中</u>,<u>九合諸侯</u>,諸侯無慝,<u>君之靈也</u>,<u>二三子之勞也</u>,<u>臣何力之有焉</u>? 抑臣願君安其樂而思其終也!

這兩段史實的主要不同,一是鄭伯賄賂的物品。《國語》言多送女、工、妾。《左傳》言多兵車。二是合諸侯的次數。前者似乎并不重要,結合前人的注釋則可知一二。而八年之中"七合諸侯"還是"九合諸侯"是要探討的問題。《國語》載晉侯"七合諸侯"。韋昭注:"八年,和戎、狄後八年也。七合諸侯,一謂魯襄公五年會于戚,二謂七年會于鄔,三謂八年會於邢丘,四謂九年同盟于戲,五謂十年會于柤,六謂十一年會于亳城北,七謂今會于蕭魚。"《左傳》曰"九合諸侯"。楊伯峻《春秋左傳注》云:"五年會于戚,一;又會于城棣救陳,二;七年會于鄔,三;八年會于邢丘,四;九年盟于戲,五;十年會于柤,六;又戍鄭虎牢,七;十一年同盟于亳城北,八;又會于蕭魚,九。《晉語七》作'於今八年,七合諸侯',孔疏引孔晁說,'不數救陳與戍鄭虎牢,餘爲七也。'"[1] 《晉世家》、《魏世家》同《左傳》。《左傳》有過於渲染的成分,大概有比肩齊桓公"九合諸侯"的意思。二書所見史料或不同。

《吳語》申胥勸諫吳王,共有三次。一諫不許越成;二諫不可伐齊,可滅越;三爲死前之諫。《左傳》哀公元年、十一年載申胥諫吳王,內容則全不同。二書所記申胥之死也不同。《吳語》載:

> (申胥)將死,曰:"以懸吾目於東門,以見越之入,吳國之亡也。"王慍曰:"孤不使大夫得有見也。"乃使取申胥之尸,盛以鴟鵩,而投之於江。

《左傳》哀公十一年:

_____

① 楊伯峻:《春秋左傳注》,中華書局1990年版,第993頁。

　　王聞之，使賜之屬鏤以死。將死，曰："樹吾墓檟，檟可材也。吳其亡乎！三年，其始弱矣。……"

　　《國語》載夫差將死，曰："使人說於子胥曰：'使死者無知，則已矣，若其有知，吾何面目以見員也！'"呼應上文，史實完整。《左傳》則無此前後呼應的記載。《越世家》所載與《國語》同；《吳世家》、《伍子胥列傳》則或同《國語》，或同《左傳》。可知二者所據史料各有所本，司馬遷兼采之。

　　黃池之會《國語》與《左傳》所載吳、晉先後次序不同，給史學界的研究帶來困惑。《春秋》經文："公會晉侯及吳子于黃池"，晉侯在吳子之前。《左傳》哀公十三年曰：

　　　　夏，公會單平公、晉定公、吳夫差于黃池。……秋七月辛丑盟，吳、晉爭先。吳人曰："於周室，我爲長。"晉人曰："於姬姓，我爲伯。"趙鞅呼司馬寅曰："日旰矣，大事未成，二臣之罪也。建鼓整列，二臣死之，長幼必可知也。"對曰："請姑視之。"反，曰："肉食者無墨。今吳王有墨，國勝乎？大子死乎？且夷德輕，不忍久，請少待之。"乃先晉人。

《國語·吳語》載黃池之會：

　　　　吳王夫差既殺申胥，不稔於歲，乃起師北征。……吳、晉爭長未成，邊遽乃至，以越亂告。……（吳王）爲帶甲三萬，以勢攻，雞鳴乃定。既陳，去晉軍一里。昧明，王乃秉枹，親就鳴鐘鼓、丁寧、錞于振鐸，勇怯盡應，三軍皆譁釦以振旅，其聲動天地。晉師大駭不出，周軍飭壘，乃令董褐請事。……吳王親對之曰："天子有命，周室卑約，貢獻莫入，上帝鬼神而不可以告。無姬姓之振也，徒遽來告。孤日夜相繼，匍匐就君，君今非王室不平安是憂，億負晉衆庶，不式諸戎、狄、楚、秦；將不長弟，以力征一二兄弟之國。孤欲守吾先君之班爵，進則不敢，退則不可。今會日薄矣，恐事之不集，以爲諸侯笑。孤之事君在今日，不得事君也在今日。爲使者之無遠也，孤用親聽命於藩籬之外。"……晉乃命董褐復命曰："寡君未敢觀兵身見，使褐復命曰：'曩君之言，周室既卑，諸侯失禮於天子，請貞于陽卜，收文、武之諸侯。孤以下密邇於天子，無所逃罪，訊讓日至，曰：昔吳伯父不失，春秋必率諸侯以顧在余一人。今伯父有蠻、荊之虞，禮世不續，用命孤禮佐周公，以見我一二兄弟之國，以休君憂。今君掩王東海，以淫名聞于於子，君有短垣，而自踰之，況蠻、荊則何有於周室？夫命圭有命，固曰吳伯，不曰吳王。諸侯是以敢辭。夫諸侯無二君，而周無二王，君若無卑天子，以干其不祥，而曰吳公，孤敢不順從君命長弟！'許諾。"吳王許諾，乃退就幕而會。吳公先歃，晉侯亞之。

《左傳》記事簡約，《吳語》則文字較多，一面敘夫差與晉黃池爭盟，一面敘越人侵吳，史實有始有終。中間極盡渲染吳軍陣勢。吳王與晉董褐間的對話也充分展示了外交辭令委婉中有鋒芒的特點，更勝《左傳》。

黃池吳、晉爭長，學界或有贊同《國語》者。《公羊傳》："吳何以稱子？吳主會也。"《穀梁傳》："黃池之會，吳子進乎哉，遂子矣！"此二傳不同於《左傳》立場，是言爲盟主而去僭越之王號，故稱吳子。《吳世家集解》引賈逵曰："外傳云吳先歃，晉亞之。先敘晉，晉有信，又所以外吳。"其言外之意認爲《國語》所載爲實。董增齡認爲："先吳是實事。及孔子修《春秋》尊晉抑吳，故先書晉，左氏內傳因之。趙（匡）、陸（淳）不考慮賈景伯之正論，而臆造模棱之說，不足據也。"[1] 唐孔穎達認爲晉人先歃。[2] 司馬貞也認爲《左傳》正確。[3] 今之學者傅隸樸據《春秋》經認爲晉侯主盟。司馬遷的態度不明朗，《吳太伯世家》和《仲尼弟子列傳》同《左傳》，《秦本紀》、《晉世家》、《趙世家》、《伍子胥列傳》則同《國語》。可見司馬遷對《國語》的史料並不懷疑，對《左傳》也非全信。我們認爲《國語》所載爲實。《吳語》源自吳國史官的記載，可補充《左傳》記載的不足。在經書地位尊崇的年代，《國語》自不如《左傳》得人青睞，其史實也往往不爲人所重。

《國語》和《左傳》對晉驪姬之亂和重耳流亡記載頗多，二者交叉也頗多。張以仁先生《論〈國語〉與〈左傳〉的關係》一文細緻對比了二

---

[1] （清）董增齡：《國語正義》，巴蜀書社 1985 年版，第 1242 頁。

[2] （唐）孔穎達：《春秋左傳正義》於"乃先晉人"之下曰："《吳語》說此事云：'吳公先歃，晉侯亞之'，與次異者，《經》書：'公會晉侯及吳子'，《傳》采魯之簡牘，魯之所書，必是依實。《國語》之書，當國所記，或可曲筆直已，辭有抑揚，故與《左傳》異者多矣。"

[3] 唐司馬貞《史記索隱》認爲《左傳》"乃先晉人"說正確的，不與《左傳》合者，自然是錯誤的。

書的這兩段史實，歸納二書的異同。如下：

驪姬謀殺申生一事，《晉語》還有：

1. 占卜伐驪戎。(《左傳》無，《晉世家》有)

2. 獻公欲黜申生，里克、丕鄭、荀息聚會謀議。(《左傳》、《晉世家》皆無)

3. 獻公命奚齊主祭。(《左傳》、《晉世家》皆無)

4. 優施獻計，驪姬夜泣及施優訪里克，里克中立諸事。(《左傳》、《晉世家》皆無)

5. 申生傅杜原款勸說申生死孝。(《左傳》、《晉世家》皆無)

6. 申生將下軍伐霍。(《左傳》、《晉世家》皆無)

7. 士蒍諫獻公。(《左傳》、《晉世家》皆無)

《左傳》無以上諸事。《晉世家》僅取占卜伐驪戎之事，其餘六事則無。《晉語》亦無占卜驪姬為夫人事。

重耳流亡一事，二書此有彼無。《左傳》載重耳居狄娶季隗、趙衰娶叔隗事，《國語》無。張以仁先生歸納以下事《國語》載而《左傳》無：

1. 狐偃在狄勸重耳行。

2. 重耳過曹，僖負羈勸諫曹共公。

3. 公孫固勸宋襄公待重耳以禮。

4. 叔詹諫鄭文公不禮重耳則殺之。

5. 狐偃勸重耳受楚成王饗以國君之禮。

6. 子玉諫楚王止狐偃。(《晉世家》無)

7. 司空季子等三人勸重耳娶秦女懷嬴。

8. 重耳親筮得晉國。(《晉世家》無)

9. 董因迎重耳等事。(《晉世家》無)

《晉世家》不見6、8、9，其餘皆載，個別略有出入。如《國語》載重耳與公孫固善，《晉世家》為狐偃與公孫固善。重耳過楚，《晉世家》記趙衰勸重耳受楚王國君之禮，《國語》為狐偃。《晉世家》僅司空季子勸重耳娶懷嬴，《國語》為司空季子、狐偃和趙衰三人。或許司馬遷所見尚有二書之外的內容，在記載重耳流亡之事上與《國語》的記載更接近，也或許司馬遷在采《國語》的時候參考了別的史料並做了考證。不論如何，《國語》史料能為司馬遷所采，也足見其可信度較高。據張以仁先生的歸納總結，可知二書所記史實互補，互相參看能更全面了解晉國的這段歷史。另外，《晉語》內容生動翔實，更近於晉史《乘》之原貌。

以上我們通過《國語》與《左傳》的對比來探討其春秋部分史料的

價值，歸納出如下幾個方面：

第一，《國語》的史料既尊重諸國《春秋》、卿大夫家史以及瞽矇口傳史料的原貌，又能體現其編撰意圖。內容翔實，不乏細節。缺少潤色加工，是原始史料或接近原始的史料。《左傳》則對所采史料有統一的潤色，編年記事，語言上長于修辭，多干淨簡約。

第二，《國語》保留了各諸侯國《春秋》的記史風格，故諸語語言風格不同。《左傳》的史料潤色加工後失去了本來的風格，已不再是原始史料，但整體語言風格一致。二書的史料同樣重要，但《國語》所記對研究諸國自身的歷史更具有直接的說服力。

第三，二書此有彼無則互爲補充。記載相同可增加史實的可信度，同中有異可彌補所失的環節，全然不同者則需考證還原。相較《左傳》，《國語》的史料價值並不遜色。

《國語》成書略早於《左傳》，我們認爲其史料是原始史料或接近原始的史料。《左傳》中有很多處借鑒了《國語》的史料，是在《國語》的基礎上潤色語言而成。當然《左傳》也有其他的史料來源可供參考，故而有與《國語》記載文字大不同而可作補充者。整體上看，我們應該信任《國語》的記載，同時也不必過分迷信《左傳》。

第三節　《國語》的史學史價值

《國語》是史學著作，和所有的史學著作一樣，它在史學史上體現著自身的價值。

首先，《國語》體現了“語”的文獻形式和“史”的內容的結合。

在緒論和第一章我們都提及《國語》是一部“語”書。在探討《國語》性質的時候也專門就“語”這種文獻形式來研究其大致產生和發展的情況。“語”書都有它們成書的目的，概括說來就是爲施政和修身提供禮學意義上的參考，達到能改變人和社會健康發展的目的。因此，先秦時期“語”常被用作教育貴族子弟的教材。

《國語》是先秦“語”類文獻之一種，以天子、諸侯、卿大夫們的立身行事爲論議之由，宣講以禮治國和以禮修身等道理。其編撰目的在於資政和鑒戒，即如楚大夫申叔時所言爲政當明德務民。“語”的特點也體現在史料的選擇和結構的編排等問題上，《晉語》、《吳語》和《越語》等記言的比重減少，但人物的對話中也不乏說理，是記言與記事的結合。

《左傳》、《史記》等私人史著是記言與記事相結合的典範，應該有來自《國語》編撰形式的啟發。

我們在第一章《國語》的性質問題上有過比較詳細的論證，說明《國語》是一部史著，這里不再重復。只是重申我們的立場，即《國語》這類的"語"書，史料主要來源於歷史，具有"史"的性質。"語"是其"文"，"史"是其"質"，文附質也，質待文也。文獻的表現形式要依附於思想內容，思想內容也需要文獻的外在形式。若文質不分，對文獻性質的認同也就會混亂不清，故子貢曰："文猶質也，質猶文也。虎豹之鞟，猶犬羊之鞟。"[1]

編撰采用的文獻形式和編撰內容的粗精是兩個問題。《國語》在編撰上較粗糙，受到史料來源和時代文化狀況的客觀限制，但並沒有影響到文獻本身的編撰意圖。編撰者對列國"語"書的采錄也不是隨心所欲的，有斟酌，則說明對形式也十分注重。"語"類文獻記言的內容雖然寬泛，但還不是可以忽略形式、編撰語言等十分隨意的文獻形式，而是十分成熟的文獻形式。內容粗精的界定則是通過與其他成熟史著的比較得出的，這里還是那句話，要站在編撰者所在的時代來考慮問題。我們比較贊同劉節和白壽彝二位先生的話。劉節說："《國語》是一部殘缺不完備的國別史。"白壽彝說："《國語》還沒有發展成爲一部具有完整形式的史書。"近年來學界有以"語"之文獻形式來否定《國語》史著之內質的聲音，[2]這里不敢苟同。

《國語》是"語"和"史"的結合，但還不是完美的結合，存在著不足。前文提及諸多方家指出《國語》內容矛盾、重復、上下相關性差、時間模糊、語言風格上有差異等等，也應該站在歷史的角度來看這些問題。

第一，編撰意圖決定《國語》以記言爲主，而非記事。史實只爲論議的引子。

第二，列國史官記言風格不同，思想立場不一，故而八國之語各異。

第三，編撰者秉持書法不隱的修史原則，保持史料的原貌，少有刪改潤色。

---

① 《論語·顏淵》。

② 沈長雲先生認爲："其實《國語》並不是一部史，它的目的並不在於紀事。以國分類，也不是它的主要特色。《國語》的特點在於它是一部'語'，是按國別匯集成的'語'。……《國語》本爲一部議論總集。"見其《國語編撰考》一文，載《河北師院學報》1987年第3期。

　　以上三條也可視爲對一些學者所謂《國語》不是史著，而是史料匯編或史料摘編觀點的反駁意見。實際上史料就是史。

　　我們不贊同以今天成熟史著之標準有意放大《國語》的不足。《國語》有其統一的思想，有先秦史研究所需的重要史料，有與《春秋》經義并陳的史學價值。稱之爲“語”類的史著並無不妥。

　　其次，在編撰體例上，《國語》首開國別之體。

　　鴻篇巨制的“語”類文獻同樣需要合適的體例來構建框架，《國語》的國別體體例與其“語”的文獻形式之間並無矛盾。

　　唐劉知幾將《國語》之體看作史體“六家”之一。清人浦起龍曰：“國語，國別家也。”①《國語》在編撰體例上，第一次明確使用分國歸類的方式，符合內容分國記言記事的特征。國別體沒有成爲後世修史者重點采用的方式，但影響卻在。

　　之所以說《國語》是第一次明確使用國別體的史著，因爲其前有《尚書》。《尚書》是關於上古時期的歷史文獻匯編，有的內容編排似紀事本末。孔子重新編定《尚書》，即是按照虞、②夏、商、周四個朝代的順序縱向編排的，算是分朝編撰之始。這種方式足以啟示編撰者橫向分國構建《國語》的框架。另一方面《尚書》重在記古代帝王之言，其成敗興衰的歷史也用來昭示後人。這也足以啟示編撰者遵循“語”書功用擇取列國記言史料編撰《國語》。記言說理則無需史料時間上的連續性，也無需在意記載史實的來龍去脈。

　　《國語》以八國構建框架，當有編撰者的思考。在第二章《國語》的選材與結構安排的問題上已經敘及周、魯、齊、晉、鄭、楚、吳、越八國之語編排次序的深意。有人曾探討爲何無衛、宋和秦三國之語，最根本的原因就是這三國無稱霸的歷史。衛國始終就不是一個強國，其歷史平庸甚至荒唐，也有過被狄人入侵失國之痛，賴齊桓公而存國。宋國爲殷商後裔封國，心理上始終認爲被天所棄，宋襄公僵化少謀，嘗試繼承齊桓公事業卻無齊桓公的雄才大略和諸賢輔助，與楚作戰因假仁假義而吃了敗仗，一蹶不振。秦國與西戎接壤，少禮儀。秦穆公稱霸西戎，卻受阻於晉、楚，一時也難與之抗衡。

----

① 轉引程千帆《史通箋記》，中華書局 1980 年版，第 5 頁。
② 童書業在《春秋左傳研究》一書中指出：“有虞氏誠有其國其地當本在春秋時鄰晉之虞國。……有虞氏在殷周之際蓋爲一小‘國’而歸附于周這也。所謂‘三恪’者（見《左傳·襄公二十五年》），虞、夏、商三代之後，蓋在《左傳》作者也以虞爲一代。”可見據《左傳》童書業先生當是認爲虞是和夏、商、周一樣存在過的政權。

所選八國，除周爲天下共主，魯秉持禮樂文化，鄭國拱衛王室外。其他五國則成就了霸業。《春秋》歌頌霸業，首先是對王室禮樂治國的失望，其次是霸業乃諸侯國君以禮治國背景下的事業，迎合了孔子禮樂興國的理念。從這個角度來看《國語》卻與春秋的諸侯爭霸之史相吻合。

《國語》是典型的國別史，不論從形式上還是内容上都突顯國別的差異性。

李坤認爲國別體是史書外在的表現形式，史書的體例應該以其内在的記事方法爲標準來劃分，不應該與體現在表面的編年、紀傳以及紀事本末等相關聯。何況國別體也并無其發展源流，以其名作爲史書體例也會導致史學體裁稱謂上的混亂。① 但是李坤並沒有說出從内在記事方法上《國語》應屬什麼體例。

分國編撰是史書用以結構框架的一種方法，尤其是編撰多國分立時期的歷史，分國則彼此史實不雜糅，保持各國歷史的整體性。

通常記事以年代爲經緯的編年之法是修史者都要遵循的方法，歷史也需要我們以年代先後來梳理和還原。而紀傳之體是以帝王將相等歷史精英爲中心，以其生平事跡輻射社會背景來構建歷史的體例。紀事本末雜合編年與紀傳兩種方式，追求史實的因果完整，並能立體再現相關的社會環境，從而宏觀把握歷史。它們和國別體一樣，既是形式，也是内在記事的需要。《國語》記載八國不同時段的歷史，且各國本身的史實也并非都能有始有終。各國之間也多互不相融。分國編撰，在次序安排上表現編撰思想，掩卷而能以共通的理念統一認識，則是其大成功，這種簡單的分國構建也有良苦用心。後世史家縱有借鑒，也難以達到《國語》結構形式上的"分"與思想内容上的"合"的效果。

況且，國別史並非沒有源流，如前文提到的《尚書》，只不過史學家將之定位於記言體，轉移了人們的注意力。"國別體"這一稱呼十分恰當，千百年來尚未對史學體裁的研究造成混亂。

總之，編撰史書運用何體是往往要受到時代的影響，春秋戰國列強分立，《國語》和《戰國策》的編撰就需要使用國別體。這說明國別體是最具有時代性的。大凡封建國家四分五裂，版圖中多方政權並立的時候，史官就會采用國別之體來編撰歷史。當天下一統，國別體也就不再適合修撰史書的要求了，所以司馬遷創紀傳體，用五種形式對史料分門別類，來展示自五帝到漢武帝之世的歷史，解決了時間跨度過大帶來的歷史鏈條中斷

---

① 李坤：《國語》的編撰，《史學史研究》1988 年第 4 期。

之弊。因此紀傳體多爲後世修史者繼承和發展。

在我國封建歷史中，也有過不少政權四分五裂的時期，後人修史都會采用國別之體。金毓黻先生有言：

> 陳壽《國志》，成書於范書之前，當代已推爲良史，然其可稱道者，乃在仿《國語》、《國策》之體，而造三國分峙之國別史。其後若崔鴻之《十六國春秋》，路振之《九國志》，吳任臣之《十國春秋》，皆聞陳壽之風而起者，亦《國語》之支與流裔也。……若夫李延壽之作《南北史》也，一用《史記》之法，取在南之宋、齊、梁、陳，在北之魏、齊、周、隋，合而縱述之，以成通史之一段；一用《三國志》之法，南北並述，而爲國別史之後勁；其後薛居正、歐陽修，合梁、唐、晉、漢、周而爲一史即承用延壽之成法；若衡以《史通》所論，則《南》、《北》二史，蓋合《史記》、《國語》兩家而兼之矣。[①]

這段話盡述《國語》國別體例的深遠影響。漢劉向整理編訂《戰國策》、晉陳壽修編《三國志》、東晉孔衍撰《春秋後語》、宋歐陽修撰《新五代史》、明崔鴻匯輯《十六國春秋》、路振的《九國志》以及清吳任臣撰的《十國春秋》等都是以國別之體爲史書結構的延續。其中，孔衍《春秋後語》模仿的痕跡最爲明顯。司馬遷修《史記》亦有《夏本紀》、《殷本紀》、《周本紀》、《秦本紀》、《晉世家》、《魯世家》、《宋世家》等，雖冠以"本紀""世家"，實則按國別編撰排列。上世紀七十年代長沙馬王堆漢墓出土了殘卷《春秋事語》十六篇，體例也頗似《國語》。

第三，《國語》承上啟下，是私人修史的發展

孔子修《春秋》開私人修史之先河，[②]《國語》在此基礎上更進一步，不但突破一般史書的編撰體例，記事上還吸納了《尚書》的特點，編撰者可以直接站出來評判歷史事件和言論，理性地預言事態發展，甚至還能交代一些歷史事件的最終結果。雖然一些評點和預言並不是科學的，但卻真切地表達了私人的觀點和立場。《國語》還具有記事本末體的特

---

① 金毓黻：《中國史學史》，河北教育出版社 2003 年版，第 85 頁。

② 白壽彝先生在《宗周晚年和春秋時期的史書》、《戰國、秦漢間的私人著述》中認爲《春秋經》標誌著私人著述的出現，《國語》和《左傳》則是戰國時期私人著史的發展，見《中國史學史論集》，中華書局 1999 年版，第 22—26 頁。

性，記言記事有始有終。由此可見，私人修史已經開始完善並得到了進一步發展，與内容上莊重肅穆的《尚書》、筆法上字斟句酌的新聞標題式的《春秋》相比，《國語》擴充了記言記事的内容，也豐富了記言記事的形式，並爲後來的史書修編提供了寶貴的經驗。

私人修史的優點還在於没有在上者的干預，史官也自覺接受"書法不隱"① 等基本史德的約束。既要修編歷史，就要尊重手中的史料，不能對歷史進行篡改，這是作爲一名史官的道德底綫。在堅守這條底綫的基礎上，可以采用恰當的剪裁史料的方法，修飾自己的記言記事，選擇合適的結構，借鑒已有文獻的編撰方式，甚至創造性地建構修史的體例。無疑，爲後人立下了規矩，樹立了榜樣。

在處理記言記事的比重上，私人修史自主性更強。修史的過程應該不受來自在上者的干擾，編撰者能圍繞自己的編撰思想相對自由地選擇合理的處理方法。注重的是修史的功用，而不是修史形式上如何完美無缺。與《尚書》不同，《國語》的文字已經有了記言記事並重這一傾向。《越語》、《吳語》和《晉語》即是言事並重，共十二卷，超過《國語》全部卷數的一半。周、魯、齊、鄭和楚則是記事少於記言。這也與史料來源不同、風格不同、側重言事不同有關。編撰者能從總體上觀照史料，言事並重應該是最佳的方式，"語"的特點略有弱化，"史"的特征得以凸顯。

從語言運用上看，《國語》史料中的語言各國特點鮮明，編撰者也能保持原貌，不刻意追求整體的一致或達到一定的修辭效果而妄加修改。《尚書》的文字佶屈聱牙，主要記載古代帝王和各國諸侯的言論，大都采用誥、詔、令、誓等文體形式。語言正式莊重。《國語》則不同，諸國史官照錄時人口語，文字平易樸實，不加藻飾，風格十分接近《論語》。語言中還多見排比句式，還有一些有韻的語句，大有時人口耳相傳史事的語言特點，也再現了史官記事的語言技巧。《國語》中的外交辭令也特色鮮明，並不比《左傳》遜色，甚至更豐富。如晉文公向周天子請用的隧葬之禮，周襄王對這種無禮僭越的要求以先祖禮法爲依據，剛柔并濟委婉地批評了強勢的晉文公，維護了周道衰微時期天子的尊嚴。再如吕甥答秦穆公、展喜對齊侯，應對的辭令都不卑不亢，兼顧禮節。勾踐向吳求成時，描寫其極盡卑躬屈膝之能事，言辭中謙恭示弱。晉董褐黄池對話吳王夫差，委婉中透著鋒芒。春秋時期很重視外交辭令，通常出使他國要事先做

① 《左傳》魯宣公二年。

好準備，根據使命來模擬外交的應對。故孔子曰：“爲命，裨諶草創之，世叔討論之，行人子羽修飾之，東里子產潤色之。”① 認真高質量地創作外交辭令是各個諸侯國行人都比較看重的。另外，《國語》的編撰者擴大了記言的範圍，内容囊括了卿大夫對天子國君的勸諫和士階層對某事件的評論。但與此同時，也保留史料中用來渲染氛圍的夸張的語言，如描寫黄池會盟中吴軍萬人方陣“望之如荼”、“望之如火”的描寫。《國語》的記載爲後世史家提供經驗。《左傳》的修編，應有來自《國語》語言上的影響，尤其是外交辭令。

《國語》諸國史官著史的語言，生動形象，靈活跳脱，文學性强，許多片段單獨成篇，卽是文言經典，不像後世官方記史的語言小心翼翼，瞻前顧後，顯得刻板。

從記事角度來論，私人修史也有極强的自主性。《國語》的編撰者在圍繞基本的編撰意圖來選擇史料時，既能選取各個諸侯及重要卿大夫的言行，也能從普通卿大夫的家史記載中也選取他們的諸多言行。卽使是重要卿大夫也不是只記載與他們相關的重大事件，還記載了一些瑣碎的朝堂小事和家居生活。一般而言，普通卿大夫這樣的人物或是那些瑣碎的小事通常不會進入官方修訂的歷史文獻中。私人修史以我爲主的特點則拘泥較少，能夠説理則可。

《國語》記事頗成系列，雖然每章之間涉及的事件少有關聯，甚至是一人一事一論，但也有不少章節所載爲某個人的事件和言論，形成系列。如《周語上》記宣王之事、《周語中》記襄王、單襄公之事。還有的事件之間有關聯性，如《晉語》記獻公、惠公、文公、悼公諸人諸事。而《國語》中對一部分普通卿大夫的集中記事已經初具小傳記的形態。如《魯語》中記叔孫穆子、公父文伯之母諸事；《晉語》中記趙文子、趙簡子、范文子、叔向等人的言行。這些記事雖然互相獨立，但列在一處卻能讓人更多地了解天子、諸侯、卿大夫們的政治生活和日常生活，了解他們的性格、德行和思想，進而理解禮的作用。成系列地記人、記事、記言的形式或多或少也爲修史者圍繞人物來構建歷史的事件提供思路從而發展爲紀傳。

從《國語》的篇章中，我們還能看到在記事技巧方面，史料中也含有一些合理想像的成分。合理想像是創作文學作品用以增强藝術感染力的一種手段，不能用來記録歷史，但先秦時代文史界限比較模糊，渾融不

---

① 《論語·憲問》。

分，這種合理想像運用到史料中也便不足爲奇。譬如鉏麑晨往行刺趙盾内心的矛盾獨白、驪姬夜半向晉獻公哭訴諸事，① 都是在編撰者深刻了解歷史背景和人物的情況下進行的合理想像。《左傳》和《史記》較《國語》這方面更爲突出，是這種敘事技巧的完善和發展。

如果說《尚書》和《春秋》是私人修史的典範，《國語》則是私人修史的繼承發展，並有大大的突破。下啟《左傳》、《國策》，更影響到《史記》和《漢書》的編修。私人修史之路較長，但流傳至今的經典有限，《國語》承上啟下的作用就顯見了。

從私人修史到政府主持官方修史，修史人的自主性客觀上受到了一定程度的制約，但私人修史留下來的優秀的傳統并沒有廢棄，成爲官方修史的經驗參考。

第四，歷史觀方面，《國語》的記史體現了其進步性，卽突出人的作用。

在思想上，《國語》頗具戰國早期思想的特點。它既不像《詩經》、《尚書》那樣處處籠罩著"上帝"和"天命"的神秘氣氛，也不似《春秋》、《左傳》那樣以周禮爲綱。《國語》發展了《春秋》重人事的思想，卽重視人事發展和歷史人物對社會變化的作用。誠然，《國語》中也有一些鬼神故事和星占卜筮之說，不過比較而言，人事的作用更爲重要，卽起到決定性作用的是人。如《周語下》"單襄公論晉將有亂"章，魯成公問晉國將會有亂的原因："敢問天道乎，抑人故也？"單襄公對曰："吾非瞽史，焉知天道。"旗幟鮮明地淡化天道，重視人事，重視個人在國家政治生活中發揮的作用，體現了人本的思想。誠如劉家和先生所言："它並不要求人們在思想上排除對於神的信仰，而只要求人們在處理人神或天人關係時以人爲本。"②

---

① 紀昀《閱微草堂筆記》卷十一："鉏麑槐下之詞，譚良夫夢中之噪，誰聞之與？"李元度《天岳山房文鈔》卷一《鉏麑論》："又誰聞之而誰述之耶？"林琴南《左傳擷華》卷上說："初未計此二語是誰聞之。宣子假寐，必不之聞，果爲舍人所聞，則鉏麑之臂久已反剪，何由有暇工夫說話，且從容以首觸槐而死。……想來鉏麑之來，懷中必帶匕首，觸槐之事，確也。因匕首而知其爲刺客，因觸槐而知其爲不忍。故隨筆妝點出數句慷慨之言，令讀者不覺耳。"錢鐘書《管錐篇》（第一冊）認爲："蓋非記言也，乃代言也。如後世小說、劇本中之對話獨白也。……史家追敘真人實事，每需遙體人情，懸想事勢，設身局中，潛心腔內，忖之度之，以揣以摩，庶幾入情合理。蓋與小說、院本之臆造人物、虛構境地，不盡相同而可通，記言特其一端。"

② 劉家和：《左傳的人本思想與民本思想》，見《史學、經學與思想》，北京師範大學 2005 年版，第 357 頁。

《國語》足夠重視天子、國君在國家政治生活中的作用。傳說時期的小康社會，原始共產時之大道既隱，天下爲家。春秋時期家天下的觀念深入人心，諸侯要忠於周天子，卿大夫要忠於國君。策名委質，士人忠於其主。天子、國君掌控著國家的前途命運，一切美好希望的實現都取決於他們。他們有著至高無上的重要地位，即便國運衰微，形式上也仍然是至高無上的。《國語》八國之語中開明忠正的卿大夫對天子和國君始終寄予厚望。天子英明，寄希望其重振王室。國君英明，寄希望其重禮制，稱霸諸侯。天子、國君昏聵殘暴，則寄希望其悔過自新。忠貞不貳，直言敢諫。無道昏君被廢，還要依照名分再立新君，恪盡匡正導引之職守，視取而代之爲大逆不道。

《國語》高度關注重大人物在歷史中的作用。如管仲相桓公而齊霸諸侯，范蠡仕勾踐而越甲吞吳，慶鄭怨晉惠公而兵敗韓原，魏絳佐晉悼公復霸中國等等，這些重要的卿大夫們在歷史機遇面前、在大事緊要關頭發揮著決定性的作用，甚至改變了國家的命運走向。他們的言行決定了個人的命運，更影響著國家的興旺和衰亡。

《國語》中重人事的思想影響到《史記》，便有了影響國家命運的關鍵人物的個人傳記。重要人物在特定的歷史環境中作爲社會個體，擁有不少發揮能力的機會，他們一個重要的決策都可能是推動歷史發展的動因。時勢造就英雄，英雄推動時勢。我們知道歷史是由人民群衆創造的，但不能沒有關鍵的風流人物。古人沒有這樣清楚的認識，歷史也便成了記載王侯將相的成敗興衰史。囿於先秦思想的歷史局限，《國語》能夠發現人在歷史中的重要價值已經是極大的進步了。

結　語

　　兩漢至今，《國語》文獻研究，大致經歷了研究問題的單一性向多樣性的變化，但缺少系統性。學界對《國語》的感情仍然是複雜的。一方面認爲史料不重要，一方面又徵引其記載作研究的論據。

　　本文希望通過相對系統的研究重新認定《國語》的地位和性質，重新審視《國語》的價值，爲以後的研究提供一點幫助和參考。此外，也希望研究成果能回饋社會，並以此爲弘揚傳統文化、爲提升國人的綜合素質盡一點綿薄之力。

　　上述七章對《國語》的研究尚停留在初步探索的階段，一些結論力求自圓其說，未必能被人認同。概括地說，以上研究主要有以下幾個方面：

　　第一，重新探討《國語》的編撰者、成書年代和性質等問題。

　　這一問題是研究的立足點，更是後面各部分研究的基礎。在編撰者和成書年代兩個問題上雖不能突破成說，也表明了自己的立場，並說明了原因。本文的立場是認同司馬遷和班固等人的說法，從先秦學術的淵源上看，《國語》的編撰者是左丘明這一結論是成立的。成書時間不晚於戰國中期，比《左傳》的成書略早。在性質問題上，認爲《國語》是“語”類的史書。就這個問題重點闡述了先秦“語”書的產生與發展，“語”是一種什麼樣的文獻形式、“語”書的政治功用是什麼等。我們認爲“語”不是簡單的先秦文獻的個體現象，而是一個大類，包涵了所有的以記言爲主的文獻，這些記言的文獻基本的編撰目的大體相同，但它們論議的問題往往各不相同，有的針對某種現象，有的針對具體的時政或歷史，有的針對某種思想。《國語》針對的是歷史事件，因此是一部“語”類史書。文中也盡量詳細地探討了“語”書形成的客觀歷史條件。

　　第二，探討《國語》的史料來源。

　　主要從《國語》成書的史料來源和《國語》文本中體現出來的史料兩個方面。前者主要是各個諸侯國的史書和卿大夫的家史，屬於文獻學意義的史料。文本中的史料則內容豐富，包括易、詩、書、禮、樂、令，甚至訓典、故志、俗語箴言等，屬於文化背景的史料。"語"書的編撰有其監戒目的，編撰者正是圍繞這一目的對史料進行選擇。從《國語》的這兩種史料類型看，更是如此。

第三，《國語》的版本和注本。

版本問題並不複雜，即有北宋的公序本和明道本兩個系統。公序本即北宋人宋庠的補音本，是十分重要的一個版本。宋庠以其宗人宋緘所藏《國語》爲底本，參校官私所有十五、六種版本而成公序本。公序本一直流行，版本系統比較清楚。明道本即宋仁宗明道二年（1033年）取天聖七年（1029年）印本的重刊本，故又稱"天聖明道本"。明道本鮮於流傳，故而能最大程度地保存了《國語》文本的原貌，具有較高的文獻價值。其底本應是絳雲樓傳出來的抄本。我們從清人《國語》明道本的校勘劄記中可知黃丕烈校勘、刊刻明道本的一些情況。這兩種版本各有系統，也各有短長。研究《國語》文本，通常要同時參看。

《國語》的注本問題也比較清晰。上文從後漢到三國、晉，再到明、清時期的注本，擇其要者加以介紹。鄭衆、賈逵、服虔、唐固、虞翻、王肅、孔晁等人的注本都已經亡佚了，通常將他們的注釋稱爲舊注。這些舊注多爲學者注書徵引。清代學者對這些散見在其他文獻的引文和注釋中的《國語》舊注作了細緻的輯佚工作，代表人物有王謨、汪遠孫、馬國翰、黃奭、蔣曰豫、王仁俊等。韋昭注自問世以來一枝獨秀，流傳至今。韋昭注獨存有其原因，主要體現在韋注的特點上。韋注被看作是漢注，體制完備、兼采諸家、徵引廣博、訓釋簡括，被世人廣爲接受。研讀韋注不但能釐清文意，而且能瞭解到相關的背景知識，韋注也將沒有明確時間標注的《國語》置於《春秋》經傳的時空坐標系之中，讓人對文本所載歷史事件和思想有了更準確的定位。更爲重要的是韋注溝通了《國語》與《春秋》經傳的關係，客觀上提升了它的地位。

第四，《國語》的影響，主要是對後世史書編撰的影響，目的在於說明《國語》史料的可信。

在《國語·齊語》與《管子·小匡》二者關係的問題上，通過對比二者文本語言和結構發現《齊語》的文字古奧，結構也不十分明晰。可知其史料更早。《小匡》篇在語言上則是經過潤色加工，通俗流暢。結構上是也較《齊語》更清晰，邏輯性更強，顯然是經過了一番加工和整理。毋庸置疑，《齊語》應該是《小匡》重點參考的史料。

《國語》與《史記》之關係，我們首先闡述《國語》對《史記》編撰的影響，一是提供西周時期的史料，二是對《史記》記載起到佐證的作用。其次說明《國語》的體例對《史記》編撰的影響，國別體例對《史記》中夏、商、周、秦本紀以及晉、楚、鄭、韓、趙、魏世家的劃分有啟示。二書在某些文字上的相同或略異則說明了《史記》對《國語》所載的借鑒。司馬遷在修《史記》的時候對《國語》的資料是信任的。

至於《國語》對《越絕書》和《吳越春秋》的影響，主要從編撰思想和内容上加以說明。儘管《越絕書》在文字上很難看出有來自《國語》史料的影響，但《越絕書》同樣是“語”書，在表現手法上是要受到《國語》的影響。細細品讀也能發現其内容有對《國語》中《楚語》、《吳語》和《越語》所載史實的消化和吸收。《越絕書》是在諸多記載吳、越、楚等國歷史的文獻資料的基礎上編撰成書的，《國語》是著者不能不參看的史料，只不過著者更側重於以《公羊傳》的創作方式來成文，不能直接引用《國語》的内容罷了。《吳越春秋》對《國語》的借鑒主要體現在文字上，直接引用了《吳語》和《楚語》的内容。二者文字大同小異，這種影響是一目了然的。

第五，《國語》的價值和影響。

探討《國語》的價值，重點在於其史學價值和史學史價值。

史學價值主要包括《國語》文本中上古、三代傳說時期和西周、春秋時期史料的價值。其中上古、三代傳說的史料價值立足於文本所載有限的内容，依據王國維的思想，持一種包容的態度來對待。西周部分的史料主要集中於《周語上》和《鄭語》，内容明確，可信度高。雖然不多，也能反映出當時社會政治的大致狀況。探討《國語》一書所載春秋史價值則以《左傳》爲參照，通過對比來證明《國語》史料具有原初性和一定的可信度，與《左傳》存在著互補互證的關係。史料也被司馬遷修《史記》所徵引。

史學史價值主要闡述《國語》體現了“語”和“史”的完美結合，在編撰上和思想内容上都體現了“語”書應有的功用。我們也認同《國語》所創的國別體體例及其影響，認同其在私人修史方面承上啟下的作用。此外，從歷史觀上肯定了《國語》在天、神和人三者中更突出人的作用。

《國語》文獻研究的價值和影響在於：

首先，嘗試完成一個比較系統的《國語》文獻研究。過去和當前學界研究《國語》的成果基本是零散的，涉及領域廣而難成完整系統，本文希望能成爲一個有系統研究的成果，即便缺憾很多，也可以在此基礎上發展和完善。

其次，希望能在長期有爭議的問題上有一個定論。如關於作者、成書年代和性質等問題。對這三個問題學者的研究成果較多，基本都能自圓其說，但無法撼動司馬遷和班固的成說。這些問題雖有疑點，其實也是有歷史原因的。編撰者不會是左丘明一人，當時的學緣關係即便是左氏的門人繼續完成，算作左丘明也說得通。在傳世文獻和出土文獻有限的情況下，結合具體學術環境理性的推測也是可以的。至於《國語》的性質，站在今天的立場來看，就是一部"語"類的歷史著作。文獻形式和內容等存在的問題和文獻的歷史性質並不矛盾。

再次，希望研究成果能豐富古典文獻學研究的成果。很多古典文獻都有專門的研究專著，《國語》研究的專著還不是很多，希望這一成果能在內容上與過去的研究有所不同，能對學界的研究起到補充和參考的作用。

最後，希望成果面向社會後能引起學界對《國語》的重視。《國語》這部書記載成敗興衰之事，警示後人。文本涉及爲官之道、用人之道、治民之道、修身之道等對我們今天依然有啟發。希望成果能從學術界走向社會，喚起廣大民衆研讀這部史著的熱情，提升道德思想品質。社會科學研究的終極目的就是讓成果回饋社會，希望《國語》研究也能如此。

當然，《國語》的文獻研究還有諸多的不足，希望能在今後的研究中不斷得到糾正和充實。除了自己繼續努力提高學識和認識外，也寄希望於學界方家誠懇的批評。

參考文獻

一 著作類

（三國吳）韋昭注：《國語》二十一卷，天聖明道本，嘉慶庚申黃氏讀未見書齋重彫。

（三國吳）韋昭注：《國語》石印本，據嘉慶士禮居刻本。上海蜚英殿，清光緒 3 年。

（三國吳）韋昭注：《國語》二十一卷，《四部叢刊》上海商務印書館縮印明金李本。

（三國吳）韋昭注：《國語》（附校刊札記），《叢書集成》據士禮居叢書排印本。

（三國吳）韋昭注：《監本音注國語解》二十卷，四冊，明刻本，國家圖書館善本縮微。

（三國吳）韋昭注：《國語》二十一卷，附宋庠《國語補音》三卷，高麗刻本。

（宋）宋庠：《國語補音》三卷，《欽定四庫全書》史部雜史類。

（明）穆文熙：《國語鈔評》，金陵胡氏東塘刊印。

（明）閔齊伋裁注：《國語裁注》（善本），明萬曆 47 年。

（明）鄭維嶽：《新鍥鄭孩如先生精選國語旁訓便讀》，楊氏同仁齋，明萬曆 28 年。

（清）船山主人輯：《國語》雜錄，《皇清經解叢書》，1 卷 3 函 20 冊。

（清）汪中：《經義叢鈔》之《國語》，《皇清經解叢書》，1 卷。

（清）洪頤煊：《經義新知論》之《國語》，《皇清經解叢書》，1 卷 3 函 20 冊。

《國語群經匯編》，《皇清經解依經分訂》十六種第 251 冊，湖南船山書局，清光緒 16 年。

（清）董增齡：《國語正義》，影印光緒庚辰會稽章氏式訓堂本，巴蜀書社 1985 年版。

（清）陳瑑：《國語翼解》，《叢書集成》初編，中華書局 1991 年版。

吳曾祺：《國語韋解補正》，朱元善校訂，商務印書館民國 22 年版。

吳曾祺：《國語韋解補正》，商務印書館民國 6 年綫裝。

徐元誥：《國語集解》，王樹民、沈長雲點校，中華書局 2002 年版。

上海師範大學古籍整理研究所校點：《國語》，上海古籍出版社 1998
年版。

《十三經注疏》，阮刻本，中華書局影印 1980 年版。

（漢）宋襄注：《世本八種》，清人秦嘉謨等輯，商務印書館 1957 年版。

（漢）司馬遷：《史記》，中華書局 1982 年版。

（漢）劉向集錄：《戰國策》，上海古籍出版社 1985 年版。

（漢）班固：《漢書》，中華書局 1982 年版。

（漢）袁康、吳平輯錄：《越絕書》，樂祖謀點校，上海古籍出版社 1985
年版。

（漢）趙曄：《吳越春秋》，江蘇古籍出版社 1999 年版。

（漢）王充：《論衡》，商務印書館 1939 年版。

（三國魏）王肅：《孔子家語》，上海古籍出版社 1990 年版。

（晉）陳壽：《三國志》，中華書局 1954 年版。

（南朝宋）范曄：《後漢書》，中華書局 1984 年版。

（唐）房玄齡等撰：《晉書》，中華書局 1974 年版。

（唐）魏徵等撰：《隋書》，中華書局 1973 年版。

（唐）徐堅：《初學記》，中華書局 1962 年版。

（唐）劉知幾：《史通》，上海古籍出版社 1978 年版。

（唐）陸淳：《春秋集傳纂例》，《景印文淵閣四庫全書》經部，第
146 冊。

（唐）杜佑：《通典》，中華書局 1984 年版。

（唐）柳宗元：《柳宗元集》，中華書局 1979 年版。

（後晉）劉昫等撰：《舊唐書》，中華書局 1975 年版。

（宋）司馬光編著：《資治通鑒》，中華書局 1976 年版。

（宋）葉夢得：《春秋考》，《景印文淵閣四庫全書》經部 143，第 149 冊。

（宋）鄭樵：《通志二十略》，王樹民點校，中華書局 1995 年版。

（宋）鄭樵：《六經奧義》，清刻本，三冊，綫裝。

（宋）晁公武：《郡齋讀書志》，臺灣商務印書館 1978 年版。

（宋）朱熹：《詩經集傳》，上海古籍出版社影印本 1987 年版。

（宋）呂祖謙：《東萊博議》，新化三味書室，清光緒 28 年。

（宋）葉適：《習學記言序目》，中華書局 1977 年版。

（宋）陳振孫：《直齋書錄解題》，上海古籍出版社 1987 年版。

（宋）黃震：《黃氏日鈔》，《景印文淵閣四庫全書》子部，第 707 冊。

（元）馬端臨：《文獻通考》，中華書局 1986 年版。

（明）田汝成：《田書禾小集》，齊魯書社 1997 年版。

（明）王世貞：《弇州山人四部稿》，四庫明人文集叢刊，上海古籍出版社 1993 年版。

（明）胡應麟：《少室山房筆叢》，上海書店出版社 2009 年版。

（清）顧炎武：《日知錄》，清人黃汝成集釋，上海古籍出版社 1985 年版。

（清）錢謙益：《絳雲樓題跋》，見《清人書目題跋叢刊十》，中華書局 1995 年版。

（清）王夫之：《船山遺書·經部》之《詩經稗疏》，上海太平洋書店民國 24 年。

（清）馬驌：《繹史》，王利器整理，中華書局 2002 年版。

（清）錢曾：《虞山錢遵王藏書目錄匯編》，瞿鳳起編，古典文學出版社 1958 年版。

（清）朱彝尊：《經義考》，中華書局影印 1998 年版。

（清）姚際恒：《古今偽書考》，《叢書集成》初編，中華書局 1985 年版。

（清）何焯：《義門先生集》，《續修四庫全書》集部別集類，上海古籍出版社 1995 年版。

（清）浦起龍：《史通通釋》，上海古籍出版社 1978 年版。

（清）于敏中等撰：《天祿琳琅書目》，見《清人書目題跋叢刊十》，中華書局 1995 年版。

（清）盧文弨：《抱經堂文集》，王文錦點校，中華書局 1990 年版。

（清）紀昀：《閱微草堂筆記》，上海古籍出版社 1980 年版。

（清）紀昀總纂：《四庫全書總目提要》，河北人民出版社 2000 年版。

（清）趙翼：《陔余叢考》，中華書局 1963 年版，2006 年第 2 次印刷。

（清）彭元瑞等撰：《天祿琳琅書目後編》，見《清人書目題跋叢刊十》，中華書局 1995 年版。

（清）王謨：《漢魏遺書鈔》第 15 冊《國語注》，清嘉慶 3 年。

（清）孫希旦：《禮記集解》，中華書局 1989 年版。

（清）高塙：《國語鈔》，清乾隆 53 年刻本。

（清）崔述：《洙泗考信錄》，中華書局 1985 年版。

（清）崔述：《洙泗考信錄餘錄》，上海商務印書館民國 26 年版。

（清）永瑢等撰：《四庫全書總目》，中華書局影印本 1983 年版。

（清）黃丕烈：《黃丕烈書目題跋》，見《清人書目題跋叢刊六》，中華書局 1993 年版。

（清）黃丕烈、潘祖蔭輯：《士禮居藏書題跋記》，周少川點校，書目文獻出版社 1989 年版。

（清）王引之：《經義述聞》，商務印書館 1936 年版。

（清）許宗彥：《鑒止水齋集・讀國語跋》，《皇清經解卷》第 1255 卷，學海堂庚申補刊。

（清）周中孚：《鄭堂讀書記》，北京圖書館出版社 2007 年版。

（清）顧廣圻：《思適齋集》，上海徐氏春華館，清道光 29 年印。

（清）劉逢祿：《左氏春秋考證》，顧頡剛校點，樸社出版 1933 年版。

（清）馬瑞辰：《毛詩傳箋通釋》，陳金生點校，中華書局 1989 年版。

（清）黃模：《國語補韋》，四卷，汴京，淳安邵瑞彭，民國 24 年。

（清）汪遠孫：《振綺堂遺書》之《國語校注本三種》，錢塘汪氏，民國 11 年。

（清）汪遠孫：《國語三君注輯存》，清道光丙午振綺堂刊。

（清）劉寶楠：《論語正義》，高流水點校，中華書局 1990 年版。

（清）馬國翰：《玉函山房輯佚書》，長沙琅環館，清光緒九年。

（清）馬國翰：《玉函山房輯佚書》，廣陵書社 2004 年版。

（清）黃奭：《黃氏逸書考》，江都朱氏，民國 23 年。

（清）莫友芝：《郘亭知見傳本書目》，上海掃葉山房印行民國 20 年石印。

（清）俞樾：《九九銷夏錄》，崔高維點校，中華書局 1995 年版。

（清）俞樾：《湖樓筆談》，《續修四庫全書》子部雜家類，第 1162 冊。

（清）戴望：《管子校正》，上海商務印書館，民國 23 年。

（清）王先謙撰集：《釋名疏證補》，上海古籍出版社 1984 年版。

（清）孫詒讓：《周禮正義》，中華書局 1987 年版。

（清）孫詒讓：《墨子閒詁》（點校本），中華書局 2001 年版。

（清）馬瑞辰：《毛詩傳箋通釋》，陳金生點校，中華書局 1989 年版。

（清）賀濤、徐世昌編：《賀先生文集・讀國語》，民國 3 年。

（清）蔣曰豫：《蔣侑石遺書》第 3 冊《國語賈景伯注》，蓮池書局，清光緒 3 年。

（清）廖平：《六譯館叢書》第 54 冊《國語義疏凡例》，存古書局，民國 10 年。

（清）廖平：《春秋左傳古義凡例》，存古書局 1921 年版。

（清）康有爲：《新學僞經考》，中華書局 1999 年版。

（清）于鬯：《香草校書》，中華書局 1984 年版，2006 年第 2 次印刷。

（清）葉德輝：《書林清話》，中華書局 1987 年版。

（清）王仁俊：《玉函山房輯佚書續編》，上海古籍出版社 1989 年版。

（清）王仁俊：《玉函山房輯佚書續編三種》，上海古籍出版社 1989 年版。

崔適：《史記探源》，中華書局 1986 年版。

章炳麟：《檢論》，浙江圖書館木刻大字本 1919 年版。

章炳麟：《春秋左氏疑義答問》，姜亮夫、崔富章校點，上海人民出版社 1985 年版。

梁啟超：《中國近三百年學術史》，東方出版社 1996 年版。

梁啟超：《中國歷史研究法》，河北教育出版社 2000 年版。

梁啟超：《梁啟超國學講錄二種》，中國社會科學出版社 1997 年版。

程樹德：《論語集釋》，程俊英、蔣見元點校，中華書局 1990 年版。

王國維：《古史新證——王國維最後的講義》，清華大學出版社 1994 年版。

余嘉錫：《四庫提要辨證》，中華書局 1980 年版。

余嘉錫：《目錄學發微》，中國人民大學出版社 2004 年版。

金其源：《讀書管見》，商務印書館 1948 年版。

郭沫若、聞一多等：《管子集校》，科學出版社 1956 年版。

郭沫若：《中國古代社會研究》，河北教育出版社 2004 年版。

郭沫若：《青銅時代》，中國人民大學出版社 2005 年版。

郭沫若：《十批判書》（重排本），東方出版社 1996 年版。

顧頡剛主編：《古籍考辨叢刊》第一集，中華書局 1955 年版。

顧頡剛等主編：《古史辨》（第五冊），上海古籍出版社 1982 年版。

顧頡剛：《古史辨自序》，河北教育出版社 2000 年版。

顧頡剛：《史林雜識初編》，中華書局 1963 年版。

顧頡剛：《中國上古史研究講義》，中華書局 2002 年版。

顧頡剛：《浪口村隨筆》，遼寧教育出版社 1998 年版。

顧頡剛講授、劉起釪筆記：《春秋三傳及國語之綜合研究》，巴蜀書社 1988 年版。

傅斯年：《“戰國子家”與〈史記〉講義》，天津古籍出版社 2007 年版。

毛起：《春秋總論初稿》，杭州貞社 1935 年版。

許維遹：《呂氏春秋集釋》，梁運華整理，中華書局 2009 年版。

陳夢家：《尚書通論》，中華書局 2005 年版。

王利器：《風俗通校注》，中華書局 1981 年版。

金德建：《司馬遷所見書考》，上海人民出版社 1963 年版。

金毓黻：《中國史學史》，河北教育出版社 2003 年版。

黎翔鳳：《管子校注》，梁運華整理，中華書局 2004 年版。

劉節：《古史考存》，北京人民出版社 1958 年版。

羅根澤：《羅根澤說諸子》，上海古籍出版社 2001 年版。

呂思勉：《呂思勉讀史劄記》，上海古籍出版社 2005 年版。

呂思勉：《讀史劄記》，上海古籍出版社 1982 年版。

蒙文通：《古史甄微》，巴蜀書社 1987 年版。

蒙文通：《周秦少數民族研究》，上海龍門聯合書局 1958 年版。

蒙文通：《中國史學史》，上海世紀出版集團 2006 年版。

潘光旦：《中國民族史料匯編》，天津古籍出版社 2005 年版。

金景芳：《古史論集》，齊魯書社 1981 年版。

童書業：《春秋左傳研究》（校訂本），中華書局 2006 年版。

童書業：《春秋史》，上海古籍出版社 2003 年版。

童書業：《童書業史籍考證論集》，中華書局 2005 年版。

衛聚賢：《古史研究》（第一輯），商務印書館 1934 年版。

王重民：《中國善本書提要》，上海古籍出版社 1983 年版。

徐中舒：《先秦史論稿》，巴蜀書社 1992 年版。

徐中舒：《徐中舒歷史論文選輯》，中華書局 1998 年版。

張心澂：《偽書通考》，上海商務印書館 1939 年版，1954 年重印。

程千帆：《史通箋記》，中華書局 1980 年版。

程千帆、徐有富：《校讎廣義·典藏編》，齊魯書社 1998 年版。

程千帆、徐有富：《校讎廣義·版本編》，齊魯書社 1991 年版。

黃暉：《論衡校釋》，中華書局 1990 年版。

張舜徽：《史學三書平議》，中華書局 1983 年版。

錢穆：《先秦諸子繫年》（外一種），河北教育出版社 2002 年版。

錢穆：《中國史學名著》，生活·讀書·新知三聯書店 2004 年第 6 次
印刷。

錢玄：《三禮通論》，南京師范大學出版社 1996 年版。

錢玄、錢興奇：《三禮辭典》，江蘇古籍出版社 1998 年版。

楊伯峻：《春秋左傳注》，中華書局 1981 年版。

楊寬：《古史新探》，清華大學出版社 1994 年版。

楊寬：《西周史》，上海人民出版社 1999 年版。

楊寬：《戰國史》，上海人民出版社 1999 年版。

楊向奎：《繹史齋學術文集》，上海人民出版社 1983 年版。

楊向奎：《宗周社會與禮樂文明》，人民出版社 1997 年版。

楊向奎：《中國古代史論》，齊魯書社 1983 年版。

白壽彝：《中國史學史》，上海人民出版社 1986 年版。

白壽彝：《中國史學史論集》，中華書局 1999 年版。

程俊英、蔣見元：《詩經注析》，中華書局 1991 年版。

傅隸樸：《春秋三傳比義》，中國友誼出版公司 1984 年版。

徐復觀：《徐復觀論經學史二種》，上海書店出版社 2005 年版。

徐復觀：《中國思想史論集續編》，上海書店出版社 2004 年版。

趙光賢：《古史考辨》，北京師範大學出版社 1987 年版。

周予同：《中國經學史講義》，上海文藝出版社 1986 年版。

沈玉成、劉寧：《春秋左傳學史稿》，江蘇古籍出版社 1992 年版。

王樹民：《中國史學史綱要》，中華書局 1997 年版。

鄔國義等：《國語譯注》，上海古籍出版社 1994 年版。

閻振益、鍾夏：《新書校注》，中華書局 2000 年版。

關鋒、林聿時：《春秋哲學史論集》，人民出版社 1963 年版。

徐仁甫：《左傳疏證》，四川人民出版社 1981 年版。

張以仁：《張以仁先秦史論集》，上海古籍出版社 2010 年版。

張以仁：《張以仁語文學論集》，上海古籍出版社 2012 年版。

李學勤：《當代學者自選文庫·李學勤卷》，安徽教育出版社 1999 年版。

李學勤：《古文獻論叢》，上海遠東出版社 1996 年版。

李慶：《顧千里研究》，上海古籍出版社 1989 年版。

李希泌、張椒華編：《中國古代藏書與近代圖書館史料》（春秋至五四前後），中華書局 1982 年版。

孫啟治、陳建華編：《古佚書輯本目錄》（附考證），中華書局 1997 年版。

顧德融、朱順龍：《春秋史》，上海人民出版社 2001 年版。

劉家和：《史學、經學與思想》，北京師範大學出版社 2005 年版。

詹子慶師：《古史拾零》，東北師範大學出版社 2005 年版。

詹子慶師：《走近夏代文明》，東北師範大學出版社 2006 年版。

曾貽芬、崔文印：《中國歷史文獻學史述要》，商務印書館 2010 年版。

論文集編委會：《慶祝李濟先生七十歲論文集》（下），臺北中華書局 1967 年版。

陳國慶編：《漢書藝文志注釋匯編》，中華書局 1983 年版，2006 年第 2 次印刷。

楊希枚：《先秦文化史論集》，中國社會科學出版社 1995 年版。

曹書傑：《中國古籍輯佚學論稿》，東北師範大學出版社 1998 年版。

陳戍國：《中國禮制史·先秦卷》，湖南教育出版社 2002 年版。

李步嘉：《〈越絕書〉研究》，上海古籍出版社 2003 年版。

池萬興：《〈管子〉研究》，高等教育出版社 2004 年版。

董立章：《國語譯注辨析》，暨南大學出版社 1993 年版。

黃永堂：《國語全譯》，貴州人民出版社 1995 年版。

勾承益：《先秦禮學》，巴蜀書社 2002 年版。

胡家聰：《〈管子〉新探》，中國社會科學出版社 2003 年版。

來可泓：《國語直解》，復旦大學出版社 2000 年版。

沈長雲：《上古史探源》，中華書局 2002 年版。

許兆昌：《先秦史官的制度與文化》，黑龍江人民出版社 2006 年版。

《清人書目題跋叢刊六》，中華書局 1993 年版。

《清人書目題跋叢刊十》，中華書局 1995 年版。

吳越史地研究會：《吳越文化論叢》，上海文藝出版社 1990 年版。

趙伯雄：《春秋學史》，山東教育出版社 2004 年版。

趙沛：《廖平春秋學研究》，巴蜀書社 2007 年版。

趙生群：《〈史記〉文獻學叢稿》，江蘇古籍出版社 2000 年版。

朱冠華：《劉師培春秋左氏傳答問研究》，光明日報出版社 1998 年版。

張大可、趙生群等著：《史記文獻與編撰學研究》，華文出版社 2005 年版。

張固也：《管子研究》，齊魯書社 2006 年版。

徐傑令：《春秋邦交研究》，中國社會科學出版社 2004 年版。

郭萬青：《〈國語〉動詞管窺》，四川大學出版社 2008 年版。

郭萬青：《小學要籍引〈國語〉研究》，花木蘭文化出版社 2014 年版。

郭萬青：《〈國語〉考校——以明本四種校勘條目爲對象》，花木蘭文化出版社 2015 年版。

郭萬青：《近百年來〈國語〉校詁研究》，鳳凰出版社 2016 年版。

郭萬青：《唐代類書引〈國語〉研究》，齊魯書社 2018 年版。

〔日〕桂湖村：《國語國字解》（上、下），早稻田大學出版社發行。

〔日〕林泰輔譯注：《國譯漢文大成·經史子集》第十七卷《國語》，東京共同印刷株式會社刊行 1923 年版。

〔日〕塚本哲三編：《國語》，收錄於《漢文叢書》，東京有朋堂書店發行 1927 年版。

〔日〕大野峻編：《國語》，收錄於《中國古典新書》，1969 年版。

〔日〕常石茂編：《國語》，收錄於《中國古典文學大系》第 7 卷，1972 年版。

〔英〕魯惟一主編：《中國古代典籍導讀》，李學勤等譯，遼寧教育出版社 1997 年版。

二　論文類

白壽彝：《〈國語〉散論》，《人民日報》1962 年 10 月 16 日。

陳恩林：《先秦兩漢文獻中所見周代諸侯五等爵》，《歷史研究》1994（4）。

豐坤武：《〈吳越春秋〉"殆非全書"辨識》，《東南文化》2000（3）。

馮沅君：《〈左傳〉〈國語〉之異點》，《新月月刊》1926 年第 1 卷第 7 期。

傅庚生：《〈國語〉選序》，《人文雜誌》1957（1）。

高振鐸：《借鑒〈國語解〉爲古籍作注》，《古籍整理研究學刊》1990（2）。

顧頡剛：《"周公制禮"的傳說和〈周官〉一書的出現》，《文史》第六輯。

郭萬青：《論〈國語〉版本暨〈古今韻會舉要〉引〈國語〉例辨正》，《中國人文學報》第 16 期。

郭萬青：《李慈銘〈讀國語簡端記〉補箋》，《"中央大學"人文學報》第 52 期。

郭萬青：《甘肅藏敦煌寫本殘卷〈國語·周語下〉校記》，《敦煌研究》2009（3）。

郭萬青：《俞著〈國語韋昭注辨正〉獻疑》，《古籍整理研究學刊》2010（5）。

郭萬青：《〈國語·吳語〉韋昭、真德秀注比較》，《逢甲人文社會學報》2011（23）。

郭萬青：《〈國語〉金李本、張一鯤本、穆文熙本、秦鼎本之關係》，

《長江學術》2012（12）。

郭萬青：《董增齡籍貫問題試探》，《唐山師範學院學報》2014（5）。

洪成玉：《〈左傳〉的作者決不可能是劉歆》，《北京師院學報》1979（4）。

胡念貽：《〈左傳〉的真偽和寫作時代問題考辨》，《文史》第十一輯。

胡適：《說史》，《大陸雜誌》1958年第17卷第11期。

黃懷信：《試說〈管子〉三〈匡〉命名之故》，《西北大學學報》（哲學社會科學版）1997（2）。

姜亮夫：《三楚所傳古史與齊魯三晉異同辨》，《歷史學》1979（4）。

金其楨：《試解〈吳越春秋〉的"不可曉"之謎》，《史學月刊》2000（6）。

李佳：《〈國語〉宋公序本刊刻考》，《安徽史學》2009（1）。

李坤：《〈國語〉的編撰》，《史學史研究》1988（4）。

李啟謙：《〈左傳〉〈國語〉中所見的夏代社會》，《中國先秦史學會·夏史論叢》，齊魯書社1985年版。

梁濤：《20世紀以來〈左傳〉、〈國語〉成書、作者及性質的討論》，《邯鄲學院學報》2005（4）。

劉節：《〈左傳〉〈國語〉〈史記〉之比較研究》，《說文月刊》1944年第5卷第2期。

蒙文通：《論〈國語〉〈家語〉皆爲〈春秋〉》，《圖書集成》1942（3）。

彭益林：《淺談〈國語·韋注〉的特點和價值》，《人大復印資料·歷史學》1982（12）。

彭益林：《〈國語·周語〉校讀記》，《華中師範大學學報》（哲學社會科學版）1985（5）。

沈長雲：《〈國語〉編撰考》，《河北師院學報》1987（3）。

孫海波：《國語真偽考》，《燕京學報》1934（16）。

譚家健：《歷代關於〈國語〉作者問題的不同意見綜述》，《中國史研究動態》1994（7）。

譚家健：《關於〈國語〉的成書時代和作者問題》，《河北師範學報》（哲學社會科學版）1985（2）。

童書業：《國語與左傳問題後案》，《浙江圖書館館刊》1935（2）。

王和：《〈左傳〉材料考》，《中國史研究》1993（2）。

王樹民：《〈國語〉的作者和編者》，《文史》第二十五輯。

徐仁甫：《左丘明是〈左傳〉還是〈國語〉的作者》，《社會科學研究》1979（3）。

徐仁甫：《論劉歆作〈左傳〉》，《文史》第十一輯。

徐中舒：《〈左傳〉的作者及其成書年代》，《左傳選》後序，1962。

楊伯峻：《〈左傳〉成書年代論述》，《文史》第六輯。

楊向奎：《論〈左傳〉之性質及其與〈國語〉之關係》，《史學集刊》1936（2）。

葉林生：《〈晉語四〉"古史傳說"的史料價值考辨》，《廣西師院學報》2002（10）。

殷孟倫：《〈國語〉哲學思想研究》，《中國哲學史研究》1984（1）。

俞志慧：《〈國語〉周、魯、鄭、楚、晉語的結構模式及相關問題研究》，《漢學研究》2005年第23卷第2期。

俞志慧：《〈國語〉的文類及八語遴選的背景》，《文史》2006年第二輯。

俞志慧：《韋昭注〈國語〉公序本二子本之對比》，《齊魯學刊》2011（4）。

詹子慶師：《禮學和中國傳統史學》，《史學史研究》1996（2）。

詹子慶師：《對禮學的歷史考察》，《東北師大學報》1996（5）。

張以仁：《〈國語〉辨名》，《歷史語言研究所集刊》（40下），1969年11月。

張以仁：《從〈國語〉與〈左傳〉本質上的差異試論後人對〈國語〉的批評》（上），《漢學研究》1983年第1卷第2期。

張以仁：《從〈國語〉與〈左傳〉本質上的差異試論後人對〈國語〉的批評》（下），《漢學研究》1984年第2卷第1期。

張以仁：《〈國語〉韋注商榷》，《孔孟月刊》1984年第23卷第3期。

張以仁：《〈國語〉劄記》（一），《大陸雜誌》1965年第30卷第7期。

張以仁：《〈國語〉舊注範圍的界定及其佚失情形》，《屈萬里先生七秩榮慶論文集》，臺北：聯經出版事業公司1978年版。

張政烺：《〈春秋事語〉解題》，《文物》1977。

趙光賢：《〈左傳〉編撰考》，《中國歷史文獻研究集刊》1981（2）。

趙沛：《廖平〈左傳〉研究對杜預的批評》，《史學月刊》2006（7）。

趙生群：《〈國語〉疑義新證》，《古籍整理研究學刊》2007（2）。

［日］池田秀三：《韋昭之經學——尤以禮學爲中心》，《中國文史研究通訊》第15卷第3期。

［日］高橋康浩：《〈國語〉舊注考——賈逵、唐固、韋昭の比較》，

《人文科學》2011（16）。

　　［瑞典］Karlgern Bernhard：《〈左傳〉真僞考》，陸侃如輯譯，上海商務印書館 1936 年版。

　　［美］卜德：《左傳與國語》，《燕京學報》1934（16）。

　　［新加坡］林徐典：《論〈國語〉的思想傾向》，《中國史研究》1991（3）。

後　　記

　　2004 年，我考入東北師范大學歷史文化學院攻讀博士學位，師從詹子慶先生，研究先秦歷史文獻。2008 年順利畢業。畢業后用心修改論文，並申報了國家後期資助課題，有幸獲批。

　　然而在研究國家社科後期課題期間，一次偶然的住院檢查竟發現身體出了嚴重問題。我不得不放下手里的工作，到北京接受治療。此后的日子，我每年往來於京哈之間復查身體，監視著體內的那些已經無法排除的病患。生活依然繼續著，我堅持做著力所能及的教學和研究。也曾想過放棄，卻總是心有不甘，不是因爲名利。說心里話，健康如此，什么都看淡了。因爲看淡，所以平心靜氣；因爲平心靜氣，所以又拾起了學術研究，最終完成了這項課題。

　　如今，課題的成果要以專著的形式問世了，感情很復雜，卻沒有一點喜悅，覺得成果還不夠好。想到未來會有一段被批判的日子，惴惴其慄。倘若恩師健在，他老人家定能給我鼓勵和幫助，讓我減少些許不安和恐懼。

　　恩師去世已經一年多了，他沒能在這本書前面寫上幾句話，也沒能看到它。

　　2018 年底，我去長春的醫院看望恩師，他氣色很好，醫生說過兩天就可以出院了。得知我的成果書稿有望出版，他十分高興，並答應痊愈後爲書寫個序。爲學生的專著寫序是老人家最高興的事兒，但這次我們都永遠錯過了。

　　拙作希望從文獻學的角度構建一個完整的研究體系，自覺沒能達到那個標準。書中不少內容是我在報刊上發表過的，觀點可能會有爭議，僅供參考吧。研究先秦歷史文獻，參考文獻甚繁，經典的論議和品評歷代都有，但我更願意立足于文本，置身文獻所涉的時代、編撰者所處的時代、注釋者所在的時代把我感悟的東西表述出來。囿於學識，行文定有許多謬誤，懇請方家批評指正。

　　生有涯，知無涯。書稿拖延了多年才完成，也只是一個研究時段的結束。來日或許無多，但來日定是充滿頑強精神和旺盛生命的來日，我會更加珍惜。在此，感謝給予我無私觀照的授業恩師詹子慶先生，感謝同門東北師範大學曹書傑教授、黑龍江大學劉冬穎教授，感謝北京師範大學杜桂萍教授對書稿寫作給予的指導，感謝唐山師范學院郭萬青教授的大力支持，感謝黑龍江大學校領導和文學院領導老師們的關懷，感謝哈爾濱市圖書館古籍部的老師們，感謝中國社會科學出版社的編輯同志，也感謝我的家人。

　　庚子長至日已過，新冠病毒仍在全球肆虐。我們好好在家讀書，完成綫上教學，就是對防控疫情的最大貢獻。願疫情早日結束。

張居三　於哈爾濱

二○二○年六月廿二日